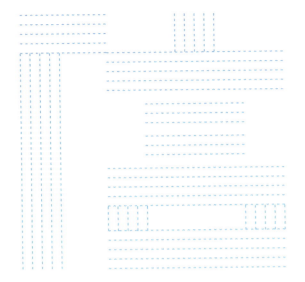

信息资源建设

甘友庆　主编

社会科学文献出版社
SOCIAL SCIENCES ACADEMIC PRESS (CHINA)

前　言

　　20 世纪 90 年代中期，我国学者首次提出了信息资源建设的概念，并不断探索和丰富其理论及实践体系。21 世纪初，相继有孟雪梅、肖希明教授主编的《信息资源建设》教材面世，且许多大学的图书馆学、情报学、信息资源管理、信息管理与信息系统等专业开始讲授"信息资源建设"的课程。我是大约在 2012 年接过杨勇教授的教鞭开始在云南大学讲授这一门课程的，为此杨老师曾向我反复交待该课程的重要性，叮嘱我一定要认真对待，并将相关教案、教辅材料毫无保留地赠与了我。为不负师托，我在讲授该课时注意查阅及搜集相关资料，发现自 21 世纪初以来，有关信息资源建设的研究十分活跃，成果层出不穷，故而研究资料十分丰富。历经近十年的积累，我手头之资料竟已"蔚为壮观"。但我在教学和研究中深感有关信息资源建设的许多认识仍未达成统一，甚至有些错误观点会给学习者和研究者带来困扰。另外由于信息技术和信息社会的发展，信息资源建设尤其是图书馆信息资源建设的环境发生了较大的变化，建设的手段、方式、方法在不断地完善和更新，建设成果令人瞩目。为全面地将当今信息资源建设的研究和实践现状及未来发展之趋势进行更好的总结、探讨，系统地将相关知识传授给学生，我渐萌生了也编写一部《信息资源建设》教材的念头。恰 2018 年云南大学有教材建设项目，遂向其申请，很快获得批准，于是着手撰写，书成之后又过了两年半的时间。由于编写耗时较长，本书参考的资料、引用的数据有些便截止到 2021 年 2 月了。

　　本书大体可分为两部分共十章。第一部分为信息资源建设的理论基础，包括：第一章信息资源建设概述；第二章信息资源建设的时代背景；第三章信息资源建设理论体系。第二部分主要介绍信息资源建设的实践，包括：第四章信息资源建设计划；第五章信息资源采访基础；第六章不同类型信息资源的采访；第七章信息资源数字化建设基础；第八章信息资源数字化建设内容;第九章信息资源共建共享基础;第十章信息资源共建共享体系建设。全书由我主编,负责大纲的编订、统稿,也是除第四章外其他章节的主要编写者。本书的第四章由李啸尘同志编写,我的研究生赵晶晶参与了第二章部分内容的编写,潘涛参与了第三章和第六章部分内容的编写,胡汉婷参与了第七章和第八章部分内容的编写,李欣雨参与了第九章部分内容的编写。

本书力图全面、系统地介绍和探索知识经济社会和智能化社会背景下以图书馆为主体的信息机构如何利用现代信息技术,在信息采访、信息组织、信息检索、信息共建共享等最新理论的指导下进行信息资源建设的问题,也介绍了当今信息资源建设取得的成就及未来发展的趋势。本书可作为图书馆学、情报学、信息资源管理、信息管理与信息系统专业研究生及本科生的教材,也可作为图书馆馆员培训的教材。

信息资源建设涉及的内容实在复杂,且相关研究和实践仍在迅速发展,故本书的探讨难免有不完善、不准确的地方,恳切希望专家、同行和读者批评指正。

甘友庆

2021 年 4 月 26 日

目　录

第一章　信息资源建设概述

自从有了人类社会，便有了人类的信息活动。人们在逐渐意识到信息的重要性后，开始主动收集、整理和开发利用信息。无序信息的有序化，不仅使信息有了量的积累，方便了人们的利用，更促进了社会生产发展和人类文明的进步。信息与物质、能量一样，被认为是促进人类社会发展的重要资源。信息资源化是人类信息活动的结果，促进了人类信息活动的发展，并产生了图书馆、档案馆等以存储和利用信息资源为主要任务的信息机构。信息资源建设是图书馆和其他信息机构与生俱来的基础工作。科学规划一个信息机构的信息资源收集、组织、传播和利用，并建成独立的信息资源体系，即为微观信息资源建设；而从总体上规划一个系统、一个地区，甚至一个国家不同信息机构信息资源建设，形成联合信息资源保障体系的过程，可认为是宏观的信息资源建设。信息资源建设，顾名思义，建设的核心对象是信息资源，而信息资源是有价值的信息积累的结果。了解信息资源建设的起点是弄清信息的定义及信息资源化的原因及结果。与人们对信息的认识在不断进步一样，人们对信息资源的认识也在不断地完善，对信息资源建设的认识和研究亦在不断深化。

第一节　信息和信息资源

一　信息的定义

信息活动是人类活动的重要组成部分，最初人们主要是在生产、生活中进行信息交流，随后信息活动在军事、政治、经济、文化等活动中起着越来越重要的作用。随着人们对信息价值的重视，早期的信息思想开始产生。据《逸周书·大匡解》载，周文王已经懂得在大旱之年向商人发布信息，以刺激商贾贩运商品来周地，缓解周地商品供求矛盾，达到安定社会的目的。中唐时曾任户部侍郎的杰出理财家刘晏，从"安史之乱"爆发第三年起便主持财政工作，延续 23 年。他非常重视信息在财政工作中的重要作用，《旧唐书》对此有生动的描述："自诸道巡院距京师，重价募疾足，置递相望，四方物价之上下，虽极远不四五日知，故食货之重轻，尽权在掌握，朝廷获美利而天下无甚贵甚贱之忧，得其术矣。"我国兵法中关于情报、信息的记载可谓车载斗量。《孙子兵法》对信息、情报在战争中的作用及如何收集、分析和利用信息有着较多的记载，如强调信息的重要性时说："知彼知己，百战不殆，不知彼而知己，一胜一负；不知彼，不知己，每战必败。"关于如何收集信息，《孙子兵法》载有观察法、间谍法等，如："敌近而静者，恃其险也；远而挑战者，欲人之进也；其所居易者，利也；众树动者，来也；众草多障者，疑也；鸟起者，伏也；兽骇者，覆也；尘高而锐者，车来也；卑而广者，徒来也；散而条达者，樵采也；少而往来者，营军也；辞卑而益备者，进也；辞强而进驱者，退也；轻车先出居其侧者，陈也；无约而请和者，谋也；奔走而陈兵者，期也；半进半退者，诱也。"主要简介了如何通过观察获得和分析信息。

我国汉语中很早就有"信息"这个词。早在唐代，诗人李中在《暮春怀故人》一诗中就留下"梦断美人沈信息，目穿长路倚楼台"的佳句。然而从上述例子中可知，虽然我国古代的信息思想十分活跃，却并没有形成系统的、专门的研究成果。现代信息理论发端于西方，信息作为一个科学的概念，首先是在信息论中得以专门研究的。1928 年，哈特莱（R. V. L. Hartley）在《贝尔系统技术杂志》上发表了题为《信息传输》的论文，将"信息"理解为选择通信符号的方式，为信息论的创立奠定了基础。1948 年，申农（C. E. Shannon）在《贝尔系统技术杂志》上发表了著名的论文《通信数学理论》，从通信工程的角度研究信息传递和度量问题，标志着信息论的诞生。申农是为了解决信息编码问题而开始从事信息论的研究的，在《通信数学理论》中，他论述了信源、信道、信宿等问题，认为信息是信号传输的内容，是可以度量的，并提出了"信息量"的概念及其计算方法。

申农的信息理论经过 20 世纪五六十年代许多学者的研究，发展成为一门相当完整的科学理论，逐步克服了申农通信信息理论的局限性，把研究范围扩大到经济、化学、管理、心理等领域。随着人们对信息的概念及其实质，以及信源熵、信息量、信息类型、信息的价值及作用等问题的研究不断深入，信息学逐渐成为一门独立的学科。

信息科学的研究，绕不过的第一个问题便是信息的定义。早年间，信息往往与消息、资料、情报、知识等同称，却没有过明确的定义。信息论提出以来，人们从不同的学科研究需要和不同的认识角度出发，给"信息"以不同的解释与理解，关于信息的定义多达几十种。

申农从通信科学的角度出发，提出信息是信号传输的内容，所谓编码就是把信息变换成信号的措施。信息的多少意味着消除的不确定性的大小。通信的直接目的就是消除接收端（信宿）对发出端（信源）可能会发出的消息的不确定性。因此，信息被看作用于消除信宿对信源发出何种消息的不确定性的东西。

几乎与申农同时，维纳（N. Wiener）也发表了控制论的奠基性著作《控制论（或关于在动物和机器中控制和通信的科学）》，把信息概念引入控制论，将信息与人的认识、动物的感知活动联系起来。维纳在他的著作《人有人的用处——控制论与社会》中指出，"人通过感觉器官感知外部世界"，"我们支配环境的命令就是给环境的一种信息"，因此，"信息这个名称的内容就是我们对外界进行调节，并使我们的调节为外界所了解时而与外界交换来的东西"。他认为"信息就是信息，不是物质也不是能量"。

微观信息经济学从研究信息对经济行为的影响及其后果出发，将信息的理论近似地表述为：信息就是传播中的知识差[1]。在经济活动中，经济知识差普遍存在于市场主体中，而拥有信息优势的一方，更利于其在经济活动中消除市场不确定性，提高其管理和决策能力。

在生命科学领域，动物界和植物界的信号交换，甚至由一个细胞传递给另一个细胞，由一个机体传递给另一个机体，也被看作信息的传递[2]。

在计算机科学领域，信息通常被看作数据，而随着互联网的迅速普及和利用，信息又通常被看成虚拟的，是相对于现实社会，以数字化的形式，在网络上生产、传播和利用的各种数据、符号、资料等。

---

[1]　乌家培、谢康、肖静华编著《信息经济学》，高等教育出版社，2002，第19页。
[2]　肖希明主编《信息资源建设》，武汉大学出版社，2008，第2页。

从纷繁复杂的种种信息定义中可见信息的概念是有层次的。钟义信教授在《信息科学原理》一书中认为在信息概念的诸多层次中，最重要的是两个层次，一个是没有任何约束条件的本体论层次；另一个是受主体约束条件的认识论层次。从本体层次上考察，信息可被定义为"事物运动的状态以及它的改变方式"，即信息是一种客观存在的现象，世间一切事物都在不停地运动，因此不断地产生着本体意义上的信息。而站在主体的立场来考察信息概念，就会引出认识论层次的信息定义：信息就是主体感知或所表述的事物运动状态及其变化方式，是反映出来的客观事物的属性。

如前所述，"信息"有着极为广泛的外延，它相对于物质、能量和质量而存在，反映物质与能量在时间、空间分布上的不均匀程度以及宇宙中一切过程发生和变化的程度，普遍存在于自然界、人类社会和人的思维中，所以没有也不应该有任何一门学科可以把所有的信息作为研究对象，而只能研究其中的某一部分。那么，图书馆学领域应如何就其研究对象对信息进行界定呢？

英籍奥地利人卡尔·波普尔把宇宙现象划分为三个基本层次，或称之为"三个世界"，即"世界1"：物理世界或称为物质世界，由客观世界的一切物质及其一切现象构成；"世界2"：精神世界或称为主观精神世界，是人的精神或心理世界；"世界3"：客观知识世界或称为客观精神世界，是人类精神产物的世界，是一切可见诸客观物质的精神内容。按波普尔的"世界1·2·3"理论，知识包括客观知识和主观知识及它们的相互转化。而图书馆等信息机构应以收集、整理、传播和利用那些"可见诸客观物质的精神内容"为主要工作，图书馆学研究的主要是那些经过人脑去感知、抽象、反映和概括的那部分信息（知识）。这种信息先是发生于人的头脑中，然后以某种符号方式表达出来，并记录于一定的载体上，它只属于认知领域研究的范畴而不是一切的领域。同时与知识管理重点研究主观知识（信息）及主客观知识（信息）的相互转化不同，图书馆学界主要研究的是那些已经被记录下来的静态信息，研究如何才能更好地收集、整理和开发利用这些信息。从人类发展的历史来看，这些信息被固化在金石、缣帛、竹木、纸张、光、磁等载体上，并被人类广泛地收集和整理。

二　信息资源化

（一）资源

要充分理解什么是"信息资源"，首先要理解什么是"资源"。

与"信息"一样，不同学者基于不同的研究背景和研究目的，对"资源"有着不同的表述，其中以经济学的研究为主，影响较大的有：

美国资源经济学家阿兰·兰德尔（A. Randall）在《资源经济学》一书中对"资源"的定义为："资源是由人发现的有用途和有价值的物质。"

联合国环境规划署在 1972 年对"资源"的定义为："在一定的时间和技术条件下，能够产生经济价值，提高人类当前和未来福利的自然环境因素的总称。"

李金昌教授在《资源经济新论》一书中指出："资源的概念有狭义、中义和广义之分，狭义概念指的就是自然资源；中义的资源是指物质资源，包括自然资源……；广义的资源是指人类的生存、发展和享受所需要的一切物质和非物质的要素。"

马费成、李纲、查先进在《信息资源管理》一书中指出："资源是指自然界和人类社会生活中一种可以用以创造物质财富和精神财富的具有一定量的积累的客观存在形态，例如土地资源、矿产资源、森林资源、海洋资源、石油资源、人力资源等。资源一般可以分为经济资源和非经济资源。"

从上述定义中可见人们对于"资源"的理解仍在不断深化中。人们最初认为资源即自然资源或物质资源，后来意识到诸如信息、智力等同样可以创造财富，故它们也是资源，即非物质资源。另外，人们普遍认同资源的共性：一是能为人类创造财富，二是有量的积累。

（二）信息资源化

尽管人们很早就意识到信息的重要性，并在政治、经济、军事领域大量开展信息活动，充分利用信息价值。但信息在早期并没有被当作一种重要的资源而加以研究和系统地开发、利用。信息被认为是一种重要的资源，即信息资源化是建立在人们对信息认识不断深入，以及收集、开发利用能力不断提升的基础上的，具体表现在以下几方面。

首先，随着人类信息活动普遍而广泛的开展，人们逐渐意识到信息是独立于物质或能源的、可以开发利用的、能够为人们创造物质或精神财富的存在。由于信息的利用在早期并不像物质和能源那样普遍和广泛，信息往往依附于物质和能源资源，借助于物质和能源资源的利用而发挥作用，所以人们也就没有将信息独立于物质和能源看待，也就不可能将其当作一种资源。而随着信息活动频繁深入地在经济、军事和管理活动中开展，人们才渐渐认识到，信息依赖于物质载体，但又独立于物质载体，真正有价值、发挥作用的不是载体，而是载体所承载的信息内容，于是人们有意识地去收集整理信息，并通过对信息的利用来创造物质或精神财富。也只有这样，信息才终被看作继物质和能源资源后的一种新资源形态。

其次，随着人们信息收集、整理能力的不断提升，尤其是以计算机和网络技术为代表的信息技术的发展，人类信息处理能力有了革命性的变化，信息可以被快速、系统地生产和收集，并形成大规模的积累。信息产品生产过程通常分为两个阶段：第一阶段是信息内容的生产；第二阶段是将信息内容附载于一定的载体上。所以载体的生产不仅影响信息生产的数量和质量，更会影响到信息的收集和积累。在发明纸张之前，人们先后使用过兽骨、龟甲、金石、竹木、缣帛等作为信息记载的材料。由于体积大、成本高、不易保存等原因，这些材料信息产品的生产和存储能力有限。纸张的发明，使信息生产和存储能力有了巨大的改变，大型的信息机构，如藏书楼、图书馆和档案馆等纷纷产生，再加上统治者认识到知识（信息）在统一思想和教化民众中的重要作用，开始主动收集、整理文献资料，促使信息存储向规模化发展。现代信息技术的应用，以及以电、磁等为介质的信息载体出现，使得信息收集和整理不再只能依赖于政府的力量，或者由某些有实力的重要人物进行，普通百姓亦能轻松做到，这样更进一步促进了信息数量的积累。而量的积累是信息资源开发、利用的基础，更进一步地使人们意识到信息作为一个整体，是推动人类社会发展的重要力量。

再次，信息在社会经济发展中的不可替代作用，使人们更加认识到信息资源的重要性。人类社会发展的不同阶段，主要依赖的资源形式也各不相同。农业社会主要依赖土地资源，日出而作，日落而归，男耕女织是人们的普遍生产生活状态。工业社会的经济增长主要依靠自然资源和金融资本。以物质和能源巨大消耗为基础的工业社会，在促进人类社会空前发展的同时，造成了大量资源的浪费及环境的污染。人们逐渐意识到这样的经济增长方式是不可持续的，并开始探索更科学更有效的经济增长方式，也逐渐认识到信息资源在促进经济发展中有着不可替代的作用。这不仅是因为信息资源的使用可以部分代替物质或能源（如数字信息资源可以代替纸张等），同时信息资源的使用可以优化或减少物质或能源的使用，从而降低能耗、减少污染（如通过整合各管理部门信息进行合理规划，可减少城市建设中道路被不断重复开挖的现象，从而节约物质和能源的投入）。而由于具有可再生性和可增值性的特点，信息资源在使用过程中不但不会被消耗或"减值"，反而会引发新的信息产生，从而成为一种取之不尽、用之不竭，并且不断以扩大的形态进行再生的资源，这对于实现经济可持续发展无疑具有重要意义。

综上所述，人类的信息活动是信息资源化的基础，而信息意识的增强和信息技术的发展则是信息资源化的两个重要条件。

三　信息资源

（一）信息资源的定义

信息资源这个术语最早由罗尔科（J. O. Rourke）在《加拿大的信息资源》（*Information Resources in Canada*）一文中提出，之后人们对信息资源的理解不断深入，代表观点有：

1. 1979 年，美国著名信息资源管理专家霍顿（F. W. Horton）从政府文书管理的角度提出，单数概念的信息资源（resource）是指某种信息内容的来源，即包含在文件和公文中的信息内容；复数概念的信息资源（resources）是指支持工具，如供给、设备、环境、人员、资金等。1986年霍顿又对信息资源做了重新定义，认为信息资源包括四个方面的内容：具有信息技能的人才、信息技术中的硬件与软件、信息机构和信息操作或处理人员。

2. 1992 年，德国信息管理专家斯特洛特曼（K. A. Storetmann）认为，信息资源包括三个重要部分，即信息内容、信息系统和信息基础结构。

3. 1992 年，美国《文书工作削减法》将信息资源定义为：信息与相关资源，如人员、设备、资金和信息技术。

4. 1991 年，我国学者孟广均教授在给《知识工程》的贺词中写道："信息资源就是人类开发和组织的信息集合，包括所有的记录、文件、设施、设备、人员、供给、系统和搜集、存储、处理、传递信息所需要的其他机器。"

5. 1997 年，符福峘教授在其主编的《信息资源学》一书中，将信息资源定义为："信息与操作信息有关的物理设施、人力、资金和运行机制等的总称。"

6. 2000 年，吴慰慈、高波在《从文献资源建设到信息资源建设》一文中认为："信息资源是经过人类采集、开发并组织的各种媒介信息的有机集合。"

7. 2004 年，马费成教授在其主编的《信息资源开发与管理》一书中提道："信息资源是指人类社会信息活动中积累起来的以信息为核心的各类信息活动要素（信息技术、设备、设施、信息生产者）的集合。这里的信息活动包括围绕信息的搜集、整理、提供和利用而开展的一系列社会经济活动。"

综合国内外专家的观点可以发现，最初人们将信息源、信息设备、信息技术人员等当作信息资源，后来逐步意识到信息本身也是信息资源的重要组成，甚至是最为重要的部分，并逐渐形成了关于信息资源的广义和狭义两种认识。狭义的理解认为信息资源就是经过加工处理的，有序化并大量积累起来的有用信息的集合。广义的理解认为，信息资源不仅是信息内容的有机集合，还包括在信息的收集、整理和开发利用过程中与其紧密相连的信息设备、信息人员、信息系统、信息网络等。历经几十年的探讨，人们对信息资源的认识不断深入和系统，普遍认为信息资源的核心是有序化的信息集合，是信息内容本身，而信息要成为资源，充分实现其价值，必须经过人类的干预。只有信息工作者依靠相应的信息设备，利用相应的信息技术，对信息进行收集、加工、整理等活动，形成有序化的、有应用价值的信息集合，信息才能成为资源。关于信息资源内涵的狭义或广义的理解和争论，事实上只不过是不同研究者基于不同的研究对象或问题，进行有针对性的解释或选择而已。

（二）狭义信息资源和信息的区别与联系

本书探讨的核心是在科学规划、有效组织的基础上，将各种媒介信息进行收集、整理，使之有序化、规模化，以方便人们的开发和利用，故采用的是信息资源的狭义理解，即信息资源是经过加工、处理，使之有序化并大量累积起来的有用信息的集合（如无特殊说明，本书在此后所称之信息资源均指狭义的信息资源）。对于这一概念的理解，应该首先要认识到信息和信息资源既有区别，又有联系，表现在以下几点。

其一，从本质上讲，狭义的信息资源也是信息或者说是信息的一个子集，信息资源就是由信息内容本身所构成的信息有序化集合。

其二，信息资源是信息有序化过程中的信息量的积累，与信息相较，首先从量上强调了其数量的积累性和规模化；其次强调了信息资源是为了实现人们的特定使用目的而将杂乱无章的各种媒介信息进行加工处理，使之有序化，形成一个相互关联的有机整体。杂乱无章的信息不能构成资源，必须经过开发。经过加工、整理形成的有序的、有应用价值的、成规模的信息集合，这样的信息才能称为资源。

其三，信息资源作为与物质和能量并称的资源形态，与信息相较，更强调其可以为人类创造物质或精神财富的经济特性，及其推动人类社会发展的基础作用，是信息的高层次状态。

第二节　信息资源的特征、类型和功能

一　信息资源的特征

作为"信息"和"资源"的结合概念，信息资源既具有信息的一般特性，如非物质性、数量无限性、可再生性、易流动性、可共享性等，同时又具有资源的经济特性，如稀缺性和有用性等。而当信息资源的信息特性与资源特性相结合，又会产生出其自身矛盾而又统一的特性，具体表现在以下几方面。

（一）信息内容的非物质性和信息载体的物质性

信息资源是信息内容和信息载体的有机结合，信息载体是物质的，但信息本身是看不见、摸不着的，是非物质的。信息内容不可能离开物质载

体而独立存在，故而当信息资源作为一种产品而存在时，与一般的物质产品的生产往往是一种重复生产的过程不同，信息产品的生产过程必然包含两个必不可少的阶段：第一阶段即信息内容本身的生产，其性质是非物质生产；第二阶段是该信息产品复制件的生产，其性质是物质生产。

另外值得注意的是当信息资源作为一种商品存在时，与一般物质商品的使用价值是由构成该商品的物质的属性来体现，商品体本身就是使用价值，是价值的物质承担者不同，由于信息商品对其物质载体的独立性，信息商品通常不具备固定的有形外壳，其商品体不代表其使用价值，不能对使用价值形成固定，信息商品的使用价值是由信息内容来体现的。因此信息商品的使用价值和价值的内在统一性表现为：信息商品的使用价值是其价值的承担者，承担的实体是信息生产者在信息商品生产过程中创造的，能够满足人们需要的信息内容本身，而不是其物质载体。

（二）信息资源既是无限的，又是有限的

作为事物及其运动状态的表现形式，信息无处不在，无时不有。再加上其可复制、可再生的特点，信息的数量是无限的，信息资源与物质、能量资源相比，是取之不尽，用之不竭的。但从其开发过程来看，受认识水平、加工能力、技术条件等限制，信息资源远不能满足实际需要，信息资源的供给往往又是有限的，甚至是稀缺的。这也是信息资源生产领域容易形成垄断寡头的重要原因。

（三）信息资源以商品的形式进行交换时的天然共享性与等价交换原则的矛盾性

物质商品在进行等价交换时，遵循价值和使用价值的矛盾统一性原则，即获得其以货币为表现形式的价值时，必须失去其使用价值，两者不可兼得。但信息商品具有共享性，生产者在通过交易活动实现其价值的同时，仍然可以占有使用价值，理论上还可以通过多次出售或多次转手，从别的购买者那里得到补偿价值，这是与等价交换的原则相违背的。故而为保证信息商品交换的正常进行，信息商品的使用价值和价值的排他性与对立性就需要通过人为的约定来保证，如利用知识产权法等来排除信息商品的天然共享性，控制信息商品的所有权、使用权和转让权等。

（四）信息资源开发利用的损耗性和可再生性

信息资源只有通过开发利用才能满足特定的信息需求，开发利用就意味着信息资源的消费，但与一般物质产品的消费即意味着损耗不同，信息产品的利用和消费过程，同时也是信息资源在内涵意义上的开发过程，是信息资源的再生产过程。

二　信息资源的类型

从狭义的信息资源定义可知，信息资源即指信息的有效集合，故其类型与信息的类型理应对应，即两者的分类往往一致。如根据信息生产者和作用者的不同，信息资源可分为政府信息资源、企业信息资源、学校信息资源、个人信息资源等；按信息内容不同，信息资源可分为政治、经济、科技、文化、军事、历史、地理、教育、农业、医药等信息资源。当然信息资源并不是信息的杂乱堆砌，是有序化、可资利用的信息集合，不同的信息机构在收藏、利用信息资源时，会根据其性质、任务和特点以及收集、整理和开发利用的实际情况对信息资源进行分类。图书情报机构根据其工作实际需要，通常依据以下标准对信息资源进行分类。

（一）根据载体形态不同划分

根据载体形态不同，信息资源可分为纸前信息资源、纸质信息资源和新型载体信息资源。人类社会在记录知识、信息的过程中，使用过多种载体，信息资源的载体从天然载体到专门载体，再到更新型的载体，有一个漫长的发展过程。

1. 纸前信息资源

最初，人们直接利用天然材质（如岩石、树皮、竹木等），或经过简单加工的天然材质来记录信息。之后，人们在人工制作的器物（如陶器、青铜器、纺织品等）上直接铸、烧、刻画、书写图案、符号或文字，这些器物因此有了文献的意义。但因其不是专门用于记录信息的，故而还不能将其看作真正意义上的文献。之后，人们开始制作和利用专门的载体，如甲骨、青铜器、石材、泥版、竹木、缣帛、兽皮、树皮等来记载文献信息。这些载体就是纸前文献载体，它们记录的信息集合就是纸前信息资源。当然，纸张发明并用于记录、传播信息后，这些载体作为文献信息记录介质的地位逐步降低，但并不是说就完全被取代了，在许多地方，很长时间内，像金石、竹木甚至兽皮、树叶等仍被作为记录信息的重要载体。

2. 纸质信息资源

一般认为纸是汉和帝元兴元年（公元 105 年）由蔡伦发明的。事实上我国纸的发明和使用应早于蔡伦造纸的年代，如曾在新疆出土的古代纸张遗物，经化验测定，年代当在公元 105 年之前。纸张发明后的很长一段时间内，主要作为生活材料使用，直到大约东晋元兴三年（公元 404 年），政府下令废简用纸后，纸才逐渐成为主要的文献载体。

纸张成为主要的文献记载材料，是信息资源载体的第一次革命性的变化。纸前载体，如石碑、竹简、木牍、缣帛等，有诸多的局限性：要么体积笨重不易移动和传递；要么容易腐烂，不易保存；要么价格昂贵，不易推广和使用。这些缺点，严重地制约了文献信息资源的生产和传播。纸张用于记录信息后，由于其轻便、耐用、存储时间长、成本较低、单位面积信息记录量大等特点，逐渐成为并且至今仍是记录和传播信息的主要载体。尤其是纸张的应用催生了印刷术的发明后，纸张作为文献记录、传播载体的主体地位更是无法撼动了。可以说，在新型载体没有出现前，有关文献信息的研究和工作，大都是围绕纸张进行的。

3. 新型载体信息资源

就目前的生产技术来看，新型载体指以电、磁、光等方式记录和存储信息的非纸载体。其中常见的磁介质有软盘、硬盘、磁盘阵列、活动硬盘、优盘、磁带等类型，光介质有 CD、DVD、LD 等类型。这些新型的非纸载体主要是为了满足数字化信息资源的生产和存储需要，具备信息存储密度高、存储量大、自动存取、高速传输、可实现视听阅读、网络传输等功能，在一定程度上弥补了纸质载体的不足。目前图书馆大都重视以上述材料为载体生产的信息资源的收藏和传播，包括声像型信息资源、缩微型信息资源、机读型信息资源、网络型信息资源等。

（二）根据生产方式不同划分

根据生产方式不同，信息资源可分为刻写、手写抄写、印刷和数字信息资源等类型。印刷术发明前，人类采用刻画、抄写等方式生产文献。印刷术的发明、发展和广泛应用，是人类文献生产和传播事业的一次伟大飞跃，并逐渐成为占统治地位的文献生产方式。计算机技术的广泛应用，推动了文献生产向现代化、数字化发展。

1. 刻写型信息资源

最初人们以崖壁和山洞等自然形成的物质作为载体，来绘制、刻写图画或文字，用以记录人类活动及对自然的认识。这种文献生产方式可省却制作的困难，载体方便易得，且崖壁和山洞质地坚固，记录内容可长期保存。后来人们在实践中发明了特制石材并将其作为刻写的主要载体，形成今天我们所说的"石刻文献"。自商周起，随着青铜器的发明及应用，统治者在遇到重大事件时，习惯铸造青铜器以做纪念，并将文字铸刻在这些青铜器上，说明铸器的时间、原因；有些器物亦记录重要文件和史实，由此形成的文献称"金文"或"铭文文献"，与"石刻文献"统称"金石文献"。除以石质材料、青铜器作为刻写或铸刻的载体外，先民们还曾用兽骨、龟甲、玉、砖、瓦、金、银甚至木片、树叶等作为刻写、铸刻文献的载体。由于金石实体不易搬动，文物价值往往高于文献价值，所以金石文献多就地保存或由博物馆、档案馆保存，图书馆保存的通常是这些文献的拓本，以及对这些文献整理、研究所形成的目录、题解等。随着现代信息技术的应用，有数据商建立起金石文献数据库，有些图书情报机构亦开始购买和使用这些数据库。但从目前见到的金石数据库来看，他们主要收集的仍是金石拓片和金石目录，只是将其进行数字化处理并建库罢了。事实上拓片只能做到对金石文献的平面复制，无法反映金石原件的全貌，因此不能全面准确地揭示金石文献所蕴含的信息。而在高清照相技术、三维成像技术已十分成熟的今天，将金石实体文献进行虚拟收藏，并建立相应的数据库应该成为信息资源建设的新方向。

2. 手写、抄写型信息资源

文字发明后，人们将要记述的内容或写或抄在兽皮、布帛、竹简、木牍上。纸张发明并广泛应用于文献生产后，成为主要的书写材料，以此为载体抄写而形成的文献，即抄写型信息资源。目前发现的我国最早的手写本是西晋元康六年（公元 296 年）的佛经残卷，现存日本。最著名的手抄本有明代的《永乐大典》和清代的《四库全书》。手写文献生产方式早于雕版印刷文献生产方式，但雕版印刷术盛行后，手写仍是重要的文献生产和复制方式。早期手写本的装订以卷轴装为主要装帧形式，后来有龙鳞装、旋风装、经折装等。雕版印刷术盛行后，对手写本格式和装帧形式产生了很重要的影响，有些手写本用印有雕版版面的纸进行书写，并采用线装方式进行装订。

3. 印刷型信息资源

印刷术最早发明于我国，雕版印刷大约出现在唐贞观年间（公元627~649年），盛行于宋代，一直到清末都是我国古代文献主要的生产和复制技术。采用雕版印刷技术生产的文献即印刷型信息资源。除雕版印刷外，我国亦是最早发明活字印刷术的国家。据宋代著名科学家沈括的《梦溪笔谈》记载，北宋庆历年间（公元1041~1048年）毕昇发明泥活字排版。除泥活字印刷术外，我国古人还发明和利用过木活字、铜活字等。公元1440年前后，德国人约翰内斯·古腾堡将当时欧洲已有的多项技术整合在一起，发明了铅活字印刷，很快在欧洲传播开来，推进了印刷术向工业化发展。清末至民国年间我国开始从西方引入石印、铅印、平版胶印、铜锌版印等印刷技术，并在很长的时间内成为我国文献生产和复制的主要方式。

图书馆等文献信息机构收藏的印刷型信息资源的主体是图书和连续出版物。印刷型的图书是指以纸张为载体材料，记录与传播知识、具有完整装帧形式的非连续性出版物。其特点是主题突出，知识内容完整、系统、成熟，是著者长期研究的成果、学识的积累；连续出版物是指一种具有统一名称、固定版式、统一开本、连续编号，汇集多位著者的多篇著述，定期不定期编辑发行的出版物。常见的有报纸和期刊等。而期刊因其内容广泛，知识新颖，出版周期短，能及时反映新理论、新技术、新方法、新动向，数量庞大，流通范围广，作者与读者人数众多，影响面宽等特点，已成为当今传播信息、交流思想最重要的平面媒体之一。

4. 数字信息资源

将文字、图像、声音、动画等形式的信息存储在光、磁等非纸质载体中，以光信号、电信号的形式传输，并通过计算机和其他外部设备再现出来的信息资源的有机集合即数字信息资源。数字化生产是信息资源生产方式发生的又一次革命性变化。目前根据数据组织形式的不同，数字资源可分为数据库、电子期刊、电子图书、网页、多媒体资料等类型。根据数据传播的范围不同，数字信息资源可分为单机数字资源和网络数字资源。单机数字资源是指通过计算机存储和阅读但不在网络上传输的数字化信息资源，又被称为机读资料；网络数字资源又分为局域网数字资源和广域网数字资源。局域网数字资源是指用户仅能在机构内部浏览检索，但在机构局域网以外的网络环境中不能访问和利用的数字资源；广域网数字资源是指用户可以在任何一个拥有互联网的地方，通过一定的身份认证方式，或者不需认证就可以访问的数字资源。

根据资源提供者不同，数字资源可分为商业化数字资源和非商业化数字资源。前者包括数据库商、出版商和其他机构以商业化方式提供的各种电子资源，如 Elsevier 公司的 SDOS，EBSCO 公司的 Academic Source Premier、John Wiley 全文期刊、Nature 电子期刊，以及中国学术期刊网、超星、维普、万方等数据库。图书馆需要支付一定的费用，在购买这些数据库的使用权后方能使用资源，或者由读者个人通过读书卡和其他方式购买数据库的使用权后使用。商业化的数字资源内容丰富、数据量大，是图书馆馆藏资源建设的重要内容。非商业化的数字资源主要指机构自建的目录数据库、特色资源库、开放获取资源、机构典藏和其他免费的网络资源。这些资源或者由图书馆自行建设，或者可以从网络上免费获取。当然，图书馆特色资源库在建成之后也可以以商业化方式进行运作，此时，对其他使用者而言，这些资源就是商业化数字资源。

（三）根据信息的制度化程度不同划分

根据信息的制度化程度不同，信息资源可分为非公开出版信息资源、半公开出版信息资源和公开出版信息资源等类型。制度化程度不同，事实上限定了信息资源的不同传播范围。

1. 非公开出版信息资源

非公开出版信息资源又称"非正式出版物""非公开出版物""黑色文献"等，是指非公开出版发行或者发行范围狭窄、内容保密的文献资料，如军事情报资料、技术机密资料、个人隐私材料等。除个人隐私材料外，绝大部分黑色信息资源有密级规定，并对读者范围作出明确的限定，其制作、保管和流通都严格受控，一般不允许复制，非特定的读者对象基本上无法获取。

2. 半公开出版信息资源

半公开出版信息资源又称"半公开出版物""半正式出版物""灰色信息资源",是指非正式、非常规发行,并允许用户以免费或者收费方式在一定范围、一定领域内收集、整理和利用的信息资源,包括传统灰色信息资源和数字灰色信息资源。传统灰色信息资源有非公开出版的政府文献、学位论文,不公开发行的会议文献、科技报告、技术档案,不对外发行的企业文件、企业产品资料、贸易文件(包括产品说明书、相关机构印发的动态信息资料)和工作文件,未刊登稿件以及内部刊物、交换资料,赠阅资料等。与"白色信息资源"相比,虽然这些信息资料可能并不成熟,但通常涉及的信息广泛、内容新颖、见解独到,具有特殊的参考价值。数字灰色信息资源包含传统灰色文献的电子版形式,也有依托于网络产生的新类型资源,比如实时动态、QQ 空间聊天资料、博客网页、作者自存档资料、微信群聊资料等网络灰色信息资源。与传统灰色文献相比,网络灰色信息资源获取便利、内容新颖、特点鲜明,并且随着网络影响的日益深远以及人们观念的改变,有逐渐转白的倾向。许多组织或个人将过去的灰色信息资源放置于网络平台上,供民众自由全文阅览。

3. 公开出版信息资源

公开出版信息资源又称"正式出版物""公开出版物""白色信息资源",指获得国家相关部门正式批准,取得公开发行号,公开出版并在社会中公开流通的信息资源,包括公开出版、发行的图书、报纸、期刊以及公开传播的网络信息等。这类信息资源向社会所有成员公开,人人均可利用,是当今社会利用率最高的信息资料。

(四) 根据加工程度不同划分

根据加工程度不同,信息资源可分为一次信息资源、二次信息资源和三次信息资源。对有关对象的搜寻、收集、检测,并进行创造性加工,即形成一次信息;一次信息经过鉴别、挑选、分类、分析、整理等过程,形成多次加工信息,即为二次信息或三次信息。

1. 一次信息资源

一次信息资源是指人们对自然和社会信息进行首次加工而成的记录、科研成果等原始创作,如专著、论文、研究报告、专利文献、标准文献等。

判断一次信息资源的标准，在于其内容是否具有原创性，而不是其载体形式或生产方式。只要其内容具有原创性，无论是刻录在石碑上，还是印刷在书本上，抑或是以数字化的形式发表在网络上，都是一次信息资源。

2. 二次信息资源

其又称检索性信息资源，是对一次信息资源进行加工整理后形成的条目化、系统化的信息资源，是报道、检索一次信息资源的工具，主要有书目、索引、文摘等。二次信息资源或是对一次信息资源的外部特征，如题名、作者、出处等进行著录，或是将其内容压缩成简介、提要或文摘，并按照一定的学科或专业加以有序化而形成的文献形式，是提供积累、报道和检索信息资料的有效手段。判断二次信息资源的标准同样与其载体或生产方式无关，而是由其基本作用决定。以目录为例，过去图书馆多用卡片式的手工目录，现在多用机读目录，尽管他们的载体形式和生产方式均不同，但由于他们都是检索一次信息资源的工具，故都属于二次信息资源。

3. 三次信息资源

三次信息资源，又称参考性信息资源，是在利用二次信息资源的基础上，选用一次信息资源的内容进行重新编撰、组织出来的成果，如词典、百科全书、年鉴、综述、教科书、文献指南等。中国古代的类书便属于此类文献。所谓类书，即根据一定目的，将群书中可供参考的资料辑录出来，然后进行分类编排而成的文献汇编。我国部头最大的类书是《永乐大典》，系明永乐元年（公元 1403 年）由解缙等人奉明成祖（朱棣）命修纂的，于次年成书。原名《文献大成》，明成祖审阅后，认为不合原旨，命姚广孝等重加修纂，永乐六年（公元 1408 年）成书，更名为《永乐大典》。《永乐大典》的资料源自我国古代七千多种文献，所用文献几乎是成段或全书采用，因而保存大量古籍文献。我国其他著名的类书还有唐代的《艺文类聚》，宋代的《太平御览》《册府元龟》，清代的《古今图书集成》等。

三　信息资源的社会功能

信息资源作为"信息"和"资源"的结合体，既有信息的一般功能，如用来消除不确定性等，又具有可以为个人或社会创造财富的经济功能。作为构成客观世界的三大要素之一，在当今信息化社会中，与其他资源相比，信息资源具有特别重要的意义。人类对各种资源的有效获取、有效分配和有效使用，无一不是凭借对信息资源的开发利用来实现的，信息资源在推动社会发展、促进人类社会进步等方面正发挥着日益重要的作用。

信息资源的社会功能包括以下几方面。

（一）认识功能

信息是客观事物及其运动状态的反映，能够揭示客观事物发展规律，而信息资源是对人类有用信息的有机集合，因此人们可以借助其来认识客观世界和人类自身。同时，信息资源是经过加工的、有序化的、可资人们利用的信息集合，故其认识功能中还包括了教育功能和支持科学研究的功能。

（二）经济功能

信息资源所具有的多种经济特性决定了其多种经济功能，主要表现有：

1. 信息资源是现代生产的基础性资源之一。一方面它是构成生产力的要素，与劳动者、劳动工具、劳动对象一起，共同构成现代生产力的基础；另一方面，信息资源作为一种无形的寓于其他要素之中的非独立要素，通过优化其他要素的结构和配置，改进生产关系及上层建筑的素质与协调性来施加其对生产力的影响。

2. 信息资源是管理和决策的主要参考依据，有助于提高经济决策水平和运作效率。决策是管理者识别并解决问题的过程，或者是管理者利用机会的过程。决策的主要依据是信息，但过量的、纷繁复杂的信息，不仅对决策没有益处，甚至可能会造成干扰。因此，对大量的、杂乱无章的信息进行加工整理使之有序化，形成方便决策者使用的信息资源，对于提高决策水平和效率有着十分重要的作用。

3. 信息资源是国民经济建设和发展的保证。现代社会里，信息资源与劳动资源、资金资源、物质资源、能源等，通过直接或间接参与生产经营活动，在国家经济建设的各方面发挥重要的作用。同时信息资源还可以通过提高物质资源、劳动资源等的素质，以及对质能资源认识范围的扩大，提高经济资源的开发和利用价值，从而形成信息经济的资源优势，促进国民经济的可持续发展。

（三）政治功能

信息资源在政治活动中发挥着重要的作用。例如各种政治势力可通过控制信息来获得权力或巩固权力；可以将信息资源作为重要武器进行政治或外交斗争；将信息资源作为政治决策的主要依据，用以提高决策水平等。

（四）军事功能

军事功能是人类最早认识到的信息资源的功能之一，早在两千五百多年前，《孙子兵法》就提出了"知己知彼，百战不殆"的信息观。进入 21 世纪，从美国主导的"海湾战争"中，人们进一步意识到，现代战争是高科技、信息化的战争，战争关注的焦点是敌对双方对信息资源的争夺。而打赢信息化战争的关键是广泛采用先进的信息技术和装备，有效开发和利用与国家安全利益相关的信息资源，形成军事信息技术和军事信息资源上的双重优势，获得对信息空间尤其是军事信息资源的控制权。

（五）娱乐功能

有不少信息资源可供人类在休闲娱乐时使用，如有些信息资源就是专为休闲娱乐而生产的，尤其在网络时代，这类资源越来越多，增长迅速。值得注意的是，许多信息资源在发挥其娱乐功能的同时，还同时有可能实现其认识功能或经济功能。

第三节　信息资源建设

一　信息资源建设的定义

信息资源建设这一概念由我国学者首先在 20 世纪 90 年代提出，随后图书情报领域的研究者从不同角度不断丰富和完善其内涵和外延。

吴晞 1996 年在《图书馆》杂志第 6 期上发表《文献资源、信息资源和信息资源建设》一文，指出："信息资源建设与文献资源建设仍然存在着很大的不同：从内涵看，文献资源建设主要指的是文献的采访和开发，而信息资源建设在重视文献采访和开发的同时，也重视其他各种信息资源的利用；从外延看，信息资源建设的范围较之文献资源建设有很大的扩展；信息收集的渠道与方式大大增多了。"该文探讨了文献资源建设与信息资源建设的区别和联系，但没有说明信息资源建设的主体、对象、方式等。

尚克聪 1998 年在《图书情报工作》上发表《信息组织论要》一文，认为："信息资源建设的基本内容与环节包括信息的采集、组织、开发和利用。"这一观点明确了信息资源建设的方法，但仍缺乏对建设主体和客体的描述。

2000 年，高波、吴慰慈在《中国图书馆学报》第 5 期上发表《从文献资源建设至信息资源建设》一文，指出："信息资源建设是人类对处于无序状态的各种媒介的信息进行有机集合、开发、组织的活动。"这一概念明确了信息资源建设是将"处于无序状态的各种媒介的信息"，进行"有机集合、开发、组织"，但并未指明建设的目的。

2002 年，马广陆在《内蒙古图书馆工作》第 3 期上发表的《知识经济时代图书馆的发展趋向——图书馆信息资源建设》一文中指出："信息资源建设是为了使信息资源得到充分利用，而对信息进行宣传、报道、重组、转化、再加工、再生产、再创造的实践活动。"认为信息资源建设的目的是"使信息资源得到充分利用"。

2002 年，孟雪梅在其主编的《信息资源建设》一书中提出："信息资源建设是指在一定范围内的信息资源中心对信息资源进行有计划采集、积累、开发并合理布局，以满足信息用户需求，保障社会发展和国家建设需要的全部活动。"明确了信息资源建设的主体是"信息资源中心"，信息资源建设的目的是既为了"满足信息用户需求"，又要保障"社会发展和国家建设需要"。

2004 年，程焕文、潘燕桃在由他们主编的《信息资源共享》一书中提出："所谓信息资源建设，是指图书馆根据其性质、任务和用户需求，有计划地系统地规划、选择、收集、组织、管理各种资源，建立具有特定功能的信息资源体系的整个过程和活动。"他们认为信息资源建设的主体是"图书馆"，建设的目的是"建立具有特定功能的信息资源体系"。

2008 年，肖希明在其主编的《信息资源建设》中指出："所谓信息资源建设，就是人类对处于无序状态的各种媒介信息进行选择、采集、组织和开发等活动，使之形成可资利用的信息资源体系的全过程。"这一概念大概是对高波、吴慰慈以及程焕文、潘燕桃等人提出的概念的吸收及发展。

通过以上具有代表性的观点的介绍，我们看到，学者对信息资源建设的认识是一个由表象到本质的逐渐深入、逐渐完善的过程，但在建设主体、对象、内容、目的等方面仍有值得深入探讨的地方。

（一）信息资源建设的主体

目前很少有文献资料专门探讨信息资源建设主体，即谁进行信息资源建设的问题。尽管不同的主体进行信息资源建设时，都要解决信息资源的收集、整理和开发利用等带有共性的问题，但不同主体进行信息资源建设时，其建设手段、建设目的、建设任务等又会因各自的具体情况而不同，故离开主体谈信息资源建设无异于缘木求鱼，建空中楼阁。尽管当前很少有人专门去探讨信息资源建设主体的问题，但从前述代表概念中，我们大约还是可以总结出"人类""信息中心""图书馆"等几种认识。

持"人类"说，大概是认为无论个人或社会组织，凡有信息需求，又具备相应条件，都可能是信息资源建设的主体。从理论上来说，这确实没什么问题，因为任何组织或个人，为方便信息的开发、利用，满足自我或社会的信息需求，都可以对信息进行收集、整理，建立相应的信息资源体系，也就是说都可以成为信息资源建设的主体。但可能是觉得信息资源建设通常是一个系统的、庞大而复杂的建设工程，个人在里面发挥的作用有限，且强调社会组织通过信息资源建设来实现其社会价值仍是我们文化、经济建设的重点，故而目前信息资源建设的研究主要仍是围绕某个或某类组织机构进行。在这些组织机构中，图书馆因为作为人类知识、信息保存与传递、扩散的重要机构而为人们所熟知，且其信息资源建设成就巨大，影响日增，显然已成为当前建设的主要力量，这也就是有学者将图书馆作为信息资源建设的主体的原因。当然这里所指的"图书馆"并非仅限于某个图书馆，随着美国联机计算机图书馆中心（OCLC），中国图书馆信息网络工程（"金图"工程）、中国高等教育文献保障体系（CALIS）等工程项目的相继建成和投入使用，人们看到了基于共建共享基础上形成的信息资源保障体系的非同寻常的信息服务能力，让大家更深刻地意识到在某一地区、某一系统、某一学科范围内，联合多家图书馆进行信息资源建设、提供信息联合保障的重要性。这也更进一步强化了信息资源建设的主体就是图书馆的认识。

然而，大数据时代，无论行政事业单位抑或生产、流通企业，大都建有自己的信息机构，重视信息的收集、整理、开发和利用，甚至建立起自己的信息资源共建共享体系（如公安、医保中心、银行的联机信息体系），他们都应该是信息资源建设的主体。因此，认为"信息中心"或者各级各类"信息机构"是信息资源建设的主体似乎更为科学。现在有些信息资源建设的著作以图书馆信息资源建设为主，加入"面向对象的信息资源建设"的章节，介绍不同行业、不同部门的信息资源建设，可能就是基于以上的认识。但是由于这些组织性质各异，服务对象不同，信息资源内容差别较大，可以想象，单靠某一章节是很难将其信息资源建设问题讲清楚的。所以本书仍以图书馆的信息资源建设为主要论述对象，但并不否认，图书馆并非信息资源建设的唯一主体，并且相信，图书馆信息资源建设会对其他信息机构的信息资源建设有重要的借鉴意义。

（二）信息资源建设的客体

现在许多观点认为信息资源建设的对象或客体就是"杂乱无章的各种媒介信息"，其实这是错误的。信息只是信息资源建设的主要要素，但不是对象，就好比，我们要建房子，砖、瓦等只是建设的材料，但房子才是建设对象一样，所以信息资源建设的对象应该就是"信息资源"，而各种信息只是信息资源建设需要用到的材料或要素。当然也有人会有疑问，中国的语言习惯中会说"开采资源""利用资源"等，或者人们通常会说"建设房子""建设医院"等，但绝少有说"资源建设"或者"建设资源"的，信息资源需要建设吗？如果这个问题得不到解决，信息资源建设的研究及实践都将会受到质疑。

要解决这个问题，首先得理解什么是建设。"建"在《现代汉语词典》中解释为"设立、成立"；"设"解释为"设立、布置"；"建设"意为"创立新事业；增加新设施"。所以我们常说"建设家园""建设学校"等，意即原来没有，通过系统规划、布置，建成新的东西，或者完善原有的东西。那什么是"资源"呢？资源分为自然资源和社会资源，无论何种资源，如前所述，必须符合两大要件：其一要有"量的积累"。个体或分散的物质，不能称为资源；其二是要"能创造物质或精神财富"。自然资源，如石油、天然气等，自然形成且存储集中、存量丰富，故不存在建设之说，我们只需探得它，并对其开发利用即可。但作为社会资源的信息资源与自然资源不同，它是有用信息的有机集合。尽管信息客观存在、数量无限，但却不会有目的地自动聚集，需要人为地选择、收集、存储并加工整理成为有序信息的集合后，才能成为资源，即通过系统规划、部署，并通过一系列的信息处理，才能建成或增加一个新的、原来没有的东西。所以说，信息资源与医院、学校一样，并非凭空出现，而是需要建设才能形成。

信息资源建设这一提法是科学的，信息资源建设的对象就是信息资源。但信息资源是信息的有机集合，信息是看不见摸不着的，它需要具体的载体来记录和表现，信息资源也要有具体的表现形式。目前来看，其主要的表现形式有收集各类纸质资源的文献中心，收集电子资源或数字资源的各类数据库，收集虚拟资源的各类网站等，而这些信息资源的有机集合，便形成了一定的信息资源体系。

（三）信息资源建设的内容

许多学者认为信息资源建设的内容就是对杂乱无章的各种媒介信息进行选择、采集、组织和开发。现代信息环境下，这只是信息资源建设内容的一方面，即微观的信息资源建设，指的是某一信息机构的信息资源建设，建设的关键是将无序信息的有序化，建设重点是依据本信息机构用户的需求，制订采集计划，然后对采集到的信息进行组织整理，形成本机构的信息资源体系。信息资源建设内容的另一方面是一个系统、一个地区内不同信息机构，在统一的领导和协调下，根据全局的要求，进行整体规划，开展信息资源共建活动，从而形成一个能满足某一范围内经济、文化和科研发展要求的信息体系，即宏观的信息资源建设。其建设的关键是对各级各类信息中心的信息资源进行整体规划、合理配置以及共同开发和利用，建设的重点是建成一个地区、一个系统内的信息资源保障体系。

当然，微观信息资源建设和宏观信息资源建设是相辅相成，你中有我，我中有你的。单一机构的微观信息资源建设在编制计划时要客观定位，明确其在统一的资源体系中的权利及义务，才能避免资源重复建设，提高资源利用效率；在进行资源的组织和利用过程中遵循统一的标准，才能享用不同成员的信息资源，实现效益最大化。同样，宏观信息资源体系的形成，离不开对体系内各成员单位的信息资源进行合理布局，逐步使各个信息中心的信息资源形成一个合理的、系统的有机体，从而宏观信息资源体系才能形成。另外，宏观信息资源体系的建设要求各个成员单位在建设过程中遵循统一标准的同时，并不是要泯灭这些机构的特色，而是鼓励各成员单位的特色资源建设，否则分散的单个信息机构便失去了其存在的意义。

目前，仍有大量的信息机构在相对封闭的环境下进行信息资源建设，但不可否认的是，信息资源共建共享已是大势所趋，各个信息中心应树立资源共建共享的意识，积极地加入信息资源共建共享进程中。

（四）信息资源建设的目的

信息资源建设的根本目的就是要建立起可资利用的信息资源体系，以满足人们的信息需求。但由于信息资源建设从内容上看有宏观和微观之分，所以信息资源建设的目的也应该有宏观信息资源建设的目的和微观信息资源建设的目的之分。

微观信息资源建设的目的是建立起信息机构自身的信息资源体系，对内能满足信息用户的信息需求，对外通过协调合作，利用统一的信息组织整理、传播、使用标准和联合发展机制，参与区域性甚至全国性、全球性的共建共享。微观信息资源建设的目的除要求单个信息机构通过制订自我发展的信息计划，通过信息采集、组织加工、存储，为信息用户提供信息服务外，还要求其在信息组织整理和传播检索过程中应用统一标准，积极参与信息资源的共建共享。

宏观信息资源建设的目的是在相关政策的指导下，通过有组织、有领导的统一规划，协调管理各个信息机构，制定统一的标准，减少重复建设，建立起经济、高效的信息资源保障体系，最大限度地满足用户的信息需求。

综上所述，本书认为信息资源建设应定义为：各级各类信息机构通过有计划的信息选择、采集、组织，形成大量有序化信息积累，并在统一规划、平等互利的基础上，对信息资源进行合理布局、科学配置与整合，建成高效的、可共享的信息资源保障体系，以满足用户信息需求的全部活动。

二　信息资源建设和信息资源管理

现代信息资源管理（Information Resources Management，IRM）实践源于20世纪中叶的美国政府文书管理领域，而有关理论的研究，始于20世纪70年代末，并逐步深化，促使信息资源管理实践活动开始在各类企业普遍开展，企业信息资源管理的思想和理论亦得以迅速发展。当前尽管信息资源管理的理论和方法仍处在不断丰富和完善的过程中，但作为人类管理活动的总结和升华，信息资源管理的思想和理论已发展成为一门独立的应用管理学科。20世纪90年代初我国学者开始介绍国外信息资源管理思想和理论，并且从自身的学术领域出发，结合学科建设和发展的需要，逐步开展我国的信息资源管理理论研究和探索。

信息资源建设的概念由我国科技情报界于20世纪90年代提出，之后，引起图书情报界广泛关注，达成了普遍共识，理论研究不断发展，并且信息资源建设实践也取得了巨大成就。现在的信息资源建设，无论是建设主体还是建设内容都有不断泛化的趋势，信息建设的主体不再局限于图书馆而被认为还包括图书情报、档案等信息机构，及一切行政和企事业单位的信息中心，信息资源建设的对象变得丰富而多样，建设的手段高度依赖现代信息技术，这势必与信息资源管理产生诸多的交叉、重叠。

目前，信息资源建设和信息资源管理都是图书情报界研究的热点，亦是许多高校开设的两门重要课程，这两者有什么区别和联系呢？从现有的资料来看，还未见有人对此做过专门的论述，但从众多学者为两者所下的定义中，可以大致将它们的关系总结如下。

（一）信息资源建设与信息资源管理相辅相成

就内涵而言，信息资源建设强调从无到有，创造新的信息资源体系，提供信息服务，满足社会大众或组织机构的信息需求。而信息资源管理则是运用现代化的管理理论和方法，来研究信息资源在经济活动和其他活动中利用的规律，并依据这些规律对信息资源进行组织、规划、协调、配置和控制的活动。可见，信息资源建设为信息资源管理提供了可靠的、可资利用的信息资源，是信息资源管理的前提。信息资源管理离不开信息资源建设，当然，信息资源建设也离不开信息资源管理，只有通过对信息内容及与信息活动相关的各种要素进行有效的规划、组织、指挥和控制，才能够促进信息资源建设的科学发展。因此，信息资源建设和信息资源管理是相辅相成的。

（二）信息资源建设与信息资源管理有区别

1. 主体不同

如前所述，信息资源建设的主体应该是各级各类"信息机构"，包括图书馆、档案馆、情报院（所）、数据开发商、行政和企事业单位的信息情报中心等。但从具体实践的主要力量及其取得的有较大影响力的成就来看，不可否认，目前信息资源建设的核心组织仍是图书情报机构。而信息资源管理源于美国联邦政府官方文件管理，然后随着信息资源被认为与人力、物力、财力等一样，是企业生存发展不可或缺的要素而受到重视，要求对其加以科学管理，因此，政府及企业是信息资源管理最主要的主体。

2. 客体不同

就客体而言，虽然两者均以信息资源作为客体，但却有宏观和微观的区别。信息资源管理的对象除信息本身外，还包括一切与信息活动相关的要素，属于宏观信息资源范畴。如 1979 年，霍顿（F. W. Horton）在连续发表的文章中指出："信息资源管理是对一个机构的信息内容及支持工具（信息设备、人员、资金等）的管理"[1]；美国行政管理与预算局（Office of Management and Budget）亦指出："信息资源管理是涉及政府信息的有关的规划、预算，组织、指导、培训和控制。"为此卢泰宏认为："这一术语既包含了信息本身，也包含与信息相关的各种资源，如人员、设备、经费和技术等。"[2] 而如前所述，信息资源建设，往往探讨的是如何将各种媒介信息通过科学手段进行有序集合，以构建可资利用的资源体系的问题，其建设的对象是狭义的信息资源，或者说只涉及信息本身。

3. 内容不同

信息资源建设的内容是通过对杂乱无章的信息进行收集整理后，创建成一个有序的信息体系，并供人们检索、使用，强调的是从无到有的过程。

---

①　Levitan. K. B., Information Resource Management：-IRM. ARIST, 1982, Vol. 17, p. 227.

②　卢泰宏：《信息资源管理：新领域和新方向》，《情报资料工作》1994 年第 1 期，第 10 页。

信息资源管理强调的是"对信息的生产、流通、分配、使用等全过程的信息、设备、人员、资金等诸要素进行综合管理"。① 或者如伍德（C. Wood）所说："信息资源管理意味着将一般管理、资源控制、计算机系统管理、图书馆管理，以及多种政策制定和规划方法结合起来，并加以运用。"② 总之，信息资源管理既涉及信息本身的收集、组织等问题，也强调不同的行政机构、企事业单位如何利用科学方法，合理地规划、配置和控制信息资源，以更好地服务这些组织机构的经营和管理。

4. 目的不同

尽管信息资源建设和信息资源管理的目的都是为相关组织或个人提供信息服务，但侧重点却不同。信息资源建设虽然也提倡为经济建设提供信息服务，但就目前的建设重点来看，主要还是为了满足群众的文化需求及教学和科研工作者的学习、研究需要。而行政机构和企事业单位进行信息资源管理的目的，主要是提升组织机构的经营管理效率，提高管理和决策水平，实现管理者的战略目标。齐乔克（A. W. Zijlker）指出："信息资源管理就是运用信息资源来实现或达到战略目标。"③

三　信息资源建设概念的演变

信息资源建设这一概念是在 20 世纪 90 年代首先由我国学者提出，并在之后被深入研究和广泛采纳，现在已经取代了 20 世纪 70 年代末至 20 世纪 80 年代中期被普遍使用的"文献资源建设"的概念。而"文献资源建设"的概念则是由"藏书建设"这一概念演变而来。这些变化的根本原因在于信息技术的飞速发展，促使人类记录、传播信息和知识的手段与方式发生了根本的变化，从而导致图书情报事业的变革和相应理论研究的发展。

（一）藏书建设

图书（典籍）是人们表达思想、保存经验、传播知识、记载事物的工具，是人类文化的结晶。文字的产生和书写载体的发展，促成了典籍生产

---

① 汤津红等：《信息资源管理与图书馆学情报学教育》，《图书馆工作与研究》1994 年第 4 期，第 25 页。
② White. M. S. , "The Development of IRM", *Information and the Fransformation of Society*, 1982.
③ 卢泰宏：《信息资源管理：新的制高点》，《国外图书情报工作》1992 年第 3 期，第 2 页。

能力的进步，并由此诞生了藏书事业。

我国的藏书事业大约萌芽于夏、商时期，正式产生于周代，西汉之后快速发展。据说老子作为史官，主要负责周朝文献资料和图书的保管工作，而当时已建立了金匮制度，即"书之玉版，藏之金匮，置之宗庙"。秦始皇曾在咸阳阿房宫设有"明堂""石室"等藏书机构，之后西汉建有"天禄""石渠"，东汉设有"东观""兰台"，故而后来凡国家重要文献收藏地便有了"石室金匮"之说，而"兰台"亦成为档案馆的别称。孔子可能是春秋时最大的藏书家，据《史通》记载，孔子曾让弟子子夏等去求周史记，最终得到120国的宝书。西汉时，除官、私藏书已成规模，寺观藏书开始兴起，书院藏书出现萌芽，中国古代四大藏书体系逐渐形成。与此同时，藏书整理理论和实践快速发展。西汉时的刘向、刘歆父子受命整理皇室藏书，编撰《别录》《七略》，开启了中国目录学之先河。唐初官修的《隋书·经籍志》首次以经、史、子、集四部命名分类，正式确立了四分法在古代目录学中的地位。清朝按四部分类法，编辑成我国古代最大一部丛书《四库全书》，分抄七部，并仿明代私人藏书楼天一阁之风格，建文渊、文源、文津、文溯、文澜、文宗、文汇七阁进行收藏。我国藏书事业的发展，促进了藏书思想的形成，许多藏书家在著述中探讨求书、鉴书、装订、编目、保管等问题，形成了我国独有的"校雠学"。

"鸦片战争"后，西方列强对中国进行疯狂掠夺，再加上清政府的腐败无能，战祸连年，许多藏书家因经济破产，生活无着，无力维持藏书楼，只能变卖图书。大量图书要么流落无所，要么为更大的藏书家收藏，封建藏书楼逐渐衰落。而在这样的时代变革洪流中，一部分读书人迫切要求了解政治、经济时事和外国情况，却受经济困难或其他限制而不能大量购得图书，要求公开公私藏书的呼声愈高。19世纪后半叶，我国开始出现图书公开活动，部分藏书家开始公开自己的藏书。另外随着西方自然科学及社会科学的传入，改良主义者认识到图书馆作为文化教育基地的重要性，主张设立新式公私藏书楼，改变封建藏书楼的经营作风。当时出现的学会、学堂、报社、译书局等，几乎都附设有藏书楼，并且一些传教士来华后，为译著及传播教义之需，亦建立起藏书楼或图书馆。这些藏书楼、图书馆的建立，促进了我国近代图书馆的兴起。

1904年初，湖南、湖北、江南分别创办图书馆，并于当年对外开放，是我国最早设立的省级公共图书馆。至 1914 年，全国除山西、甘肃、江西、新疆等省外，共创建省级图书馆 18 所。1902 年，北京大学图书馆的前身——京师大学堂图书馆成立；1912 年，北京师范大学和清华大学图书馆（室）创办，这些均为中国较早建立的高校图书馆。1905 年，袁世凯在天津建立工艺总局，附设教育品陈列所，这是我国较早的专业图书馆。随后我国又在 1912 年设立教育图书馆，1916 年设立中国科学社图书馆等专业图书馆。

"新图书馆运动"普及了开放式的公共图书馆观念，逐渐改变过去"重藏轻用"的收藏思想。重视图书的传播与交流，并且引进了西式分类法与卡片目录等图书管理方法，为我国古代传统藏书楼转变为近现代图书馆作出了巨大的贡献。20 世纪初，随着西方近代印刷术及造纸术的传入及应用，以及"西学东渐"造成的学术思想的活跃，我国图书种类与出版数量日益增多，如何利用有限资金收集到本馆需要的图书资料，成为近代新式图书馆面临的一个重要课题。早期的图书馆学家开始就此进行探讨，1926 年出版的杜定友的《图书选择法》、1927 年出版的顾颉刚的《购求中国图书计划书》、1934 年出版的吕绍虞的《图书之选择与订购》等，均是在总结当时图书馆采访工作的实践基础上，研究如何有计划地、科学地、有选择性地收集图书馆资料的专门论述。"藏书采访"这时成为一个比较流行的专业术语。

20 世纪 50 年代，我国图书馆界开始使用"藏书建设"这一专业术语作为"藏书采访""藏书补充"的同义词使用。20 世纪 60 年代，"藏书建设"这一概念开始被赋予新的内涵，认为其应该包括从藏书补充到藏书组织，或典藏的全过程，包括搜集、选择、馆藏布局、排架、保管、剔除等内容。从此，"藏书建设"逐渐取代"藏书采访"，成为图书馆界普遍使用的术语，且其含义不断深化和延伸。有人认为藏书建设是藏书形成的全过程，即从藏书的入藏到利用，再从利用到入藏的循环反复、螺旋上升的过程；亦有人认为藏书建设是一个通过搜集、积累、组织，建立系统的藏书体系的过程。总之，"藏书建设"这一概念为过去的"藏书补充"赋予了新的内涵，被认为是一个包括藏书模式、藏书补充、藏书组织、藏书管理的系统概念。

藏书建设主要以手工方式对文献进行编目、整理和收藏。这时的图书馆虽说比较重视文献"藏"与"用"的统一，强调以"用"定"藏"，但限于单个图书馆范围内的馆藏建设、追求个体的目标定位，馆与馆之间相互独立，自成体系。藏书建设的研究亦局限于微观和具体工作方式的讨论。然而，随着图书馆事业的发展，图书馆的文献收集和利用在时空分布上变得更为复杂：在空间上，即使一个很小的区域图书馆，所面对的也可能是多元的无穷无尽的需求；在时间上，什么时候该收藏什么图书资料，所收的图书馆资料是否能满足当时人们的需要，不知何时才被使用等，这些问题困扰着图书馆的实践发展，需要新的理论指导。

（二） 文献资源建设

20 世纪 80 年代，由于出版业的发展，文献生产、复制能力的增强，馆藏环境发生了巨大的变化。

其一是藏书类型变得多样化。不仅有不同形式的出版物，而且除传统纸质载体外，缩微资料、音像资料甚至机读资料亦陆续出现在馆藏目录中，如果仍将这些资料统称为 "藏书" 已显得不太准确。其二，文献出版数量剧增，价格大幅上涨，而图书馆的购书经费却相对短缺，单个图书情报机构的藏书建设越来越难以满足用户日益多元的信息需求。为解决以上问题，许多图书馆开展了协作采购、合作藏书、资源共享等活动，原来意义上的藏书建设已不能概括这些实际的工作内容，必须寻求理论的突破。

20 世纪 80 年代中期，我国的图书情报界正式提出了 "文献资源" 和 "文献资源建设" 的概念，与当时国外的合作发展馆藏思想相呼应，并被学术界认同和接受。随后的十年时间里，学者们纷纷发文对 "文献资源建设" 进行系统、深入的探讨，取得了许多重要的研究成果。1993 年，范并思在《从经验图书馆学到新型图书馆学》一文中就此总结道："文献资源建设概念的提出及研究领域的形成，是中国图书馆学家首次用自己的概念创立研究领域，并且没有一个术语如此科学地包容了这个领域的问题。在这一领域，中国人站到了世界前列。"[①] 同年《中国大百科全书·图书馆学 情报学 档案学卷》明确使用了 "文献资源建设" 这一概念。

所谓文献资源建设是指依据图书情报机构的服务任务与服务对象以及整个社会的文献情报需求，系统地规划、选择、收集、组织管理文献资源，

---

① 范并思：《从经验图书馆学到新型图书馆学》，《中国图书馆学报》1993 年第 2 期，第 4 页。

建立特定功能的文献资源体系的全过程。[①] 文献资源建设不仅强调微观的、单个的图书馆的文献收集、整理和利用，同时强调在宏观层次上（地区、系统、国家乃至国际），众多图书馆情报机构对文献资源进行统筹规划、协调发展，最后形成一个文献资源整体系统，以保障和满足整个社会对文献的需求。文献资源建设的理论是对藏书建设理论的丰富和发展，将各类书刊、资料等视为文献，将文献视为整个社会资源的一个组成部分，将文献资源的收集、利用上升到社会资源的高度加以审视和研究，较好地解决了文献资源的宏观建设问题。然而，尽管从理论层次上，文献资源建设提出了共同规划、协调发展馆藏等先进理念，并且在实践中馆际交流与互借，以及图书馆联盟的建立等促进了这一理论的落实，但由于当时信息技术的限制，文献资源的共建共享面临诸多的困难，进展缓慢，文献收藏与利用的整体观念并未在事实上被广泛地接受，片面追求实体文献完备性的观念仍在许多图书情报工作者的思想中占有重要的地位。另外，随着计算机技术的发展，尤其是网络技术的应用，文献生产、传播形式发生了革命性的变化，文献资源建设的概念在出现十年后，受到了诸多的挑战。

（三）信息资源建设

20 世纪 90 年代以后，以计算机技术和网络技术为代表的信息技术迅速发展，并且逐渐在图书情报领域展开广泛而深入的应用，文献资源建设的实践环境发生了巨大的变化，文献资源建设理论的局限性亦渐渐显露出来。

其一，就建设对象而言，利用二进制代码生产、存储和传播的，海量的电子资源、网络资源的出现，使得馆藏结构不再局限于物理的资源形态。尽管为了适应这种变化，有学者将文献重新定义为"记录有知识的一切载体"，但脱胎于传统校雠学的文献概念似乎显得越来越不合时宜了。

其二，就建设主体而言，文献资源建设无疑是以图书情报机构为核心的，而随着信息资源观的形成，信息资源被管理者认为是与物质资源、财力资源和人力资源一样重要的资源，甚至将信息资源上升到国家战略资源的地位。这时，不仅是图书情报领域，其他诸如管理学界、经济学界、计算机学界等亦对信息资源展示出了相当深厚的研究兴趣，探讨如何在企事

[①] 沈继武、肖希明：《文献资源建设》，武汉大学出版社，1991，第 46 页。

业单位及政府部门，进行信息资源建设和管理的问题，并付诸实施。与此同时，文献资源建设内涵却难以涵括这些不断泛化的建设主体。

其三，就建设内容而言，数字化、虚拟化资源的收集、整理，及其利用方式、方法与传统文献资源有着较大的区别。首先文献资源建设关注的是自身"实体"馆藏建设，这些资源的获取主要通过图书情报机构购买其所有权，然后通过借阅的方式进行流通。而网络环境下，尽管一个信息机构并未拥有某些资源的所有权，但只要得到合作机构授权，其用户就可以通过联机检索的方式，快速、便捷地获得不同地区、不同系统的资源而不受时空的限制，这显然是进行"文献资源建设"探讨时所没有料想到的。其次，资源电子化、数字化和网络化后，其组织整理问题显然也是与传统文献资源有着很大区别的。例如传统文献资源的整理往往是以本、部或册为基本单位，而数字资源的整理可以深入到某个有用信息点，利用信息抓取技术，进行快速的、大规模的知识掘取及整合，以方便用户的使用。再次，文献资源建设虽然也提出了整体资源观，希望通过对资源进行合理配置，为社会提供强有力的文献资源保障。但受客观条件的限制，其主要采取的馆际互借等活动方式，效率较低，资源共享能力较弱。而随着信息技术，尤其是网络技术的发展，通过建立联机检索目录，及将异构的网络资源数据库有机地整合在一起，能够最大限度地实现不同信息中心的信息资源共建共享，真正建立起一个不受时间和地域限制的信息资源保障体系。

鉴于上述原因，越来越多的学者认为，文献资源建设的内涵和外延显然反映不了这些新的变化，需要找寻新的理论突破。20 世纪 90 年代中期，我国学者开始提出"信息资源建设"的概念。此后，图书情报界不断从理论和实践两个方面，探索完善新的信息环境下的信息资源建设问题，并取得了令人瞩目的成就。较之文献资源建设，信息资源建设这一概念有着以下优势：一是信息资源建设是较文献资源建设更高层次的理论和实践形态，适应了新信息环境的需要；二是信息资源建设理论包含了深刻的整体观、资源观、共享观、特色观等各种现代信息社会的新观念；三是信息资源建设有很大的包容性，文献资源建设是信息资源建设的重要组成部分，相较于文献资源建设，信息资源建设的建设对象范围更广，建设手段更先进，建设方式更多样。

总之，从藏书建设到文献资源建设，再到信息资源建设，反映了图书情报学界在总体上不断自我超越，不断拓展前进，不断以高层次理论对低层次理论包容和扬弃的过程。

四　信息资源建设的意义

（一）　无序信息有序化，方便人们的利用

随着社会的进步，人们的思想越来越活跃，再加上信息生产、存储、传播、利用技术的发展，人类不可避免地进入了信息大爆炸时代。现在的信息增长速度远比人类理解的要快，人们在探索未知领域时，从未像现在这样有如此丰富多样的信息资料可供选择，也从未像现在这样感到疑惑——哪些才是真正对我有用的信息？我又怎样才能得到这些信息？要解决这些困扰，往往需要寻求专业的信息机构的帮助。

专业的信息机构，比如图书馆，通过信息资源建设，不仅要存储大量的信息资料，更重要的是，面对形式多样、数量巨大的信息资料，要做好信息的组织和整理工作，使无序信息有序化。这是提供专业的信息服务来满足人们多元的信息需求的基础，是避免人们迷失于"知识的海洋"的重要依靠。

（二）　为教学、科研活动提供信息资源保障

现在的教学科研活动对信息的需求不仅要全，而且要专。然而，当前任何一个信息机构都面临有限的购置经费，与指数级别增长的信息数量、不断上升的图书价格的矛盾，使得单个信息机构的有限馆藏难以全面满足教学、科研信息用户的信息需求。对不同信息机构的信息资源建设进行统一规划、合理布局，建立起多层次的信息资源保障体系，为教学、科研信息用户提供信息资源共享服务，能最大限度地解决单个信息机构信息资源不足的问题。另外，在现代信息技术支持下，信息资源建设对信息的加工与处理已经从信息形式特征的描述，深入到对信息内容的揭示。按照信息揭示出来的信息内容的内在逻辑关系，以某次检索为起点，顺藤摸瓜，信息用户就能够"一网打尽"所需信息，并且能够排除低价值或无用信息的干扰，提高检索效率，获得更专业、更有针对性的信息资料。

（三） 为国民经济发展提供信息支持

国民经济发展进入信息经济时代，其两大重要特征是信息产业化和产业信息化，两者均需要以信息资源作为纽带。

信息经济时代，信息产业作为促进国民经济发展的支柱产业，其发展离不开信息资源建设。首先，信息资源的生产和建设是信息产业的重要组成部分；其次信息资源建设离不开信息技术的支持、信息设备的支撑以及信息基础设施建设的保障。反过来，信息资源建设的更快更好发展的要求，同样促进了以上产业的进步和发展。

信息经济时代，各行各业的信息化是国民经济发展的必然要求，信息资源建设是加快社会信息化步伐的基础。各行各业的信息化不仅表现在自动化、智能化的改造上，更表现在对信息资源的合理配置和使用上。信息资源建设为经济、文化和科学的发展提供了物质和能源之外的又一种重要资源，不仅能优化物质和能源的使用，甚至可以减少、替代物质和能源，提高管理水平，降低能耗，促进社会经济的可持续发展。

（四） 有利于增强人们的信息意识

信息资源建设理论和实践的发展，促使相关观念不断改变，由"重藏轻用"，到"以人为本，满足需求"，从藏书特权思想到追求知识自由和信息平等，从自给自足到共建共享，从有墙图书馆到无墙图书馆，从只重视拥有到既重视拥有又重视获取。这些观念的改变并付诸实践，使得信息生产和服务的环境不断完善和发展。信息中心的"门槛"降低了，人们获取信息的方式增多了，变得更便捷了，也就使得信息资源建设有了越来越广泛的群众基础。人们沐浴于信息资源建设带来的越来越多的福利之中，同时信息经济与价值意识、信息获取与传播意识、信息保密与安全意识、信息污染与守法意识、信息动态变化意识等也就自然而然地不断增强了。

第二章　信息资源建设的时代背景

第一节　信息技术背景

一　现代信息技术的发展

（一）计算机和网络技术成为现代信息技术的代表

1946 年第一台电子计算机出现，揭开了信息革命的序幕。第一代计算机采用的主要元件是电子管，体积大、能耗高、运算速度慢，只能用于科学计算。晶体管的发明为计算机技术带来了革命性的变化，采用晶体管元件的计算机体积大大缩小，运行速度加快，信息处理能力增强，除科学计算外，还用于数据处理和实时过程控制等。20 世纪 60 年代中期，集成电路技术的出现，可以在几平方毫米的单晶硅片上集成十几个甚至上百个电子元件，计算机的体积进一步缩小，可实现每秒几百万次的运算。同时操作系统的出现，使计算机功能更强，开始应用于企业管理和辅助设计等领域。20 世纪 70 年代初生产出了大规模集成电路元件，第一代微处理器芯片问世后，计算机技术发展进入大规模和超大规模集成电路时代。计算机的体积变得更小的同时，运算速度却能达到每秒几千万次到几十亿次，能够支持越来越多的软件。这时，微型计算机开始大量进入家庭，产品更新速度加快。20 世纪 90 年代以后，计算机技术发展十分迅速，产品不断升级换代，新一代的计算机主要是把信息采集、存储、处理、通信和人工智能结合在一起的智能计算机，朝着巨型化、微型化、网络化、多媒体化和智能化的方向发展。

计算机网络是计算机技术与通信技术相结合的产物，它的出现和发展使计算机应用发生了巨大的变化。早期的计算机网络提供非常简单的单点投递，即点到点的数据传输，后来逐步扩大到点到多点的广播方式，但其本质还是利用点到点方式，只是形式上变成了客户/服务器工作模式。20世纪90年代以后，大量实时多媒体应用在网上出现，如计算机视频会议等，需要网络能提供可靠的多点投递服务，即群通信和服务质量控制。异步传输技术（ATM）的出现，提出了效率更高、更加灵活的信元交换方式，不仅提高了网络传输效率，也为多媒体通信提供了必要的等时服务，同时发展了网络安全和管理的新途径。

计算机的应用使得信息处理逐渐实现了一体化和自动化，电子计算机可以模拟并代替人脑的部分思维功能，扩大了人类的处理能力，同时因其处理速度快、存储容量大、计算精度高和通用性强，提高了资料存储和使用效率，渗透到人类生活中的各个领域，引起整个人类社会的巨大变革，为人类社会从工业化社会向信息化社会过渡创造了条件。而计算机网络的发明及应用，使计算机的处理模式从最初的以大型主机为核心的集中式运算，和以个人电脑为基本单元的独立处理，发展成现在的网络计算，其应用范围已远远超出了科学计算，成为综合信息、通信、政务、企业管理甚至商务应用和娱乐的工具。在计算机网络环境中，传统的信息提供、处理、传播与应用方式被彻底改变，信息资源以数字化的方式处理和存储，通过通信网络相互连接，人们可以借助网络上任一终端，不受时空限制地获取需要的信息资源。因此，计算机和网络技术被认为是现代信息技术的代表，并随着社会发展和研究的进步，快速发展。

（二）现代信息技术的发展

信息技术发展的总趋势是从典型的技术驱动发展模式向应用驱动与技术驱动相结合的模式转变，人工智能、移动智能终端、第五代移动通信（5G）、先进传感器等成为新一代信息技术产业发展的重点，其发展趋势包括以下几个方面。

1. 高速度大容量

速度和容量是紧密联系的，鉴于海量信息四处充斥的现状，高速处理，传输和存储要求大容量，就成为必然趋势。

2. 智能化

随着工业和信息化的深度融合，以"智能制造"为标签的各种软硬件应用，将为各行各业的各类产品带来"换代式"的飞跃甚至是"革命"。"智慧地球""智慧城市"等基于位置的应用模式的成熟和推广，本质上也是信息技术和现代管理理念在环境治理、交通管理、城市治理等领域的有机渗透。

3. 虚拟计算

在计算机领域，虚拟化（Virtualization）这种资源管理技术，是将计算机的各种实体资源，如服务器、网络、内存及使用操作人员等，抽象、转换后呈现出来，打破实体结构间的不可切割的障碍，使用户能够以比原本的组态更好的方式来使用这些资源。

4. 更快、更强、更广的通信技术

随着数字化技术的进步，通信传输呈现高速、大容量、长距离的发展趋势。光纤和光纤技术的应用使有线网络的传输速度变得更快，容量更大。而网络技术发展的另一个亮点是无线网络的发展。4G 无线网络和基于无线数据服务的移动互联网已经深入社会生活的方方面面，并在电子商务、社区交流、信息传播、知识共享、远程教育等领域发挥了巨大的作用，极大地影响了人们的工作和生活方式，成为经济活动中极具发展创新活力的引擎。5G 网络即第五代移动通信网络（5th Generation Mobile Networks 或 5th Generation Wireless Systems），是最新一代蜂窝移动通信技术。其性能目标是提高数据速率、减少延迟、节省能源、降低成本、提高系统容量和进行大规模设备连接。5G 网络的主要优势在于，数据传输速率远高于以前的蜂窝网络，最高可达 10Gbit/s，比 4G 快 100 倍。

5. 移动智能终端

自 2007 年美国苹果公司推出 iPhone 以来，智能手机以及相关平板电脑设备等移动智能终端开始飞速发展。随着四核甚至八核并行移动处理器、闪存等核心配件的发展及其在手机上的应用，手机的信息处理能力与传统个人电脑相比已不相上下。智能手机逐渐成为人们通信、文档管理、社交、学习、出行、娱乐、医疗保健、金融支付等方面便捷、高效的工具。

二　现代信息技术对信息资源建设的影响

现代信息技术是指计算机和网络传输技术支持下完成信息的收集、获取、加工、传递和使用的各种技术，包括用以收集、获取、加工、存储、变换、显示，传递文字、数值、图像、视频、音频等多种信息资源的，数字压缩、数据库构建和多媒体传播的技术与方法等。它提高了人类的信息接收和处理能力，增强了人类认识世界和改造世界的能力，延伸了人类社会的交流空间，并以其越来越快的步伐改变着以往的社会框架结构。或者说，现代信息技术是指那些能够扩展人类信息器官功能的各种技术的总称。在图书馆活动中，现代信息技术不仅仅是一种信息处理的手段，而且还充当了图书馆信息资源、用户和社会联系的媒介和桥梁，使之不断地融合、作用、促进和发展。

随着信息技术的迅速发展和广泛运用以及社会政治、经济、文化领域的深刻变革，由此带来的图书馆事业的发展变化，给图书馆信息资源建设带来了直接而深刻的影响。

（一）　对藏书结构理论和馆藏结构的影响

藏书结构是指依据图书馆的任务和读者需求，对多种藏书成分要求达到的收藏级别所安排的比重和构成，实质上是一个人为设计的系统藏书组织和框架模式，通常由藏书的学科结构、等级结构、时间结构、文种结构和文献类型结构等五个层面构成。信息技术的发展，对图书馆馆藏等级结构和文献类型结构的影响尤其明显。

由美国图书馆界提出的图书馆藏书结构理论自 20 世纪 80 年代初引入我国以来，在图书馆界引起了巨大反响。国内有关专家针对我国图书馆的现状和条件，参照美国图书馆的做法，拟出一些藏书等级方案，有五级、三级、七级、四级等多种观点。其中，影响较大的是肖自力先生提出的五级藏书方案，即将馆藏文献划分为完整级、研究级、大学级、基础级和最低水平级。① 不同

---

① 具体是指完整齐全搜集某专题领域所有知识记录为目标的完整级；以满足独立研究需要为目标的研究级；以满足大学生和个人自学大学课程需要为目标的大学级；以介绍人们认识不同专业领域为目标的基础级；范围之外的最低级。

性质的图书馆应根据其发展任务和读者要求的不同，合理安排其等级结构和不同等级藏书的比例关系。以高校图书馆为例，通常要求对完整级、研究级的文献收集齐全（但囿于经费紧张以及文献资源快速增长，我国很多图书馆很难达到这一理想的标准）。其实，传统图书馆藏书结构理论所探讨的本质，是在经费有限的条件下，不同图书馆对于不同类型的文献资源收藏的完备程度，从而形成不同的收藏级别。现代信息环境下的图书馆强调的不仅是馆藏文献的完备程度，更是利用网络信息资源的能力，即图书馆可供利用和服务的信息资源已不再局限于本馆"拥有"的资源。网络环境下，信息的传播很容易突破时空的限制，图书馆能够十分便捷地通过"存取"的方式来获取本馆以外的信息资源，这时就有必要重新审视原来提出的那些等级结构理论了。

同样，随着数字图书馆建设理论和实践的不断推进，图书馆馆藏的文献类型结构和空间结构亦发生了巨大的变化。文献的载体类型不仅有传统的纸质资源，亦有以电、磁、光等方式记录和存储信息的非纸载体资源。在空间结构上，除以占有方式提供用户使用的诸如传统纸质资源、电子出版物和自建数据库等"实体馆藏"外，还有图书馆只拥有使用权而不拥有所有权的网上"虚拟资源"，主要有联机检索数据库和互联网信息资源等。

（二）对信息资源采访的影响

1. 促进了信息资源选择的多样性和采访渠道的多样化

传统的采访通常以馆配商或邮局订购的方式购买印刷型图书、期刊。现代信息环境下，随着电子出版物、网络出版物快速发展，信息资源采访的对象除印刷型的出版物外，越来越多地面临如何将有限的经费，在不同资源间进行合理分配的问题。另外，网络环境下，网上书店的壮大，为图书馆文献采访增加了一条方便、快捷的渠道，提高了采访的效率，并且图书馆还可以通过网络利用资源交换等非购买方式获得更多的文献书籍。

2. 提升了信息资源采访的质量

信息资源采访工作面临的一个主要问题是如何收集图书馆馆藏，和利用信息、读者需求信息，书商的书目信息、价格信息，并将它们进行高效匹配，用以指导信息资源的采访工作。过去，由于技术的限制，我们很难将这些信息收集齐全，更谈不上准确把握这些信息之间相互作用的内在机理。现在，许多图书馆利用计算机网络建立荐购系统，收集读者需求信息，赋予读者采购决策权，推动和发展读者需求驱动采购模式。还有些图书馆开始利用人工智能技术在大数据、机器学习、趋势预测、分类与聚类等方面强大的计算能力，来指导信息资源采访，即首先收集和提炼出读者的需求特征，以及读者需求特征在知识分类类目上的强度和量度等信息；然后将读者需求与采访书目中的图书质量评价指标进行匹配，初步确定入围采购的图书；最后，在采访经费控制下，对图书折扣率、码洋、实洋等因素通过线性回归得到最优解，完成图书采购。

（三）对信息资源存储和组织的影响

1. 提升了信息资源存储能力

作为人类信息和知识的存储中心，长久以来，图书馆一直在不断地探索和寻求保存信息的方式和载体，致力于最适宜的存储技术的应用。图书馆的存储技术大致经历了印刷存储技术、缩微存储技术、磁存储技术、光存储技术、网络存储技术等阶段。印刷术的发明使信息存储速度与广度大幅度提升；缩微技术的应用使得信息在存储容量上有了巨大的飞跃，存储同样数量信息的缩微载体，其体积只有纸载体的几百分之一甚至几千分之一；磁存储技术使存储信息的原理发生了质的变化，优盘、移动硬盘和磁盘阵列（RAID）的出现，大大加快了图书馆数字化的进程；光存储技术为图书馆开辟了新的应用领域，使馆藏开始以电子形式直接为广大读者使用，大大加快了图书馆自动化的进程；网络存储技术是指以存储设备为中心，信息存储从主机系统中分离出来，存储设备通过网络连接成为一个相对独立的存储系统的技术。网络存储技术的应用有利于实现信息的集中和共享。

随着网络环境的发展和数字信息资源的爆炸式增长，以及各种新的服务项目不断推出，信息服务模式和服务方法不断得到改善，图书馆对高存储容量、高数据存取速度、高性价比存储设备的需求不断增长。为适应这样的增长需求，现在的图书馆在不断努力挖掘传统存储技术，以求提高存储质量和效率的同时，还热衷于新的存储策略的设计和新的存储技术的应用。比如固态存储技术以及多层多阶光存储、近场光存储、全息光存储等超高密度存储技术的应用，不仅大大提升了信息存储能力，更大幅度提高了信息存取的速度；而虚拟存储①和分级存储管理②则能够动态地管理存储空间，避免了存储空间被无效占用，从而提高了存储设备利用率。如今，随着宽带网络和集群技术、网格技术的发展，云存储更成为图书馆信息资源存储的新方向。云存储是在云计算概念上延伸和发展出来的一个新的概念，是指通过集群应用、网格技术或分布式文件系统等功能，将网络中大量各种不同类型的存储设备通过应用软件集合起来协同工作，共同对外提供数据存储和业务访问功能的一个系统。与传统的存储设备相比，云存储不仅仅是指某一个具体的设备，还指一个由许许多多个存储设备、服务器和应用软件等所构成的集合体，各部分以存储设备为核心，通过应用软件对外提供数据存储和业务访问服务。

2. 促进了信息组织的发展

图书馆信息资源组织走过了文献组织、信息组织和知识组织的历程，关注重点从文本整体转向文本中的知识单元，甚至文本中语句水平上的知识点。新的信息环境下，数字技术、网络技术、存储技术的发展，使得信息的生产、存储和传播方式都发生了巨大变化，同时也为信息组织提供了一个崭新的发展平台，信息资源组织正朝着以下方向发展。

（1）信息组织的主体趋向多元化和合作化

新的信息环境下，信息资源建设的主体变得多元化，决定了信息资源组织主体的多元化。除图书情报、档案机构外，政府和信息资源开发、服务公司，甚至一些信息用户都可能会收集、整理、传播、利用信息，成为信息资源建设和组织的主体。例如，随着政府改革的深入以及电子政务的发展，政府内部会收集、存储大量的信息，同时社会公众渴望和要求政府信息公开，这就需要对这些信息资源进行有效组织。比如美国政府建立了政府数据门户网站以组织发布各类政府信息，应用关联数据思想将 64 亿份政府数据转换为资源描述框架（Resource Description Framework，RDF）的三元组格式，既为其开放的政府信息提供关联数据的检索，又鼓励公民与政府一起创建关联数据应用③。再如网络传播形式的多样性，传播内容的复杂

---

① 虚拟存储就是把多个存储介质模块（如硬盘、磁盘阵列）通过一定的手段集中管理起来，形成统一管理的存储池。

② 分级存储是指根据信息的重要程度、访问频度等指标而分别存储在性能不同的存储设备上。

③ Data. gov-Semantic web，http：//www. data. gov/semantic/index，2011-09-13。

性，都需要网络公司在发布这些信息前进行有效组织，或者通过搜索引擎、导航等形式来组织相应信息以方便人们的检索和使用。而搜索、收集到的网络信息由于内容广泛、分布分散、格式多样，也需要进行有效组织后才能使用。另外，网络环境下，信息用户不仅是信息的检索和使用者，同时为了实现对网络资源的有效利用，必须鼓励用户参与网络信息组织，利用群体力量维持日益复杂的网络信息环境，以及有限的用户信息处理能力之间的平衡。网络环境中维基、博客、大众分类法等用户协同工具的出现，为用户参与网络信息组织提供了良好的平台和协作机制。基于上述原因，现代信息环境下的信息组织呈现出越来越明显的社会化趋势，有关信息组织的理论研究和技术也成为软件生产、数据库设计与研制、人工智能、超媒体、术语学、数据仓库、可视化研究、办公自动化等领域共同关注的课题——这是现代信息组织社会化特点的重要表现方面[1]。

网络环境下，信息组织的主体不仅呈现多元化的趋势，并且信息组织的合作将得到强化。图书情报界利用互联网进行信息组织合作的探索在互联网发展初期就产生了，1998 年 8 月，美国计算机联机图书馆中心（Online Computer Library Center，OCLC）研究署正式向研究顾问委员会提交了"合作联机资源目录"（Cooperative Online Resource Catalog，CORC）的构想，认为应将网络资源的合作编目纳入现有的联机编目服务范围之内。之后，OCLC 一直在书目控制与资源共享的协作中扮演着世界中心的角色，而图书情报界也开展了多项网络信息组织合作化的有关活动。如 IFLA（国际图书馆协会联合会）发起的"全球书目控制和国际机读目录核心活动"，及其编辑和出版的《国际编目与书目控制》杂志等，为国际信息组织的联盟与合作提供了国际舞台。

我国合作编目与网络信息资源的组织、控制起步相对晚一些，但以中国高等教育文献保障系统（CALIS）为代表的一批合作项目，在合作编目、学科导航等共知共享建设上取得了很大的成就。现在网络信息组织的合作甚至超出了图书情报界，扩大到整个信息生产链上的其他所有参与者，包括网站内容创作者、出版商和信息资源系统的合作和集成者等。如美国的

---

① 张帆、李爱明：《现代信息组织特点与发展策略研究》，《情报资料工作》2006 年第 5 期，第 22 页。

网络图书馆（NetLibrary）是世界上最大的全文电子图书的收藏者与服务提供者，也是出版商、发行商、图书馆与读者有效结合的典范。

（2）信息组织的对象不断拓宽和泛化

非但传统的文献和文献信息内容，海量的、不断发生和变化的网络信息亦成为现代信息组织的主要对象。有关传统资源的组织，目前已有较为成熟的方法。但由于网络信息资源，尤其是网络原生信息资源的创作和传播方式还在不断地变化、革新中，博客、网络日志、用户标签、读者评价、维基、RSS 列表、微博、微信等用户原创内容大量涌现，网络信息资源组织的对象不断拓宽和泛化。同时网络原生信息资源的多样性、链接性、动态性、无序性、网络共享性、时效性、不安全性、网络原创性、数字形式唯一性、杂糅性、脆弱性、开放存取性等特征，为网络原生信息资源的组织带来极大的困难。目前，像博客、微博、维基、播客等开发了自组织技术，允许个人创建与发布信息的同时，将这些信息自组织起来；像百度、Google、雅虎等搜索引擎则通过提取网站的信息建立自己的数据库，向用户提供查询服务的方式来进行信息组织。而学科导航、学科信息门户、网络资源指南等，则被认为是更宏观的信息组织形式。另外，开放存取期刊和开放仓储等，则是目前开放存取资源最主要的组织形式。

（3）信息组织的集成化

网络资源的多样性和异地性，影响了用户对网络资源的有效利用，将各种网络资源整合于同一个界面成为发展的必然。海量信息集成化系统通过一致的对外接口，使用户能方便快捷地浏览和访问各种异构信息，比如文档信息、电子邮件、共享代码、多媒体信息和数据库信息，从而节省用户访问分布于不同地点资源的时间和精力。网络信息资源将和其他各种信息资源一起，被组织成集成化的信息系统，便于用户在一个资源丰富的"信息超市"（information supermarket）浏览和选择自己所需信息，并向用户提供一站式检索（one site search）①。

（4）信息组织的内容揭示不断深化

数字时代用户对信息检索的需求不再仅仅满足题名、作者、主题词等传统条件下有限的检索点，而是更注重实际内容（如目次、提要、文摘、

---

① 黄如花：《网络信息组织的发展趋势》，《中国图书馆学报》2003 年第 4 期，第 17 页。

全文、知识点等）的检索，这就对信息组织提出了更深入化的要求①。知识组织是信息组织内容揭示不断深化的必然要求，通过揭示知识和知识之间的关联对知识进行整理。尽管知识组织的实践和理论很早就有，但不可否认的是，计算机网络的出现和发展是促进现代知识组织研究和实践的主要动力。网络和网站的发展，造成了信息的"大爆炸"，给用户带来更多选择的同时也造成甄别和检索的困难。因此网络信息组织要更严格地控制信息的质量，对网上信息进行有效评价和筛选，为用户提供有价值的信息，而不是大量无用的信息，其目的是向人们提供便于利用的、可以帮助解决问题的有序化的知识，实现从信息层次到知识层次的根本转变②。互联网经历了 Web1.0、Web2.0，进入被称为数据网络时代的 Web3.0 时，在以语义网为核心的网络架构中，资源组织形式从以文件为中心向以数据为中心转换，数据与数据之间通过富含语义链接的方式形成了有价值的数据网络。而随着语义网技术的发展及其用户信息需求的变化，信息组织的处理对象及外延不断发生着变化，相应地从以文献单元为核心的处理向以知识单元为核心的处理转换，信息组织工具不断丰富且功能趋于统一，从以分类表、主题词表为核心的受控词表，扩展到语义网络、本体等知识组织系统，以适应大规模、多样化、语义化的信息处理需求③。

综上所述，现代信息环境下，信息资源建设呈现出社会化、资源多样化，建设方式和手段趋向智能化，更强调共建共享等特征。

（四）对信息服务的影响

随着网络信息技术的高速发展，图书馆的发展从传统环境扩展到"互联网+"环境，许多图书馆相继开发了数字图书馆、移动图书馆、微信公众号等平台，开设 RSS 订阅、参考咨询和文献传递等服务，这些都是依靠图书馆先进的信息技术和工具设施来完成的。通过先进的技术设施提高公共图书馆的工作效能，将大数据、移动技术、物联网、云计算、人工智能等先进信息技术融入图书馆的发展建设和服务手段中，是现阶段公共图书馆

---

① 黄如花：《网络信息组织的发展趋势》，《中国图书馆学报》2003 年第 4 期，第 18 页。
② 黄如花：《网络信息组织的发展趋势》，《中国图书馆学报》2003 年第 4 期，第 18 页。
③ 贾君枝：《面向数据网络的信息组织演变发展》，《中国图书馆学报》2019 年第 4 期，第 52 页。

的首要任务和工作重点。在新信息技术时代，图书馆的建设主要是开展智慧图书馆服务，如搭建数字服务空间，开展阅读推广，通过微博、微信等微平台将图书馆的馆藏资源、开馆时间、阅读活动和培训讲座等信息发送给读者，并接受用户的评价和反馈；利用数字图书馆和移动图书馆提供数字资源进行开放存取服务；利用数据挖掘和数据分析工具，进行数据资源的二次加工，为读者提供可视化的资源和服务；提供便捷的阅读工具和信息设施，为用户提供全方位一体化的个性服务。

第二节　经济社会背景

一　知识经济背景下的信息资源建设

（一）知识经济及其特征

20 世纪 90 年代初，联合国经贸组织提出了"知识经济"这一概念，其原意是"以知识为基础的经济"。1996 年，总部设在巴黎的"经济合作与发展组织"在国际组织文件中首次正式使用了"基于知识的经济"这个新概念，并对其内涵做了界定。从那以后，关于知识经济的研讨逐步在世界各国展开，而且越来越成为发展战略家们关注的中心。

什么叫知识经济呢？围绕联合国经贸组织的界定，国内外又产生了不同的表述。有人从技术进步对经济发展影响的角度探讨知识经济，还有人从经济要素、结构与运行状态等方面去界定知识经济，并基于不同的认识和研究目的给出了不同的定义。尽管这些定义对知识经济内涵的理解存在一定的差别，但也取得了共识，即知识经济是基于重新认识知识和技术在经济中的地位而提出来的，知识经济是建立在知识和信息的生产、分配和使用之上的经济，具有以下特征。

1. 知识经济是一种信息化经济

从产业构成的角度看，知识经济的主要标志就是信息产业成为国民经济的主要经济部门，国与国之间综合国力和竞争力的差距，也主要表现为对知识和信息的生产、传播和使用能力方面的差距。从技术基础上看，知识经济是信息技术充分发展的产物，是信息社会的经济形态。电子计算机技术、芯片技术、通信技术、网络化技术以及软件技术的发展，为知识经济时代的到来创造了技术条件。知识经济时代对人们掌握高新技术、及时获取科学信息提出了更高的要求；网络技术的崛起，信息化、大数据、云计算、数字化等翻天覆地地改变着原有的人类运作方式，经济的日益快速发展与信息技术的进步密不可分。

2. 知识经济是一种创新经济

传统的农业经济时代，人类靠长期积累的经验维持着简单再生产；工业经济时代的特征是资本积累和扩大再生产；知识经济时代的经济和社会发展则高度依赖知识积累和创新进行再生产。在知识经济占主导地位的时代，由于知识和信息源的极大丰富、多向分流和快速传播，知识存量的改变加快，知识的新颖性将很快丧失，社会需求将更加多元化。一种产品不可能长期占领市场，一种服务也不可能适合大量客户的需要，技术和产品的生命周期将日益缩短，落后的技术将很快被淘汰。只有知识创新、技术创新、制度创新、产品创新、市场创新、管理创新以及它们之间的相互结合，形成一种持续创新机制，才能适应知识经济时代的发展。

3. 知识经济是一种智力支撑型的经济

有人把知识经济称为"智力经济"，或者说是由智慧资本推动的经济。这种经济中最核心的部分便是对智力资源的占有、配置、生产、分配和使用。智力是凝聚并表现于特定人才和技术之上的创造能力和拓展能力，其主要形态是特定的知识及其开发利用。在传统经济中，对有形资产的占有可以支配劳动力，在有形资产方面的投入对经济发展起决定性的作用。但在知识经济中，智力资源的多寡，智力资源的开发和利用程度，决定着经济与社会的发展。

（二）知识经济背景下的信息资源建设

1. 图书馆的地位得到提高

知识经济是智力依赖型、技术依赖型、创新型的经济形态。为适应社会发展对人才的要求，不断地接受教育，充实自己，甚至终身学习，成为越来越多人的选择。这时，作为人类知识最系统、最完整的知识记录和存储中心的图书馆，可以利用其充足而丰富的信息资源满足知识经济大潮中人们快速增长的信息需求，为学习型社会提供信息和知识的支持。同时，随着知识经济社会的到来，计算机、网络和通信技术的迅猛发展，不仅出现了海量数字信息资源，人们对资源的利用要求也越来越高。图书馆可利用其在资源组织和检索上积累的优势，不断提高信息资源的有序发布、组织、加工和传递能力，提高用户检索、获取所需信息资源的效率，建立快速、有效的知识共享机制，实现知识的共享与传播，为人们的科学研究、教育学习提供越来越好的服务。总之，知识经济时代，图书馆的作用不断增大，地位也势必会越来越高。

2. 图书馆对信息技术的依赖不断增强

知识经济时代，信息技术的发展，促进了产业信息化和信息产业化，国民经济信息化的浪潮一浪高过一浪，现代通信技术，尤其是网络技术的发展甚至将社会经济的各个部门都有机地联系在了一起。作为整个社会组织的有机组成部分，图书馆当然不能孤立在信息化发展的浪潮之外，事实上现代信息技术在图书馆信息资源建设中的广泛应用大大提高了其为社会、经济和文化建设提供保障的能力。信息技术在信息资源建设中的广泛应用，使得图书馆的资源形式不仅有印刷型文献，更有利于储存、检索和传播的，电子化、虚拟化的数字资源，图书馆馆藏资源形态日趋多元化。图书馆的信息服务也正逐渐突破传统的馆藏文献局限，而扩展到整个信息网络。馆际资源共建共享不再是一种理念，而是取得了一系列令人瞩目的成就的具体实践。未来的资源共建共享甚至可能突破图书馆间的界限，实现图书馆与政府、企事业单位间的互联互通。

3. 多元的信息需求要求图书馆不断完善其信息服务

知识经济的影响导致了用户知识信息需求的多元化，主要体现在：其一，信息需求主体的多元化。不仅是科学研究者或教育工作者、学生等有信息需求，普通社会大众为提高生产、生活能力亦有着广泛的信息需求，成为信息需求的主体。其二，信息需求内容的综合化。信息用户的需求从学术研究拓展到社会生活的方方面面，形成全方位的信息需求。其三，信息需求的载体形态多样化。从单一的文本需求发展到电子化、数字化、网络化和多媒体信息的需求。其四，信息资源利用的高效化。信息用户越来越依赖于经过整合的网络信息检索服务平台，资源的共享服务，专题或定题信息服务等高效化的信息资源利用形式。其五，由信息服务到知识服务。知识服务的本质是知识创新，核心是以人为本，重点是帮助用户发现问题和解决问题。显然，知识服务更能满足知识经济时代信息用户的需求，信息服务的内容正从信息走向知识，信息服务也正朝知识服务的方向发展。

为适应知识经济时代用户多元的信息需求，图书馆信息资源建设理念、工作方式和服务手段必然要做出相应的调整，主要有：

（1）重视用户信息需求调查，为读者提供针对性的信息服务

知识经济时代的图书馆用户流动加速，并且来自社会各行各业，从事着不同的工作。为提高生存能力，他们往往需要和自己工作、生活相关的知识，不同的用户对知识的需求存在很大的差异。当用户面临特定问题时，对知识需求的针对性会更强，这就需要图书馆能够经常对用户现实需求进行调查，收集读者的各种信息，了解用户的真实需求，发挥主观能动性，在与读者的接触交流中，为用户提供有针对性的个性化的知识服务。

（2）提供多样化的图书馆服务

知识经济时代，图书馆逐渐改变固有的服务方式，提供的资源类型不再局限于印刷型文献资源，还包括电子资源、网络资源、多媒体资源等在内的多种形式的数字资源。不仅提供传统的诸如图书、期刊的借还服务，还开展阅读推广，各种媒介信息甚至高新技术产品的推介服务，提供各种形式的培训、讲座服务，举办各种专题展览等。另外，许多图书馆积极探索图书馆的空间再造，例如在馆内提供品读交流、视听休闲、展览展示、数字阅读、创客空间等开放式功能区，以满足读者多样化的需求，增加用户黏度，吸引更多的读者走进图书馆、利用图书馆。总之，知识经济时代，图书馆的社会职能在不断加强，不仅是一个人类知识的集散地，一个信息服务中心，可能还是一个文化馆，是教育培训机构，以及科技和文化交流中心等。

（3）提供深度的知识服务

知识经济时代，信息用户希望能够得到的往往是那些及时的、精炼的、新颖的，能够对解决问题有直接帮助的知识。因此，图书情报机构在做好一般性的信息服务的基础上，应着力于根据用户的需求，有针对性地对各种知识载体中的知识信息加以挖掘和开发，对知识资源进行深加工和精加工，并形成新的知识产品直接提供给有需求的用户。图书馆的职能不仅是人类文化的宝库，是为社会经济文化发展提供信息保障的场所，还要求图书情报服务人员能够充分利用自己的专业知识和长期积累的信息搜集、处

理加工能力，投入大量的经验知识和智力知识，对所获取的知识资源进行分析、整理、重组，使得杂乱的信息系统化、条理化，形成浓缩的、精炼的、蕴含了图书馆馆员智力知识的高附加值的知识产品，并通过提供持续稳定的信息（知识）报道、行之有效的信息（知识）咨询等服务形式来满足用户的需求。

（4）重视建网联馆，实现资源共享

伴随着知识经济的兴起，以计算机技术、网络技术为主要特征的现代信息技术的快速发展，为信息资源共建共享奠定了坚实的物质基础。一方面，信息资源量的激增和资金相对不足的矛盾，地区间信息资源发展的不平衡等问题进一步激化；另一方面，知识经济环境下，用户的信息需求发生了巨大的变化，他们希望通过网络不受时空限制地获取广泛的、多样的、个性化的信息服务。他们不仅仅希望得到本地信息机构的信息资源，也希望通过网络得到异地甚至国外的信息资源；不仅仅满足于能获得信息线索，更希望获得信息的全部。在这样的背景下，信息机构之间加强合作，不仅可以进行协同采集，统一整理加工，避免重复建设，还可以通过信息资源的共享，提高信息资源的获取和利用效率，从而最大限度地满足用户的信息需求。

二　智能社会背景下的信息资源建设

（一）智能社会

1. 智能社会及其主要特征

人工智能（Artificial Intelligence，AI），是研究和开发用于模拟、延伸和扩展人的智能的理论、方法、技术及应用系统的一门新的技术科学。1956年夏季，以麦卡赛、明斯基、罗切斯特和申农等为首的一批有远见卓识的年轻科学家在一起聚会，共同研究和探讨用机器模拟智能的一系列有关问题，并首次提出了"人工智能"这一术语，标志着"人工智能"这门新兴学科的正式诞生。随后，基于人工智能将信息技术与生命认知技术结合起来的巨大优势，其一直活跃并服务于社会诸多行业和领域。

人工智能技术通过研究智能的实质，生产出一种新的能以人类智能相似的方法做出反应的智能机器，能够实现用更少的成本和更快的速度，准确而一致地得到理性的结论。随着计算能力的提高，大数据存储容量的增加，以及云计算、机器人技术的进步，目前，人工智能发展取得了明显进展。2016 年，谷歌旗下人工智能程序 AlphaGo 的胜利标志着人工智能第三次浪潮的到来。2017 年 7 月国务院发布的《新一代人工智能发展规划》提出："当前，新一代人工智能相关学科发展、理论建模、技术创新、软硬件升级等整体推进，正在引发链式突破，推动经济社会各领域从数字化、网络化向智能化加速跃升。"随着人工智能的迅速发展与普及应用，甚至有人提出了一个新的社会形态——智能社会。正如蒸汽机的出现带来了工业革命，使我们进入工业社会一样，智能机器的出现，带来一场智能革命，人类社会也正在由以计算机、通信、互联网、大数据等技术支撑的信息社会，迈向以人工智能为关键支撑的智能社会，人类生产生活以及世界发展格局将由此发生更加深刻的改变。

智能社会既有与现代工业社会相同的特征，又有不同于工业社会的新特点，黄少华在《人工智能与智能社会学》一文中认为，未来智能社会特征主要表现在：①作为行动者的智能体，逐渐由单一的人类主体，演变成人、智能机器人以及"人机一体"的赛博格三类主体并存；②数据和算法构成了社会结构的基础；③技术和社会的可能性与不确定性的极度增长，可能性和不确定性成为社会结构中的内在构成因素，从而极大地增加了智能社会的风险性；④基于数据和算法的智能权力成为一种有广泛影响力的新型权力①。

2. 支撑智能社会发展的主流技术

智能时代是从信息时代发展而来的，除信息时代中的信息传输与处理技术得到了更好更快发展外，目前来看，支撑智能社会发展的主要技术还有物联网技术、大数据技术和云计算技术等，这些技术主要体现在对信息数据更大范围、更高效的处理上。

（1）物联网技术

物联网即"万物相连的互联网"，是在互联网基础上延伸和扩展的网络，是将各种信息传感设备与互联网结合起来而形成的一个巨大网络，实现在任何时间、任何地点，人、机、物的互联互通。物联网技术，可通过

---

① 黄少华：《人工智能与智能社会学》，《甘肃社会科学》2019 年第 5 期，第 57、58 页。

射频识别、红外感应器、全球定位系统、激光扫描器等信息传感设备，按约定的协议，把任何物品与互联网相连接，进行信息交换和通信，以实现对物品的智能化识别、定位、跟踪、监控和管理。目前，物联网技术在工业、农业、环境、交通、物流、安保等基础设施领域的应用，有效地推动了这些方面的智能化发展，使得有限的资源得到更加合理的使用和分配，从而提高了行业效率和效益。

（2）大数据技术

信息技术的发展为智能时代打下良好的物质和信息基础，同时海量数据的并存和相互嵌套与堆积，使数据分析难度加大，而大数据技术可以有效挖掘海量数据中的"宝藏"。通过大数据技术，我们可从表面上无关的数据中挖掘出相关联的、有价值的信息，能直接从海量数据中实时找出各种隐藏的规律及其运用的价值。随着大数据技术的快速发展，很有可能引起新一轮的技术革命，而随之兴起的数据挖掘、机器学习和人工智能等相关技术，可能会改变数据世界里的很多算法和基础理论，实现科学技术上的突破。

（3）云计算技术

云计算技术主要解决智能时代运算能力的问题，但以目前的计算机技术，很难用一台计算机解决海量数据的处理问题，这就要通过挖掘网络资源，进行网上协同运算，获得整体运算能力的提升。通过云计算技术，可有效保证在海量数据下人对实物作用能效发挥的实时性①。

（二）智能社会下的信息资源建设

人工智能在 20 世纪 70 年代就已经被引入图书馆的管理和服务中，并在数字图书馆的发展中取得了一定的成绩。1994 年，世界上第一台人工智能机器正式用于图书馆的处理系统。2003 年，芬兰图书馆学者 Markus Aittola 首次提出"智慧图书馆"的概念，认为智慧图书馆是一个不受空间限制的、可被感知的移动图书馆服务系统。目前人工智能在数字图书馆中的应用主要包括智能机器人、智能检索算法以及安全管理应用等。人工智能对信息资源建设的影响主要表现在以下方面。

---

① 张成岗：《人工智能时代：技术发展、风险挑战与秩序重构》，《南京社会科学》2018 年第 5 期，第 50 页。

1. 利用智能算法提高信息资源检索效率

智能算法作为人工智能的核心部分，可以依托深度神经网络强化学习能力，将各类资源转化为机器可以理解的语义信息，提高信息检索的准确度。智能算法在数字图书馆中的应用主要包括智能检索服务和智能语义转换服务。数字图书馆的飞速发展使得资源呈现海量化、多样化以及异构化的增长态势，造成传统的检索服务效率低下、准确率降低等问题。智能检索技术由初期的支持向量机和线性判别分析等模型，逐渐朝着深度神经网络的方向发展，结合强化学习中的 Agent 模型和 NLP 分析等技术，构建出的深度智能检索技术能够提升数字图书馆检索的资源利用率，并提升检索的准确性。如美国艾伦人工智能研究院构建的 Semantic Scholar 可通过机器学习的手段进行信息的筛选，对文献检索的结果进行初步理解，以实现自动筛选关键词、区分文章的核心内容和背景内容等功能，该产品为数字图书馆通过智能检索算法提供稳定、高效、可靠的服务带来了全新的挑战和启迪。智能算法在数字图书馆中的语义转换服务，指的是将语义网络引入数字图书馆中，通过机器学习算法将图书馆各类信息资源构建为机器可理解的语义数字图书馆。欧盟研究的 BRICKS 框架、加州大学伯克利分校通过数据挖掘设计出的社会语义系统 SemanticDL 等，都是已经具有形态化的语义数字图书馆系统，能够为读者提供有效的语义结构[①]。

2. 智能机器人的应用，提高信息服务能力

图书馆使用的智能机器人主要有智能机械机器人和智能服务机器人两类。

其中，智能机械机器人主要用于对图书的存取、盘点和搬运服务。如日本早稻田大学研制的机械设备 Agent，能够自动为读者运送其选择的资源到指定的区域。加州大学北岭分校则将 Agent 设置在扩建后的密集书库中，该 Agent 系统可以自动进行图书的存取和搬运，免除了大量的人力资源消耗。东莞市图书馆通过 RFID 技术和条形码技术构建了仓储型智能机械 Agent 系统，该系统可以为市民提供 24 小时的图书借还服务，极大地方便了图书使用[②]。

智能服务机器人主要用于对读者的参考咨询服务。如清华大学图书馆设计的"小图"，通过 AIML 语料库实现了人机交互，并且该机器人有较强

[①] 孟庆宇：《人工智能与数字图书馆建设》，《图书馆学刊》2018 年第 7 期，第 107 页。
[②] 孟庆宇：《人工智能与数字图书馆建设》，《图书馆学刊》2018 年第 7 期，第 106 页。

的学习和记忆能力，能够解决读者咨询过程中的绝大多数问题。复旦大学根据聊天系统的数据设计出了智能问答机器人，读者可以直接与其进行对话，提供图书馆的引导、知识推荐和各种应用服务。

3. 人工智能为信息资源建设决策提供支持

人工智能能够为数字图书馆的资源和服务给出一定的客观评价，并为相应的决策提供支持。比如在图书馆的资源购买和建设中，人工智能提供的数据挖掘算法可以基于图书信息、读者爱好以及图书价格等数据构建人工智能思维的决策系统。如北京大学图书馆利用交互式遗传算法，构建了图书采购经费分配决策系统，在该系统的支持下，北京大学图书馆的资源采集达到了更优的效果，可以更好地分配图书资源①。

从人工智能技术特征来看，人工智能技术区别于其他现代科技（如 IT 信息技术）的核心点就在于它具有学习能力，特别是具有"自主性"的学习能力。在实际应用中，人工智能可提供的独特价值是借助其强大的计算能力，帮助我们发现存在的问题，把过去只能定性的问题定量化，发现不同对象关联的规则以及发现未来发展的趋势。从这一点上来看，目前的智慧图书馆发展仍处在初级阶段。2017 年国际图联发布的《国际图联趋势报告》提出，人工智能对图书馆未来的影响主要有三个方面：①下一代超越关键词检索的浏览器和对网站、网页内容的语义分析；②结合语音识别、机器翻译、语音合成，支持实时多语言翻译的网络设备；③对网页内容的云服务众包翻译和识别②。

第三节　出版与发行背景

一　图书的出版与发行现状及其对信息资源建设的影响

（一）图书的出版与发行现状

1. 传统图书出版方兴未艾

技术乐观主义者认为随着电子阅读的发展，传统纸质图书的出版会日

---

① 孟庆宇：《人工智能与数字图书馆建设》，《图书馆学刊》2018 年第 7 期，第 107 页。
② IFLA. Advances in artificial intelligence.//IFLA trend report，https://trends.ifla.org/literature-review/advances-in-artificial-intelligence. 2017-04-28.

渐萎缩，逐渐被电子书出版所替代。但从我国国家新闻出版署最近几年公布的数据来看，传统纸质图书出版方兴未艾，每年出版总数在 40 万~50 万种，占总出版发行量的 20%~40%，且持续增长。2018 年全国出版新版图书 24.7 万种，较 2017 年虽降低了 3.1%，但重印图书品种与印数继续保持较快增长，全国出版重印图书 27.2 万种，增长 5.7%，总出版数超过 50 万种。又据 NPD（美国图书公司）BookScan 监测的美国各图书销售网点的数据，2018 年美国纸质图书总销量继续保持上升态势，实现 1.3% 的小幅增长，至 6.95 亿册，这是自 2013 年以来，美国纸质图书销量连续六年保持增长势头。另据英国出版商协会（The Publishers' Association）发布的 2018 年度出版产业报告显示，2018 年，出版社通过出售图书、期刊和版权等获得的总销售额为 60.52 亿英镑，其中纸质书相关的销售额为 34.23 亿英镑，相比 2014 年，销售额上升了 7.8%。由此看来，在未来很长的一段时间内，纸质图书仍是图书出版的主力军。

2. 电子出版快速壮大

电子出版物是指以数字代码方式，把图文声像等信息存储在磁、光、电介质上，通过计算机或类似设备进行阅读，并可复制发行的大众传播媒介。它在发展过程中存在过多种载体形态，如 FD（软磁盘）、CD-ROM（只读光盘）、CD-I（交互式光盘）、CD-G（图文光盘）、Photo-CD（照片光盘）、IC（集成电路卡）、网络电子出版物等。

1961 年，美国化学文摘服务社用计算机编制出版了被认为是最早的电子出版物《化学题录》磁带版。20 世纪 80 年代初，个人电子计算机问世以后，以软磁盘（FD）为载体的电子出版物曾经有过短暂的辉煌；之后不久，多媒体应用技术与光存储（光盘）技术的出现，将文字、图像、声音集中制作在 CD-ROM 光盘上——多媒体电子出版物出现了，它引发了文献信息出版形态的变革，促进了新型电子出版物的迅速发展。据美国《电子出版业评估报告》（第 6 版）提供的数字，1993 年美国电子出版物销售额已达到 70 亿美元，占全美出版年总产值的 28%。当时全球 3000 家电子出版商和开发商中，美国就有 940 家，居于首位。这表明当时美国电子出版业已初具规模。1996 年《世界 CD-ROM 指南》报道，全世界电子出版物厂商已发展到 10000 家以上，当年全世界生产了约 1.3 万种光盘出版物，光盘读物超过 80 亿张。

我国电子出版业起步虽然较晚，但这几十年来一直在高速发展，取得了令人瞩目的成绩。1991 年我国出版了《中国工商名录》光盘；同年，武汉大学图书情报学院和武汉大学出版社合作出版了《国共两党关系通史》电子版图书。到 20 世纪 90 年代中期，我国的电子出版已初具规模，国内出版的品种数每年不断攀升。随着出版改革的发展，我国规模较大的出版社和出版集团，都逐步介入电子出版，出版内容日益丰富，专业覆盖面广，从最初的百科全书等产品，发展到细分的理工、医学、人文社科、经管、小说、旅游等各个方面。据国家新闻出版署公布的数据，2009 年，全国电子出版物出版单位约 250 家，共出版电子出版物达到万种以上，计 10708 种、2.29 亿张，与上年相比，品种增长 10.76%，数量增长 45.30%。2014 年，全国有电子出版单位 285 家，共出版电子出版物 11823 种，达到历史新高，出版发行电子出版物 35048.82 万张，与上年相比数量下降 0.49%。之后，与全球电子出版情况大致相同，在快速发展后，发展速度开始下降。截至 2018 年底，全国共有电子出版物出版单位 316 家，共出版电子出版物 8403 种、25884.21 万张，较之 2017 年，品种降低 9.06%，数量降低 7.99%。

电子出版物与纸介质出版物相比，有存储容量大、检索功能强、速度快、便于保存、可大量复制等明显的优势，自问世以来，从软盘、CD、VCD、DVD 到网络电子出版物，从数量、品种上都有突飞猛进的增长，质量也在不断提高。目前，图书情报单位收藏的电子出版物主要有封装型电子出版物和网络型电子出版物两大类。

封装型电子出版物以磁盘、光盘等为载体发行。20 世纪 70 年代初开始，欧美发达国家相继开始建立文献数据库，发行数据库磁带，例如著名的 Derwent 专利数据库和《化学文摘》的检索数据库磁带等。20 世纪 80 年代末，新的载体 CD-ROM 出现了，大量的检索类期刊如《生物学文摘》《工程索引》《化学文摘》《科学文摘》等都出版了光盘版，许多著名的国际出版商，如 Blackwell Publishing 科学出版公司、Elsever 出版集团、Springer 出版集团等，将他们旗下的学术期刊制成 CD-ROM，至于光盘版的图书更是不计其数。20 世纪 90 年代以后，随着计算机网络的发展，封装型电子出版物出版发行数量逐渐减少。目前，公共图书馆收藏的封装型电子出版物主要是一些自建或购买的特色资源，以及一些科普型资源，还有就是一些随书配送的光盘资源等。

网络型电子出版物可向用户提供联机信息查询、出版物镜像、远程出版物传递等多种服务。其类型可以分为主题讨论型、连续出版型（网络报刊）、数据库型、综合型四类。其中网络数据库是图书情报单位收藏电子出版物的主体。20世纪90年代中期，随着互联网的普及，大量的电子文献转为网络出版，Dialog、OCLC等专线联机数据库都转向网络服务。随后，国外的电子期刊和检索数据库纷纷采用网络版的方式，例如Blackwell、Springer、Elsever等全文期刊数据库，Medlin、Dialog等大型检索数据库；有些国外大型检索数据库和国内的大型电子书刊库使用镜像站方式提供服务，例如《生物学文摘》《工程索引》《化学文摘》等数据库。国内也相继推出如维普、万方、清华同方、超星等数据全文期刊或图书数据库。现在，国内外电子资源数据库每年都有大量的增加，类型更加多样，越来越多的图书情报机构，尤其是高校图书馆、专门图书馆，每年用于购买电子资源的经费已经超过了用于购买传统纸质出版物的经费。

3. 数字出版蓬勃发展

"电子出版"作为长期和"传统纸质出版"相对应的术语使用了很多年，现在仍被认为是与传统出版相对应的最正式的、接受程度最高的用语。然而随着信息技术的发展，新的出版形态不断涌现。

2000年，赖茂生教授发表《从电子出版到数字出版》一文，指出"国际电子出版业正在向数字化、网络化和数字信息库技术的方向发展"。此后，我国学者开始使用"数字出版"这一概念，并对其进行界定，但至今也没形成统一的认识，尤其是在数字出版与电子出版关系的认识上，争议较大，目前大致有以下几种不同的看法：①数字出版就是电子出版。将数字出版等同于电子出版的学者不在少数，事实上两者也经常被混用。如谢新洲在《数字出版技术》一书中认为："电子出版是数字出版的另一种说法，两者在本质上是一样的。"[1] ②数字出版不同于电子出版。持这一观点的学者认为，电子出版应用的电子技术不仅有模拟电子技术也包括数字电子技术，例如镭射视盘（LD），它是运用数字技术制作的电子出版物，但记录的却是模拟信号，就此来看，电子出版的概念范畴可能更大。当然也有人认为数字出版的概念外延更大，数字技术包含了电子技术，就如艾尤·

---

[1] 谢新洲：《数字出版技术》，北京大学出版社，2002，第50页。

阿米仁认为的那样，数字出版是两个传统概念的结合，即"数字化"和"电子出版"。③数字出版是电子出版的最新发展形态。持这一观点的学者认为，随着磁带、黑胶唱片等模拟电子出版物被逐渐淘汰，数字出版和电子出版无论从内涵还是外延上看，都逐渐趋同。

我们基本认同数字出版是电子出版的最新发展形态的观点，是数字技术兴起后，采用数字信号技术将相关的信息内容进行编辑、复制和传播，出版物的阅读需要用计算机或相应的阅读设备加以辅助的，新兴出版行为。当前，模拟电子出版已经基本上退出历史舞台，无论从内涵还是外延来看，电子出版和数字出版的概念都几乎是吻合的。以 CD 为代表的封装型电子出版逐渐没落，现在普遍认为，具有光明前景的数字出版形式是随着 20 世纪 90 年代中期，互联网的普及而兴起的网络出版。然而，网络出版物的发展，可以追溯到 20 世纪 60 年代的联机情报检索服务系统。著名的联机检索服务系统有始建于 1966 年，1972 年投入商业性运营的 Dialog 系统；1965 年建设，1973 年投入商业性运营的 ORBIT 系统；成立于 1976 年的 BRS 系统；成立于 1975 年的 ESA 系统等。有学者认为，这些联机情报检索服务系统中的数据库亦是一种网络出版物。之后，随着互联网的广泛应用，我们谈及网络出版物时，往往是指通过互联网出版发行的电子出版物。

2002 年，原新闻出版总署、信息产业部出台的《互联网出版管理暂行规定》用的就是"互联网出版"这一概念，即"互联网出版指互联网信息服务提供者将自己创作或他人创作的作品，经过选择、编辑、加工，登载在互联网上或者通过互联网发送到用户端，供公众浏览、阅读、使用或者下载的在线传播行为"。而 2016 年，国家新闻出版广电总局、工信部联合出台的《网络出版服务管理规定》则又用回了"网络出版"这一概念，指出："本规定所称网络出版服务，是指通过信息网络向公众提供网络出版物"。可见从"互联网出版"到"网络出版"不仅仅是表述上的变化，其内涵亦随之扩大，即这里的网络不再局限于"互联网络"，而是一切"信息网络"，并且新规对"网络出版物"的内涵进一步扩充，称"本规定所称网络出版物，是指通过信息网络向公众提供的，具有编辑、制作、加工等出版特征的数字化作品"，其涵括的范围，除旧规所规定的"已出版的图书、报纸、期刊、音像制品、电子出版物等内容相一致的数字化作品"外，增加了游戏、动漫、音视频读物、网络文献数据库等内容。基于这种被认为是

"泛化"了的数字出版、网络出版的认识，2019 年 8 月，中国新闻出版研究院发布的《2018—2019 中国数字出版产业年度报告》指出，2018 年以来，国内数字出版产业发展环境进一步趋好，全年数字出版产业整体收入规模为 8330.78 亿元，比上年增长 17.8%。其中互联网期刊收入达 21.38 亿元，电子书收入达 56 亿元，数字报纸（不含手机报）收入达 8.3 亿元，博客类应用收入达 115.3 亿元，在线音乐收入达 103.5 亿元，网络动漫收入达 180.8 亿元，移动出版（移动阅读、移动音乐、移动游戏等）收入达 2007.4 亿元，网络游戏收入达 791.1 亿元，在线教育收入达 1330 亿元，互联网广告收入达 3717 亿元。

目前国内数字图书出版的分发平台较为分散，主要分为三大类型：电信运营商平台，如咪咕阅读、天翼阅读、沃阅读等；电商平台，如亚马逊、京东、当当等；社交及移动阅读平台，如豆瓣阅读、微信阅读、掌阅等。电子阅读器市场上，以亚马逊的 Kindle 最为知名，市场占有率也最高。而国内的京东、当当和掌阅也分别推出 JDReader、当当和 iReader 阅读器，亦占有一定的市场份额。此外还有一些独立的电子书阅读器生产商推出的阅读器，如文石公司推出的 BOOX 系列电子阅读器、博阅科技推出的博阅系列电子阅读器等。

在国外，欧美的出版业发达，大规模的出版集团公司形成了对市场的垄断，这些出版集团在数字图书发行上掌握了较大的话语权，亚马逊的 Kindle，苹果的 iBooks 电子书商店，巴诺书店的电子书商店等，均是具有绝对影响力的发行渠道。

4. 自出版异军突起

自出版指图书的作者不经过出版社和图书编辑，自行将图书出版出来。2011 年，亚马逊在美国推出自出版计划，与作者直接签约，让作者在 Kindle 平台上发布图书并销售，到 2012 年，自出版的图书占到了亚马逊最畅销图书的 25%。在我国，豆瓣是较早开始实施自出版服务的公司，随后多看、百度、京东、当当等互联网企业也纷纷推出自己的自出版服务。目前，互联网的自出版平台已成为很多作者出版图书的重要选择，而对于一些新入行的作者来说，自出版也许是其唯一可以把自己作品变现的方式。另外，作者还可以通过电子书发行平台自行出版图书，这种出版方式成本极低，也极其简便。

自出版方式不仅方便了作者发布自己的作品，更带来了新的付费方式——订阅模式。传统的数字出版一般是提供完整的电子书作品供读者购买。订阅模式下，作者不是等书写完了才放出来售卖，而是边创作边售卖；读者也不是一次就购买了整部作品，而是一次购买书中的一个章节，或其中的一篇文章。

5. 图书出版垄断情况严重

据艾瑞咨询 2018 年统计，在国际上经历了多次并购浪潮后，出版业实际上由为数不多的出版巨头所操控。例如 2006 年，阿歇特集团并购了时代华纳的图书业务；贝塔斯曼集团并购了 BBC 图书公司；Springer 出版集团并购了胡马纳出版社等。这种不断发生的市场并购行为，使得市场更加集中，欧美的出版市场主要由培生集团、阿歇特集团、Springer 集团、麦格劳·希尔集团、贝塔斯曼集团等少数出版集团垄断。当然，除了这些大的出版集团外，国外还有数量非常庞大的中小出版机构，如美国就有 13 万多家出版机构。这些小型出版机构，具有极强的灵活性和市场敏锐性，在市场上往往表现出不同凡响的活力。

在我国，由于较为严格的文化管理制度，出版行业实际上是一种较为特殊的行业。我国目前一共有五百多家出版社，从数量上来说，比其他国家要少很多，并且总体而言我国出版社的集中度不高。近些年，我国也在开展出版社改制，将原来的事业单位性质，改制成公司制，促进了出版事业的发展壮大。在公司制的治理模式下，我国的出版社开始了并购重组，如新华文轩出版传媒在 2010 年收购了四川出版集团 15 家全资子公司；北方联合出版传媒集团在 2018 年收购了辽宁少年儿童出版社、春风文艺出版社和辽宁音像出版社三家出版社。除了在国内进行的并购外，我国出版社也在国外进行并购。如 2014 年，凤凰出版传媒集团并购了美国 PIL 公司童书业务；广西师范大学出版社集团收购了澳大利亚视觉出版集团。除此之外，国内还存在着大量的民营出版机构，这些出版机构往往通过与传统出版社的合作来发展壮大自己，典型代表有北京磨铁图书、新华先锋、博集天卷等。

6. 网络书店对传统书店造成巨大的冲击

随着信息技术与网络平台的大众化和普及化，网络时代背景下人们的图书购买和阅读方式都发生了较大变化，网络书店的产生和发展使得人们在购买图书时更加方便快捷。并且因为网络书店依靠互联网平台运营，可以节省门店租金费用以及一些周转资金等，运营成本低于实体书店，在图书营销中存在更多变化和创新的空间，对实体书店产生了巨大的冲击，出现了大量的实体书店"关闭潮"。

国外的网上书店有亚马逊、巴诺书店等，国内有京东、当当、淘宝等。近年来，网上书店一直稳步增长，总销售码洋已经超过了实体书店。2017年，网上书店总销售码洋约 459 亿元，比上一年增长了 25.75%，而实体书店销售码洋为 344.20 亿元，比上一年增长 2.44%[①]。未来网上书店还会继续稳步增长，并成为最主要的销售途径。

当前，实体书店在互联网的冲击下，开始了转型升级，以求有全新的发展，大量新型书店不断涌现，这些新型的书店更贴近大众消费方式，能提供更好的消费体验，例如提供线上线下结合的销售方式，或者类似咖啡馆的服务等。经过一系列的变革，实体书店出现了新一轮的增长，如 2015年，美国实体书店又开始增长，新增各类书店 1800 多家，同年，英国新增了 1000 家独立书店。

（二）新的图书出版与发行环境对信息资源建设的影响

1. 面临资源重构的新困扰

目前正处于纸质图书和电子图书共存的时代，纸质图书和电子图书的出版量都在增长，纸质资源和数字资源都是馆藏资源的重要组成部分。然而图书馆的经费是有限的，为了满足读者的阅读需求，如何将有限的经费分配在这两类资源的购买上，且避免重复建设，是当今多数图书馆面临的主要困扰之一。

另外，在新的环境下，数字资源形式多样：按其表现形式不同，可分为封装型数字资源和网络虚拟型数字资源；按资源的来源不同，可分为引进库数据库资源和自建数据库资源等。信息机构应根据其性质和任务，以及信息用户的具体需求不同，科学地配置这些数字资源。尤其是网络数字资源，尽管有数量巨大，内容更新快，易于获取、复制、传播和利用等优

---

① 《2018 年中国图书出版行业发展现状分析及未来发展趋势预测》，http://www.chyxx.com/industry/201804/627414.html，2019-09-13。

点，但同样存在质量参差不齐、内容分散等不足。因此，在对网络信息资源进行筛选时，除要做到去粗取精、去伪存真外，还要对这些资源进行整合和加工，方能方便读者使用。

2. 面临图书采购的新问题

目前电子书资源出版、发行方式出现的新特点，让信息机构的采购、选择面临诸多的新问题。

第一，图书采购渠道变得复杂多样。目前，电子书的出版和发行渠道很分散，有众多的出版社和发行平台，并且不同平台之间互不相通，为图书馆信息资源采购带来极大的困扰。

第二，数字出版的垄断，造成出版物价格不断攀升。垄断的最大问题在于，作为出售方的出版社和发行商掌握极大的发言权，容易坐地起价。

第三，所有权与使用权分离。现在电子书通常的出售方式不是出售电子书实体文件，而是在其平台上使用电子书的权限。对于图书馆来说，关于电子书的采购，是否要坚持对电子书文件的所有及长期保存是面临的现实问题。

第四，数字出版定价多样性。现在电子书的售卖存在多种定价方式，如打包售卖、单本售卖、订阅售卖等，图书馆在进行采购时将不得不花费更多的精力，根据自己的实际情况，在进行价格比较后才能做出采购选择。

第五，对电子书商高度依赖。电子书资源采访极度依赖供应商提供的资源库，如果需要的电子书资源不在这些供应商的资源库内，则几乎无法纳入电子馆藏资源中。

第六，重复购买问题。为了收藏更丰富的电子书，图书馆往往要向多家供应商购买不同的数据库，但多家供应商所提供的资源存在重复的可能。

3. 面临留住用户的新挑战

中国互联网络信息中心（CNNIC）公布的《中国互联网络发展状况统计报告》显示，2018 年，全国网民规模已达 8.29 亿人，其中在线教育用户规模达 2.01 亿人，网络直播用户规模达 3.97 亿人，网络视频用户规模达 6.12 亿。其历次报告显示，近年来我国网民平均每周上网时长呈持续增长趋势，2018 年达到 27.6 小时，平均每天近 4 小时，特别是在各类移动应用中，即时通信、网络视频、网络音乐、短视频、网络音频使用时长占比达到 53.1%。而与之形成鲜明对比的是，全国公共图书馆网站访问量近三年来呈连续下降趋势，其中省级公共图书馆 2017 年网站访问量比上一年下降 22.42%①。这说明，许多社会公众已不再将图书馆视为获取信息的第一选择。

全媒体时代，图书馆面临读者群体的多样性和文献信息来源多元化带来的挑战，需要根据读者的喜好、读者特征等因素进行重新定位。

二 报刊的出版与发行现状及其对信息资源建设的影响

（一）报刊出版与发行现状

报刊出版与发行现状，和图书出版发行现状有很大的相似性，比如数字出版正在快速发展、出版规模不断扩大，再如报刊出版和发行领域同样存在严重的垄断问题等。另外，报刊出版与发行亦存在和图书出版与发行不一样的地方，主要表现为以下几方面。

1. 学术期刊出版的垄断和开放存取运动的兴起

随着技术的发展，从 20 世纪 70 年代开始就出现了电子期刊，而学术期刊出版商在 20 世纪 90 年代才开始大规模对学术期刊实行数字出版。现在几乎所有的学术期刊都进行数字出版，或以纸质出版与数字出版并行的方式进行出版发行。

学术期刊市场，是一个特殊的市场。同类的学术期刊之间，并没有相互替代的关系。对于使用学术期刊的研究者来说，为了更全面地了解这一领域的所有进展，需要阅读尽可能多的期刊。从这个角度看，同类期刊之间存在着互补的关系。期刊中的每一篇论文，它的内容都是独特的，从内容角度上看，具有天然的垄断性。目前在西方国家中，由于市场上不断进行的收购兼并，大量的学术期刊不断向少数出版商集中，形成了诸如 Elsevier、Springer、Taylor & Francis、Wiley-Blackwell 等少数期刊出版垄断寡头。以 Elsevier 为例，2018 年其官网上列出的期刊就有 2923 种。在国内，虽然有不同的机构负责不同学术期刊的出版发行，但由于各个期刊几乎都与学术期刊数据商，如知网、维普、万方等签订了合作关系，将自己期刊

---

① IFLA. Advances in artificial intelligence，https：//trends. ifla. org/literature-review/advances-in-artificial-intelligence，2020-01-06.

的数字化版权提供给了这些数据库商，这样也就很容易形成这些平台对信息资源的垄断。

　　由于学术期刊市场的垄断特性，出版商利用自己的垄断地位不断抬高学术期刊定价。据艾瑞咨询统计，1990 年到 2000 年，人文社会科学领域的学术期刊价格上涨了 185.9%，科技领域的学术期刊价格上涨了 178.3%。与此同时，图书馆用于购买学术期刊的经费却增长缓慢，甚至存在经费被削减的情况。据统计，2003 年美国的研究性图书馆经费相对于 1986 年增长了 260%，但是用以购买期刊的经费只相对增加了 14%。另外，研究者在这一过程中发现这么一个怪现象：研究者免费提供论文给出版商，付出费用来发表，最后还需要付费来购买才能获取到自己发表的论文。在这一过程中，学术期刊出版商从早期的学术交流促进者，变成了阻碍者。出版商在这一过程中赚到了巨额的利润，但是对于研究者来说却出现了"学术期刊危机"。

　　为了应对和解决"学术期刊危机"，构建新型的学术交流体系，20 世纪 90 年代末，源于在线研究资源自由运动（Free Online Scholarship Movements）的开放存取运动（Open Access Movements）开始在学术界、图书情报界崭露头角。该运动倡议减少著作权条约中的限制条款，反对出版商掌握作品复制权，提出学术信息免费获取理念，得到了众多学者的支持。

　　2001 年，开放社会研究所（Open Society Institute）公布了《布达佩斯开放存取先导计划》（Budapest Open Access Initiative，BOAI），提出了一种将经过同行评议的期刊文献在全球范围内发布其电子文本，并允许人们可以完全免费、无限制地使用的学术交流模式，并且将这种无限制的联机获取方式称为"开放存取"。这种模式打破了传统学术交流的经济限制、地域限制、时间限制，并克服了时滞性等问题，将学术交流权回归到研究者手中。为了实现对学术期刊资源的开放存取，BOAI 提出了两种补充方案，一是自行存档（Self-archiving），即学者通过一些辅助工具将已经发表的期刊论文保存在开放获取的数据库中；二是开放存取期刊（Open Access Journals，OAJ），指在互联网上公开出版的，允许任何用户免费阅读、下载、复制、散布、打印、检索、链接、索引其文章全文，或用于其他任何法律允许的范围，采用作者付费、读者免费获取的模式出版经过同行评阅的高质量全文电子期刊。开放存取期刊与传统订阅期刊的本质区别在于文章获取权限的不同，而不是载体形式的不同。传统订阅期刊或者商业数据库依靠严格的密码和 IP 地址限制用户访问权限，而开放存取期刊允许所有用户免费使用。

开放存取运动的发展，也得到了各国政府的支持。2005 年，美国国立卫生研究院倡议接受其资助的研究者以自愿的方式将论文提交到公共数据库中；2007 年，美国国会通过法案，接受国立卫生研究院资助的科学家，必须在 12 个月内，将论文提交到公共医学中心；2010 年美国国家科学基金会通过《开放政府指令计划（OGDP）》规定，由政府资助的研究成果需要向外界公开；英国研究理事会（RCUK）公布《RCUK 关于研究成果开放获取的立场声明》，要求受其资助的研究者，在 2005 年 10 月后，要将研究成果保存到开放存取的知识库中。加拿大、印度、瑞典等国家也都有类似的政策。2014 年，中国科学院发布了《中国科学院关于公共资助科研项目发表的论文实行开放获取的政策声明》，同年国家自然科学基金委员会发布了《国家自然科学基金委员会关于受资助项目科研论文实行开放获取的政策声明》，要求接受其资助的研究者，需要将发表的论文终稿在 12 个月内提交到知识库，供用户免费存取。

开放存取运动如火如荼地推进，促进了开放存取期刊的快速发展。据 DOAJ（开放存取期刊列表）网站显示，截至 2018 年 12 月 22 日，该网站一共收入 12397 种期刊，3608931 篇文章，涵盖了 129 个国家。除原生类开放存取期刊（例如 PLoS）外，许多传统期刊亦开始向开放存取期刊转化，期刊数量不断增长。

目前，开放存取期刊主要采取两种运营模式：一种称为"金色 OA"，一种称为"绿色 OA"。"金色 OA"由各类出版商主导，作者付费将论文发表到 OA 期刊上，用户免费获取和阅读论文；"绿色 OA"由各类开放机构知识库主导，作者将在传统期刊上发布的论文，根据要求，延时上传到开放存取存储库中。

2. 传统大众传媒的没落及新媒体的兴起

随着技术的发展，人们越来越依赖于通过互联网来获取信息和娱乐。以报纸、期刊为代表的传统纸质媒体行业在互联网的冲击下，日显凋零。据艾瑞咨询 2017 年对我国 70 个城市的监测数据显示，报刊销售终端（报刊亭、便利店等）的报纸总零售额较 2016 年下降了近 31%，许多报刊亭不得不关门停业。报刊的订阅市场也在快速下滑，例如，2017 年《南京都市报》的订阅量比 2016 年下降了 30%。另外，近年来，报纸期刊行业不断爆出停刊休刊的消息，仅 2018 年，就有《北京娱乐信报》《渤海早报》《球迷报》《大别山晨报》《皖南晨刊》《白银晚报》《台州商报》《湘潭晚报》等超过 12 家报纸停刊或休刊。为了应对变化，各家报纸开始缩减版面，节省开支，亦有报刊全力转向新媒体，如《中国青年报》在 2016 年发布声明称，未来会将主要精力投入客户端中；《东方早报》在 2017 年全员转入"澎湃新闻网"。据统计，2016 年，全国的各类报纸中开通了微信公众号的高达 100%，入驻聚合类 App 的有 99%，自建 App 的有 93%；期刊开通微信公众号的有 97%，入驻聚合类 App 的有 79%，自建 App 的有 92%①。

　　除了传统媒体向新媒体转变，更有无数媒体伴随互联网的发展而诞生。早期的门户网站便是典型的互联网媒体，进入移动互联网时代后，自媒体概念兴起，微博、微信等新媒体层出不穷，更有了全民媒体的态势。这些互联网媒体，并没有传统纸媒诸如需要有连续出版物刊号、纸张印刷等限制，机构或个人可以根据需要将内容编纂成电子刊物，定期在网上发布，供用户阅读。这实际上，就是一种电子期刊，从更广泛的概念上说，报纸、杂志等传媒，在互联网上可以是无限多的。

（二）新的报刊出版发行环境对信息资源建设的影响

1. 学术期刊的数字出版带来的影响

（1）数字期刊和纸质期刊的合理选择

　　目前学术期刊的出版已经几乎全面数字化，使用者也越来越习惯于检索和使用数字化的学术论文等资料。但并非所有的读者都能顺利地利用数字终端检索到所需的资料，更重要的是，信息机构购买到的通常仅仅是学术期刊的部分使用权，如果一旦停止购买，他们将会"一无所有"。因此信息机构在学术期刊的采购上往往面临纸质资源和数字资源选择比例的问题，这时就要综合考虑信息机构的性质、读者的需求特点及经费投入的多少等因素，做出合理的安排。

---

① 《2017 年中国新媒体行业全景报告》，http://www.iimedia.cn/50347.html，2019-01-06。

（2）垄断和反垄断

在学术期刊领域，虽然开放存取运动取得了巨大成效，但依然没有根本性地改变大型出版商在学术出版领域占据垄断地位的现实。期刊出版商仍利用垄断优势，肆意提高论文数据库的价格。如 2016 年 3 月，北大图书馆在官网贴出由于涨价幅度过大，到期后可能停用某知名期刊数据库的通知，事实上包括山东、云南、湖北、安徽、河北等地的很多高校都出现过停用该数据库的情况。再如 2016 年，由于 Elsevier 涨价，德国的 DEAL 谈判联盟与 Elsevier 就 2017 年的合约谈判最终失败，导致多所大学放弃订阅。在未来可预期的时间内，图书馆还将不断面临这样的问题。

（3）开放存取的困境

开放存取运动自提出以来，得到了学术界、图书馆界、政府乃至整个社会的积极响应。开放存取运动已经大大改变了学术期刊的出版状态，可能会成为未来期刊发展的一种潮流，但目前开放存取的发展仍不尽如人意。

第一，大量违规的 OA 发表平台的存在。世界上有大量的科研人员及其他人员，因为各种各样的目的，有发表论文的需求。很多人从中发现"商机"，通过开办没有资质的 OA 期刊平台，向想发表论文的人收取费用。更有甚者，直接冒充正规 OA 期刊平台，恶意欺骗研究者。这些只要给钱就发文，而不管文章质量的期刊被称为"掠夺性期刊"。"掠夺性期刊"的存在极大地影响了开放存取在人们心目中的地位，破坏了开放存取的生态环境。

第二，作者付费的模式使得研究者负担加重。尽管开放存取在出版和传播过程中，理论上已大大降低了成本，但依然存在着服务器成本、编辑和专家评审等费用问题。为了弥补这种成本支出，倡导者们开发出多种收入途径，如广告收入、外部赞助等，其中实践最多的是作者付费。这种付费模式，对于很多缺乏资助的研究者来说仍是一笔难以承担的支出，因而遭到很多学术研究者的反对。

第三，OA 期刊还未成为主流。在现在的科研评价体系下，纯 OA 期刊远未受到相关科研评价体系的重视，在 SCI 之类的评价体系中，纳入的 OA 期刊数量非常少。对于很多科研工作者来说，要让自己的科研成果得到更高的评价，显然通过传统期刊发文会显得更为有利。

第四，牟利的 OA 出版商既向作者收费又向图书馆等使用者收费，破坏了开放存取运动的初衷。如出版商 Elsevier 旗下的一些混合期刊，不但向作者收取文章处理费，还向图书馆收取订阅费，受到了许多信息机构的抵制。2010 年，Elsevier 就曾利用自己的垄断地位肆意涨价，为此，浙江大学联合三十三所图书馆对其进行了抵制。

2. 新媒体出现带来的影响

随着传统媒体不断走向新媒体以及自媒体等概念被全民接纳，传统媒体与互联网原生媒体之间的界限变得模糊。以更广泛的媒体概念来看，一个博客，一个网站，一个公众号账号，一个 App 等，都可以被看成媒体。这些广泛存在于互联网上的媒体内容，有的可以免费获取，有的则需要付费才能获得。而信息用户对媒体信息的需求是切实存在的，不能也无法忽视这些在互联网上广泛存在着的媒体内容，因此将互联网上的这些新形式的媒体信息资源纳入馆藏资源当中，显得极为必要。但信息机构在收集、整理和利用这部分信息资源时，通常面临着下列困难。

（1）采购模式的改变

随着传统纸媒不断向新媒体转变，目前大众报刊出版与发行处于纸质媒体与数字媒体并存的时代。图书馆在采购纸质报刊的时候，还可以依赖传统的方式进行采购，而对于纸质内容的电子化版本，则可通过数据整合商，如龙源期刊网等进行采购。至于那些完全抛弃了传统的内容组织形式，通过自建 App 或依附于微信公众号等媒体平台出版发行的媒体，则可以通过提供链接或付费购买的方式进行采集。

（2）大量存在的新媒体和选择困难

据艾瑞咨询 2018 年统计，目前国内由传统媒体向新媒体转变的媒体平台微信公众号的数量已经超过 2000 万个。这还只是微信平台一家的数量，再加上其他的，数量更是难以估算。在海量的媒介内容当中，如何选择有价值的内容进行收藏，是极具挑战性的工作。

另外，在互联网里有着自由生长的各种电子刊物，例如"知乎"每周根据网站内容编辑发布的《知乎周刊》等，从内容到形式，与普通的报刊并无差异，但它们目前还很少被纳入图书馆的馆藏资源当中。图书馆如何对这些自由生长的电子刊物进行甄别，并提供有效的检索途径以满足现代信息用户的需要，仍是一个新课题。

（3）版权与付费问题

通常新媒体内容的版权是分散归属的，而网上媒介付费方式又多是以个人或团体用户为目标设计的，信息机构在收集这些信息内容时，如何进行付费，目前还存在较大的问题。

（4）存储问题

因为新媒体资源通常存储于网站数据库中，图书馆进行采访时，如何检索并获取到这些信息内容，是其面临的第一个现实的问题。此外，获取这些信息资源后，图书馆自身是否有能力来存储这些大量的网络资源，又是一个问题。再者，图书馆如何评价其所获取的网络资源的价值和利用率，并据此合理安排存储设备和空间，以便既保证资源的正常使用，又能降低存储成本，这也是图书馆进行网络信息资源储存时需要考虑的问题。

第四节　政策与法规背景

一　信息安全政策、法规与信息资源建设

信息安全是进行数字信息资源建设不可忽视的一个问题。目前主要的信息安全问题有信息和数据的丢失与泄露，信息和数据的破坏与失窃，网络违法、不良和低值信息泛滥，计算机病毒等，这些都给数字信息资源建设带来巨大威胁。为保障信息资源建设安全，需要相应的法律法规的"保驾护航"，也需要信息安全政策的指导、管理和约束。

早期，人们把信息安全理解为对信息的机密性、完整性和可获取性的保护，这是从狭义角度来理解的信息安全。随着信息概念外延的扩大以及信息技术的发展，对信息安全的理解也随着社会的发展而具有更多的含义。现在我们通常从以下两个角度来理解信息安全，即既包括面向数据的安全，如数据的保密性、完整性和可获取性等，又包括面向使用者的安全，即鉴别、授权、访问控制、抗否认性和可服务性，以及基于内容的个人隐私、知识产权等的保护。总之，现代信息安全涉及个人权益、企业生存、金融风险防范、社会稳定和国家安全，它是物理安全、网络安全、数据安全、信息内容安全、信息基础设施安全与公共信息安全的总和。

随着全球信息化和信息技术的不断发展，信息化应用的不断推进，信息安全显得越来越重要，信息安全形势日趋严峻：一方面信息安全事件发生的频率大幅增加，另一方面信息安全事件造成的损失也越来越大。同时，信息安全问题日趋多样化，客户需要解决的信息安全问题不断增多，解决这些问题所需要的信息安全手段也不断增加。在这样的背景下，确保计算机信息系统和网络的安全，特别是国家重要基础设施信息系统的安全，已成为信息化建设过程中必须解决的重大问题，信息安全被提到了空前的高度。各国纷纷制定相应的法律法规以确保信息社会下的信息安全。

我国已有的法律法规遵循"兴利除弊，集中监控，分级管理，保障国家安全"的基本方针，从三个层次对信息安全做出了法律意义上的约束和管理。

第一个层次是从国家宪法和部门法的高度对个人、法人和其他组织的有关信息活动，涉及国家安全的权利义务进行规范和提出法律约束。例如《中华人民共和国国家安全法》《中华人民共和国国家保密法》《中华人民共和国反不正当竞争法》《全国人大常委会关于维护互联网安全的决定》等相关规定。

第二个层次是直接约束计算机安全、互联网安全的法规。如《中华人民共和国计算机信息系统安全保护条例》《中华人民共和国计算机信息网络国际联网管理暂行规定》《计算机信息网络国际联网安全保护管理办法》《中华人民共和国电信条例》《互联网信息服务管理办法》等。

第三个层次是对信息内容、信息安全技术、信息安全产品的授权审批的规定。如《电子出版物管理暂行规定》《中国互联网域名注册暂行管理办法》《计算机信息系统安全专用产品检测和销售许可证管理办法》《商用密码管理条例》《互联网站从事登载新闻业务管理暂行规定》等。

除相关法律法规外，制定和施行相应的信息安全政策也是保证国家、社会和公民信息安全的重要组成部分。信息资源建设涉及的信息安全政策应由国家信息资源安全政策、社会公共信息资源安全政策、商业秘密政策和个人隐私政策等四部分组成。这些政策主要协调和解决的问题包括：国家秘密的保护与公开、社会公共信息数据的公开与维护、企业商业秘密的保护、个人信息与数据资料的采集与保护、重要信息资源的备份与恢复、病毒的防治、危害信息安全违法行为的惩戒等。

二 《中华人民共和国公共图书馆法》与信息资源建设

(一)《中华人民共和国公共图书馆法》

《中华人民共和国公共图书馆法》(以下简称《公共图书馆法》)由中华人民共和国第十二届全国人民代表大会常务委员会第三十次会议于2017年11月4日通过,自2018年1月1日起施行。制定并实施《公共图书馆法》是图书馆人百年期盼和呼唤的结果,这是中国文化史上的进步,也是对中国文化发展史的重大贡献。《公共图书馆法》的颁布成为我国历经百余年的公共图书馆事业跨入新时代的标志。

《公共图书馆法》具有新颖性和前瞻性。《公共图书馆法》既涉及国家和地方公共图书馆事业层面,又涉及具体公共图书馆机构层面;既包括了公共图书馆的建设内容,又包括了公共图书馆的服务与管理内容;既充分考虑了政府设立的公共图书馆,又照顾到了社会力量参与兴办的公共图书馆。这部法律规范了图书馆事业的方方面面,力求全面、完整,体现了系统性和指导性。

《公共图书馆法》的内容可以划分为五个方面:一是明确界定了"什么是公共图书馆"。它给出了公共图书馆的基本定义并明确规定了公共图书馆的使命。二是明确回答了"为什么要建设公共图书馆"的问题,即我国公共图书馆服务体系还不健全,人民群众的基本文化需求与公共图书馆服务能力不足之间的矛盾仍然比较突出,公共图书馆发展在区域之间、城乡之间还不平衡,民族地区明显落后的状态仍然存在。三是明确规定了"为谁建设图书馆"。它明确规定了公共图书馆是面向社会公众建设的,以"人民为中心"是公共图书馆的基本理念。四是明确规定了由"谁来建设公共图书馆"。除各级人民政府外,鼓励公民、法人和其他组织等社会力量以自筹资金的方式开设公共图书馆。五是给出了"如何建设好公共图书馆"的路径。它分别从制度保障、馆舍保障、人员保障、经费保障、文献信息资源保障和现代科技保障等几个方面,对如何建设好公共图书馆做出了规定。

(二)《公共图书馆法》与信息资源建设

《公共图书馆法》的颁布对我国图书馆事业的发展和公共文化服务的开

展产生了巨大的影响，同时对我国图书馆事业发展的保障、规范和调节起着至关重要的作用，通过法律的颁布可以规范我国图书馆的服务模式、引导图书馆的管理体系、明确图书馆的权利义务、指引图书馆事业的发展方向，主要表现为以下几方面。

一是《公共图书馆法》的出台，为我国公共图书馆的信息资源建设提供了建设保障并为其发展指明了方向。《公共图书馆法》指出，公共图书馆的文献信息资源为图书、期刊、报纸等纸质资源，以及音像制品、缩微制品、网络资源和数字化资源等，只有加强公共图书馆信息资源建设，才能更好地满足大众的阅读需求和日益增长的文化信息需求，并为用户提供个性化、全面化、智慧化的阅读服务。

二是《公共图书馆法》鼓励和支持发挥科技在公共图书馆建设、管理和服务中的作用，推动运用现代信息技术和传播技术，提高公共图书馆的服务效能。《公共图书馆法》强调图书馆业务的规范化标准化，凸显图书馆专业化。对图书馆从业人员也有相应的能力要求，即公共图书馆工作人员要具备相应的专业知识与技能，政府设立的公共图书馆馆长要具备相应的文化水平、专业知识和组织管理能力。《公共图书馆法》还强调了服务和管理规范化，要求国务院文化主管部门和省、自治区、直辖市人民政府文化主管部门制定相关公共图书馆服务规范。

三是有利于促进公共图书馆服务创新以及进一步提高公共图书馆的服务能力和服务水平。首先体现在公共图书馆开放服务方面。免费开放范围进一步明确，"文献信息查询、借阅"，"阅览室自习室等公共空间设施场地开放"，"公益性讲座、阅读推广、培训、展览"，"国家规定的其他免费服务项目"这四类服务由公共图书馆免费向社会公众全面提供，增强公众的图书馆服务可获得感。其次是开放时间进一步明确。公共图书馆将在公休日全面开放，在国家法定节假日公布开放时间，从而使图书馆开放服务有法可依，从根本上解决了一些公共图书馆在公休日、节假日关闭，影响读者利用图书馆等群众不满意的问题①。

---

① 胡娟：《中国文化立法的一座丰碑——柯平教授谈〈中华人民共和国公共图书馆法〉》，《图书馆工作与研究》2018 年第 1 期，第 6 页。

三 知识产权法与信息资源建设

(一) 知识产权和知识产权法

知识产权 (Intellectual Property) 这一概念产生于 18 世纪的德国，1967 年建立的世界知识产权组织 (WIPO) 沿用了这一称谓。

关于其定义，主要有两种表达方式。

一是通过完全列举知识产权保护对象范围或划分的方法来说明知识产权，这种方法多见于国际组织机构颁布的公约、协定中。如《成立世界知识产权组织公约》第二条第八款中明确，知识产权的范围包括著作权、邻接权、专利权、外观设计权、商标权、产地标记权、防不正当竞争权和其他智力创作活动所产生的权利。

二是通过概括其内涵来给知识产权下定义，这种方法多见于我国的知识产权论著或教科书中。如郑成思主编的《知识产权法教程》一书将知识产权定义为：人们就其智力创造的成果依法享有的专有权利。刘春田主编的《知识产权法》一书将知识产权定义为：知识产权属于民事权利，是基于创造性智力成果和工商业标记依法产生的权利的统称。本书认为知识产权法是调整因创造、使用智力成果而产生的各种社会关系的法律规范的总和，是确认、保护和使用知识产权的一种法律制度。

知识产权法的地位是指它在整个法律体系中所处的地位。我国的知识产权法属于民法的范畴，但采取民事特别法的方式给予保护。知识产权法一般包括以下几种法律制度：著作权法律制度、专利权法律制度、工业版权法律制度、商标权法律制度、商号权法律制度、产地标记权法律制度、商业秘密权法律制度、反不正当竞争法律制度等。

知识产权法对于促进国家经济文化的发展和国际竞争能力的提升起着至关重要的作用。特别是在全面深化改革的时代背景下，知识产权制度的完善有助于加快建设创新型国家，有利于完善社会主义市场经济体制，有益于形成全面改革开放的新格局。

(二) 知识产权法在信息资源建设中的作用

知识产权法在信息资源建设中的作用主要是维持信息资源专有权和公

共获取权之间的平衡，是目前解决信息资源领域私人利益和公共利益矛盾的主要法律工具。从本质上说，知识产权法是一种利益平衡机制，旨在维持知识产权人和公共信息领域之间的平衡。一方面，它要赋予知识产权人一定期限的专有权，以保证其获得相应的劳动报酬；另一方面，它更要保障信息能够为社会所获知并最终进入公共领域，维护公共利益。

知识产权法制定和实施的一个重要目的就是保护知识所有者的知识产权，保护信息和知识产品（智力成果）。知识产品的创造和智力成果的取得往往是一个高投入的过程，不仅需要投入大量的资金成本，更要投入大量的时间和智力成本。然而，现代信息环境下，知识产品或智力成果可以轻易地为使用者所获取、复制、传播和利用，造成对他人知识产权的侵害，这种侵权行为在网络时代将会更加严重地削弱和破坏知识产权的保护作用。知识生产者得不到公正和应有的报偿，就会影响到人们从事智力投资和知识生产的积极性，制约知识产权的发展。而知识产权保护的本质就是赋予信息和知识产品的生产者在一定期限和一定地域范围内对其创造的智力成果享有专有权，其目的在于激励创造者创作出更多的知识产品，以便更好地服务于社会，提高知识产品的利用率和社会使用价值，这会在无形之中激发起知识产品创作者的创作热情和积极性，在客观上促进知识生产的发展，使人们创造更多的精神财富，也为信息资源建设提供丰富的文献信息源。

知识产权法同时也是信息资源进入公共领域的重要保障。在知识产权法理论中，始终有"公共领域"这一重要概念。公共领域通常包括知识产权法保护范围之外的作品、保护期已满的作品以及权利人放弃保护的作品，正是这些作品保证了信息资源的公共获取。此外，知识产权法对知识产权的限制，比如合理使用、许可使用、强制使用原则的存在，使得部分作品能够在一定范围内置于公共信息空间。知识产权法对地域、时间等内容的限制也是信息资源能够最终进入公共信息领域的保障。

总之，知识产权法一直将寻求著作权人和社会公众之间的利益平衡作为立法的宗旨和追求的目标，并要求著作权人在注重个人权利保护的同时，要兼顾到社会公共利益，禁止著作权人滥用权利。

（三）信息资源建设中的知识产权风险

信息资源建设中容易产生知识产权问题，这是由信息资源的特性决定的。首先，信息资源的共享性使其容易产生知识产权问题。信息资源的共享性主要表现在两个方面：一是同一资源可以分散在不同的所有者中；二是一方得到并不意味着另一方失去。这样，当信息商品进行交换时，商品的使用价值和价值的矛盾性体现不出来，只能通过法律手段将其强行分离。其次，信息资源固定成本高、可变成本低的特性使其容易产生知识产权问题。信息资源固定成本高，且往往是沉没成本，信息产品的价格主要由其智力成本而不是原材料成本决定的特点，使得许多投资者不愿投资到原创产品的生产之中去。再次，信息商品生产过程的特殊性，即增加信息商品的生产往往无须重复原有的生产过程，只需进行复制，或者通过网络进行传播即可的特性，使其容易产生知识产权问题。当一个信息产品投入市场后，增加产品的数量所产生的可变成本相当低，甚至产品在传播和使用时无须进行重复生产，这样一些不法分子往往根据信息资源复制成本相当低甚至可以忽略不计的特点，对原创产品进行复制、传播和盗用，这样就产生了知识产权的侵权问题。图书馆信息资源建设中的信息产权风险主要包括以下几个方面。

1. 文献资源建设中的知识产权风险

（1）文献采购可能面临的知识产权风险

文献采购面临的知识产权风险主要涉及采购国外出版物时面临的知识产权风险、采购非法出版物面临的知识产权风险和通过非法渠道采购面临的知识产权风险等。

国内图书馆进行国外出版物的采购时，通常通过国内从事版权贸易的出版集团采购其版权书。采购版权书时不能简单地基于原始版权页上的内容判断，需慎重查看其获得重印的授权合同，查看其授权协议是否囊括了其销售书目清单，合约上的销售数目是否符合其国内发行量等，避免公司自行扩编的非授权书刊入藏到图书馆。

我国 2001 年修订的《中华人民共和国著作权法》（以下简称《著作权法》）规定，信息机构通过非正当途径购买，且明知是非法出版物（如盗版图书、光盘等）而采购入藏，应视为一种间接的侵犯知识产权的行为。非法出版的问题比较复杂，除常见的非法出版非盗版书和非法出版盗版书等形式外，还有合法出版社违规出版等形式。因此采访工作人员在采购文献时，既要熟悉掌握相关的法律法规，同时也要养就一双"火眼金睛"，准确识别违法违规的出版。

另外，一些书刊从出版方式看是合法出版，但在营销过程中出现了欺诈行为，或借道于没有取得政府颁布营销执业资格的代理商，也会让合作的图书馆受到利益伤害。

（2）文献复制可能面临的知识产权风险

图书馆的文献复制行为是指作为信息机构藏书补充方式的复制，它是图书馆获得珍贵书刊和稀缺资料的一种重要方式。《著作权法》将复制定义为：以印刷、复印、临摹、拓印、录音、录像、翻录、翻拍等方式将作品制作成一份或多份的行为。同时规定图书馆、档案馆、纪念馆、博物馆、美术馆等为陈列或保存版本的需要，复制本馆收藏的作品，属于合理使用范围，可以不经著作权人许可，不向其支付报酬。但这种复制是有严格限制的：一是必须是本馆收藏的作品，非本馆收藏作品不能复制；二是数量上应限制在最低限度内。因此图书馆在使用复制手段收集文献时，如果并非为陈列或保存版本需要而复制，或者复制他馆的各类文献以增加馆藏，就可能构成侵权[①]。

另外，图书馆如果未经著作权人许可，大量影印在版权保护期内的国外出版物，不是因为保存版本的需要，而是用于借阅的，则可能构成侵权。

2. 数字信息资源建设中的知识产权风险

（1）自建数据库可能面临的知识产权风险

自建数据库首先是对资源进行数字化处理，而馆藏文献数字化的权利实质上就是著作权中的"复制权"，它是著作权中最重要的经济权利。自建数据库版权关系复杂，对文献资源进行数字化处理时要针对不同类型的资源进行区别对待。首先是按照《著作权法》的相关规定，区分出不受著作权法保护的作品和受著作权法保护的作品。完全不受著作权法保护的作品在法规中有明确的法条规定，可以放心使用。受著作权法保护的作品又区分为两种情况，其一是已经超出保护期限的作品，因《著作权法》第二十一条规定："公民的作品，其发表权、使用权和获得报酬权的保护期为50年。"故对其进行数字化加工可不必担心侵权问题，但该法同时亦规定，这些作品仍享有不受保护期限制的其他权利，如署名权、修改权、保护作品完整权等。因此，图书馆在进行数字化建设过程中要注意不得侵害著作权人这些不受保护期限制的权利。其二是对于尚在版权保护期内的馆藏文献

---

① 肖希明主编《信息资源建设》，武汉大学出版社，2002，第84页。

资源的数字化加工建设，必须征得著作权人的许可和授权，也可以利用《著作权法》和《信息网络传播保护条例》中的合理使用规定，进行数字化建设。前文提到《著作权法》的合理复制主要是指"为陈列或保存版本的需要"的复制行为。而 2006 年 7 月 1 日实施的《信息网络传播权保护条例》第七条规定："图书馆、档案馆、纪念馆、博物馆、美术馆等可以不经著作权人许可，通过信息网络向本馆馆舍内服务对象提供本馆收藏的合法出版的数字作品和依法为陈列或者保存版本的需要以数字化形式复制的作品，不向其支付报酬，但不得直接或者间接获得经济利益。当事人另有约定的除外。"根据这一规定，经过数字化后的作品有严格的使用地域限制，只能向本馆馆舍的服务对象提供服务，超出了范围则可能构成侵权。

（2）购买数据库可能面临的知识产权风险

图书馆在购买数据库时可能面临的知识产权风险主要有：数据库内数据资源的版权责任，数据库的使用范围和使用期限，数据库使用过程中出现版权纠纷时责任的界定，用户利用数据资源的方式和权限（下载、浏览、打印等），数据资源的存取权限（即不再订购时对已经购买部分拥有的权利）等。因此图书馆在购买数字资源提供商所提供的数据库时，要针对可能存在的知识产权风险与数据库提供商就相关的法律关系和权利义务签署协议，防范可能出现的侵权风险。

图书馆购买数据库后，作为第三方，当版权方与数据开发商在发生知识产权纠纷时，可声明不受连带责任。但本着尊重作者的著作权，推动数字资源产业健康发展的目的，图书馆在签署购买协议时，有必要对供应商提出版权合法取得的要求，尽量避免购买、使用存在侵权问题的数据库。近年来频现的版权人状告数据开发商侵犯知识产权的案件中，有些版权人亦将作为购买和使用方的图书馆附带告上了法庭。虽然图书馆在系列版权纠纷案件中多因非营利及免费服务性质，即使涉入其中也多免责，但也要考虑到版权纠纷案件对图书馆的负面影响，包括：购买的数字资源涉嫌侵权，退出数据库后，影响用户使用；付费使用涉嫌侵权的数据库变相助长侵权行为者的得利；图书馆在版权交易中对著作权保护的薄弱环节暴露无遗等①。

---

① 汤罡辉、王元：《文献采访业务的潜在知识产权风险分析》，《图书情报工作》2010 年第 7 期，第 76、77 页。

3. 虚拟信息资源建设中的知识产权风险

虚拟馆藏资源建设主要是对互联网上免费开放资源的获取，图书馆多采用超文本链接的方式，以学科导航或虚拟馆藏库的形式加以实现，即在本地网页上建立一个链接，指向专题网站或数据库，让读者可以方便快捷地检索到所需资源。设置链接的行为本身是合法的，但不能超出被链方权利声明所明确的范围。因此在设置链接时要严格遵守《信息网络传播权保护条例》第十四条对"链接"与"断开链接"做出的责权规范。链接对象、链接方式和是否存在商业利益等，都是"合理链接"的条件。建设导航和虚拟馆藏时出现的知识产权纠纷，大多是链接设置超出条例许可的使用条件和范围导致的，在设链者与被链文件没有任何权利关系的前提下，一旦被链者表示异议，就会引起权利纠纷。在学科导航中直接链接到对方网站主页的正常链接一般不会产生知识产权问题，但若链接的对象网站存在侵权作品，则会因为涉嫌存在帮助被链网站侵权的行为而构成间接侵权。因此数字图书馆在进行虚拟馆藏资源建设时，要严格遵守条例的相关规定[①]。

4. 信息资源共建共享中的知识产权风险

知识产权法一直将寻求著作权人和社会公众之间的利益平衡作为立法的宗旨和追求的目标，并要求著作权人在注重个人权利保护的同时，要兼顾到社会公共利益，禁止著作权人滥用权利。这一方面为信息资源的共建共享提供了法律依据，另一方面，知识产权的专有性和智力成果的有偿性又会制约信息资源的共建共享。

图书馆信息资源共建共享中涉及的知识产权风险主要有信息资源数字化中的知识产权风险、数据库开发和利用中的知识产权风险和网络传输中的知识产权风险。关于前两者已在前文中有论述，这里尤其要注意网络传输中的知识产权风险。文献信息资源网络化传输是图书馆实现信息资源共享的有效途径，但图书馆将数字化信息资源进行网络传输，实现信息资源共享，则必会涉及对著作权人信息网络传播权的保护。图书馆在实现信息资源的共建共享中，与信息网络传播权保护的关系主要表现在两个方面：

---

① 杨文花、赵葆英、苏沫：《高校图书馆数字资源建设中的知识产权问题研究》，《兰台世界》2015 年第 2 期，第 114 页。

一是图书馆将其享有著作权的作品、数据库上网传输供他人共享时，他人可能会侵害其信息网络传播权；二是图书馆将他人享有著作权的作品进行网络传输供他人共享时，可能会侵害他人的信息网络传播权。无论是哪一个方面，都与信息网络传播权的保护密切相关①。

---

① 徐迈：《数字图书馆信息资源建设中的知识产权问题综述》，《现代情报》2007 年第 3 期，第 84 页。

第三章　信息资源建设理论体系

作为一门学科，信息资源建设既是信息时代的产物，又是多门学科综合的结果，这一学科的构建不仅要从相关学科的理论和方法中汲取营养，同时要在其实践发展过程中不断总结自身的发展规律，形成自己的理论体系。信息资源建设概念是由藏书建设和文献资源建设等概念演变而来，信息资源建设理论形成和实践操作当然也离不开图书馆学、文献学和情报学等相关学科理论的影响和指导，是对传统图书馆学、情报学和文献学理论的继承和发展。图书馆学、情报学和文献学的研究对象虽有区别，但又相互交叉、联系密切，三者既有独立的理论体系，又有共同的理论基础，主要研究图书、文献或情报等现在统称为信息资源的收集、组织、存储和利用等问题，这些自然也是信息资源建设研究和实践的主要内容。当然，信息资源建设又是对藏书建设或文献资源建设理论的突破，是受到了现代经济学、系统科学、电子信息科学等学科的影响和指导后对藏书建设和文献资源建设进行扬弃，并在发展过程中形成独立理论体系的结果。同时信息资源建设理论和实践的发展又反过来促进了图书情报和文献学相关理论的进步。

信息资源建设的理论体系包括信息资源的基础理论、支撑理论和方法论等。基础理论是信息资源建设的所有理论知识的基础，是信息资源建设其他理论的理论依据；支撑理论是一切为信息资源建设的科学性、可行性提供支撑的理论；方法论是指导信息资源建设实践的理论。

第一节　信息资源建设的基础理论

信息资源建设的基础理论包括信息资源建设的逻辑起点、基本概念、研究范畴与原理等。信息资源建设的逻辑起点，是建构和展开相关研究的初始环节，是其理论体系的始基范畴，所有关于信息资源建设的理论都与之有密切关联。信息资源建设基本概念的研究包括"信息""信息资源""信息资源建设"等概念的界定及其内涵的揭示等。信息资源建设内涵的研究范畴包括信息资源建设主体、客体的研究，尤其是信息资源建设对象发生发展规律的研究。有关信息资源建设的基本概念及主体、对象等的研究已在第一章完成，本节主要探讨信息资源建设逻辑起点及信息资源发展的相关理论。

一　信息资源建设的逻辑起点

信息资源建设的理论起点，就是信息资源化，即将信息看作可资利用的，可以为人类带来物质或精神财富的资源，这种理论观点的形成事实上与图书情报学以及文献学的相关理论是一脉相承的。

传统的藏书或档案机构被看成保存人类知识或人类活动记录的最重要的机构，其对收藏的重视程度往往大于利用。但随着藏书楼被图书馆所取代，人们逐渐意识到藏书的目的是阅读和使用，图书馆等信息机构的本质职能不是收藏而是更好地提供信息服务。这一理念的形成及相关研究的深入，促成了相关理论的建立，较有代表性的是印度著名图书馆学家阮冈纳赞（S. R. Ranganathan）提出的"图书馆学五定律"。所谓的"图书馆学五定律"，即第一定律，书是为了用的（Books are for use）；第二定律，每个读者有其书（Every reader his book）；第三定律，每本书有其读者（Every book its reader）；第四定律，节省读者的时间（Save the time of the reader）；第五定律，图书馆是一个生长着的有机体（A library is a growing organism）。阮冈纳赞的"五定律"将书是有价值的、藏书是为了使用的理念提到了前所未有的高度，并对图书馆如何才能做到"每个人有其书"，如何才能更好地为读者服务，如何充分开发和利用藏书的价值等提出了系列的要求，自问世以来，一直被誉为对图书馆职业精髓的最简明的表述，被当作图书馆工作的最高准则和职业规范来遵守。

在情报学者眼里，图书的价值不在于书，而是书里蕴含的"情报"，如何收集、整理和开发利用这些情报，成为图书馆情报工作者的主要任务。信息科学的相关理论被引入图书馆情报学界的研究后，"情报"的概念在许多国家、许多领域逐渐被"信息"这一概念所取代。当然这种取代不仅仅只是字面的，随着信息技术的发展和广泛应用，以及产业信息化、社会信息化以及信息产业成为国民经济的支柱产业，信息学或信息管理学的研究内涵和外延不断发展。可是信息是普遍存在的，花草树木、虫鱼鸟兽表现出来的是自然界的信息，人类活动产生的是社会信息，没有哪门学科能研究所有的信息。这时"信息资源"这一概念就被学者提出来了。

"信息资源"与"信息"在本质上并无区别，但"信息资源"较之"信息"更强调其有用性，是可以创造物质财富和精神财富的，达到一定数量的信息的集合，是在各种社会活动中产生和积累的，具有潜在或现实价值的有序化信息及其相关要素的集合①。信息资源建设便是要通过有效信息活动将分散的信息进行有序聚合，以便更好地为用户提供服务。总之，"信息资源是具有价值的"，这一判断是信息资源建设理论体系形成的基础，其内涵贯穿于理论发展的全过程，并且其范畴有助于形成完整的科学理论体系②。

二 信息资源发展理论

图书情报与文献学中的文献增长规律理论、信息（文献）生命周期论、文献老化理论等表明，文献信息是有生命力的，会经历产生、发展和消亡的过程。文献信息不同生命阶段的不同特征对图书情报工作有不同的要求，应做出合理的安排和科学的应对，由此又延伸出了诸如"零增长理论""存储图书馆理论""藏书剔除"和"复选理论"等来指导具体的图书文献工作。图书情报与文献学中的信息生命力及其延伸理论对信息资源建设同样有着重要的意义，信息资源的合理规划、科学选择、高效采访、有针对性地开发利用，都离不开相关理论的指导。

（一）"普赖斯曲线"

"普赖斯曲线"是著名的反映文献增长规律的理论。美国文献学家普赖斯（D. Price）对文献信息的爆炸式增长进行了深入研究，他统计了期刊在

---

① 党跃武、谭详金：《信息资源管理导论》（第二版），高等教育出版社，2006，第23页。
② 齐文君、金胜勇：《信息资源建设理论体系研究》，《河北科技图苑》2016年第3期，第17页。

世界范围内两个世纪的增长情况：1665 年第一本期刊在法国问世，1750 年期刊增至 10 种，1800 年增至 100 种，1850 年增至 1000 种，1900 年增至 10000 种，1950 年增至 10 万种，几乎是每 50 年增加 10 倍。另外根据《化学文摘》《生物学文摘》《科学文摘》近几十年的数据统计，我们也可发现同样的增长趋势。于是普赖斯以文献量为纵轴，以历史年代为横轴，把各不同年代的文献量在坐标图上逐点描绘出来，然后以一光滑曲线连接各点，则可十分近似地表征文献随时间增长的规律，这就是著名的"普赖斯曲线"，如图 3-1 所示。

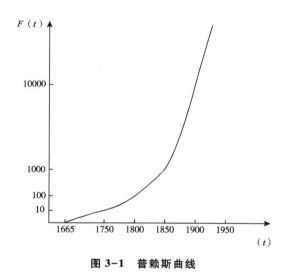

图 3-1 普赖斯曲线

通过对曲线的分析，普赖斯最先注意到文献增长与时间呈指数函数关系，如用 $F(t)$ 表示时间 t 的文献量，则指数定律可表示为下式：

$$F(t) = ae^{bt}$$

式中，a 是统计的初始时刻（$t=0$）文献量，$e=2.718$，b 表示持续增长率。

"普赖斯曲线"统计的是 1960 年以前两个多世纪的科技文献量的增长规律，随后人们利用其增长公式对不同时期的文献进行了统计。结果表明，"普赖斯曲线"确实在一定程度上正确反映了文献的实际增长情况。例如，对 1952~1982 年世界图书增长情况的统计分析表明，图书总数大约二十年

翻一倍，指数增长模型与实际情况大体上是符合的。又如，对 1907~1977
年世界化学论文数量进行统计，由指数模型计算的值与实际情况大体一致，
说明这一时期的化学论文数量也是按指数增长的，大约每十年翻一倍。因
此，文献的指数增长定律具有一定程度的正确性和普遍性，并得到了学术
界的承认。

"普赖斯曲线"反映的文献增长规律对信息资源建设的指导意义在于：
文献资源的数量非常庞大，而且快速增长，一方面为信息资源建设提供了
丰富的信息资源，另一方面也意味着，文献呈现出的指数增长特性与信息
机构有限的资金间的矛盾只会愈演愈烈，没有哪一家信息机构能够靠自身
的力量收集完海量的信息资源，必须进行合理规划。微观规划的核心是依
据读者的需要，对文献进行科学选择，而宏观的规划则意味着对一个地区
的不同信息机构的收藏进行总体布局、共建共享。

（二）文献老化理论

1. 文献老化的含义

文献老化有两层含义，一是文献内容的使用价值随着时间的推移和各
种因素的影响而逐渐降低，导致其利用率越来越低的现象。二是随着时间
的推移和化学与物理因素的影响，文献载体的物质形态逐渐退化变质的现
象。通常意义上的文献老化指的是文献内容上的老化，即文献内容的使用
价值逐渐降低。

1943 年，美国纽约大学的戈斯内尔（C. F. Gosnell）开始就大学图书馆
中文献老化的问题展开了研究，但一直到 20 世纪 50 年代末，人们才开始寻
求描述文献老化的指标和方法。目前用于评价文献老化的指标主要有"文
献半衰期""普赖斯指数"和"剩余有益性指标"等。

2. 文献老化的评价指标

（1）文献半衰期

美国文献学家贝尔纳（J. D. Bernal）、美国图书馆学家伯顿（R. E.
Burton）和凯普勒（R. W. Kepbler），分别于 1958 年和 1960 年提出了"文献
半衰期"的概念，作为衡量已发表文献的老化程度的指标。

文献半衰期是指某学科尚在利用的全部文献中较新的一半，是在多长
一段时间内发表或出版的。它意味着在学科文献利用中，有一半文献的使

用价值已经逐渐降低。

伯顿和凯普勒曾对九个学科的文献，采用被引用数据进行计算，得出其"半衰期"分别为：化学工程为 4.8 年，机械工程为 5.2 年，冶金工程为 3.9 年，数学为 10.5 年，物理学为 4.6 年，化学为 8.1 年，地质学为 11.8 年，生理学为 7.2 年，植物学为 10 年。这表明不同学科文献的半衰期是不同的。并且随着研究的深入，除以文献是否被引用及引用次数作为衡量"利用"标准外，人们又提出了其他许多评价文献半衰期的标准，如以文献在图书馆或情报机构里是否被借阅及借阅次数作为衡量"利用"的标准等，这样所得出的文献半衰期也往往不同。值得注意的是，文献半衰期通常是针对某一学科文献的总和而言的，不是针对个别文献或某一组文献所做的研究。

（2）普赖斯指数

1971 年，普赖斯在对《科学引文索引》（SCI）所做的统计分析中发现，在被调查的一年内所发表文献的全部参考文献中，有一半文献是在近五年内发表的。受这一结果的启示，普赖斯认为可以用五年作为划分文献情报利用程度的标准。出版年限小于五年的文献称为"现时作用的"文献，出版年限超过五年的称为"档案性"文献，并在此基础上提出了一个衡量各个知识领域文献老化的数量指标，即后人所称的"普赖斯指数"。

关于该指数，具体而言就是在某一个知识领域内，把出版年限不超过五年的文献的引文数量与引文总量之比当作指数，用以量度文献的老化速度和程度。

如果以 P 表示普赖斯指数，则：

$$P = \frac{\text{出版年限不超过五年的被引文献量}}{\text{文献被引总量}}$$

"普赖斯指数"和"文献半衰期"都是从文献被利用的角度出发来反映文献老化的情况的，两者既有联系又有区别。一般而言，某一学科或领域文献的"普赖斯指数"越大，"文献半衰期"就越短，说明其文献的老化速度就越快。但"文献半衰期"只能笼统地衡量某一学科领域全部文献的老化情况，而"普赖斯指数"既可用于某一领域的全部文献，也可用于评价某一种期刊、某一机构，甚至某一作者或某篇文章的老化特点。

（3）剩余有益性指标

1970 年，英国信息学家布鲁克斯（B. C. Brookes）引进"期刊有益性"的概念，将期刊的剩余有益性作为评价其老化的指标。期刊"有益性"是指某一年份某一期刊被用户所利用的文章数，而期刊的"剩余有益性"是指经过若干年后，期刊还保留着的有益性。采用期刊剩余有益性指标衡量老化程度时，假定了所收录的每一种期刊的有益性是以相同的速度减少的，并且只是对于满足一定类型和内容的情报需要的具体期刊来说，才是适用的①。

需要说明的是，上述三种衡量文献老化的指标都主要是在文献引用分析的基础上确定的，都只是对实际情况的一种理想化的概略性的量度，都还有其不合理的成分，人们仍需继续研究探索评价文献老化的更准确的量度指标。

3. 文献老化理论对信息资源建设的指导意义

文献老化理论对信息资源建设的指导意义主要表现在以下两个方面。首先，可以为信息机构的信息资源选择和评价工作提供理论依据。信息资源的选择主要解决两大问题，一是决定购买什么资源，二是购买多少数量的资源，总体来说就是有限资金的合理分配问题。解决这一问题会涉及许多因素，考虑不同学科文献老化速度是其中重要的因素。从目前信息机构的实践来看，不同性质的信息机构会根据用户的需求特点及自身的发展需求，对不同老化速度的文献做出取舍。比如公共图书馆会将更多的资金投入到老化速度相对较慢的文献中，而专业性图书馆更倾向于将更多的钱花在那些更新快、内容新颖的文献上。其次，可以为剔旧和优化馆藏提供科学指导。信息资源建设是个动态过程，既要"纳新"也要"吐故"，不仅强调补充新的资源来充实馆藏，同时随着馆藏资源的不断增多，库房压力的增大，也要剔除信息内容已经没有多少价值的旧文献。这样做不仅有利于解决书库空间危机，又有利于提高文献信息检索效率。因为把老化的文献信息从有用的文献信息中分离出来，势必会提高有用文献信息的检出概率。

---

① 程琳：《信息分析概论》，武汉出版社，2014，第 132 页。

（三） 信息生命周期论

"信息生命周期"通常是指信息数据存在一个从产生到被使用、维护、存档，直至删除的生命周期。亦有学者认为"信息生命周期"是指信息被收集、存储、加工和维护使用的整个过程，包括六个阶段：信息的识别、信息的收集、信息的传递、信息的存储、信息的加工及信息的维护使用。

美国著名的信息资源管理学家马尔香（D. A. Marchand）和霍顿早在1986 年出版的 *INFOTRENDS*：*Profiting from Your Information Resources* 一书中就提出了"信息生命周期管理"的概念，把信息管理视为与制造一种产品或开发一种武器系统一样，存在一种逻辑上相关联的若干阶段或步骤，每一步都是依赖于上一步。根据信息运动的特点，信息生命周期管理在横向的管理阶段应包括信息的创建（产生发布）、采集、组织、开发、利用、清理（销毁回收）六个部分。

信息生命周期相关理论引起人们广泛的关注源于 ISO/TC 171 文件成像应用技术委员会在 2000 年 10 月 12 日召开的伦敦年会。那次会议通过的"405 号决议"建议将委员会名称改成"信息生命周期管理（ILM）"技术委员会。"405 号决议"称"信息无论是以物理的形式还是以电子的形式管理，该信息生命周期都包括信息的生成、获取、标引、存储、检索、分发、呈现、迁移、交换、保护与最后处置或废弃"。

我国学者亦对相关理论展开了研究。如粟湘等人认为，信息生命周期管理在纵向的应用层级可以分为三个层次，由低到高分别是存储层、管理层和应用层；结合信息的运动规律，在横向的管理阶段可以分为六个部分，按时间顺序分别是创建、采集、组织、存储、利用、清理六个阶段[①]，如图 3-2 所示。

尽管学者多是为了进行科学的信息管理而提出和研究信息生命周期理论的，但这一理论对信息资源建设同样有重要的借鉴意义。首先，我们要意识到，与信息一样，信息资源是有生命周期的，信息资源的生命周期就是根据一定的使用目的，对信息进行有机集合形成一定的信息系统并进行开发利用的过程，具体而言就是对信息进行选择、收集、整理、存储和检

[①] 粟湘、郑建明、吴沛：《信息生命周期管理研究》，《情报科学》2006 年第 5 期，第 693 页。

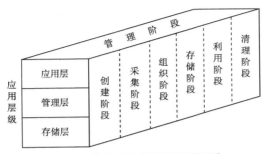

图 3-2 信息生命周期的应用层次

索、交流和使用的完整过程。其次，信息资源建设要研究和掌握信息资源的不同生命过程的运动规律，对信息资源的全生命周期进行合理、整体的规划，创造出一个由多个层次、多个建设流程组成的，目标一致、相互衔接、互相支持的和谐共生的信息资源体系。

第二节 信息资源建设支撑理论

信息资源建设是一门建立在传统图书情报学基础上，借鉴了信息科学、经济学、系统科学等学科相关知识，不断发展而形成的新兴学科。信息资源建设活动和理论研究不断从相关学科的理论和方法中吸收营养，使自身的基础理论得到进一步充实和完善，同时证明其科学性和可行性，这些理论便形成了信息资源建设的支撑理论。

一 经济学理论在信息资源建设中的应用

信息资源是一个"信息"+"资源"的联合概念。"资源"的概念多被认为来源于经济学科，指在人类社会和客观世界中可以创造财富的有一定量的积累的客观存在。"信息资源"与"信息"不同之处在于，信息要成为资源必须是有价值的，能满足特定的社会需要，同时，信息必须根据一定的目的，通过有序化的积累达到一定丰度和凝聚度。这就意味着有一个科学的总体规划以及对资源进行选择、收集、配置和组织的过程，这个过程就是信息资源建设。另外应该认识到，信息资源建设是需要成本的，只有当人们对信息资源的价值期望大于其需求的成本时，信息资源建设才是有价值的，这时信息资源建设便成了一个经济学问题。事实上，信息资源建设重视对经济学知识的借鉴和应用，目前主要集中在探讨信息资源的有效配置和建设效益两大问题上。

（一）信息资源配置的经济学原理

与"信息资源"有广义和狭义两种理解一样，目前对于信息资源配置也有两种不同的理解。广义的"信息资源配置"是指将有用的信息及与信息活动有关的信息设施、信息人员、信息系统、信息网络等资源在数量、时间、空间范围内进行匹配、流动和重组。狭义的"信息资源配置"仅指将有用的信息，在不同时间、不同地区、不同行业、不同部门之间进行分配、流动和重组。目前探讨狭义的信息资源配置问题更受图书情报学界的重视，比如利用"长尾理论""帕累托原理"等研究如何通过一定的调控手段，协调信息资源在时间、空间、部门、数量上的分布关系，使有限的资源产生最大的效益等。

1. 信息资源配置的时间因素

信息资源在不同时间使用产生出来的效益是不一样的，信息资源建设的目标之一就是实现信息资源在时间上的合理配置，让信息在其有效期内尽可能多地为人所用。信息资源的时间配置是指在过去、现在和将来三种时态上的配置，即对不同时段上的信息资源进行存储和分配，满足用户对不同时段上的信息需求。

不同类型的信息时效性差别较大。通常历史文化信息和文化遗产相对稳定，时效性较长，一经整理生成，可长期保存和使用；科技信息时效性总体来说比历史文化信息要强，随着新的科研成果的出现，旧的科研信息的利用价值逐渐衰减，甚至消失，即为知识老化。当然不同学科的科研文献的时效性又是各不相同的。由于市场信息瞬息万变，故而商务信息或市场信息的时效性很强，不同时间点的信息价值显著不同。因此，以时间为考量指标对信息资源进行配置时，应该充分考虑用户的需求特征、信息价值的衰减特征等，从而保证信息资源结构具有合理的时效分布。

2. 信息资源的空间配置

信息资源的空间配置是指信息资源在不同地区、不同行业部门之间的分布，实质上是在不同使用方向上的分配。信息资源的地域分配存在严重的不均衡性，各地域、各行业并非都能依靠信息需求和使用方向合理使用信息资源。这主要是因为信息资源在不同行业、地理区域的信息量分布和信息基础结构上存在着很大的差距，甚至存在巨大的"信息鸿沟"。要消除信息资源在空间上分布的不平衡性，让越来越多的人享受信息资源快速增长及信息技术进步带来的好处，这不仅需要政策的支持，同样要考虑空间或者部门配置中的权、责、利及分配效率，或效益等经济问题。

3. 信息资源的数量配置

信息资源数量配置主要是要处理好信息资源的存量配置和增量配置，或者总量配置和个量配置的关系。一般而言，信息资源只有达到一定规模并有效组织，才能有效满足用户的信息需求，实现信息资源的利用价值。而信息资源的快速增长和用户信息需求的不断变化，需要信息资源管理者在不同发展阶段及时调整信息资源存储策略：一方面要改进存量信息资源在不同用户需求之间的静态配置，即在充分利用现有信息资源的同时，降低其使用成本；另一方面，对增量信息资源进行针对性布局与安排，保障增量信息资源的合理配置，同时考虑不同地方、不同机构间的信息资源增量配置的效益问题，尤其注意其边际效率问题。此外，无论信息资源的个量配置还是总量配置，除强调满足用户的信息需求外，还要从各地（或各个信息机构）经费投入、资源流通等实际情况出发，合理安排重要资源与一般资源的关系，信息资源种类与复本数量的关系，争取利用最小的投资获得最大的效益。

无论是从时间上还是从空间或数量上，信息资源的配置都是以已有的资源条件为基础的。无论是"硬"资源还是"软"资源，相对于一定时期内信息用户的需要和国家信息系统的具体目标而言，都有数量与质量上的相对盈余和相对亏负这两个特点。这就要求通过信息资源配置，将信息资源的相对盈余和相对亏负进行合理调节和利用。协调信息资源在时间、空间、部门、数量上的分布关系，即实现信息资源的合理配置，目的是使有限的资源产生更大的效益。在一定范围内，信息资源的量是有限的，如何通过最有效的政策杠杆和技术手段，对有限的信息资源进行合理的安排、组合，使现有的信息资源能得以充分开发利用，同时又使社会的信息需求得到最大限度的满足，这就是信息资源建设所追求的目的[1]。

---

[1]　裴雷编《信息经济学》，南京大学出版社，2015，第 272 页。

（二）　共建共享下的信息资源建设效益问题

新的信息环境下，信息资源建设不再限于不同信息机构内部的信息资源采访、组织和开发利用，更强调网络环境下的共建共享以及建立联合保障体系等实践。通常认为信息资源共建共享可减少信息资源的重复配置，并提高信息资源保障率，从而使信息资源建设单位能够通过系统的共建共享，获取比个体单位的建设与服务更大的收益。然而，信息资源共享及信息资源联合保障体系建设过程中的经费投入若非由政府统一调配，而是由各单位共同承担，就会产生特别的成本问题。另外，关于信息资源共建共享的效益，不能单考虑某个信息单位的投入和产出问题，更要从整个社会的角度来考虑其社会效益。总之，共建共享的效益问题极为复杂，要探索清楚其中的规律，必须运用经济学的原理解释清楚信息资源共建共享过程中的投入和收益等问题。

1. 信息资源共建共享的成本问题

信息资源建设共建共享的成本包括信息资源成本、信息资源数字化成本、流通成本、管理成本等。

（1）信息资源成本

信息资源共建共享的基础是资源，资源的获得需要付出相应的费用，这就是信息资源成本。信息资源的获得，除了购入方式外，也可通过诸如获取捐赠、网络共享等非购入方式获得。由于图书文献价格的飞涨，购置成本往往会成为信息资源成本的主要部分。但共建共享涉及的信息资源成本与单个信息机构信息资源建设的信息资源成本不同，共建不仅可能通过合作发展馆藏，进行成员馆间的资源合理布局来避免重复建设，从而降低成本，而且可以通过联合采购等方式来降低成本。目前的联合采购主要应用在电子出版物上，有两种方式：其一是经谈判协商，集团成员采用统一的低于市场的价格购买同一种电子资源；其二是购置电子资源时共同承担购买费用，购置后共同使用。不管是何种方式，其目的都是希望通过联合采购，共同承担电子资源的购买费用，以最少的经费获取最符合需求的电子资源。由于信息产品固定成本高，可变成本低的特点，电子资源开发商每增加一个单位用户的成本几乎可忽略不计，但电子出版商却往往通过其垄断地位，制定电子出版物的垄断高价，使各个信息机构难堪重负，为应对电子资源开发商的垄断，各个信息机构只有以"抱团取暖"的方式，才能利用有限的经费，以最经济的方式购得满足读者需求的资源。

（2）信息资源数字化成本

信息资源共享的主要方式是馆际互借和文献传递，传统的馆际互借和文献传递以邮寄资料，或通过流动车循环投放互借图书的方式进行，成本高，效率低。高科技网络环境下的馆际互借和文献传递，可以实现同一网络平台上的信息查询和传递服务，不仅提高了效率，也扩展了馆际互借的范围。但这实现的前提是必须建立拥有统一标准的书目数据库甚至全文数据库，需要前期资金进行软、硬件设备的购置，还需要投入经费来进行纸质资源电子化等，这就构成了信息资源共建共享的数字化成本。信息资源数字化成本与一般的建设成本比较有较大的特殊性。比如，各种软硬件设备的投入形成的数字化成本一方面可以一次投入，长时间地多次使用，另一方面，随着信息技术更新换代不断加速，信用设备升级和维护将需要持续的投入，并且由于信息设备，尤其是信息软件使用的"成瘾性"的存在，如果要将用户使用习惯了的设备进行更换，用户将要付出更多的学习成本，而设备使用单位不仅要付出购置新设备的成本，同时还要为新、旧设备的交接付出数据兼容和重置等成本。

（3）信息资源流通成本

图书馆参与信息资源共建共享的最终目的是最大限度地满足读者的信息需求，而图书馆要将自己的信息资源提供给读者，需要选择合适的流通渠道。在流通过程中，图书馆所担负的各种支出就构成了信息资源的流通成本，包括流通渠道的开发、选择成本及信息资源的传递成本等。信息资源的流通渠道有很多种，用户需求不同，流通的渠道也可能不同，图书馆要选择最方便、最适合用户的渠道。信息资源共建共享过程中，信息传递的频率加快，每传递一次信息，其费用都包括了信息提供馆和请求馆的服务成本等。请求馆的成本有人工费、网络费、通信费、设备费、耗材费等；提供馆的成本则包括所消耗的查询费、复制费、邮寄费等；部分文献还要收取版权费[①]。

---

① 金胜勇、郝向兰、孔志军：《图书馆信息资源共建共享成本收益分析框架》，《图书馆工作与研究》2008 年第 10 期，第 4 页。

（4）管理成本

共建共享体系的管理涉及多个方面，需要投入大量的人、财、物来进行管理，必须成立相应的组织协调部门负责相关工作，包括共建共享的前期调研工作，各共建共享单位之间具体的信息资源配置、信息资源共建共享服务的协调工作，制定共建共享相关协议、合约的工作，监督各成员馆履行义务的工作等。负责这方面工作的人员要求具备较高的素质，如良好的管理、沟通能力，灵活的应变能力，丰富的工作经验等，聘用这些管理人员所需的经费会形成较大的人力资源成本。并且这些管理工作本身也要花费大量的物力和财力，如为构建共建共享条件所达成的协议制定、信息传输法律、共享信息资源的使用合约等耗费的制度成本，以及在这些制度的实施过程中所花费的人力、物力、财力，而且在制度的完善过程中还会出现新制度的贴现成本，如为监督共享用户，保证其履行自己共享义务的监督成本等[①]。

2. 信息资源共建共享的效益问题

（1）经济效益

信息资源共建共享体系的建成，为用户提供的是可资利用的信息产品，就会产生相应的经济效益，这些效益有直接效益也有间接效益。直接效益往往是显性的，在短期内能感觉到其效用的收益。这些收益包括由于避免重复建设节约的成本、由于联合采购而节约的订购费用、为信息用户提供信息服务收取的一定服务费等，可用货币来衡量收益值的收益；还包括信息资源保障率和图书馆利用率的提高，图书馆整体服务水平的提升以及读者节省的时间成本等，短期内可感知，但又难以用货币衡量的收益。间接效益往往是隐性的、潜在的，其收益值短期内尽管通常难以用货币来评估，但其影响却是长久的、深入的，甚至是根本性的，这些收益主要是共建共享条件下，由于用户打破时空限制方便快捷地获得信息资源进行科学研究、发明创造、技术推广、产品开发等而创造的更多的经济收益。

（2）社会效益

图书馆的公益特性造就了信息资源共建共享所追求的主要目标并不是经济效益而是社会效益，即项目实施后为社会所作的贡献，具体是指其对

---

① 马费成、裴雷：《信息资源共享及其效率分析》，《情报科学》2004 年第 1 期，第 3 页。

于推进科学技术的进步，促进人才的培养，提高科学管理水平和人民物质文化生活水平，促进社会发展等方面所起的作用，包括信息服务机构为社会或用户提供有用的知识、情报和信息，满足社会需要和促进社会经济进步与发展的程度，以及社会对图书馆的认知上的提升等，这些效益往往要经过若干年后才能体现出来。

二　系统论在信息资源建设中的应用

（一）信息资源建设需要系统论指导

现代系统理论认为，客观世界的一切物质都存在于一定的系统之中，所谓系统，是由相互联系、相互依赖的若干组成部分结合而成的具有特定功能的有机整体，而这个"系统"本身又是它所从属的更大系统的组成部分。

信息资源建设的目标是建立起可资人们利用的信息资源体系，这个体系是由丰富的信息资源、专业的工作人员、先进的信息设备、科学的管理制度等各种要素组成的，可为读者的科学研究、学习、娱乐等提供信息服务的有机整体。同时信息资源建设过程又是一个包括信息选择、收集、整理、存储、检索、交流与传播在内的一系列活动要素的组合，即不仅信息资源建设的成果是一个系统，这个系统的各个要素之间相互依存、相互制约，构成了一个具有一定社会功能的整体，并且信息资源建设的流程也是一个完整的系统，每一环节的脱节都难以达到建设目的。另外，信息资源建设是一个社会行为，需要社会各级各类部门的支持和配合，各个信息机构之间相互配合，共同发展，构建的是一个共建共享的系统；信息机构与上游的出版商，与下游信息用户，以及与居中协调、管理的政府各级部门之间构成的是一个完整的生态系统，是一个更大的系统。因此，信息资源建设离不开系统论的指导。

（二）系统理论和方法研究为信息资源建设提供理论指导

1. 系统的整体性原则对信息资源建设的指导意义

系统的整体性是指系统的各个要素按一定的方式构成有机体，要素是整体的部分，要素与整体、环境以及各要素之间相互联系，相互作用，使系统整体呈现出各个组成要素没有的新质，因而具有构成部分所没有的功能。

一个微观的信息资源体系是由信息工作者、信息设备和信息内容本身等相互结合组成的有机体，这个有机体的各个要素之间相互作用的目的肯定不限于体现各自的价值，而是通过组合，发挥其整体的效用。同样地，信息资源共建共享的目的在于充分发挥信息资源系统功能的放大作用，使大系统的功能大于子系统功能之和，这也是由系统的整体性原则决定的。

人类科学发展到 20 世纪中叶，系统科学诞生，系统论揭示的系统规律表明整体不等于部分之和，即系统会出现整体性，出现要素不具有的新质，又称为涌现属性。整体不等于部分之和，可能是整体大于部分之和，即为系统效应，也可能是整体小于部分之和，即为负系统效应。信息资源建设并不是系统内部各要素的简单堆集，而是要素之间有相互作用，系统的不同结构使系统产生不同的整体性与功能。信息资源建设者和研究者要充分认识到系统的这一特性，深入探讨系统之间相互依赖性、自相关性①和全息性②等理论，用以指导信息资源建设，使得系统各要素之间的相互作用形成"1+1>2"的效果。

2. 系统的联系性原则对信息资源建设的意义

系统的联系性原则是指系统要素之间，系统和环境之间存在着相互联系、相互作用的关系。联系性原则和整体性原则密不可分，它要求我们在考察任何对象时，都要从整体出发，把重点放在系统要素的各种联系上，从各种联系中综合考察事物，从而从整体上正确揭示事物的性质和发展规律。

系统的联系性原则要求信息资源建设必须研究信息系统各要素间的相互关联关系，研究系统与环境、系统与系统间的相互作用关系，不仅要注意提高组成信息资源系统的各要素的素质，而且要注意改善信息资源系统的构成、组合状况。正是这种关联使系统的整体功能产生了质的飞跃，出现了"整体大于部分之和"的结果。

---

① 指系统部分与整体不同层次的互相缠绕、相互渗透。
② 指部分之中有整体的全部信息。

3. 系统的有序性原则对信息资源建设的指导意义

系统的有序性原则是指组成系统的各要素之间相互联系和制约的关系是有规律、有秩序的。系统的有序性，是系统有机联系的反映，系统中稳定的联系构成系统的结构。系统的有序性越高，系统结构越严密，系统的功能就越强。反之，系统的有序性越低，系统结构越松散，其功能也越差。

系统的有序性要求图书馆对采集的文献信息资源要依据一定的技术方法和规范进行加工整序，经过程序化的处理过程，使之成为馆藏信息资源体系中组织化、序列化的组成部分。

有序性原则还要求图书馆建立完善的信息检索系统，使图书馆以及整个信息资源保障体系所拥有的和可存取的所有信息资源的内容，都能够通过这些检索工具和检索系统全面系统地加以体现，使信息用户可以从多角度、多途径了解信息资源的内容，从而有效地利用这些资源。

4. 系统的动态性原则对信息资源建设的指导意义

系统是一个"活"的有机体，在要素之间、要素与系统之间、系统与环境之间都存在着物质、能量、信息的流动。因此，系统的平衡和稳定是一种动态的平衡和稳定。系统的变化根源于系统内部的矛盾运动，也就是根源于系统组成要素及其相互关系的变化。同时来自周围环境对系统及结构的影响也会使系统产生适应性变异[①]。

系统的动态性原则给信息资源建设的启示主要是在信息资源建设的过程中，要研究信息资源系统在时间上发展变化的趋势和规律，自觉地调整信息资源系统内部结构及其与外部环境的关系。当前信息资源建设的信息环境已发生了天翻地覆的变化，信息资源建设的理论研究要关注这些新技术、新设备引入信息资源建设实践，改变各子系统的结构，加强其功能的作用，以及如何通过提升系统内部各要素的素质，改进以往的运行机制来适应不断变化的环境，从而更好地为读者提供信息服务。

第三节　信息资源建设方法论

信息资源建设是一个实践过程，需要相应的理论指导。传统的图书文

---

① 肖希明主编《信息资源建设》，武汉大学出版社，2008，第41页。

献工作包括文献的采选，馆藏组织与著录，利用与开发等，指导这些工作实践的理论便相应有文献的采访与组织等理论。信息资源建设各个流程除了需要相应的传统图书情报理论指导外，由于计算机技术和网络技术甚至人工智能技术在信息管理中的应用，以及信息经济时代的到来引起的信息用户的信息意识、信息需求和信息行为等多方面的变化，再加上与信息资源建设相关的法律法规的完善和进步，需要理论工作者探讨现代信息环境下信息资源建设的问题时，不仅要完善和发展传统理论，还要总结新的实践经验，提出创新性的理论体系。

一　信息采访理论

（一）我国古代文献（信息）采访理论

信息资源采访问题自古受到我国文献学家的重视，并提出了许多有重要指导意义的理论，较著名者有南宋目录学家、藏书家、史学家郑樵在《通志·校雠略》，明代藏书家祁承爜在《藏书训略》，清代藏书家孙庆增在《藏书纪要》以及叶德辉在《藏书十约》中提出的相关理论。郑樵提出，"求书之道有八：一曰即类以求，二曰旁类以求，三曰因地以求，四曰因家以求，五曰求之公，六曰求之私，七曰因人以求，八曰因代以求，当不一于所求也"，被总结为"求书八法"。祁承爜提出购求图书的三个基本方法即："眼界欲宽""精神欲注""心思欲巧"，和"鉴书五法"即"审轻重""辨真伪""最名实""权缓急"及"别品类"。孙庆增的《藏书纪要》共分"购求""鉴别""抄录""校雠""装订""编目""收藏"和"曝书"八则，对搜藏古籍的技术讨论甚详，全面总结了我国古代图书采访、校勘、保管、收藏的经验，系统地建立了古代图书馆学的体系，尤其重视探讨图书保管的方法，弥补了从郑樵至祁承爜等形成的藏书建设内容中的不足。叶德辉的《藏书十约》共分"购置""鉴别""装潢""陈列""抄补""传录""校勘""题跋""收藏""印记"等十约，对于私人收藏古籍的方法讨论甚为周详。

前人总结的这些购书方法，一般是针对私人藏书楼藏书经验的总结，形成了我国古代较为系统的选书理论，至今仍有一定参考借鉴价值，但它受到封闭式藏书楼时代的局限，只适应个体的微观购书机制。现代图书馆文献采集向着社会化和整体化方向发展，它受到文献类型、出版发行、社会需求及图书馆藏书发展多种条件的制约，远非古代藏书楼和近代图书馆藏书补充方法所能比拟。因此，在现代社会繁纷复杂的情况下，必须采用多种文献资源的购求方式，才能完成采集文献的任务①。

（二）国外近代文献（信息）采访理论

国外近代图书馆信息资源的采访理论大致经历了从价值论到价值论和需要论并重，再到以需要论为主导的历程。

1. 价值论

早在 1808 年，俄国的 A. H. 奥列宁便开始研究国家图书馆藏书绝对完整性概念，他把俄国帝国公共图书馆视为一座涉及俄国历史的文献库。而英国的不列颠图书馆第六任馆长安东尼·帕尼兹（Anthony Panizz）则认为不列颠图书馆应当收藏世界上一切语种的有用的珍贵图书，英文藏书应当是世界第一，俄文藏书应当在俄国境外第一，其他外文收藏也应如此。这种无选择的图书馆藏书绝对完整理论后来由于出版物飞速增长，图书经费、馆藏空间有限等原因而被人们质疑和否定。17 世纪前后，有选择的"价值论"出现。该理论的代表人物是麦维尔·杜威（Melvid Deway）和海伦·海恩斯（Helen Haines）。1876 年，杜威提出："以'最好的图书，最多的读者，最少的开支'作为图书选择的准则。"海恩斯也指出："图书馆所选择图书的内容应当是积极的而不是消极的。所有的文献选择都是为了一个目标——充实和丰富馆藏，而绝不是因为它们没有害处而选择入馆。"

"价值论"者认为应选择科学和艺术价值高的出版物补充馆藏，即以文献的内容价值作为文献选择的依据，注意到了图书馆藏书的社会效益和经济效益，但过于强调文献选择唯一的标准是其价值，而不必考虑用户的实际需求，即使使用的人少也要选。这一理论自提出之始就在两方面出现争议：首先，"价值论"只重视藏书质量和阅读这些藏书后带来的社会效益，却没有考虑读者的需求，会将大量读者拒之于门外；其次，价值本身是相对的，读者的知识水平、兴趣爱好、年龄职业等存在差异，具有不同的阅读需要，而书的价值只有在为读者所用时方能得以实现，故而价值论中的"价值"具体

---

① 肖希明主编《信息资源建设》，武汉大学出版社，2008，第 133 页。

指什么尚不能完全明确①，仍然是"注重收藏"思想下的产物。

2. 需要论

随着"以藏为主"的思想逐渐被"以用为主"的思想所取代，图书的"应用率"更为各图书馆所重视，"需要论"的出现便是图书馆资源选择中实用主义哲学的充分体现。

"需要论"产生于 18~19 世纪，其代表人物是美国学者普尔（W. F. Poole）和卡特（C. A. Cutter）。普尔在波士顿公共图书馆会议上指出："公共图书馆的基本目的是对各阶层人士提供图书；因此为了适应人们多方面的需求，在选书时不应无视广大读者的各类需要。"波金斯（F. B. Perkins）在美国教育局报告中指出："建立公共图书馆的第一个错误是资源选择太谨小慎微。采购人们应当读的图书，然后劝导他们去读，这样的原则是无用的。唯一现实的办法是首先提供人们想读的图书，然后设法提高他们的阅读趣味和习惯。"

"需要论"主张选择文献应以用户需要为依据，不必强求文献本身的价值，如果读者需要，即使质量不高也应当选，图书馆应根据不同读者的具体要求，选择入藏出版物，而不能将图书馆员的观点强加于人。"需要论"虽然强调图书馆藏书应考虑读者需求的重要性，但难免过于偏激，"只要读者需要，质量不高的书也选"这一观点，显然忽视了图书馆社会阅读的导向作用。

"需要论"产生后，"价值论"和"需要论"的支持者们展开了一场旷日持久的理论争锋，一时未能分出究竟哪种理论更适合指导图书馆的资源选择工作②。19 世纪以来，"需要论"逐渐在文献采访工作中占上风，成为今天图书选择的最重要的指导思想。

3. 其他理论

近代国外图书采访、选择理论除系统的"价值论""需要论"之外，还有部分学者提出了诸如"使用概率论""综合评价法""社会调查选择说"等。这些理论，多为对"价值论"或"需要论"的另一种阐释和深入，或

---

① 王怀诗：《选书理论述评》，《晋图学刊》1993 年第 2 期，第 2 页。
② 金胜勇、魏佳、张吻秋：《图书馆文献信息资源选择理论的发展》，《图书馆》2016 年第 10 期，第 22 页。

者企图将两者进行融合。

"使用概率论"是印度著名图书馆学家阮冈纳赞提出的。他在《图书馆专刊选择》一书中指出:"负责图书采购的图书馆员或教师,应该注意到选购图书对于读者使用该书的概率。"他主张选择文献要以用户使用该文献的概率大小为标准,尽量选择那些符合用户需要、利用率较高的文献。阮冈纳赞认为图书馆入藏的每本书是否被利用,利用的程度如何,是一个随机事件,而这些随机事件发生的可能有大有小,概率越大,表示图书被利用的可能性越大。图书馆必须选择那些使用概率较大的出版物,实质就是必须选择可能使用率高的出版物。

"综合评分法"由英国公共图书馆学家麦考文提出,1925 年他发表了《公共图书馆选书理论》一文,认为选择图书时,既要重视图书的知识价值,又要重视图书的社会需求。他主张把两者结合起来,并提出了一个纯理论的"图书选择评分法"。他举了两个例子加以论证。例证一:假设书 A 的知识价值为 10,另一书 B 的知识价值为 1,而这两种书的社会需求性均为 6,则 A、B 两书的选择评分之比为 60:6,A 书的评分更高,即选择 A 书。例证二:假设例证一中所述的 A、B 两种书,A 的知识价值为 10,B 的知识价值为 1,A 的社会需求性为 6,B 的社会需求性为 72,则 A、B 两书的选择评分之比为 60:72,B 书的评分更高,即选择 B 书。麦考文的图书选择评分法提出以后受到很多学者的质疑,认为其论证在实践中很难施行,因为现实中对各种图书的两种评分不可能精确计算,而且也不是高分排斥低分,只选其一,不选其二,而应全面兼顾,分别选择。

"社会调查说"由英国学者维纳德(J. H. Wellard)提出,他认为图书选择的社会需求性应当通过社会环境调查和读者需求调查来确定,这是对社会需求理论的补充和深化。社会环境调查有五个项目,即读者图书馆区域人口密度、读者分布、城市发展、工业发展、社会发展。读者需求调查也有五个项目,即读者类型、读者数量、阅读兴趣、阅读内容及其原因等[1]。其方法是按年龄、教育、职业等特征对读者进行分组,然后根据对各组读者的活动、社会需要和阅读兴趣的分析来发现读者的阅读要求,从而指导选书工作,使藏书补充选择有目的地进行。

---

① 高雄、王文、刘静芬:《图书馆采编工作理论与实践》,西安地图出版社,2010,第 53 页。

（三）现代信息环境下的信息采访理论

现代信息技术，尤其是计算机技术和网络技术在信息采访工作中的应用，极大地改变了信息资源采访实践的环境，并在随着信息环境的变化不断改变着人们的相关理念，现代信息资源采访理论必须适应这些变化而进行革新。

1. 从专门人员选择走向用户选择

图书馆通常由采编部门进行图书馆信息资源的采访和编目工作。传统的采访工作，采编部的工作人员多从其所在馆的藏书建设需要出发，选择文献，往往缺乏与读者的沟通，对于读者需求的考虑会显得不足。同时，采访人员所获得的资源目录多为书商提供，书商以营利为主要目的，所提供的资源目录很可能不够客观和全面；而面对每年几十万甚至上百万的出版物，采购人员在选购时必然会不自觉地受自身的知识结构、兴趣爱好等因素影响，使得入藏文献的内容和种类可能与读者的现实需求出现较大差距，以致读者拒借率高，造成资源的浪费。

为避免馆藏建设的盲目性，使其馆藏资源更符合读者的需要，图书馆在藏书采访组织上会采取聘请专家、学者或一般读者参与图书选择等方式来提高文献采访质量，但受客观条件限制，参与选书决策的读者人数不可能太多，其代表性也就很难得到保证。现代网络环境下，许多信息机构推出了读者选书荐书网络平台，扩大读者选书的参与范围，加深读者选书的参与度，力图实现读者对图书馆可供借阅书籍"做主"的目标，提高读者的主动性和图书资源的使用率，以利于图书馆为读者提供精准服务。这是新时代信息资源选择需要论的最新阐释，当然这样的新生事物仍存在诸如选购的图书质量参差不齐，"海选"怎样与图书馆建设目标匹配等问题，解决这些问题，并为新信息环境下的信息资源采访提供更为科学的理论指导，仍需学者们对此做出更深入系统的研究，但图书、文献的选择由专门人员选择走向用户选择似乎已成不可逆之势。

2. 赋予"拥有与获取"更多的内涵

"拥有与获取"（Ownership Versus Access）理论，是关于在图书馆信息资源建设中如何处理"拥有"馆藏信息资源和"获取"馆外信息资源之间关系的理论。1975 年学者在美国《图书馆杂志》《图书馆趋势》等学术期刊上就开始了关于"拥有与获取关系"的讨论。目前一般认为"拥有"是指以购入等方式占有信息资源,而"获取"是指通过非购入和非占有方式获得信息资源。

　　传统藏书建设或文献资源建设阶段通常重视"拥有"的研究,即探讨如何通过实体收藏来满足本馆用户的信息需求。由于实现技术上的障碍,"获取"理论则一直停留在理论探讨阶段,没有引起图书馆情报工作者更多关注。20世纪90年代之后,信息环境的两大变化对图书馆信息资源建设产生了直接的影响:一是出版物的数量急剧增长,价格不断上涨,使图书馆收藏能力不足的问题越来越突出,图书馆依赖"拥有"的馆藏信息资源提供服务难以满足日益增长的社会信息需求;二是随着网络技术的发展,互联网迅速延伸到世界的每个角落,信息传递突破了时空的限制,使图书馆能够十分便捷地通过各种方式获取本馆之外的信息资源。这种新型的获取信息资源的方式,不仅扩大了图书馆的馆藏信息资源,而且还提高了图书馆的成本效益,互联网为馆际互借、文献传递提供了有力而方便的技术支持,推动了馆际合作,突破了图书馆的合作观,为信息资源共建共享提供了全新而可行的模式①。这样的变化使"获取理论",尤其如何通过网络共享信息资源的研究越来越受到人们的重视。

　　"拥有与获取"理论的提出及其在实践中的应用,促进了图书馆等信息机构馆藏信息资源的数字化、信息资源服务方式的虚拟化、用户利用图书馆馆藏信息资源的网络化,所有这些变化都使得图书馆等信息机构的角色随之发生变化,人们会越来越清楚地认识到,图书馆不光是一个藏书借阅场所,更是一个高效的信息获取中心和一个快速的信息传递中心。同时,"拥有与获取"理论的提出及其在实践中的应用,为联合编目、书目共同体、商业化文献传递服务、业务外包、业务委托管理等提供了实现的条件,从而使图书馆从非核心业务中解放出来,专注于为用户提供优质高效的信息资源服务。另外"拥有与获取"理论的提出及其在实践中的应用,如通过馆际互借、文献传递、数据库或互联网服务等的信息保障或信息服务方式,为信息资源共建共享提供了全新而可行的模式。总之,新信息时代,"拥有与获取"理论不仅是一个指导信息资源采访的理论,也是一个指导信

---

① 江涛、穆颖丽编著《现代图书馆服务理论与实践》,河南人民出版社,2014,第223页。

息资源开发与利用的理论，被赋予了越来越多的新内涵。

3. "合作采访"理论应得到足够的重视

"合作采访"即通过不同图书馆采取合作方式入藏书刊资料共同满足读者的需求。

美国是"合作采访"和"资源共享"的创始者和实践者。1899 年欧内斯特·理查森（Ernest C. Richardson）在《图书馆杂志》上发表了题为《大学和研究图书馆之间合作和借书》的论文，提出了"合作采访"和"资源共享"的思想。根据这一思想，1942 年制定的"法明顿计划"是美国第一个在国家层面上实行"合作采访"的计划，其目标是保证至少有一份有研究价值的外国出版物被某一美国图书馆采购，并经适当编目形成国家的联合目录，然后通过馆际互借提供给计划的其他参加者。20 世纪 60 年代，美国实施的"全国采访及编目计划"（The national Program for Acquisitions and Cataloging）是当时规模最大的全国性合作采访计划（除此之外，还有一些地区性的馆际采购计划）。这一计划对美国各州的政府文献、外国政府文献、外国博士论文进行全面采购，对世界上一些主要报刊也分别进行采购，不仅节约了采购资金，避免了重复收藏，丰富了国家收藏，也为各馆实现联合编目和资源共享创造了良好的条件。

然而，受"以藏为主"及各方权、责、利难以平衡等因素的影响，尤其合作采访到的图书分散分布在不同馆中，而受客观条件限制，当时馆际互借很难有效实施，成员馆自然顾虑重重，合作采访积极性也就自然不高。因此长期以来在世界大多数地方只限于理论的探讨而没能真正大规模地推行，甚至在有关"共建共享"的理论研究上，人们更喜欢探讨如何在编目领域或流通领域进行合作，而很少涉及合作采访的问题。

但因为：其一，20 世纪以来，随着信息资源的急剧增长，出版物快速生产和出版价格节节升高，势必不断加剧与图书馆有限的经费、人力、物力、空间的矛盾，这就要求信息机构必须联合起来，通过合作采访才能满足日益增加的、多元的用户需求；其二，当电子资源购买已成为许多信息机构最重要的经济负担，而电子资源生产商往往利用其垄断地位肆意涨价时，似乎也只有通过合作采访、联合采购才是处于弱势地位的各个信息中心的唯一选择；其三，数据库技术和网络技术的发展和应用，使得馆际信息资源共享不再有技术上的障碍，联合采访的成果理论上可以在各成员馆间不受限制地、快速高效地传递，这样就消除了各成员馆的最大顾虑。

新信息环境下，"合作采访"理应受到重视，研究网络环境下的合作发展规律并提供科学方法指导，是信息资源建设研究不可回避的新任务。

二　信息组织理论

(一)　古代文献组织理论

造纸术和印刷术发明后，借助文字记录信息的印刷型文献相继出现。随着人类文献生产规模不断扩大，为便于文献的有效管理和利用，便产生了以文献（主要是图书）作为基本单位的信息组织理论及方法，其主要思想便是对文献进行分类。郑樵在《通志·校雠略》中说："士卒之亡者，由部伍之法不明也；书籍之亡者，由类例之法不分也。类例分则百家九流各有条理，虽亡而不能亡也。"又说："类书犹持军也。若有条理，虽多而治；若无条理，虽寡而纷。类例不患其多也，患处多之无术耳。"

分类法作为文献组织的主要方法，其出现和发展历史悠久。春秋战国时期，孔子编订"六艺"，已包含了书籍分类的含义。汉成帝命刘向等人整理图籍，撰写叙录（书目提要汇编），刘向等将各书的叙录汇辑为《别录》。刘向去世后，其子刘歆在《别录》的基础上分类编目，形成了《七略》，这是我国第一部有严密体系的分类目录。所谓"七略"即"辑略""六艺略""诸子略""诗赋略""兵书略""数术略""方技略"等。其中"辑略"为绪论，说明其余六略的意义及学术源流，阐述六略的相互关系和六略所收书籍的用途，是"六略之总"。除"辑略"外，其余六略又分为三十八种，这样就形成了系统的"六分法"分类体系。后人在此基础上又提出了"七分法""四分法""十二分法"等，而《隋书·经籍志》正式确立了经、史、子、集为序的"四分法"，至清代《四库全书总目》时，"四分法"已比较完备，分到了三级类目，成为我国古籍分类的主要方法。

国外也有类似发展，据史料记载，在印本书发明之前，古希腊、古罗马的图书馆就采用了与手稿内容相适应的分类大纲。随着书籍的增加，曾任托勒密图书馆编目员的希腊诗人、学者卡里马科斯（Callimachos，约公元前 305～前 240 年）编成了著名的目录《皮纳克斯》（*Pinakes*，又名《各科著名学者及其著作目录》），将亚历山大图书馆的书籍编成了 120 卷书目。该书目将知识分成了八大类：哲学、历史、法律、演讲术、医学、抒情诗、悲剧和杂录，并按哲学家、历史学家、法律家、雄辩家、修辞家、医学家、诗人、戏剧家、数学家、自然科学家、杂家等构成书目的主要框架，每一类作家之下按作者或年代排列，每一作品附著者生平、书名、作品开头几句、作品总行数以及作品评介等。15 世纪，欧洲的大学图书馆开始确立了与学校教学科目相适应的图书分类大纲，包括哲学、医学、法学和神学等。印本图书的出现（约在 15 世纪 50 年代），促进了图书馆藏书的发展，藏书数量的剧增，使人们在检索方面产生了新的要求，按类查找文献成为一种趋势。1545 年，瑞士学者康拉德·格斯纳所编的《世界书目》出版，该书第二卷采用了较为科学系统的分类方法，共设 21 大类，下分 250 多子目。这一书目的类目体系严密，较好兼顾了文献分类和科学分类的关系，为西欧现代文献分类目录的发展奠定了一定基础。16～17 世纪，培根的知识分类思想对文献分类产生了巨大影响。培根将知识分为历史（记忆的）、文艺（想象的）、哲学（理性的）三大部分，成为 17、18 世纪许多藏书家和图书馆用来编制分类目录的主要思想。美国学者哈利斯将培根分类法顺序颠倒为哲学、文艺、历史，按当时美国高等学校的学科分为 100 类，成为现代分类法的奠基之法。18 世纪，现代意义上的"百科全书"的出现，使人们对知识的分类有了进一步认识。

这一时期文献组织工作的主要任务是根据文献的形式和内容特征，利用一定的分类体系对其进行"分门别类"，并在此基础上进行文献的有序收藏，但并未形成统一的标准分类体系。

（二）信息（情报）组织理论

古代文献组织的着眼点主要在于"藏"和"管"，而非"用"。在造纸术和印刷术发明后，印刷型文献长期成为组织的主要对象，信息揭示着重于文献外在特征的记录和描述，主要组织方法是"分类法"，代表性成果是"目录"，属于一种初级的信息组织。

近代科学技术和高等教育的发展，特别是计算机技术的应用推动了图书馆事业和情报事业的兴盛，对情报信息的深度揭示和组织，开启了对文献中的信息内容进行揭示及有序化为主要特征的信息（情报）组织时代①。按照布鲁克斯的理论，分析和组织文献中所包含的内容是情报学的逻辑起点。1876年，美国图书馆学家杜威发表《杜威十进分类法》（下简称《杜威法》）第一版，同年，克特写成《字典式目录条例》，这些都以展示信息（知识）的有机结构和关联为目的，因此这两个标志性事件被认为是一个新时代的起点。印度著名图书馆学家阮冈纳赞在题为《图书分类法走过一世纪》的报告中，称1876年到1975年为图书分类法第一世纪，也就是以1876年《杜威法》第一版作为图书分类法新纪元开始的标志②。

这一时期信息组织理论的研究和发展主要集中在两个方面，其一是研究出科学的、标准化的分类法并推动其使用，对文献信息内容进行分类揭示。其二是研究出各种主题语言，对文献信息进行主题揭示并推动其研究成果的使用。

1. 标准分类体系的出现和发展

"标准分类法"主要是以《杜威法》为代表的等级列举式分类法和以阮冈纳赞出版的《冒号分类法》为代表。《杜威法》把所有类目组织成一个等级系统，并且采用列举的方式尽可能将所有类目列举出来。它是文献分类史上的一个里程碑，现代文献分类法几乎都沿用了《杜威法》的理论和方法。1895年，以比利时人奥特勒和拉封丹为首的国际书目学会成立。该学会在征得杜威同意后，在《杜威法》的基础上开始编制《国际十进分类法》，后成为世界上使用最广泛的文献分类法之一。另外许多国家根据自己的文献实际，参考《杜威法》和《国际十进分类法》，制定了本国的图书分类法，如美国的《国会图书馆分类法》和我国的《中国图书馆分类法》等。

"组配分类法"是体系分类法的发展。创制组配分类法的目的，主要是为了克服体系分类法的列举式分类方法所造成的不能无限容纳概念的局限性，以及它的类目的单线排列方式所造成的难以反映文献主题复杂关系和因为插入新类目困难，从而影响复杂主题和新主题文献的准确分类等问题。分面组配的基本思想是任何文献的主题不管多么复杂，都可分解为基本的

---

① 在英语词汇中，"情报"和"信息"是同一个词。但在中国曾经把它们作为两个词区别对待，虽然后来也正式确定把"情报"改称"信息"，但约定俗成的用法依然存在。

② 魏敏：《信息组织4.0：变革历程和未来图景》，《国家图书馆学刊》2018年第1期，第78页。

主题单元，反之，任何复杂主题都可以通过单元概念的组配来表达。组配分类表在编制时，不必详细列出具体类目，只要将基本主题单元按照一定的次序列出，并配置相应的标记符号。使用组配分类，首先分析文献的主题成分，再利用表中相应的主题概念按一定规则和顺序进行组配，同时以对应的标记符号来确定类目在分类体系中的位置，最终确定文献排列的位置。

2. 主题法的出现和兴起

分类法不断成熟和完善的同时，人们在大量的信息检索过程中，愈来愈感到其并不能完全满足需要，读者除了对分类的族性检索有要求外，还开始关注对具体主题的特性检索，于是一些专家对以满足特定检索为目的的主题法进行了进一步探讨。

类书被视为我国主题法的滥觞。我国最大的类书《永乐大典》就是一部带有主题法性质的检索工具，全书 22877 卷，采用了"用韵以统字，用字以统事"的组织编排方法，与主题法的字顺系统原则完全吻合。在西方，18 世纪后出现了主词索引和字顺分类目录。主词索引直接在书名中抽取自然语言形式的关键词作为文献主题标目，成为后来标题目录的先导。字顺分类目录则是将字顺方法与分类体系相结合，在每一级类目下以字顺的方式排列同位类，并逐步演变为将类目直接按主题字顺方式编排，为主题目录的发展创造了条件①。

主题法的真正形成和发展是在 19 世纪后半期。最早的类型是传统的标题法。1856 年，英国的克里斯塔多罗在《图书馆编目技术》一书中提出可利用文献题名中的"词"作为字顺标题系统中表达内容主题的标题，并提出了"主词"（即关键词）这一概念。1876 年美国图书馆学家克特编写的《字典式目录条例》一书中，在传统主词款目和字顺分类目录的基础上，明确规定了标题的意义和处理方式，制定了标题选择和使用的一系列原则和方法，是标题法实践的全面总结，奠定了标题法的基础，完成了从字顺分类法向主题法的转变。而创制于 1909 年的《美国国会图书馆标题表》，则是第一部标准的标题表。20 世纪 50 年代，美国人陶伯以字面上不能再分的词汇单元——元词作为标识，以字面组配表达文献主题，并通过元词的组

---

① 戴维民主编《信息组织》（第三版），高等教育出版社，2016，第 379 页。

配来检索文献，标志着继标题法之后，一种新的主题法——元词法的问世。元词法首次运用机械（穿孔卡片机、光学比孔卡等）进行标引和检索，可以说是开创了机械检索的先河，为后来的计算机情报检索奠定了基础。20世纪40年代末期，美国 Zato 公司的穆尔斯创造了叙词、叙词法、情报检索、情报检索系统等专门术语，并把"叙词"首先运用于该公司的一种穿孔卡片系统，逐步形成了叙词语言的基本思想。20世纪60年代，为适应计算机在图书馆及情报工作中的应用，叙词语言吸收了标题法、元词法、关键词法以及分类法等各种检索语言之长，成为多种情报检索语言原理和方法的综合，集众检索语言的优点于一身，逐渐成为情报检索语言的主流。叙词法以概念组配取代字面组配，并广泛揭示概念间的关系，使文献信息的揭示更加准确。1959年美国杜邦公司编制了第一部叙词表，其后国外共编制有各种叙词表达千余部。

我国在20世纪70年代开始大规模使用主题法并编制各种主题表，尤其1979年出版的《汉语主题词表》——作为"748"工程（汉字信息处理系统工程）配套项目，历时五年编成，不仅成为世界上最大规模的叙词表，而且为后来我国叙词语言的大发展做了人才和理论准备[①]。

3. 分类主题一体化

"分类法"和"主题法"作为信息组织的两种独立方法各成体系，在使用过程中，标引和检索都须分别进行。计算机在信息组织中的使用，进一步揭示了分类系统与主题系统的联系，促成了分类主题一体化的发展。1969年，英国学者艾奇逊研制成世界上第一部分类主题一体化的《分面叙词表》，它将一部分面分类表与一部字顺叙词表结合起来，通过严格规范，使每一个词语同时出现在分类表与叙词表中，实现了两种检索语言的兼容。在其影响下，英、美等国陆续出版了一批分类主题一体化词表。我国自20世纪80年代起，亦相继出版了一批分面叙词表，其中以1987年出版的《中国分类主题词表》最为重要，它在一定程度上实现了《中国图书馆分类法》与《汉语主题词表》的统一，实现了二者的对应和兼容。

4. 自然语言检索系统的兴起

"分类法"和"主题法"采用规范化的人工语言系统控制文本信息，虽

---

① 戴维民主编《信息组织》（第三版），高等教育出版社，2016，第384页。

然规范严谨，但难以掌握；词表的稳定性强，但不太能适应日新月异的新学科、新事物，难以成为大众信息检索工具。在新的形势下，人们希望有更方便、更具亲和力和大众性的语言系统，以满足其日益丰富的、动态的信息检索需求。1958 年美国 H. P. 卢恩和 P. B. 巴克森德尔同时向在华盛顿召开的国际科学情报会议提交关于用穿孔卡片分检机编制关键词索引的论文。次年，卢恩发表题为《技术文献的上下文关键词索引》的论文。此后他又致力于用计算机自动编制题内关键词索引的研究，使机编关键词索引逐步在科技检索刊物中得到应用。20 世纪 60 年代以后，在题内关键词索引的基础上又陆续产生了题外关键词索引、双重关键词索引等一系列新方法。对关键词索引的研究，促进了自动标引的实现和全文数据库的建立。20 世纪 60 年代，美国匹兹堡大学健康法律中心率先建立起第一个全文检索系统，该系统以电子文本为处理对象，计算机以自然语言的语词或语词的组配进行检索，广泛探索了自由文本的检索方法①。

自然语言虽然容易被普通检索者接受，但也存在表达概念过分自由、语义无关联、词汇无控制等问题。

（三） 网络信息组织和知识组织

从 20 世纪 90 年代开始，以数字化技术、互联网技术为标志的信息技术革命把我们带入了网络社会。如何对庞杂无章的网络信息进行组织，以及如何利用网络技术进行信息组织和传播成为信息组织研究的热点。因此，从信息组织整个领域的高度探讨其基本理论、基本方法、基本技术等成为一种趋势，并促进了网络信息组织技术方法和理论的不断发展。针对网络信息数量庞大、类型繁多、难以规范等特点，专业研究人员开始探讨传统的"分类法""主题法"以及"分类主题一体化"方法在网络环境下的转换，同时研制出了适用于网络信息组织的搜索引擎，即通过网络机器人自动搜索并生成相关信息资源的描述信息，然后存入数据库中供检索使用，此外，开发出了一系列适合于网络信息资源描述的组织工具——元数据，专门用于描述数据特征和属性的数据。目前，国际上已经出现了 20 余种元数据格式，如都柏林核心元数据 （Dublin Core，DC）、资源描述框架 （Resource

---

① 戴维民主编《信息组织》（第三版），高等教育出版社，2016，第 385 页。

Description Framework，RDF）、互联网内容挑选平台（The Platform for Internet Content Selection，PICS）等。

信息网络的蓬勃发展，尤其是大数据、云计算、数据分析、物联网、移动互联网、人工智能等新技术推动着新一轮信息革命朝深度发展后，一方面信息的数量呈现爆炸式增长态势，信息唾手可得；另一方面，网络资源的庞大数量及其多变的特点，又存在信息泛滥的现象。在这样的背景下，有学者提出，我们需要的是知识而不是信息。另外，随着科技的进步及其对经济发展推动作用的增强，信息用户，尤其是从事高科技领域研究与开发的用户，他们关注的是如何获得和汲取能够解决问题的知识内容，而不是仅满足于一般层次的文献或信息服务，要求通过对文献信息的深层次开发，将分散于本领域及其相关领域的专门知识加以集中组织，对文献信息的内涵知识进行二次开发，即进行"知识重组"，从中提炼出能服务于用户的科学研究、创新思维的"知识因子"，这个过程就是"知识组织"。"信息组织"是基于文献层次的内容揭示与序化，而"知识组织"则由于信息环境的变化将内容组织单元深入到文献的更细粒度——知识单元，其目标是对知识单元的揭示与关联。

"知识组织"最早出自图书馆学和文献学的研究领域，由英国著名分类法专家布利斯（H. E. Bliss）于1929年提出，当时知识组织思想主要关注图书的分类。19世纪，潘尼齐（Panizzi）、卡特（Cutter）等发展了编目和分类的方法，构建了知识组织的工具——分类目录、著者目录、主题目录和书名目录。可见，早期的知识组织与文献组织或信息组织并无太大的区别，当时的知识组织往往被定义为文献的分类、标引、编目、文摘、索引等一系列整序活动。但随着人们对知识本质研究的深入，以及信息组织技术的发展变化，知识组织的理论研究发生了深刻的变化：一是知识组织的对象从文献转换到知识、知识单元、知识因子；二是知识组织的目标由文献的整序演变为"知识因子的有序化和知识关联的网络化"，以及"提供有序知识并保证客观知识主观化过程的顺利进行"；三是知识组织的基本原理则被表述为"用一定方式、方法把知识客体中的知识因子和知识关联揭示出来，并加以编排成序"，或是"通过模拟人类知识体系结构，近似地模拟人的大脑记忆结构"；四是知识组织的方法也由传统的分类、标引、编目等，提升到"知识因子组织方法和知识关联组织方法，主观知识组织方法和客观知识组织方法，语法组织法、语义组织法和语用组织法"，以及"知识表示、知识重组、知识聚类、知识存检、知识编辑、知识布局、知识监控"等。总之，目前图书馆学术界对知识性质有一种认识倾向，即确信知识能够以完全明确的方式被形式化、结构化地组织起来①。

在以上思想的指导下，知识组织方式就有两种：其一，基于知识元素的知识组织方式，这种方式主要注重知识元素本身的内容与意义。常见的如分类、聚类、元数据等，就属于这类组织方式。其二，基于知识关联的知识组织方式，这种方式主要注重知识元素间的关系和约束，例如概念网络、知识地图等属于这类组织方式。知识组织的方法亦发展出分类组织法、元数据组织法、基于本体的组织法和基于内容的多媒体知识组织法等。

---

① 段小虎：《知识性质与图书馆知识组织》，《图书情报工作》2008年第11期，第85页。

第四章　信息资源建设计划

第一节　信息资源建设计划概述

一　信息资源建设计划的内涵

（一）信息资源建设计划的定义

从管理学的视角看，信息资源建设计划是信息资源建设的起始环节，是指根据信息资源建设主体所在外部环境的需要和主体自身的特点，确定信息资源建设主体在一定时期内的目标，通过编制计划、执行计划和监督计划来协调、组织各类信息资源以顺利达到预期目标的过程。

信息资源建设计划包含两重含义：一是信息资源建设计划工作，包括制订计划、执行计划和检查计划三个紧密关联的过程，是根据对信息资源主体情况与主体所在外部环境的分析结果，提出在未来一定时期内要达到的信息资源建设目标与实现目标的方案途径；二是信息资源计划形式，指用文字和指标等形式所表述的整个信息资源建设主体，以及主体内不同部分在未来一定时期内关于信息资源建设方向、建设内容和建设方式安排的管理实践，是信息资源建设计划工作的结果，是信息资源建设主体的行动指南。

（二）信息资源建设计划的属性

我们可以从两个方面理解信息资源建设计划的属性。一方面，信息资源建设计划的属性是指信息资源建设计划自身的性质；另一方面，信息资源建设计划的属性反映了信息资源建设的计划环节与其他环节的关系。

信息资源建设计划的属性包括以下主要方面。

1. 信息资源建设计划是信息资源建设的起点

信息资源建设计划是信息资源建设活动的指导纲领，是连接所有信息资源建设活动的桥梁，是达成信息资源建设目标的基础，这是信息资源建设计划的本质属性。

2. 信息资源建设计划反映了信息资源建设主体的活动情况

信息资源建设计划的目标是信息资源建设主体战略规划的重要组成部分，反映了信息资源建设主体的使命、愿景；信息资源建设计划的内容为参与信息资源建设的成员指明工作方向和工作内容，是信息资源建设主体通过自我优化的方式适应外部环境变化的表现；信息资源建设计划的执行效果反映了信息资源建设的进程与效率。

3. 信息资源建设计划以获得最佳效益为目标

信息资源建设计划要追求以最优的资源配置方案达成目标，兼顾经济效益和社会效益。经济效益方面，信息资源建设计划要尽可能减少达成目标的成本，避免资源的过度消耗与浪费。社会效益方面，信息资源建设计划要考虑满足信息资源建设主体的服务对象的需求，既要达成目标又要对社会做出积极的贡献。

（三）信息资源建设计划的类型

1. 按计划期限的长短划分

按计划期限的长短不同，信息资源建设计划可划分为长期计划、中期计划和短期计划。

长期计划要明确信息资源建设在很长的一段时期内（通常是数年）的远景规划与发展战略，确定信息资源建设活动的基本原则、组织架构和运作模式，为编制中期计划和短期计划提供指导和参照，一般不轻易变更。

中期计划扮演着承上启下的角色。长期计划的目标不可能在短时间内实现，中期计划要在长期计划的指导下，将长期计划的目标转化为在较长一段时期内的阶段性目标，布置阶段性任务，为编制短期计划提供指导。中期计划可以根据执行情况在资源和时间的分配上做出调整。

短期计划将中期计划的目标细化为每一个参与信息资源建设的成员日常工作的具体任务，这些任务的完成期限较短，可以根据日常工作的实际情况在期限内灵活调整资源和时间的分配方案。

2. 按计划在信息资源建设体系中的影响范围的大小划分

按计划在信息资源建设体系中的影响范围的大小不同，信息资源建设计划可划分为宏观计划和微观计划。

宏观计划指信息资源建设主体的综合计划，计划目标的综合性强，计划的预见性强，计划的影响范围大。宏观计划要合理分配微观计划所需要的资源。

微观计划指信息资源建设主体内的单个部门乃至个人的计划。与宏观计划相比，微观计划目标针对性较强，计划内容较少，计划时效性强，单个计划的影响范围较小。微观计划要将宏观计划的抽象目标转化为可执行、可操作的具体内容。

二　制定信息资源建设计划的基本原则

在事前确定一系列基本原则，是编制一个优秀的信息资源建设计划的必要条件。这些基本原则是编制信息资源建设计划时作为依据的基本准则，也是处理信息资源建设计划相关问题的准绳，主要包括以下内容。

（一）系统性原则

制定信息资源建设计划时要构建信息资源建设体系的整体框架，整合、分配资源，根据信息资源建设计划目标与工作任务的特点合理设置部门、调配人员，力求各部门合力高效完成任务，达成计划目标。

例如，图书馆在编制学术资源建设计划时，要充分考虑传统学术资源和 OA 学术资源的特点，考虑两种资源的整合及避免重复建设等问题，从而构建起系统化、结构化的信息资源保障体系。在购买传统学术资源时，图书馆要优先满足重点学科的文献需求，其次是满足一般学科的文献需求，而对于那些非本机构所属学科或极少部分学者的个性化需求，则可交由国家层面保障资源（例如国家科技图书文献中心）提供满足。组团购买电子资源时，成员馆有理由要求对在金色 OA 上发表学术论文的混合期刊，从订购费中扣减开放出版内容在传统出版模式下"担负"的订购费用，避免数据库商重复收费[①]。在上述例子中，图书馆购买学术资源的计划明确了采购

---

① 祝红艺、郭虹、胡宗莉、王杏利、朱艳梅：《面向学术出版变革的图书馆学术资源建设研究》，《图书馆》2017 年第 12 期，第 33 页。

学术资源的优先级，分层确定了资金分配的比例与保障学术资源到位的主体（图书馆与国家科技图书文献中心）；在图书馆组团购置电子资源时，针对 OA 学术资源的特点提出了合理减少采购费用的方案。这些层级分明、目标明确、顺应时代趋势、有序分配资金的计划，是系统性原则在信息资源建设计划中的体现。

（二）全面性原则

全面性原则指编制信息资源建设计划时，不仅要考虑信息资源建设主体内部的所有资源，还要处理好与信息资源建设主体利益相关对象的关系。在特定维度中（可以是时间维度、空间维度等），同类型的信息资源建设主体往往会以合作的形式参与一些大规模的信息资源建设计划。在这种局面下，单个信息资源建设主体的个体计划必须考虑全局计划成员的共同利益，并与其他成员一同完成全局目标。

以图书馆联盟信息资源建设计划为例，计划的设计不仅要求联盟的成员馆做好本馆的文献资源建设工作，还要求成员馆要把重心放在图书馆联盟建设上，积极参与联盟的共建共享工作，从而聚合各成员馆的特色资源和优势。

（三）科学性原则

科学性原则是指编制计划时，要有充分的科学理论依据，要选择恰当的方法达成目标，合理分配职权，明确责任者，落实保障措施；计划目标与计划内容要同信息资源建设主体的目标和业务特点相适应，要符合信息资源建设主体的服务对象的客观需求。

例如，在现在的信息环境下，制定信息资源建设计划时，根据实际需要考虑社交网络化的问题便是坚持科学性原则的一个重要表现。现代社会中，社交网络已经深入影响人类信息活动的方方面面，在互联网用户中有很高的普及率。图书馆在制定信息资源建设计划时，有必要结合用户习惯设定计划目标，要充分考虑如何通过社交功能增加用户对资源建设的关注度和黏着度。用户与图书馆之间通过社交互动可以让图书馆进一步了解用户需求，跟踪并感知用户兴趣，为用户提供个性化信息服务；图书馆亦可吸引用户参与资源建设，使用户既是资源利用方，又是资源建设参与方，便于用户从源头上获取信息资源①。在上述例子中，图书馆制定信息资源建设计划以社交网络理论作为理论依据，以用户需求、用户习惯作为现实依据，通过用户习惯的社交功能赋予用户参与信息资源建设的权利，有效保障用户对资源建设的关注度与黏着度。

（四）可执行性原则

可执行性原则要求计划能使信息资源建设主体正常开展建设工作。一方面，计划要评估信息资源建设主体的建设能力，要估计到潜在的困难和阻碍因素，要基于实地调研、模拟预测、专家评估等科学手段论证计划目标是否超出建设能力范围。另一方面，计划要符合道德基准，禁止跨越法律底线，禁止恶意破坏信息资源建设主体所在的环境。

以深圳大学城图书馆读者文献需求分析计划的制定为例②，为保证计划的可行性，该馆在计划制定时对用户的需求进行了深入调查，包括：第一，通过调研分析大学城内学校的学科设置与重点研究领域，了解师生对外文资源需求的情况；第二，分析大学城内各个大学已发表论文的学科类别、研究重点和创新趋势，了解文献需求；第三，了解大学城外深圳市重点产业发展的情况，找出与产业集群发展关系密切的学科领域。深圳大学城图书馆根据调研分析的结果，制定科学可行的信息资源建设计划，确定了文献资源采访的重点对象，为重点学科领域的信息资源建设提供了保障。

（五）灵活性原则

灵活性原则要求编制计划时要留有一定余地，保持一定的弹性，遇到突发状况时能及时调整计划、解决问题，做到游刃有余。此外，计划保持弹性还便于工作人员调整工作节奏，提高工作的积极性。

香港大学、香港中文大学和香港科技大学在图书馆空间设计时就较好地践行了灵活性的原则。香港这三所大学在设计图书馆空间时，根据人数

---

① 孙战彪：《SOLOMO 环境下图书馆信息资源协同建设研究》，《现代情报》2017 年第 12 期，第 111 页。
② 陈毅晖：《深圳大学城图书馆外文文献资源保障策略研究》，《大学图书馆学报》2019 年第 2 期，第 39 页。

因素、读者行为因素和隐私性对读者需求的影响情况，设计不同类型的空间，包括单一功能的空间和多功能空间①。在多功能空间里使用轻便的家具，馆员和读者方便做出调整。当图书馆需要在馆内举办讲座、学生活动或培训时，可以按需求布置多功能空间，事后还能迅速复原；当单一功能空间不够用时，可以将多功能空间合并进单一功能空间。上述例子中，图书馆空间设计计划能灵活应对各种变化，还便于馆员管理图书馆空间，减轻馆员的工作负担，有利于提高馆员工作的积极性。

三 制定信息资源建设计划的基本流程

编制信息资源建设计划基本流程的本质是确定信息资源建设中所有工作任务的先后顺序，以确保计划的完整性和合理性。信息资源建设计划基本流程的编制应包括下列主要内容。

（一）描述决策内容

计划工作的起点是描述组织的决策内容，要详细分析信息资源建设主体包含的要素及所处的环境特点，明确各个信息资源建设主体的性质、地位和任务，了解信息资源建设主体的优势与劣势，估计未来可能出现的机会，预测潜在的风险，以及基于对未来发展趋势的把握，确定实际的目标，这是信息资源建设主体自我了解的过程。

（二）制定计划目标

计划流程的第二步，是根据决策内容制定计划目标。计划目标要与决策方向一致，同时要保证目标能落实到所有部门、所有工作流程。要明确完成目标的优先级别，有利于合理分配有限的资源和提高工作效率。计划目标还需要尽可能量化，需要客观地衡量和考核标准，从而实现对计划进程的监督与控制。

（三）选定最优方案

计划流程的第三步，是选定最优方案。首先，根据计划的目标、信息

---

① 张杰龙、董瑜伽、朱怡：《图书馆空间多样化设计及弹性管理——以香港三所高校图书馆为例》，《新世纪图书馆》2018 年第 7 期，第 37 页。

资源建设主体内部的要素和外部环境给予的条件，设计出多套方案。其次，评价所有方案，评价时要仔细对比分析各套方案的优缺点。最后，选定最优方案，剩余方案可以作为备选方案保存，以便于日后在需要调整主要方案的时候提供参考。

（四） 实 施 计 划

计划流程的第四步，是实施计划，其中包括拟定分计划、预算分配与执行计划等三个环节。首先，在拟定分计划的环节中，要根据选定方案的总计划确定各个部门的分计划。然后，在预算分配环节中，对所有工作活动需要的资金与物质资源进行分配。最后，根据计划内容，用分得的资金和物质资源执行计划。

（五） 计划的控制

计划流程的第五步，是在执行信息资源建设计划的同时对其进行控制，要求检视所有信息资源建设的工作活动，能够及时发现工作偏离计划目标的情况，并给予修正。为了实现对计划的控制，需要各级管理人员监督工作人员完成任务，各部门工作人员要向管理人员反馈工作中出现的问题，以便于管理人员及时给出修正方案。

（六） 评估计划

评估计划是整个计划流程的最后一步。在实际工作中，信息资源建设会受到一些不可抗力的因素的影响，使信息资源建设计划的目标与信息资源建设的实际结果之间出现差距。评估计划的目的就是要分析造成这种差距的原因，提出解决问题、缩小差距的对策，为下一轮计划的编制工作提供参考。

第二节 宏观信息资源建设计划

一 宏观信息资源建设计划的特点

基于第一节的内容，可知宏观计划指信息资源建设主体的综合计划，计划目标的综合性和预见性强，影响范围大。本节对宏观信息资源建设计划的特点进行更为系统深入的探讨。

（一） 宏观信息资源建设计划的综合性

所有信息资源建设计划都具有综合性的特点，其中，宏观信息资源建设计划的综合性更具深意。第一，宏观信息资源建设计划综合利用了业界最前沿的理念与最先进的技术。第二，宏观信息资源建设计划综合考虑了建设主体自身的发展规律与社会环境的发展规律。第三，宏观信息资源建设计划既要评价建设主体的历史成绩，又要展望未来。第四，宏观信息资源建设计划综合体现了建设主体的个体意志以及不同建设主体之间的团结意识。

此以我国公共图书馆信息资源建设计划为例。当下，建立完备的公共文化服务体系是提高国家文化软实力的必要环节，也是满足大众精神文化需求的必要手段。在此背景下，我国公共图书馆顺应国家发展战略和大众精神文化需求，结合公共文化服务体系的理念，致力于成为我国公共文化服务的中坚力量。信息资源建设计划应以全国公共图书馆事业的阶段性总结为参考依据，结合国家"五年规划"目标，绘制公共图书馆发展蓝图。计划内容庞大，任务艰巨，需要各级公共图书馆在完成个体任务的基础上合力搭建服务平台，实现信息资源共建共享。

（二） 宏观信息资源建设计划的预见性

第一，宏观信息资源建设计划要勾勒出未来信息资源体系的轮廓。第二，宏观信息资源建设计划要预见社会环境的变化趋势。第三，宏观信息资源建设计划要预见信息资源建设体系服务对象的变化情况。

以数字图书馆信息资源建设计划为例，计划必须在预见到用户需求从以纸质文献资源为主，变为以数字化信息资源为主的趋势，以及数字化信息资源会受到社会高度重视的基础上，确立数字图书馆的基本形态，即从传统纸质文献资源借阅服务模式，转变为数字化文献资源与纸质文献资源结合的服务模式。

（三） 宏观信息资源建设计划的影响范围巨大

宏观信息资源建设计划的影响表现为：第一，宏观信息资源建设计划可能会促使信息资源建设的社会环境发生变化。第二，宏观信息资源建设计划会改变建设主体以及服务对象的思想与行为。第三，宏观信息资源建设计划的结果是后续计划的基底。

现代图书馆信息资源建设计划都是以用户需求为导向的，把馆员被动服务的旧观念转变为主动服务，积极满足用户需求的新观念；把用户心中"图书馆是借书还书的机构"的旧形象改变为"图书馆是存储、利用、开发信息资源，提供多样化服务的机构"这一新形象，因此宏观信息资源建设计划使图书馆在公共文化服务体系中的影响力越来越大，也提高了大众的精神文化品质；计划的成果是今后图书馆开展个性化服务、智慧图书馆服务等后续内容的坚实基础。

二　宏观信息资源建设计划的主要内容

宏观信息资源建设计划的主要内容包括三个部分：建设定位、建设方式以及反馈评估机制，这三部分内容都遵循编制信息资源建设计划的原则和流程。

（一）建设定位

宏观信息资源建设计划的建设定位，必须指出建设主体的使命愿景、评估建设主体所在的环境、确定贯穿全局的核心理念、确定计划的总目标。以基于用户需求的图书馆信息资源建设计划的制定为例，图书馆要评估周边环境，了解读者爱好和读者使用图书馆的习惯，确立图书馆为读者提供优质服务的目标，即将用户需求导向的理念贯穿整个计划，比如按读者需求购买馆藏文献，根据读者习惯布置阅览室和书架，结合当地文化举办相关活动，为读者提供便利服务，主动和读者交流获取意见等。

（二）建设方式

宏观信息资源建设计划要选择正确的建设方式，即配置资金、技术、关键设备和人员等资源的方式。例如智慧图书馆建设计划制定时，要考虑如何分配购置新设备的资金，如何合理分配各馆室 RFID 图书借还设备的数量，如何指定技术专员定期维护设备等问题。

（三）反馈评估机制

宏观信息资源建设计划要建立有效的反馈评估机制，这有助于管理者了解工作进度、评价工作成果、提出改进措施、保障计划质量。需要注意的是，建立反馈评估机制的本质是"以评促建"，而不是把整套机制当成奖惩赏罚的工具。以我国近期开展的公共图书馆评估工作为例，该项评估工作针对不同级别的公共图书馆设计了多套指标体系，综合考察公共图书馆的服务能力，以评估定级的方式确定各馆的资源分配额度，根据评估结果提出继续建设公共图书馆的措施，实现以评促建。

三　宏观信息资源建设计划类型

根据计划目标与建设主体利益的关系，宏观信息资源建设计划可分为独立性计划与合作性计划。在独立性计划中，计划的核心目标关注建设主体的自身利益，由建设主体独立完成主要建设任务。在合作性计划中，计划的核心目标关注复数建设主体的共同利益，由建设主体共同完成主要建设任务。一个宏观信息资源建设计划可能兼具独立性内容与合作性内容，即信息资源建设主体要在个体利益和团队利益之间找到平衡点。在合作性计划中，还可以按建设主体的区位、数量和性质等要素进行进一步区分，例如国际计划、地方性计划、联盟计划等。

四　宏观信息资源建设计划中的共建共享理念

信息资源的共建共享理念是许多宏观信息资源建设计划的灵魂。认识信息资源共建共享的价值有助于我们理清宏观信息资源建设计划的主要内容。

（一）信息资源共建共享的基本特征

信息资源的"共建"与"共享"是共生关系，信息资源共享是包含"共建"在内的。信息资源共建共享的主体是复数信息资源建设主体，而信息资源共建共享的客体有三：其一是各类信息资源，其二是各建设主体间的纽带，其三是各建设主体与信息资源之间的纽带。这三类客体也间接反映出信息资源共建共享的要求，即每个建设主体都要处理好信息资源自建与共建的关系。目下，共建共享理念已经充分渗透在宏观信息资源建设计划的方方面面，称共建共享是宏观信息资源建设计划的灵魂也不为过，其中的原因还在于共建共享具有无可取代的价值。

（二）信息资源共建共享的价值

信息资源共建共享的价值是一个备受关注且极具争议的研究热点。一种观点认为，信息增值是信息资源共建共享的价值，建设主体的共建共享行为利用信息资源不会因分享、交换、使用而消失的特点，在增加自有信息资源总量的基础上与原有的信息资源形成互补关系，在增加合作团队信息资源总量的基础上与合作对象的信息资源形成互补关系，在共建共享的过程中降低了单个建设主体获取信息资源的成本，实现"1+1>2"的效果。另一种观点认为，信息资源共享不会使信息资源的价值增加，信息资源看起来"通过共享增值了"，是由于建设主体在共建共享过程中增加了新的成本，是基于共建共享时投入的财力、物力、劳动力，即信息资本的一种转移或置换。即便如此，共建共享信息资源依旧有利可图，建设主体们可以通过共享的方式合理配置信息资源，从而取得对外部的竞争优势。还有观点认为前两种观点是把信息资源当成工具，关注信息资源共建共享为建设主体带来的价值，而该观点强调共建共享的信息资源就是价值本身，不求"书中自有黄金屋，书中自有颜如玉"，而是追求"朝闻道，夕死可矣"①。可见，以上三种观点对"什么是信息资源共建共享的价值"这一问题持有不同意见，但是它们都支持信息资源共建共享。

本书认为，从权利与义务的角度看，在一个信息资源共建共享的组织中，共建共享的价值在于：首先，该理念赋予了组织成员在信息资源保有时效价值的时间段内一同使用信息资源的权利；其次，该理念赋予了组织成员在第一点中提及的时间段内一同履行信息资源建设义务的资格：第一，共建共享能大大增加单个建设主体可用信息资源的总量，并赋予所有建设主体使用更多信息资源的权利。第二，过去实力有限的建设主体既没有资格参与一些大型的信息资源建设计划，也没有资格享受相应的权利。共建共享能赋予建设主体参与信息资源建设计划、履行建设信息资源义务的资

---

① 金胜勇：《目标导向型图书馆信息资源共建共享理论体系研究》，南开大学博士学位论文，2010，第67页。

格，也让建设主体能够享受相应的权利。第三，结合信息资本置换的观点看，共建共享赋予了建设主体在信息资源建设过程中参与信息资本置换的资格，不同的建设主体能根据自身情况选择投入财力、物力、劳动力等成本履行建设义务，其结果是共建共享增加了整个组织在挖掘信息资源价值时的可用资本总量。

五 不同建设主体的宏观信息资源建设计划

(一) 图书馆联盟信息资源建设计划

1. 图书馆联盟信息资源建设计划的特点

目前图书馆联盟是图书馆互助合作中最具影响力和最为成功的组织，是为了实现资源共享、利益互惠的目的而组织起来的，按共同认可的协议组成的图书馆联合体。图书馆联盟信息资源建设计划的特点就是在计划中充分贯彻共建共享理念，计划目标以联盟成员的共同利益为主，计划的使命愿景与图书馆联盟所在区域的发展战略一致。

2. 图书馆联盟信息资源建设计划的主要内容

本书以国际图书馆协会联合会 (The International Federation of Library Associations and Institutions，IFLA)[1][2]、美国俄亥俄州图书馆与信息合作网 (Ohio Library and Information Network，OhioLINK)[3] 和中国高等教育文献保障系统 (China Academic Library & Information System，CALIS)[4][5] 为例，介绍图书馆联盟信息资源建设计划的内容，主要包括使命愿景、计划目标、建设模式和保障机制等。

(1) 图书馆联盟信息资源建设计划的使命愿景

表4-1列出了三种图书馆联盟信息资源建设计划的使命愿景。从预见

---

① 严栋：《国际图联战略规划研究 (2010-2024 年)》，《数字图书馆论坛》2019 年第 11 期，第 67 页。
② IFLA strategy 2019-2024，https：//www.ifla.org/strategy，2021-04-15.
③ 李国庆：《世界图书馆联盟的典范：OhioLINK 信息资源共享模式研究》，《图书情报工作》2004 年第 7 期，第 13 页。
④ 王晓辉：《CALIS 对高校图书馆文献信息资源建设的作用》，《内蒙古民族大学学报》(社会科学版) 2004 年第 5 期，第 119 页。
⑤ 赵宇：《论 CALIS 与高校图书馆的文献信息资源建设》，《现代情报》2003 年第 10 期，第 66 页。

性看，这些计划眼光长远，意在使图书馆联盟的成员馆抢占未来发展先机，试图创造一个有利于成员馆发展的环境。从服务对象看，计划将用户权益放在核心位置。从综合性看，计划融入了赋能、公共文化服务体系思想等先进理念，想把信息资源建设计划与区域发展战略融为一体。从影响范围看，计划要求各成员馆在信息、知识服务方面做出长远贡献，同时提高图书馆在用户心中的地位。

表4-1 三种图书馆联盟信息资源建设计划的使命愿景

联盟名称	信息资源建设计划的使命愿景
国际图书馆协会联合会（IFLA）	旨在建立一个强大的、团结的图书馆界，为信息互通的文明参与型社会提供助力。激励、参与、赋能并连接全球图书馆界
美国俄亥俄州图书馆与信息合作网（OhioLINK）	为了俄亥俄州的将来，把民众、图书馆和信息联结起来
中国高等教育文献保障系统（CALIS）	引领新时代图书馆建设，推动高校图书馆整体发展；持续建设、完善支撑高校图书馆发展的公共服务体系；建设支撑新时代图书馆建设的新业态、新模态，帮助图书馆掌握未来发展的自主权、主动权、发言权

（2）图书馆联盟信息资源建设计划的主要目标

设定计划主要目标的作用是在使命愿景与信息资源建设的业务之间架起桥梁，也是建设模式与相应具体措施的总纲要。表4-2列出了上述三种图书馆联盟的信息资源建设计划的主要目标。

由表4-2可知，OhioLINK与CALIS的计划要求图书馆联盟成员馆以馆藏资源建设、交流、保障措施和服务模式为核心维度，结合实际情况完成共建共享任务。在馆藏资源建设维度中，信息资源采访、信息资源组织、数字化信息资源建设是重点；在交流维度中，学术交流活动是重点；在保障措施维度中，基础设施建设、网络信息技术是重点；在服务模式维度中，建立服务体系、拓展服务内容是重点。与之相比，IFLA的计划目标综合性更强，目标明确了IFLA应为成员馆争取的利益；要求IFLA成员馆提高专业服务品质以直面用户需求；提出了IFLA内部组织架构的管理思路。

表 4-2　三种图书馆联盟信息资源建设计划的主要目标

联盟名称	信息资源建设计划的主要目标
国际图书馆协会联合会（IFLA）	强化图书馆的全球话语权；激发并提升专业实践；连接并壮大图书馆业界，满足社区需求，培育面向用户信息获取；对协会自身进行优化
美国俄亥俄州图书馆与信息合作网（OhioLINK）	使共建共享的图书馆藏更易于获取；扩大馆藏资源的共享程度；扩大获取电子信息资源的途径；提高信息基础设施的可用性；促进和改善学术交流；提高电子信息资源的购买和使用量；最大限度地发挥联合采购的优势，扩大购买信息资源的能力
中国高等教育文献保障系统（CALIS）	以国内外各类信息服务机构、教学研究机构以及各类信息网站丰富的信息资源和应用服务为基础，以先进的技术为手段，构建整合全球学术资源及其服务的中国高等教育数字图书馆，持续服务于我国的高等教育，乃至全民教育，促进全球学术交流

（3）图书馆联盟信息资源建设计划的建设模式

表 4-3 列出了上述三种图书馆联盟的信息资源建设计划的建设模式。由表 4-3 可知，虽然这三种图书馆联盟的组织架构不同，但是他们的信息资源建设模式的重点趋于一致：第一，保障用户获取信息资源的权益。OhioLINK 与 CALIS 以联合采购的方式降低信息资源采访的成本，让成员馆可以为用户收集更多的信息资源；IFLA 则从开放存取、建立公平版权框架和网络治理等方面入手，维护用户权益。第二，通过联机编目、联合编目、馆际互借和文献传递，大幅提高信息资源组织的效率以及读者获取资源的速度。第三，因为图书馆联盟辐射范围广、成员馆数量众多且分散于各地，所以不受空间距离影响、能即取即用的数字化信息资源成为计划焦点。因此这三种图书馆联盟的计划都重视提高数字化信息资源的价值，通过联合建立专题数据库、特色数据库和其他各类文献数据库来汇集成员馆百家之长，保证联盟持有类型丰富的信息资源的同时，集中成员馆各具魅力、独一无二的特藏信息资源，保证联盟持有高含金量的信息资源，大力推广数字阅读以提高成员馆的服务对象利用数字化信息资源的效率。第四，图书馆联盟信息资源建设计划周期很长，开展内容丰富的交流活动意在打造平台、拓展业务，保证其他机构共享成果共分利益，为联盟长足发展拓宽渠道。

表 4-3　三种图书馆联盟信息资源建设计划的建设模式

联盟名称	信息资源建设计划的建设模式				
	组织架构	信息资源获取	信息资源组织	数字化信息资源建设	交流与合作
国际图书馆协会联合会（IFLA）	稳固会员制度，建立充满活力的组织，积极回应成员馆的期望；提高总部和分支机构的效率；发挥员工潜力	加强对开放存取的支持，促进各国图书馆版权改革，保障民众获取信息资源的权益	要求图书馆提高网络基础设施标准；提供工具包类图书或资料，为成员馆提供良好借鉴	高度支持各国数字化项目，发布各种项目指南，指导图书馆帮助公众利用数字化信息资源；建立电子资料库，保存文化遗产；支持数字化在线工具的使用（例如让用户在线观看图书馆举办的会议、讲座）	加强与关键性国际组织、机构的联系，以推动形成有利于图书馆的法律、指南和项目
美国俄亥俄州图书馆与信息合作网（OhioLINK）	由一个管理委员会主导全局大政方针并委托一个执行主任在两个理事会的协助下主管合作网的具体运作	采用联合采购模式	建立中央书目库、制定联合目录计划、设计馆际互借系统	建立电子资料库、电子杂志中心、数字媒体中心、电子学位论文中心；推广电子图书	共建中央书目库平台。联盟与俄亥俄教育网以及俄亥俄超级计算机中心合作
中国高等教育文献保障系统（CALIS）	建立全国中心、地区中心、高校图书馆三级保障体系	文献采购协作模式，在CALIS内建立文献采购事前查重机制	制定联机编目规则、电子资源导航计划和设计文献传递系统、馆际互借系统	建立联合数据库、特色数据库	建立联合书目数据库，合作培训人才

（4）图书馆联盟信息资源建设计划的保障机制

表 4-4 列出了上述三种图书馆联盟的信息资源建设计划的保障机制。由表 4-4 可知，财力、物力、技术和决策有效性被这三类联盟视为信息资源建设模式顺利运行的重要保障。为了提高决策有效性，计划设计了基于

复合指标建立的评价反馈评估机制，制定了统一的行为准则。为了保障财力、物力供给，计划都倾向于灵活的资金方案，避免单一经费来源限制建设能力。为了给联盟提供有力的技术保障，计划统一现行技术口径，根据建设模式和服务内容针对性地开发新技术，在联盟内部统一培养专业技术人才，借助中心馆的力量"辐射"，带动周边成员馆提高技术水平，这些计划内容意在减少联盟开发、获取、使用技术的成本，加快关键技术在联盟中的推广速度。

表 4-4　三种图书馆联盟信息资源建设计划的保障机制

联盟名称	信息资源建设计划的保障机制		
	提高决策有效性	财力物力保障	技术保障
国际图书馆协会联合会（IFLA）	通过卓越、创新的沟通方式提升知名度。以高质量、高影响力、高参与度的沟通交流方式来满足全球图书馆和信息社会的需求	制定长期的可持续的财政战略	建立交流和学习的平台；为成员馆工作人员提供针对性的专业技术指导服务
美国俄亥俄州图书馆与信息合作网（OhioLINK）	设立委员会，制定全州资源共享的政策和章程，协调成员馆系统之间和成员馆系统与中央系统的运作	注重资产拨款和运作拨款，资金分配由基础硬件转向数字化	统一州内各馆的技术标准
中国高等教育文献保障系统（CALIS）	在组织机构、经费管理、子项目建设、业务规范、成员馆管理方面建立了一系列较为完善的规章制度；拥有一系列资源建设政策	国家项目投资经费与其他资金来源	建立专业技术人才培训机制；积极利用地区中心馆的技术力量搞发展

（二）国家图书馆信息资源建设计划

1. 国家图书馆信息资源建设计划的特点

国家图书馆在很大程度上代表着一个国家图书馆事业的发展水平，它对本国图书馆事业的发展起着重要的作用。国家图书馆信息资源建设计划对于国家信息系统中的图书馆成员有指导作用，同时也是国家信息系统战略规划的一部分。

2. 国家图书馆信息资源建设计划的主要内容

本书以中国国家图书馆[①]、美国国会图书馆[②]与苏格兰国家图书馆[③]为例，介绍国家图书馆的使命愿景、计划目标、建设模式和保障机制。

（1）国家图书馆信息资源建设计划的使命愿景

表4-5列出了三所国家图书馆信息资源建设计划的使命愿景。由表4-5可知，三所国家图书馆的信息资源建设计划的使命愿景包含保存社会记忆、传承文化、服务国民和思想文化创新等。从计划的预见性看，因为国家图书馆是与本国公民精神家园关系密切的社会记忆装置，故而这些国家图书馆信息资源建设计划的使命愿景都明确指出了其在过去、当下和未来应肩负的责任。从计划综合性看，上述使命愿景会影响国家图书馆的全部业务，既包括信息资源的采集、组织和保存等基本业务，也包括信息资源开发利用、服务创新与推广信息资源等进阶业务。从计划影响力看，上述使命愿景对国民精神文化生活影响长远，试图将"使用图书馆"这一齿轮嵌入每个国民的日常生活体系，尽可能地提高图书馆的社会地位。

表4-5　三所国家图书馆信息资源建设计划的使命愿景

国家图书馆名称	信息资源建设计划的使命愿景
中国国家图书馆	承担国家文献信息战略保存职能，传承中华文明，服务社会
美国国会图书馆	让所有美国人都与美国图书馆建立联系，为国会服务；鼓励国会和美国人民充分发挥创造力，从而产生新思想，创造新文化
苏格兰国家图书馆	通过为全球知识和世界记忆做出重要而持久的贡献，不断提升苏格兰的国际声誉；为公众参与苏格兰丰富多彩的文化生活创造机会

---

① 毛雅君：《国家图书馆文献信息资源建设的回顾与思考》，《国家图书馆学刊》2019年第5期，第16页。

② 尚晓倩：《〈美国国会图书馆2019-2023年战略规划〉分析及启示》，《图书馆工作与研究》2020年第1期，第74页。

③ 《苏格兰国家图书馆发布2020-2025年发展战略》，《国家图书馆学刊》2020年第6期，第53页。

（2）国家图书馆信息资源建设计划的主要目标

由表4-6可知，这些国家图书馆的信息资源建设计划的总体目标有以下特点：第一，馆藏建设是重中之重，国家图书馆要重视馆藏的质量、重视特色馆藏、关注保存馆藏措施、强调馆藏的易得性；第二，国家图书馆要满足用户需求，提高用户信息素养；第三，国家图书馆需要积极寻求合作伙伴完成计划目标，政府是重要的合作对象；第四，国家图书馆要促进知识共享与知识创新，提倡知识服务；第五，国家图书馆要加大基础设施的建设力度，为用户提供安全、舒适、便捷的阅读场所。

表4-6　三所国家图书馆信息资源建设计划的主要目标

国家图书馆名称	信息资源建设计划的主要目标
中国国家图书馆	加强顶层设计、建设馆藏体系、助力建设数字中国、全面收藏记录文献信息资源、加大社会化合作力度、加强跨界合作、推进互联网信息战略保存项目建设、开展文献信息资源的战略保存和管理
美国国会图书馆	扩大存取、增强服务、优化资源和提升影响力
苏格兰国家图书馆	开放、信任、包容、互联、激励、尽责。重视馆藏保护、促进获取、吸引读者、支持学习、推动组织发展五大内容

（3）国家图书馆信息资源建设计划的建设模式

由表4-7可知，首先，这些国家图书馆信息资源建设计划通常都会重点关注信息资源的"藏"与"用"。在"藏"这一方面，以完善交存制度、建立全面信息资源采集方案、扩大馆藏容量上限为重点；在"用"这一方面，以提高信息资源检索便利度、按需服务、多元化拓展服务和优化数字化信息资源服务模式为重点。其次，国家图书馆与图书馆联盟一样重视交流合作项目。最后，国民用户是国家图书馆信息资源共建共享的重要合作对象，图书馆按用户需求来采访、组织、开发利用信息资源的实质是以用户提出建议为途径，赋予用户参与信息资源共建的资格，并通过各种服务保障国民使用馆藏信息资源的权益。

表 4-7　三所国家图书馆信息资源建设计划的建设模式

国家图书馆名称	信息资源建设计划的建设模式				
	信息资源检索	馆藏资源利用	拓展服务	信息资源采访与保存	交流与合作
中国国家图书馆	重视开放存取资源	将各类型文献资源按照学科或专题进行集中揭示，既有利于考量文献信息资源的学科或专题完整性，又有利于用户的查找与利用	建设一批主题突出的高质量专题资源库或知识库，进一步提升数字资源保障能力，提升用户个性化、精准化、智能化服务能力	采取多种措施，全面采集收藏各类记录中国和中国贡献的文献信息资源。根据国家战略服务需要，以满足国家经济建设、社会发展、文化教育、科学研究等方面的文献信息需求为目标，开展重点领域、重点专题文献的跨界、跨领域采访与建设。建设特色馆藏。建立出版物资源交存制度	加强跨界合作，以搭建数据平台为抓手，实现数字资源的整合揭示，实现免费公益性使用或非营利性有偿服务利用
美国国会图书馆	优化资源获取方式，提升用户数字体验	吸引用户定期访问图书馆，积极利用馆藏资源	提供各种有价值的服务和帮助，包括舒适的物理空间、便捷的数字服务、有创意的线上线下活动、专属个人的定制服务等	扩大虚拟空间以满足数字资源日益剧增的存储需求	与各类媒体建立合作关系，丰富资源形式，扩大受众范围
苏格兰国家图书馆	提高数字资源的可获取性，实现馆藏资源的一键式查询和利用，帮助用户方便快捷地获取所需文献	帮助公众以最具创意的方式利用馆藏资源，深度挖掘馆藏资源	优化服务、创新文化体验；打造集调查研究、终身学习、探索发现和休闲娱乐为一体的公共开放空间；创新服务内容与形式，将资源与活动延伸至苏格兰的所有社区	采集、保存和利用反映苏格兰人民生活及记忆的各类型文献资料；加强对音像资料和报纸的保存保护；进一步扩大作为法定交存图书馆的功能，全面采集和保存英国国内出版物	拓展国内外合作

（4）国家图书馆信息资源建设计划的保障机制

由表4-8可知，完善组织架构，建立反馈机制，争取财力、人力资源是保障机制的重点。值得一提的是，图书馆形象建设是国家图书馆争取资源的重要手段。一方面，图书馆为了建立良好形象就需要在政界、商界、学界等领域宣传自身价值，这样才能让政府重视图书馆事业，让商人产生投资图书馆的意愿，让专家为图书馆献计献策。另一方面，图书馆优质且长久的服务也是宣传图书馆价值的重要途径，受惠的读者会深刻意识到图书馆在建设精神家园、改变人生命运等方面起到的作用，进而感谢、回报图书馆。这里提及的回报具有丰富的内涵，可能是在财力、物力、劳动力等方面的直接帮助；可能是读者向更多的人阐述自身在图书馆获益的经历，让更多的人走进图书馆；可能是读者认同图书馆价值，成为一名图书馆人或图书馆学人；可能是读者对图书馆做出高度评价，提高图书馆人的幸福指数。不论是显性回报还是隐性回报，对国家图书馆事业都是大有裨益的。

表 4-8　三所国家图书馆信息资源建设计划的保障机制

国家图书馆名称	信息资源建设计划的保障机制
中国国家图书馆	制定"馆藏发展政策"，构建融合发展的多层级现代化馆藏体系；搭建覆盖全国的分级分布式中文互联网信息资源采集与保存体系；研究制定国家图书馆文献信息资源评估体系
美国国会图书馆	加强对自身价值和影响力的宣传，重视形象建设，寻求公众支持，获得更多元化的资金资助，从而保证资金来源的稳定性和持久性，减少技术开发过程中的阻力；培训馆员，调整馆员知识结构
苏格兰国家图书馆	向利益相关者宣传图书馆价值，吸引更多的收入来源；培养和发展青年人才

（三）公共图书馆信息资源建设计划

1. 公共图书馆信息资源建设计划的特点

公共图书馆是国家公共文化服务体系的中坚力量，公共图书馆信息资源建设计划必须保障国民使用图书馆信息资源的合法权益，计划目标在与国家图书馆信息资源建设计划一致的基础上致力于建设国民的精神家园。与国家图书馆相比，公共图书馆的计划更加"接地气"。

2. 公共图书馆信息资源建设计划的主要内容

本书以香港公共图书馆①和澳门公共图书馆②的信息资源建设计划为例，介绍公共图书馆的使命愿景、计划目标、建设模式和保障机制。其中，香港公共图书馆具有良好的发展基础，澳门公共图书馆的经费相对来说较为紧张。

（1）公共图书馆信息资源建设计划的使命愿景

由表 4-9 可知，第一，公共图书馆信息资源建设计划的使命愿景通常强调其服务对象的属性，尤其是对服务对象的生活区位有明确限定，这让公共图书馆在分配资源时有明确的参考依据，是公共图书馆开展精准服务、个性化服务的前提。第二，公共图书馆对重点建设的文献资源有明确定位，以收集、开发和利用本地饱含历史文化底蕴的文献为主。这种定位策略与公共图书馆收集、消化文献的能力是相互匹配的，同时能最大程度突显馆藏资源的特色价值。此外，公共图书馆在合适的区域内收集各类信息资源能获得法律条文的支持与保护，有利于馆员及时收集高价值信息资源。第三，公共图书馆的使命愿景专门强调宏观信息资源建设的基本内容，乃至一些微观信息资源建设的日常业务。用户群体是十分敏感的，对于用户而言，他们直面公共图书馆的服务，对其服务水平可谓一目了然，公共图书馆只有从点滴做起，全方位保证服务品质才能提高用户的评价。

表 4-9　两所公共图书馆信息资源建设计划的使命愿景

公共图书馆名称	信息资源建设计划的使命愿景
香港公共图书馆	提供广阔的公共图书馆网络，利便市民享用服务，并可自由和平等地获取信息和知识及认识不同的观点，以服务全港市民 为市民开启信息及知识之门，支持和鼓励终身学习，以增进知识 丰富有关香港历史及文化的文献，以及推广香港文学和本地出版书籍，提升生活素养 通过阅读启发知识探求和创意 善用新技术和信息技术，提升图书馆服务素质 通过公众参与和伙伴合作，建立联系并推动他们参与公共图书馆服务

① 《香港公共图书馆策略计划（2020 年至 2025 年）》，https：//www. hkpl. gov. hk/tc/about-us/intro/strategic-plan. html，2020-12-15。

② 《澳门公共图书馆馆藏发展政策》，https：//www. library. gov. mo/zh-hant/aboutus/policy/collection-development-policy，2021-04-15。

续表

公共图书馆名称	信息资源建设计划的使命愿景
澳门公共图书馆	搜集、整理、保存文献资料 发挥传播知识、提供信息、保存文化的功能 执行澳门出版书局《法定收藏制度》法令，搜集澳门地方文献，推动相关的研究工作 协助本地区出版物走向国际标准化

（2）公共图书馆信息资源建设计划的主要目标

由表4-10可知，上述两家公共图书馆信息资源建设计划的主要目标各有特点。香港公共图书馆的计划目标侧重于服务内容，力求将用户需求导向、泛在理念、智慧城市与智慧图书馆等思想融入计划目标。澳门公共图书馆的计划目标侧重于馆藏建设，在资源有限、经费紧张的情况下，保住馆藏质量就是保住公共图书馆的命脉。

表4-10　两所公共图书馆信息资源建设计划的主要目标

公共图书馆名称	信息资源建设计划的主要目标
香港公共图书馆	提供地点方便、容易使用、善用科技的公共图书馆网络，服务全港市民 进一步发展成为各类使用者而设的图书馆 让市民随时获取全球信息及知识 通过各式各样的馆藏和服务，支持和鼓励终身学习 致力向大众推广文化 把香港中央图书馆进一步发展为服务全港的进修、信息、文献保存和文化交流机构 进一步推广香港文学 在社会各层面培养阅读文化 利用科技提升图书馆的服务、设施、服务素质、成本效益及便捷程度，以推广全城阅读文化，并支持香港发展成为智慧城市 与非政府机构合力服务社群，特别是特定组别人士 向各类使用者推广图书馆服务
澳门公共图书馆	依据各图书馆的职能、任务、服务区域和对象，订定图书馆藏的发展方向，建立各图书馆的馆藏特色；计划作为馆藏发展和管理的依据，使图书馆有计划地从事选书的工作；计划作为馆藏评鉴、淘汰和保存的依据；有效分配预算；计划作为馆际合作与资源共享的基础；计划作为公共图书馆与读者在馆藏议题上沟通的依据

（3）公共图书馆信息资源建设计划的建设模式

表4-11罗列了上述两所公共图书馆信息资源建设计划的建设模式，可见，在组织架构方面，香港公共图书馆建立了一个层级分明的架构模式，这种模式能保证各分馆的服务辐射全港。澳门公共图书馆则建立多头管理分馆的系统，各分馆在管理部门的指导下发挥对应的服务职能，权责分明。

建设策略方面，香港公共图书馆以自助服务、参考咨询服务和阅读推广为重点。澳门公共图书馆的馆藏发展指标和属性包括：馆藏规模、馆藏特色、馆藏学科深度、馆藏学科比例、馆藏语种广度、语种比例及童书比例。另外，澳门公共图书馆重视文献呈缴制度的建设。从整体上看，两馆都重视图书馆自动化管理系统、信息资源保存方式和数字化信息资源建设，其中，澳门公共图书馆以统一标准、集中处理的方式，保存过刊、图书等纸质文献，有效节约馆藏空间，降低了各馆保存、维护、调度馆藏的成本。

交流活动方面，香港公共图书馆侧重于在合作中扩大自身影响力，同时为香港的文化艺术事业做出贡献；澳门公共图书馆则将交流活动视为补充馆藏的重要手段。从合作对象看，香港公共图书馆充分考虑了各类合作伙伴在相应领域的媒介影响力，通过与多类组织合作，塑造出一个内涵丰富的公共图书馆媒介形象。

表4-11　两所公共图书馆信息资源建设计划的建设模式

公共图书馆名称	信息资源建设计划的建设模式		
	组织架构	建设策略	交流活动
香港公共图书馆	一个包含中央图书馆、主要图书馆、分区图书馆、小型图书馆和流动图书馆在内的五层架构模式。以固定图书馆为主，以流动图书馆为次，图书馆服务点平均分配于香港每个区域	建立双语图书馆自动化系统，以多媒体形式传播信息；开发智慧图书馆系统，提升用户自助服务设施的体验 提供参考咨询服务，建立香港本地参考资料库、一般参考资料库和特藏资料库，建立联网数据库以供读者使用 全年定期举办阅读推广活动，包括报刊阅读计划、儿童故事、图书推荐、展览和讲座等内容 提高信息资源保存水平	与其他组织合作建设馆藏，是多个主要国际机构和本地书刊注册组的特定藏书点 与非政府机构合力服务社群 制定市场策略，利用电子市场推广、社交媒体与互动平台，推广图书馆服务 加强与本地机构在文学艺术方面的合作

续表

公共图书馆名称	信息资源建设计划的建设模式		
	组织架构	建设策略	交流活动
澳门公共图书馆	社会文化司掌管澳门的文化、教育、医疗和社会服务，该司辖下的文化局、教育暨青年局都设立了图书馆（室）或阅览室 行政法务司掌管整个公共行政人员的管理，该司辖下的民政总署为居民提供文化、康乐、环境卫生等方面的服务 民政总署亦开设了公共图书馆（室）	制定馆藏发展指标和属性，为馆藏选择的具体工作提供参照和条件，制定详细的工作原则，覆盖信息资源建设的全部环节 重点引进、建设数字化信息资源，规定了收集信息资源的形式、优先级别，要求图书馆进行数字化工作，建立线上资源数据库 建设以澳门地方文献、葡文资料、古籍、旧报纸和海报为主要内容的特藏资料库 履行法定收藏制度（即法定呈缴制度）职权，收集文献资料 统一、集中保存纸质文献 选取多种完善图书馆系统内部和跨系统的信息资源共建共享的手段，包括自动化管理平台、系统内部图书馆定期互换馆藏资源、联合书目查询系统	与海内外图书馆进行文化交流，包括出版物国际交换计划等 重视争取社会资源，鼓励企业家、团体和热心人士的捐赠

（4）公共图书馆信息资源建设计划的保障机制

由表4-12可知，两所图书馆都成立了负责评估的部门，通过实地调研和读者反馈收集意见，这样既能保障评估部门的监督能力，又能及时根据实际情况参与图书馆决策。此外，两所图书馆都在官方网站公布信息资源建设计划的主要内容，公开接受大众的指导与批评。公共图书馆实现信息资源建设计划文本的开放，将图书馆人认真制定的计划内容广而告之，向国民展示了馆员的专业与敬业，有利于公共图书馆在社会中营造良好口碑。

表4-12　两所公共图书馆信息资源建设计划的保障机制

公共图书馆名称	信息资源建设计划的保障机制
香港公共图书馆	成立由馆长级别人员组成的馆藏发展委员会，统筹管理整个图书馆系统的信息资源建设业务。确立实证为本的决策原则，完善馆藏管理。制定严密的管理条例

公共图书馆名称	信息资源建设计划的保障机制
澳门公共图书馆	成立由馆长担任监察主席的"服务承诺计划"工作小组，密切关注各项服务水平；小组定期向读者征询意见 成立馆藏发展小组，按实际需要适时评估、修订信息资源建设计划的内容

（四）高校图书馆信息资源建设计划

1. 高校图书馆信息资源建设计划的特点

高校图书馆信息资源建设计划是由高校图书馆、高校院系、高校行政机关、高校师生和校外组织等共同承担责任、共享利益的计划。计划内容应与高校发展理念、学术价值观和学科发展理念相匹配。由于高校发展水平各不相同，高校图书馆在经费、政策、资源、人力、馆藏结构和管理模式等方面也存在巨大差异和明显差距。

2. 高校图书馆信息资源建设计划的主要内容

本书以江西师范大学图书馆[1]和美国伊利诺伊大学图书馆[2]的信息资源建设计划为例，介绍高校图书馆的使命愿景、计划目标、建设模式和保障机制。其中，伊利诺伊大学图书馆实力较强，江西师范大学图书馆实力相对较弱。

（1）高校图书馆信息资源建设计划的使命愿景

由表4-13可知，这两所高校图书馆信息资源建设计划的使命愿景包含多层内容：第一，为师生提供信息资源保障；第二，为师生的学术生活提供舒适的场所，帮助师生提高学术研究效率；第三，提高图书馆人业务水平；第四，积极响应本土政策。

---

① 杜玉玲、邹美群、赵旭鹏：《"双一流"背景下地方高校图书馆文献信息资源馆院共建模式探究——以江西师范大学图书馆与院系合作为例》，《图书馆研究》2020年第5期，第60页。

② 刘华、黄梦瑶：《中美高校图书馆战略规划比较分析——以伊利诺伊大学香槟分校和武汉大学为例》，《图书馆学研究》2019年第8期，第16页。

表 4-13　两所高校图书馆信息资源建设计划的使命愿景

高校图书馆名称	信息资源建设计划的使命愿景
伊利诺伊大学图书馆	图书馆致力于营造一个欢迎、培养、重视、尊重和支持伊利诺伊大学和社区所有学生、教职员工的差异和贡献的环境；图书馆融入整个大学，充分利用大学的使命，为世界各地的学者提供物理和虚拟的最佳和最广泛的学术资源，并提供最好的图书馆员和工作人员的专业知识
江西师范大学图书馆	为《统筹推进世界一流大学和一流学科建设总体方案》提出的"建设世界一流大学和一流学科"的重大战略决策努力，作为一股重要力量推动我国"一流大学"和"一流学科"进入世界前列，为我国高等教育事业的发展做出贡献

（2）高校图书馆信息资源建设计划的目标

由表 4-14 可知，上述两所高校图书馆信息资源建设计划的目标都强调建立一个强兼容性、权责分明、节约能耗的有机体系；通过主动服务、跟踪服务和交流机制保证计划的可执行性。在这个体系中，图书馆、学校师生和院系机关一同参与共建共享。需要注意的是，江西师范大学图书馆直接在目标中明确指出自身能力有限，有助于刺激、引导工作人员设计强执行力、强针对性的行动方案。

表 4-14　两所高校图书馆信息资源建设计划的主要目标

高校图书馆名称	信息资源建设计划的主要目标
伊利诺伊大学图书馆	以使命为重点；以行动为导向；以用户为中心；循证；包容；赋权；领导
江西师范大学图书馆	在财力、物力和人力有限的条件下，图书馆人积极发挥主观能动性，加强与各院系、职能部门之间的联系与沟通，形成了一套自具特色的文献信息资源馆院共建模式，尽最大的努力、用有限的经费购买到师生最需要的文献信息资源

（3）高校图书馆信息资源建设计划的建设模式

由表 4-15 可知，伊利诺伊大学图书馆在设计组织架构时尽可能覆盖利益相关者，而江西师范大学图书馆则把主要精力放在校内。在建设策略方面，伊利诺伊大学图书馆能兼顾基础设施建设、信息资源建设和拓展服务，侧重基本服务的同时尽可能整合并统一管理零散的信息资源，并且在交流活动方面注重在国内和国外打造形象，寻求宏观领域的广泛合作。而江西

师范大学图书馆主要关注信息资源建设主体内部的支持，保证微观层面的
信息交流畅通无阻。这些区别，是由两所图书馆的实力、管理及发展理念，
以及所处的政策法律环境所决定的。

表 4-15　两所高校图书馆信息资源建设计划的建设模式

高校图书馆名称	信息资源建设计划的建设模式		
	组织架构	建设策略	交流活动
伊利诺伊大学图书馆	成立图书馆委员会，委员会成员不局限于图书馆内部的部门和组织，甚至不限于校内的学院和领导部门，囊括了校外的专家、媒体、协会等各个领域和身份的组织和人才	加强校园基础设施建设，以支持学术研究和创新确保图书馆服务的综合和连贯的用户体验，侧重于用户在信息检索和使用方面的成功。最大化图书馆服务、馆藏和空间的使用和影响	在国内和国际上研究、开发和建立伙伴关系，共同协作以应对挑战并增加影响力
江西师范大学图书馆	成立校图书情报工作委员会，成员分别由分管图书馆工作的校领导、图书馆馆长、各学院代表、相关职能部门负责人、本科生和研究生学生代表组成，服务于全校文献信息工作的咨询、协调和指导性工作	通过学科联系人及时通知师生图书馆购买、开放信息资源的情况整合院系资料室，打造若干大资料室，形成资源分馆；建立联合书目数据库，将纸质文献纳入图书馆统一自动化管理平台图书馆与学院共建数据库；图书馆与兄弟院校共建共享专业数据库	建立学科联系人制度，根据不同学科、不同专业，为不同学院配备具有相同或相似专业背景的学科联系人各学院与学科联系人建立沟通渠道

（4）高校图书馆信息资源建设计划的保障机制

由表 4-16 可知，高校图书馆不论实力强弱，都重视反馈评估机制。伊
利诺伊大学图书馆体量较大，该馆选择建立专门的评估组织以完善评估机
制；江西师范大学图书馆能力有限，通过点对点的方法提高采集反馈信息
的精度，降低评估成本。

表 4-16　两所高校图书馆信息资源建设计划的保障机制

高校图书馆名称	信息资源建设计划的保障机制
伊利诺伊大学图书馆	成立专门的图书馆评估委员会，委员会对评估计划的成果负责，并评估其支持图书馆使命和战略方向的有效性
江西师范大学图书馆	在科技处、研究生院、各学院、教务处等处调研，多方位了解学校师生在学科建设、教学与科研方面的文献信息诉求，谋求图书馆精准服务

第三节　微观信息资源建设计划

一　微观信息资源建设计划的特点

与宏观计划相比，微观计划目标针对性较强，计划内容较少，计划时效性强，单个计划的影响范围较小，总之，微观计划要将宏观计划的抽象目标转化为可执行、可操作的具体内容。现在，我们继续深入了解微观信息资源建设计划的特点。

（一）微观信息资源建设计划的目标具有强针对性

为了实现宏观计划的目标，微观计划在配置资源时不仅要根据目标分配最合适的资源，还要确保微观计划利用资源的效率最大化。例如，某一家经费紧张的小型图书馆在选购图书馆管理软件时面对着两种方案（两种方案需要的资金相同），方案一是购买具有丰富扩展功能的软件 A 两年的使用权，方案二是购买只有必要功能的软件 B 四年的使用权。由于小型图书馆的拓展服务能力有限、经费紧张，需要花最少的资金以保障持久的、必要的服务功能，故通常应优先选择方案二为宜。上述例子也反映出"量体裁衣""取舍有道"对提高资源建设计划设计水平的重要性。

（二）微观信息资源建设计划时效性强

微观信息资源建设计划的预期效果与执行计划的时间关系密切。例如，图书馆会适时地执行阅读推广计划，在特定节日推广与节日文化相关的文献能比平时取得更好的推广效果；在新冠肺炎疫情期间推广医疗类文献会比平时获得更高的关注度；在引进新型数字阅读设备后及时鼓励读者体验数字阅读能有效提高相关设备的利用效率。

（三）单个微观信息资源建设计划的影响范围较小

从影响的广度看，单个微观信息资源建设计划往往只会影响单一部门或单项业务。例如，某一批图书的编目计划由图书馆采编部门的编目人员完成；某一间图书阅览室的日常整理计划由指定的人员执行，专门负责图书的上架、排架、归架等任务。从影响的深度看，单个微观信息资源建设计划通常只会在特定时间段内影响其项业务。例如，书商经常以"惠民书市"的形式举办图书展销会，这是图书馆购买馆藏文献的途径之一。针对某一场"惠民书市"的图书采访计划只会影响图书采访人员在展销会期间的采购行为，包括但不限于确定图书采访时间、确定哪些出版社的是重点关注对象、确定重点采访文献的类别、确定图书到货时间和收货方式、争取折扣等内容。

（四）微观信息资源建设计划是宏观信息资源建设计划的末梢

如果宏观信息资源建设计划是整个计划的中枢，那么微观信息资源建设计划就是宏观计划的末梢，微观计划的执行效果就是建设主体按计划与外界接触、互动的结果，宏观计划只有综合分析所有微观计划传回的反馈信息才能准确得到正确的评估结果。例如，图书馆计划持续引入网红图书以提高人气，然而经过一段时间后，图书馆发现网红图书的借阅热度很低。此时就需要从多个部门采集反馈信息，比如从编目部门了解图书编目情况，判断书目数据是否便于读者检索；从流通部门了解新书阅读推广的情况，判断网红图书的推广工作是否到位；从图书采访部门了解选购网红图书的参考依据，判断图书采访的水平；从读者服务部门了解读者对网红图书的直接评价；最后，图书馆根据多方提供的数据，综合分析网红图书的利用情况，决定是否终止引入网红图书的计划。

二　微观信息资源建设计划的主要内容

微观信息资源建设计划是宏观信息资源建设计划内容的延伸，计划与信息资源建设的部门任务以及日常业务流程紧密相关，以下基于常见业务，介绍微观信息资源计划的内容。

（一）确定执行计划时需要遵循的具体原则

微观信息资源建设计划根据宏观计划的使命愿景与总体目标，确定一系列具体原则。通常情况下，具体原则与信息资源建设主体所处的外部环境以及服务的对象存在密切关系。例如，各类图书馆确立了以用户需求为导向的原则，重视共建共享、重视知识服务、重视数字化信息资源建设、重视特藏信息资源建设等原则。

（二） 设计组织架构的计划

设计信息资源建设的组织架构时，要以合理、精简和高效率为目标。例如，香港公共图书馆为了便于统一管理，通过机构整合，组建了由香港康乐及文化事务署统筹管理的公共图书馆系统，该系统辖下的公共图书馆办事处负责系统的日常运营，办事处设立对总馆馆长负责的各个功能单位，包括行政组、策划与发展组、推广活动组、中央图书馆组、电脑化组、新界图书馆组、采编组和市区图书馆组八个单位。香港公共图书馆系统依托这个架构，采取包括中央图书馆、主要图书馆、分区图书馆、小型图书馆和流动图书馆在内的五层架构模式提供服务，每层架构都有各自的分工，各层架构的图书馆相互辅助，使整个图书馆系统能够高效应对巨大的使用量。

（三） 信息资源采访计划

信息资源采访计划的制定要明确资源的来源、渠道，确定要收集的各类信息资源的占比，突出要优先收集的信息资源；计划的具体内容包括制定以购买的方式"拥有"信息资源的方案，以及从其他途径"获取"信息资源的方案。制定以购买方式"拥有"信息资源的方案时，要明确采访的思路和方式，合理安排纸质资源与数字化资源的比例，并根据用户需求采访信息资源。从其他途径收集信息资源时，要充分考虑不同的获取方式，尤其注意根据用户需求，利用相关网站选择性地收集开放存取信息资源、政府数据，或者通过微信、微博等新媒体获取信息资源等。

（四） 信息资源组织和管理计划

信息资源组织和管理计划的制定要求建设主体优化自身持有的信息资源的结构。图书馆通常要根据原有馆藏基础、用户需求和馆室空间的情况调整馆藏配比、更改馆藏布局。例如，某省图书馆根据图书借阅热度，将知名作家东野圭吾的作品整理集中，并在显眼易取的位置设立专柜专架。

信息资源的组织和管理要分配好储存、使用实体信息资源和虚拟信息资源的空间。图书馆馆室空间有限，基藏书库、数据库机房需要分配大空间，实体资源借阅室和电子阅览室则要优先考虑区位的便利度。

除了要明确不同类型的信息资源的组织使用的标准、方式方法和工具外，信息资源组织计划还要考虑信息资源的整合方案，包括整合的内容、整合的模式、整合的技术等。

（五）信息资源保存计划

信息资源保存计划的内容包括信息资源的保存策略、信息资源的修复与数字化工程以及灾害应急机制等。例如，过去图书馆通过制作微缩胶片以保存印刷资源，现在通过数字化手段，可以将印刷资源转化为静态图像、实物、文件以及视听资料，更便于这些资源长期保存；通过修复、异地保存、异地灾备等手段，实现珍贵文献资源的长期保存。

（六）信息资源共建共享计划

信息资源共建共享的计划，要指明合作的范围与合作的对象，确定合作方式与合作内容。例如，国家图书馆在与国内外图书情报机构合作时，合作计划要科学安排联合编目、馆际互借与文献传递、资源调拨、出版物交换、数字基础设施建设、制定行业标准等具体任务。

（七）提高信息资源建设队伍实力的计划

提高信息资源建设队伍实力的计划，要确定建设人才队伍的基本原则和培养方式。例如，为了推动"一流学科"的建设，高校图书馆需要设置学科馆员提供专业知识服务，招聘时偏向选择有交叉学科背景的复合型人才；培养人才时注重让馆员了解本校学科建设面临的形势、未来的目标、核心要素及需求，鼓励和支持学科馆员积极参与专业学科领域的学术会议、论坛等各种培训，了解学科发展态势，形成"学习+研究"联动模式的人才培养机制。

（八）控制、评估计划进程

控制、评估计划进程要建立绩效评估的机制，出台评估标准。例如，国家图书馆可以根据国际标准化组织（ISO）发布的新标准《信息与文献：国家图书馆质量评估》（ISO 21248:2019）[①]，结合自身实际，建立文献信息资源评估指标体系。

---

① 该标准规定并描述了国家图书馆的绩效评估方法和影响力评估方法，并定义了三十四项国家图书馆绩效评价指标，涵盖馆藏、国家书目、文化活动和社会教育等各项业务领域。

第五章　信息资源采访基础

第一节　信息资源采访概述

一　信息资源采访的内涵

"信息资源采访"即信息机构根据其发展规划、用户需求、经费状况等，持续不断地搜集、选择、获取信息资源，建立和完善实体馆藏和虚拟馆藏，从而形成一个满足用户信息需求的完整的信息资源体系的过程。

信息资源采访是在信息资源建设计划的指导下开展具体信息工作的起点，是最重要的基础工作之一，是实现信息机构功能和作用的前提与保证。图书馆信息资源建设理论的衍生和形成，经历了从藏书建设到文献资源建设，再到信息资源建设的演进和自我超越过程。相应地，信息资源采访的概念，也经历了从藏书采访到文献资源采访，再到信息资源采访的发展演变过程。并且在信息资源采访的研究和实践过程中，与其共用或相似的概念还有"信息（文献）资源采集""信息（文献）资源采选""信息（文献）资源收集"及"信息（文献）资源采购"等。本书用"信息资源采访"这一概念，一是强调馆藏资源的获得除可通过采购获得外，还可通过非购买的方式获得；二是强调信息资源采访是一个系统的过程，采访过程中要进行科学规划，制定适当的采访方法，选择合理的组织模式，采访结束还要进行质量控制与评价；三是强调信息资源采访不仅要被动收集，更要主动访求。

关于"信息资源采访"的定义，还应从以下方面进行理解。

（一）信息资源采访的主体

信息资源采访的主体可以是个人，但当前的信息环境下，主要还是相应的信息机构，即信息资源采访主要由信息机构来组织和实施。私人藏书楼盛行时，藏书家们为求得心仪的书籍，不惜变卖家产的例子并不少见，但现在的信息资源采访主要还是由信息机构通过有组织地搜集、选择、采集和获取等方式进行。并且就目前来看，组织大规模信息资源采访的信息机构主要还是图书馆，即由图书馆通过信息采访，建立起实体馆藏和虚拟馆藏，形成有机协调、优势互补的馆藏体系。另外，科技情报院（所）和档案馆等也是传统的信息资源采访的主要机构。而在现代信息环境下，行政部门、企事业单位的信息中心或互联网信息中心等亦是重要的信息资源采访组织。

（二）信息资源采访的客体

信息资源采访的客体当然就是信息资源。但根据信息机构的性质、任务、用户需求、馆藏特色和经费情况等不同，其采访的信息资源类型和收藏侧重又各不相同。现代信息机构不仅要采访和收藏传统的纸质资源，还要收藏数字或网络资源，并且要合理安排好不同载体信息资源的比例关系。值得注意的是，与我国大部分的图书馆不同，欧美国家和我国台湾地区的许多图书馆不仅收藏图书文献资料，也收藏诸如个人档案、政务信息，甚至房产、财税等信息资料，企图将图书馆打造成"你所需要的信息，我这里都有"的信息中心。

（三）信息资源采访的任务

信息资源采访的首要任务，就是信息机构按照一定的原则和标准，通过对信息资源的选择和采集，建立起协调互补的复合资源体系。现代信息环境下，信息资源采访工作要考虑实体馆藏之间、虚拟馆藏之间以及实体馆藏与虚拟馆藏之间的统筹规划、合理配置、有机结合和互相补充，实现图书馆信息资源体系的结构优化和整体效益的发挥，要形成印刷型图书期刊、数字信息资源数据库和网络信息资源多元一体的馆藏格局。

开展特色资源建设，形成特色鲜明的馆藏体系，是图书馆等信息机构信息资源采访工作的目标任务之一。特色馆藏建设是一项计划性较强的、长期而繁杂的系统工程，图书馆应根据其所在地区的历史、地理、政治、经济和科学文化发展的显著特点，根据本单位馆藏基础、特色和发展规划以及文献资源保障中心的分工安排等实际情况，选择某方面的专业文献或专题文献作为馆藏特色，集中人、财、物等有利条件，综合运用各种建设途径和方法，进行特色资源采访，建设本馆特色资源体系，开展特色服务。

另外，推进采访协作、服务信息资源共建共享，也是现代信息资源采访的重要任务和主要目标。文献信息总量的不断增加和图书馆资金的相对匮乏，使得任何一个图书馆都难以完备地收集所需信息资源。加强采访协作，推进协同采购，促进信息资源共建共享，实现信息资源共同保障，已成为图书馆界的研究、实践热点，也是衡量图书馆事业发展水平的重要标志。

图书馆信息资源建设和服务的目标已由传统的提供给读者馆藏文献向帮助用户获取馆内外信息资源转变，通过拥有与获取并重、实体馆藏与虚拟馆藏协调、馆内资源与馆外资源互补的发展模式，促进图书馆馆藏体系和保障体系的最优化。这要求图书馆不仅要积极参与全国性、区域性或行业性的信息资源建设协作，还要加强本馆特色资源体系的建设，从而发挥图书馆的整体规模效应和优势互补功能，提高信息资源的社会保障率。

二 信息资源采访工作的主要环节

从我国图书馆信息资源采访的实践来看，信息资源采访工作主要包括以下十个方面的环节及内容。

（一）馆藏发展政策和采访工作规范制定

图书馆应根据各自的服务对象、承担任务、现有馆藏状况、经费规模、采选重点、数字信息资源和网络环境的实际情况和未来发展规划，制定本馆的馆藏发展政策或建设方针，以及相配套的采访工作规范或细则。具体依据包括馆藏的性质、范围、发展目标和任务；信息资源采访方针原则和标准，特别是各类型出版物和各学科信息资源的采选原则和标准；所服务机构和读者信息需求的调研分析和实施方案；读者推荐采购资料的分析与评价方案；对国内外信息资源发行方式、发行渠道的分析与评价方案；对现有馆藏状况和未来发展，以及采访工作的分析与评价方案；等等。

（二）文献购置经费预算与分配方案编制

在分析文献购置经费的历史数据和使用效益、读者需求变化、学科专业设置的发展变化、各类型文献价格的增长幅度、馆藏建设面临的主要问题和发展规划等影响因素基础上，做出信息资源建设所需经费的预算申请，然后根据所获准的文献购置经费合理制定经费分配方案，确保馆藏建设有目的、有计划地开展。

（三）采访信息收集与分析

文献出版发行信息、读者和机构需求信息、现有馆藏状况信息是采访信息的主要组成部分，图书馆采访人员首先要收集信息资源的出版发行信息，掌握信息资源的来源与渠道，然后综合需求与馆藏等因素进行采访决策。

（四）信息资源采访工作组织

信息资源采访工作组织模式包括图书馆采访机构的设置形式和采访业务的组织模式两大部分。

采访机构设置方面，有以下类型：1. 单独设立文献采访部门，全面负责图书、期刊、数据库的采访工作；2. 文献采访与编目合为一个部门；3. 图书采访与期刊、数据库采访分别由不同部门管理；4. 总馆馆藏发展部门和学科分馆共同承担采选任务等多种形式。

采访业务组织方面，有按文献类型组织文献采选工作和按学科分工组织信息资源建设的区别。

选书组织方面，有的组织专职采访馆员队伍承担全部馆藏发展任务，有的成立文献资源采访工作委员会和吸收图书馆读者参与选书，有的大力发展读者需求驱动采购模式，主要依靠读者进行选书。

（五）信息资源采集方式与供应商选择

馆藏信息资源需要通过一定的采集方式和渠道而获得。信息资源采集方式有购入和非购入两种。购入（含租用）方式以货币交换形式向出版发行单位或个人采购文献资源，是图书馆获取国内外出版物的主要方法。通常采购能力强和服务质量高的代理发行商是确定文献购入渠道的首选对象，如要采购价格昂贵的出版物，则往往直接联系出版社购买。非购入方式是指图书馆不用货币购买而采用其他方法免费或用少量经费获得各类文献或非卖品的采集方式，包括呈缴、调拨、征集、索取、交换、受赠、网络免费资源组织与开发等，这种采集方式起到节省文献采购经费以及可以有效获得许多非卖品、非正式出版物和个人藏书的作用。

（六）采选决策与订购分配

采选决策与订购分配是信息资源采访中最主要的环节。图书馆的信息资源采访工作必须规划好各类型信息资源的采选决策主体、订购与分配方法、审核程序以及经费额度权限等。

（七）验收记到与财务结算

图书馆采集的书刊到馆后，根据书刊验收工作流程和规范要求，由书刊验收馆员或记到馆员及时进行验收。书刊清单核对无误后，在图书馆管理系统中进行验收或记到处理，并完成书刊的初步加工工作。如发现书刊多发、少发、错发、漏发等现象，应及时向供应商反映和纠错。验收完毕后，及时整理验收结算清单，获取供应商结算发票，办理财务结账手续。

（八）文献催缺和补缺

文献催缺是对已订购但逾期未到的文献，向文献供应商进行催询，要求供应商尽快配齐所订文献；经催询明确不能订到的文献要及时转订或通过其他方式和渠道进行补订。文献补缺是指补充已出版文献的图书馆缺藏部分，目的在于降低必备文献的缺藏率，弥补馆藏缺陷，完善馆藏结构。

（九）合作采访及参与联盟采购

文献合作采访和参加图书馆联盟采购，是当下解决信息资源数量迅速增加与图书馆有限的采购经费之间的矛盾的有效措施之一。

文献合作采访也称协调采购，是指两个或两个以上的图书馆，在自愿或约定的基础上，通过分工协作，将所分工负责的有关主题范围内的文献进行较为系统和完整的收集，使各种类型文献在整体上更加充实完善并形成特色，避免一般化和不必要的重复购买或缺藏，并在合作范围内实现资源共知与共享。通过合作采访，能够缓解图书馆经费紧张状况并实现馆藏互补，形成区域性或全国性信息资源保障体系。

图书馆联盟又称图书馆共同体或图书馆协作体，是由两个或两个以上的图书馆出于共同的目的和需求，为了实现利益互惠或资源共享而结成的组织。图书馆以地区性联盟或全国性联盟的形式开展资源采购，具有价格和服务方面的优势。

（十）采访统计与质量评价

在采访工作中，应周期性地开展采访统计与分析，了解一定时期内的发订情况和经费分配、订到情况和到馆文献使用状况，对采访工作计划和经费执行情况进行检查、监督与控制，及时发现采访工作中存在的问题与偏差。同时，通过对采访工作组织管理、信息资源获取能力、采访质量和采访效益等方面的评价，不断修正和调整采访工作的内容重点与方向。从读者需求、信息资源出版发行、采集过程以及馆藏利用评价等环节进行动态的质量跟踪控制和评价，才能有效保证信息资源采访各个环节顺利进行，使馆藏体系质量得到提升，并使采选的信息资源更加符合馆藏发展规划，切合读者需求。

第二节　各类图书馆的信息资源采访

不同类型信息机构的性质、建设目的、面临的读者需求不同，信息资源采访的任务和要求也就自然不同。熟悉不同类型图书馆信息资源采访的特点与规律、进行有的放矢的采访是做好信息资源采访工作的前提。

一　国家图书馆的信息资源采访

（一）国家图书馆及中国国家图书馆文献采访特点

早在 1970 年，联合国教科文组织在《关于图书馆统计国际标准化的建议》中就明确界定："国家图书馆，不管其名称如何，它是按法律或其他安排，负责收集和保存本国出版的所有重要出版物，并担负国家总书库职能的图书馆。正常情况下，国家图书馆还履行以下几项职能：出版国家书目，拥有一个丰富的外文馆藏（包括有关本国的外文图书）；作为国家书目情报中心，编制联合目录，出版回溯性的国家书目。"这是一个被普遍接受的，对国家图书馆相对全面的认识。然而，随着数字化、网络化的发展，国家图书馆的职能被赋予了更多的内涵，其文献采访的方针、原则和方式正在发生深刻的变化。

我国于 2018 年 1 月 1 日实施的《中华人民共和国公共图书馆法》规定："国家设立国家图书馆，主要承担国家文献信息战略保存、国家书目和联合目录编制、为国家立法和决策服务、组织全国古籍保护、开展图书馆发展研究和国际交流、为其他图书馆提供业务指导和技术支持等职能。国家图书馆同时具有本法规定的公共图书馆的功能。"中国国家图书馆属综合性研究图书馆，是国家总书库和全国书目中心，承担着为中央国家领导机关及重点科研、教育、生产单位和社会公众服务的任务。另外，国家图书馆还是我国图书馆信息网络中心和现代信息技术在图书情报领域应用的研究与开发中心，在全国图书馆标准化、规范化、数字化、网络化建设中起骨干作用。

国家图书馆的特殊地位，使得其信息资源采访有着明显的特点。

1. 文献采选任务重，数量大，范围广，种类全

国家图书馆作为面向全国的中心图书馆，必须全面、系统搜集本国出版物，在文献采选时要兼顾各学科，各种载体、文种、类型，要成为全国总书库，并满足广大信息用户的多层次需求，信息采集量十分巨大。与此同时，国家图书馆还必须拥有丰富的外文馆藏，对国外出版的外文书刊资料，要视其内容、水平、语种、著者、年代、地域以及出版物种类等情况分别进行采选，力求精、新。另外，国家图书馆受国家的委托，还是许多专藏资料的保存馆，如中国国家图书馆就是国家指定的联合国出版物的保存馆，这些都为国家图书馆成为图书馆资源中心和国家藏书中心创造了有利条件。

2. 有出版物呈缴制度的保证

根据国家和地方有关法律、法令，出版单位向指定的文献收藏机构缴送一定数量正式出版物的制度即为呈缴制度。该制度的历史可追溯至 16 世纪法国瓦罗亚王朝国王法兰西斯一世亲笔签发的《蒙彼利埃敕令》。中国近代呈缴制度始于 1906 年清政府颁布的《大清印刷物专律》。1952 年 8 月 16 日政务院公布的《管理书刊出版业、印刷业、发行业暂行条例》是中华人民共和国首个出版物呈缴法规，之后颁行的《出版管理条例》《音像制品管

理条例》《音像制品出版管理规定》《报纸出版管理规定》《期刊出版管理规定》《图书出版管理规定》《电子出版物出版管理规定》等都有相关规定。2018 年实施的《中华人民共和国公共图书馆法》也明确规定："出版单位应当按照国家有关规定向国家图书馆和所在地省级公共图书馆交存正式出版物。"呈缴制度的实施，有利于图书馆完整收藏本国出版物，保存文化遗产，编制国家书目，保护著作权益及出版物管理，有利于国家图书馆成为名副其实的国家总书库。

3. 有充裕的购书经费，重视书刊交换

国家图书馆肩负着保存一个国家文化遗产的重任，与本国其他类型图书馆相比，国家图书馆在文献购置费用上相对比较充裕。当然，各个国家的经济状况不同，也会造成不同国家的国家图书馆购置经费数量上的巨大差别。

国家图书馆不仅是一国收藏本国文献最全的收藏中心，还是国内的外文文献最大的收藏基地，为达到这一要求，一般都很重视书刊交换工作。当然，较之一般图书馆，在与国外进行书刊交换时，国家图书馆通常拥有更为有利的条件。国际书刊交换是补充馆藏的重要来源之一，也是获取一些难以收集到的资料的有效方法，国际书刊的交换与赠送，还起到增进各国人民之间相互了解和加强两国友谊的作用。

（二）国家图书馆信息资源采访的方针和任务

1. 国内文献全面收藏

国家图书馆的基本任务是全面系统地收集、保存国家文献，它要求国家图书馆将国内出版的各类型、各语种的出版物，全面采集入藏，以使国家图书馆成为本国书刊资料查询和借阅的最终基地。

2. 国外文献重点收藏

国家图书馆虽然比一般的图书馆有更充裕的购书经费，但面对浩如烟海的外文图书资料，任何国家图书馆都不可能，也不需要做到全部采集。以我国国家图书馆为例，其制定了"中文求全""国内出版物求全"与"外文求精"的文献采选方针，对于国外文献，采选的重点是海外中国学、中国研究以及有价值的海外中文文献，同时，加强对外国社会科学文献、国际组织与外国政府出版物的采集，并加强对小语种文献和周边国家与地区出版物的采集。总之，中国国家图书馆通过对外国文献的采访，巩固其作为世界中文文献保存基地和国内外文文献最大收藏单位的地位。

3. 重视不同类型信息资源的收藏

现代信息环境下，信息资源的类型变得丰富多样，为满足不同读者的需求以及更好地服务国家文化、经济建设，国家图书馆应重视不同类型信息资源的收藏。以中国国家图书馆为例，其不仅要全面入藏中文各学科各类型文献，加强古籍善本、名人手稿、信札以及近现代珍稀文献等的采集，有计划地收集流散海外的中文善本古籍的原件或复制品，也要重视音像资料、缩微文献的入藏。并且随着信息技术的发展，数字信息资源同样成为国家图书馆采选的重要内容。为适应数字信息资源的发展趋势和国情、馆情，肩负国家总书库职能的国家图书馆，在进行数字信息资源采访时应遵循的原则是：针对性与可靠性原则，即对出版商进行评估；适用性原则，即根据本馆的计算机软硬件设施条件选择适合的数据库；延续性与时效性原则，即采选以后，为保持其连续性不宜停止；协调性原则，即与书本式的连续出版物相协调，避免重复购买。此外，信息资源采选还应当注意中外文数据库的合理搭配。[1]

二　公共图书馆的信息资源采访

《中华人民共和国公共图书馆法》规定："县级以上人民政府应当设立公共图书馆。"其"总则"第二条明确了："本法所称公共图书馆，是指向社会公众免费开放，收集、整理、保存文献信息并提供查询、借阅及相关服务，开展社会教育的公共文化设施。"可见，公共图书馆是为全体社会公众所利用的图书馆，它不仅为公共所有，而且面向整个社会，为每一个进馆阅读的社会成员提供文献信息服务。

我国的公共图书馆通常包括省（直辖市、自治区）图书馆，县（市、区）图书馆等。另外，由各级人民政府设立的、以服务特定人群为目的的图书馆，如儿童图书馆等也被认为是公共图书馆。我国的公共图书馆是国家教育、科学、文化事业的重要组成部分，在"保障公民基本文化权益，提高公民科学文化素质和社会文明程度，传承人类文明，坚定文化自信"

---

[1]　肖希明主编《信息资源建设》，武汉大学出版社，2008，第 144 页。

方面起着重要的作用。当然,由于我国公共图书馆是由多个层次组成的系统,每个层次的公共图书馆都存在一定的差异,都有各自的特点、职能,因此,各公共图书馆文献收藏的范围,信息资源采访的特点与任务也会有所区别。

(一) 省级公共图书馆的信息资源采访

1. 省级公共图书馆的性质和职能

1982 年 12 月,中华人民共和国文化部颁发的《省(自治区、市)图书馆工作条例》对省(自治区、市)图书馆的性质、特点、功能做了若干规定。《条例》指出:省(自治区、市)图书馆是国家举办的综合性的公共图书馆,是社会主义科学、教育、文化事业的重要组成部分,是向社会公众提供图书阅读和知识咨询服务的学术性机构,是全省(自治区、市)的藏书、图书目录,图书馆间协作、协调及业务研究、交流的中心。

从目前社会经济文化发展对省级公共图书馆职能的要求,以及我国公共图书馆管理现状来看,省级(包括自治区、直辖市)公共图书馆的社会职责和任务主要有:既是综合性的公共图书馆,又是学术性的研究图书馆;既要为全省广大群众服务,又要为全省从事生产、教学、科学研究、城乡建设和经济活动的职员、技术人员、专家、学者服务;既是地区的中心书库,又是地区地方文献的收藏中心;既是地区的中心图书馆,又是地区图书馆的图书馆;既是传统的协作中心,又是现代计算机网络中心;既要满足全省人民普及知识的需要,又要满足人民提高素质的需要。[①]

2. 省级公共图书馆的信息资源采访方针和任务

(1) 全面收藏地方文献,成为地方文献的收藏中心

第一,根据有关地方法规,接受地区出版社、出版商、杂志社、报社的"缴送本";第二,收集本地区一些不公开发行的重要的内部出版物;第三,收集外省(自治区、直辖市)有关研究本地区历史、地理、文化、人物、现状的出版物;第四,收集国外有关研究本地区历史、地理、文化、人物、现状的出版物[②]。总之,必须对本省(自治区、直辖市)的正式出版

---

① 黄宗忠:《文献采访学》,北京图书馆出版社,2001,第 159 页。
② 黄宗忠:《文献采访学》,北京图书馆出版社,2001,第 159 页。

物和有关本地区的地方文献资料尽量收全，作为特藏部分，应达到完整级水平，这样它才能成为地方文献的收藏中心和查阅中心。另外，省级图书馆要充分发挥"地区中心图书馆"在地区文献采访中的协作协调作用。

（2）大量收集综合性、通用性文献，成为地区科普文化中心

省级公共图书馆应充分发挥其在普及科学文化知识，提高广大读者思想、理论和科学文化水平方面的作用，使之成为本地区校外终身教育和读者自学研究的中心。其文献采选以综合性、通用性文献为主，根据本地区政治、经济、文化特点，收集社会科学、自然科学、技术科学、图书馆学与情报学等各科知识领域内，古今中外的书刊资料；全面系统地收藏各知识门类的基本理论著作、通俗书刊和新的情报资料，各学科代表性的基础书刊，通俗性科学文化宣传读物，普及教育读物，优秀的文艺作品以及新兴学科的书刊等；既要有研究性、史料性的资料，又要有通俗的、普及性的读物，用以满足不同阶层、不同类型读者对象的广泛需要①。

（3）重视地方经济数据的收集，努力建成地方开放数据中心

省级公共图书馆在文献采集时不仅要全面收集经典著作、参考工具书、检索工具书，对各学科的基本理论著作、情报资料也要系统地、有选择地收集，另外还要重点收藏本地区建设需要的专业性资料和满足本地区经济建设需要的信息资料。除传统的诸如经济年鉴，专利资料，与企业经营管理相关的杂志、报纸外，可以借鉴国外公共图书馆的一些先进经验，探索建立地方开放数据中心。所谓开放数据是指可以被任何人免费使用、再利用、再发布的数据，包括开放政府数据、科研数据、商业数据、图书馆馆藏数据和用户产生的数据等。大数据时代，数据是获取知识和开展服务的前提，其价值和重要性已经引起全球性重视。在开放数据环境下，图书馆要改变传统的资源建设思想，可以与政府部门、公共机构、非营利组织、企业以及个人等进行协作，改变传统的馆藏资源建设模式，有目的地收集地方开放数据，将已开放的、可利用的他馆数据资源、科研数据、政府数据、商业数据等各种开放数据资源纳入图书馆馆藏体系，加强数据资源的融合与关联，并以此为基础深化服务、创新服务。开展由数据驱动的创新性公共服务，促使公共图书馆更好地融入地方经济文化建设中，加强图书

---

① 肖希明主编《信息资源建设》，武汉大学出版社，2008，第 146 页。

馆与社会的联系,扩大图书馆对社会的影响。

(二) 省级以下公共图书馆的信息资源采访

省级以下公共图书馆,可分为三个部分。一是计划单列市,省辖市,中央直辖市所属区、地、州、盟图书馆;二是县、市、区图书馆;三是乡镇、农村、街道图书馆。这些图书馆也可统称为社区图书馆[①]。

1. 计划单列市,省辖市,中央直辖市所属区、地、州、盟图书馆的信息资源采访

一般来说,计划单列市,省辖市,中央直辖市所属区、地、州、盟图书馆的规模在中等以上,有些是大型图书馆。它们藏书基础较好,经费相对比较充裕,服务工作有一定的水平,具有一定的现代化设施,拥有一批素质较高的工作人员,并积累了丰富的经验,是公共图书馆事业中一支重要的力量。这些图书馆一般以建设成拥有满足本地区政治、经济、文化、科学教育实际需要为主的综合性的藏书体系为目标,注重文献的精选和特色文献的收藏。这些图书馆信息资源采访的任务主要有:(1) 收集广大人民群众阅读需要的一般读物,着重于普及文化科学知识的书刊,内容不要太专太深;(2) 根据本地区教学、科研、生产、经济活动、城乡建设需要,重点采集某些学科、某些文种、某些类型的图书和期刊,并逐步形成这些藏书的特色;(3) 根据地区的具体情况,酌情收集本地区的有关文献;(4) 根据需要与条件,收集非纸质文献和网络文献[②]。

2. 县、市、区图书馆的信息资源采访

在我国,县、市、区图书馆通常联系着广大城镇和农民人口最多的农村,其信息资源采访的主要任务是根据"普及与提高相结合,以普及为主"的原则,重点采集适合广大城镇居民、乡村农民实际文化水平的,比较通俗的社会科学、自然科学、农业技术读物以及文艺作品。

3. 乡镇、街道、农村图书馆 (室) 的信息资源采访

乡镇、街道、农村图书馆是基层图书馆,属于社区图书馆,也是公共图书馆的组成部分。它面向广大城镇居民和农村农民,服务面最广,最接

---

① 黄宗忠:《文献采访学》,北京图书馆出版社,2001,第160页。
② 黄宗忠:《文献采访学》,北京图书馆出版社,2001,第160页。

近读者，是对人民群众进行政治思想教育、法制教育，组织人民群众学习文化科学知识、掌握现代技术，提高全民族科学文化素质的重要阵地。尤其在我国广大的农村地区，社区图书馆（室）还是社会主义精神文明建设的重要阵地，是解决农民朋友借书难、读书难的重要渠道。

当前大多数的乡镇、街道、农村图书馆由于每年购书经费不是很多，因此藏书数量都不大，难以建立起规模化的、持续的藏书体系，但这并不意味着，社区图书馆（室）可以不重视信息资源的采访。自19世纪末近代公共图书馆思想传入我国后，街道或农村图书馆的建设一直是许多图书馆人的追求。2007年3月，由原新闻出版总署牵头在全国范围内开始实施"农家书屋"工程，至2012年8月全面竣工，共建成农家书屋60万家，覆盖了全国有基本条件的行政村。然而，这样大规模的文化惠民工程，在取得一定成就的同时，也广受诟病，其中一个主要的原因就是由上到下统一配发的许多图书并不适合当地农民的需求，造成借阅率较低的现象。提升我国社区图书馆信息资源建设水平的一个重要手段就是调查社区居民的真正信息需求，根据他们的需要进行信息资源的采访，并提供相应的信息服务。

一般来说，乡镇、街道、农村图书馆，主要是采集一些适合城镇居民、农村农民阅读的通俗读物，包括政治、哲学、历史、地理、文学艺术、人物传记、经营管理、科学技术等书刊，有条件的也可采集一些视听资料或机读资料。但具体到不同社区，应因地制宜，根据当地居民的实际需要进行采访。比如适合水产养殖的地方，应多采购与水产养殖、销售相关的图书；城市中农民工聚集的社区图书馆，应多采购和提供诸如娱乐休闲型和能够提高他们工作技能、生存能力的图书。另外，由于许多农村地区的青壮年大量外出打工，造成农村"空心化"的现象，农村基层图书馆的读者中有大量的老人和少年儿童，采购图书时便应更多地考虑他们的需求，多为老年读者采购一些娱乐休闲型的图书，为小孩采购一些科普图书、课外辅导书等。

（三）儿童图书馆的信息资源采访

目前我国的大中城市大多有独立建制的儿童图书馆，或者在一些大中型公共图书馆中设有儿童阅览室。这些图书馆（室）中的绝大多数由政府投资建成并进行管理，属公共图书馆系统，但因其以少年儿童为主要的服务对象，与综合性图书馆相比，是一个较为独立的类型。

儿童图书馆（室）服务对象的特殊性，造就了其与一般综合性公共图书馆不同的特点，即儿童图书馆不仅是传播科学文化知识和教育延伸的场所，更是培养少年儿童正确人生观和科学探索兴趣的重要阵地。少儿图书馆的这些性质和特点造就了其信息资源采访的特殊性，即少儿图书馆采集的文献资料应该是那些知识性和趣味性共存、科学性与思想性兼顾、科普性与教育性并举的学科品类齐全的优秀少儿读物。除印刷品外，少儿图书馆也应重视适合儿童观看的视听资料、数字资料等，形式多样、内容健康的信息资源的采集。另外，考虑到许多小孩是由家长陪伴到图书馆阅读的现实，少儿图书馆亦应适当购买一些适合家长阅读的，诸如少儿教育、家庭教育、教辅材料甚至休闲类的图书，设置家长阅读专区。

三 高等学校图书馆的信息资源采访

（一）高等学校图书馆的特点

高等学校图书馆是图书馆系统的又一重要组成部分。与公共图书馆的服务对象为社会大众不同，高校图书馆主要是为高校教师和学生的教学和科研提供信息服务。服务内容和服务对象的特性，决定了高等院校图书馆的特点。

1. 信息服务对象的单一性和层次性

高等学校图书馆的服务对象以教师和学生为主，服务对象相对较为单一。同时，不仅师生间有明显的层次，不同学历、不同年级的学生间也有明显的层次关系，即博士、硕士、本科生、专科生，大一、大二、大三、大四的学生的信息需求可能有较大的区别。

2. 信息服务内容的专业性

无论是综合大学还是专科学院，终需不同学科、不同专业的支撑。高等学校图书馆工作均应围绕学校的学科建设，以学科为基础进行信息资源建设，为不同学科不同专业的读者提供信息服务。

3. 信息服务方式的先进性

随着我国对教育事业的重视，教育投入越来越大，使得许多高校图书馆有充足的经费引进先进的信息技术提供信息服务。另外，高等学校通常是最先受先进思想、理念影响的地方，高校图书馆亦往往能最先吸收和利用图书情报学界研究取得的新成果，引进新的信息服务理念，提供更好的信息服务。

（二）高等学校图书馆信息资源采访的方针和任务

1. 主要入藏教学、科研用书

高等学校图书馆的任务，是由高等学校的性质所决定的，高等学校通常肩负教学和科研双重任务，高校图书馆根据需要进行信息资源采集时主要考虑入藏教学、科研用书。既要保证入藏图书的教育性，根据教学需要全面入藏不同层次的教材、教学参考书、实习用书、课外阅读和辅导用书等，又要保证入藏图书的学术性和先进性，有选择地重点收藏达到研究级水平、能反映当代某一学科学术发展水平的科研用书。

2. 系统、持续入藏专业图书资料

高校图书馆的信息资源采访应以学科为基础，满足不同学科、不同专业的读者的信息需求，同时要考虑重点专业与一般专业的图书配置关系。根据学校不同学科的专业性质和发展趋势，对与专业密切相关的书刊应全面收集，与专业有一定关系的书刊要根据学校学科建设的具体情况及资金能力，量力收藏。在信息资源采访时还要注重保持书刊资料的完整性和连续性，建立起多学科的藏书体系。

3. 入藏不同层次、不同类型的图书资料

高校图书馆信息资源采访要充分考虑不同层次、不同阶段读者的信息需求。一般说来，入藏的内容及馆藏深度应考虑不同阶段的教学科研需要，也要考虑不同年级教学、研究的实际需要，以及本科班、硕士班、博士班等，学习、研究层次以及教师的研究兴趣、水平等具体情况。

除专业性图书馆资料外，也应适当入藏一些包括政治理论、思想修养、道德法纪、科学技术、文学艺术、文化知识、社会生活等方面的书刊资料，这些书刊对读者扩大知识面、开发智力、丰富文化生活、培养创造性与开拓性精神具有重要作用。另外，在信息资源采访时，不仅要考虑纸质文献的收藏，还要考虑非纸文献，诸如电子资料、音像资料、网络虚拟资源的收藏；既要考虑中文文献资料的收藏，还要考虑其他语种文献资料的收藏。

四 专业性图书馆的信息资源采访

(一) 专业图书馆及其特点

专业图书馆是科学研究的重要部门,它在科学研究、生产建设方面起着"耳目""参谋"的重大作用。《国际图书馆统计标准》将专业图书馆称为"专门图书馆",同时指出这种图书馆是"由协会、政府部门、议会、研究机构(大学研究所除外)、学术性学会、专业性协会、博物馆、商业公司、工业企业商会等或其他有组织的集团所支持的图书馆"。在我国,专业图书馆的范围主要包括科学院系统的图书馆、政府部门所属的研究院(所)专业图书馆、大型厂矿企业的技术图书馆以及其他专业性的图书馆。专业图书馆的性质决定了其具有以下特点。

1. 图书情报工作一体化

专业图书馆是以书刊文献为工作对象,负责收藏、整理和传播书刊文献,同时也是负责提取、研究和加工书刊文献所含情报的服务中心,兼有图书馆与科学情报单位的工作特点。

2. 藏书具有很强的学科专业性

除少数大型的综合性专业图书馆外,一般专业图书馆的藏书都属于某一学科或某几个学科领域,藏书的学科范围较窄,学科内容比较专深。

3. 服务对象主要是专业工作者

专业图书馆服务对象即某一或某些学科领域的专业研究和工作者,他们的学科范围相对稳定,专业研究水平高,对信息需求有既深又专且新的特点。

(二) 专业图书馆信息资源采访的方针和任务

1. 全面入藏与本系统、本单位的科研方向紧密相关的文献资料

专业图书馆的信息资源采访,通常要求对专业范围内的文献资料,不论是何文种,何地区出版,何种文献类型,也就是不论是纸质的或非纸质的、成形的或不成形的、网络的或网络外的,都设法收集,但对与本系统、本单位科研方向仅一般相关的文献资料要严格筛选。

2. 入藏最新的文献资料

专业图书馆要千方百计地收集专业范围内的新创造、新发明、新观点、新思想、新理论、新出版物、新信息、新技术、新成果等。为此，较之一般图书馆，专业图书馆更强调对专业期刊、电子资料、网络信息的收集。

3. 系统入藏专业文献资料

专业图书馆不仅要系统完整地入藏反映专业研究前沿的中外文科技期刊及其他连续出版物，还要重点收藏有关自然科学经典著作及科技史料，择优收藏各学科基本理论著作及参考工具书和检索文献，最终建立和健全专业图书馆的藏书体系。

五　其他类型图书馆的信息资源采访

除上述图书馆外，我国还有诸如中小学图书馆（室）、专科学校图书馆、军队图书馆等不同类型的图书馆。这些图书馆的性质各异，信息资源建设任务也各不相同，决定了其信息资源采访有不同的特点和要求。

（一）中小学图书馆（室）的信息资源采访

我国中小学数量巨大，一般都设有图书室，规模较大的学校建有图书馆。另外，为使中小学生有更好的阅读条件，有些公共图书馆还在中小学建设图书馆分馆。随着我国经济的发展以及对中小学教育的高度重视，对教育事业的投入不断增加，许多学校的图书馆（室）从无到有，从有到好，图书馆建设取得了较大的发展，藏书量变得丰富多样，阅读环境不断改善，加快了现代化、数字化发展的进程。在此背景下，图书馆（室）的信息资源采访也有了更高的要求。

我国教育部于 2003 年 5 月下发了《教育部关于印发〈中小学图书馆（室）规程（修订）〉的通知》（教基〔2003〕5 号）。2018 年 5 月，为"贯彻党的十九大精神，落实立德树人根本任务，加强中小学图书馆（室）工作的指导"，教育部对 2003 年的规程又进行了修订并颁行。2018 年修订过的《中小学图书馆（室）规程》（教基〔2018〕5 号）对我国中小学图书馆的性质和任务作了明确的规定："图书馆是中小学校的文献信息中心，是学校教育教学和教育科学研究的重要场所，是学校文化建设和课程资源建设的重要载体，是促进学生全面发展和推动教师专业成长的重要平台，是基础教育现代化的重要体现，也是社会主义公共文化服务体系的有机组成部分。""图书馆的主要任务是：贯彻党的教育方针，培育社会主义核心价值观，弘扬中华优秀传统文化，促进学生德智体美全面发展；建立健全学校文献信息和服务体系，协助教师开展教学教研活动，指导学生掌握检索与利用文献信息的知识与技能；组织学生阅读活动，培养学生的阅读兴趣和阅读习惯。"根据上述性质和任务，2018 年颁发的《中小学图书馆（室）规程》对中小学图书馆的信息资源采访和馆藏建设做出了十分具体的要求，即：

第八条　学校应根据发展目标，以师生需求为导向，统筹纸质资源、数字资源和其他载体资源，制定图书配备与其他馆藏文献信息建设发展规划。

第九条　图书馆藏书包括适合中小学生阅读的各类图书和报刊、供师生使用的工具书、教学参考书、教育教学理论书籍和应用型的专业书籍。民族地区中小学应当根据教育教学需要配备相应民族语言文字的文献资源。接收残疾学生随班就读的学校应当配备适合特殊学生阅读的盲文图书、大字本图书和有声读物等。

第十条　图书馆藏书量不得低于《中小学图书馆（室）藏书量》（附表一）的规定标准。建立完善增新剔旧制度。图书馆每年生均新增（更新）纸质图书应当不少于一本。图书复本量应当根据实际需要合理确定。

第十一条　图书馆应当建立和完善馆藏资源采购、配备办法，定期公告资源更新目录，注重听取师生意见，建立意见反馈机制，不断提高资源质量和适宜性。定期开展清理审查，严禁盗版图书等非法出版物及不适合中小学生阅读的出版物进入图书馆。

第十二条　图书馆应当把《中小学图书馆（室）藏书分类比例表》（附表二）和教育部指导编制的《全国中小学图书馆（室）推荐书目》作为中小学图书馆馆藏建设的主要参考依据，合理配置纸质书刊。

第十三条　图书馆应当重视数字资源建设，依托区域数字图书馆和信息资源中心获取数字图书和电子期刊等。

地方教育行政部门要统筹推进区域数字图书馆和文献信息资源中心建设，促进优质数字资源共建共享。

第十四条　根据需要，图书馆可参与学校的校本资源开发和建设。

附表一 中小学图书馆（室）藏书量

	完全中学	高级中学	初级中学	小学
人均藏书量（册）（按在校学生数）	40	45	35	25
报刊（种）	120	120	80	60
工具书、教学参考书（种）	250	250	180	120

附表二 中小学图书馆（室）藏书分类比例

部类			分类比例	
五大部类	22 个基本部类		小学	中学
第一大类	A 马克思主义、列宁主义、毛泽东思想、邓小平理论		1.50%	2%
第二大类	B 哲学、宗教		1.50%	2%
第三大类	C 社会科学总论		64%	54%
	D 政治法律			
	E 军事			
	F 经济			
	G	文化、科学		
		教育		
		体育		
	H 语言、文字			
	I 文学			
	J 艺术			
	K 历史、地理			
第四大类	N 自然科学总论		28%	38%
	O 数理科学和化学			
	P 天文学、地球科学			
	Q 生物科学			
	R 医药、卫生			
	S 农业科学			
	T 工业技术			
	U 交通运输			
	V 航空、航天			
	X 环境科学、安全科学			
第五大类	Z 综合性图书		5%	4%

（二） 中等职业学校图书馆的信息资源采访

我国中等职业学校主要包括中等专业学校、技工学校、职业高级中学、成人中等专业学校等，这些学校通常会根据职业岗位的要求有针对性地实施职业知识与职业技能教育。中等职业学校，是我国教育事业的重要组成部分，根据教育部发布的《2018 年全国教育事业发展统计公报》显示，2018 年我国共有中等职业教育学校 1.02 万所（不含香港特别行政区、澳门特别行政区和台湾省）。这些学校大都建有图书馆（室）。

中等职业教育是在高中教育阶段进行的职业教育（也包括部分高中生毕业后的职业培训），其定位是在义务教育的基础上培养大量技能型人才与高素质劳动者。基于这一性质和特点，中等职业学校图书馆（室）的信息资源采访应注意以下几个问题。

1. 重点入藏符合学校办学特色的信息资源

根据社会职业需求，为培养各种专门人才，我国职业学校办学类型多样，如有银行学校、公安学校、烹饪学校、汽修学校、艺术学校等。各类学校的图书馆（室）应根据自身办学性质、任务和专长，重点采访和入藏相应的信息资源，打造自己的馆藏特色。

2. 入藏符合读者学习和学历特点的信息资源

中等职业学校图书馆馆藏资源除了服务于学校教师的科研和教学需要外，还要系统收集学生学习职业知识和提高职业技能所需的专业书刊和参考资料。首先这些资料要有较强的专业性和实用性；其次采集的资源要符合学生的学历情况。我国的中等职业教育培训对象多为初中毕业生，图书馆入藏图书要考虑他们的阅读特点和需求；再次要适当采集有益于青少年身心健康发展的科普读物、自学资料以及适合青少年阅读的政治或文艺书刊。

3. 入藏一定数量的数字资源

职业技术发展迅速，图书馆适当引进相应的数据库，有助于职业教育的科研、教学工作，也有助于学习者更好地掌握相关知识，及时了解相关研究和技术发展进程和趋势。另外，图书馆引进与职业教育、教学有关的多媒体数据库，有利于师生更直观地探讨和学习相关技能。

（三）工会图书馆（室）的信息资源采访

工会图书馆（室）是工会为了满足广大职工学习政治、科技和文化知识的需要而设立的，是传播社会主义精神文明、提高广大职工的文化水平、丰富群众的业余文化生活的重要场所。我国从中央到地方，有着相应级别的工会图书馆（室），另外还有产业工会图书馆（室）以及企业工会图书馆（室）等。这些图书馆（室）面向广大职工群众，是我国图书馆事业的重要组成部分。其特点是：大众读者居多，需求多样化，藏书面广，普及与提高并重。因此，工会图书馆（室）文献采访主要侧重于专业技术书和科普读物，以及各种基础知识读物，文、史、哲书籍和通俗易懂的文艺小说等[①]。

（四）军队图书馆的信息资源采访

军队图书馆是根据中国人民解放军的各机关、院校、各军队的需要而专门设置的图书馆，它自成系统，分别隶属于不同的军事机构，其服务范围主要限于军队。我国的军队图书馆包括军事领导和指挥机关图书馆、军事院校和科研机构图书馆、连队图书馆（室）等。

军事机关图书馆主要服务于军队的各级干部和指挥员，信息资源采访的主要任务是系统收藏各级指挥员所需的政治、时事、现代科技、管理、军事等著作。对国内外军事理论和战略战术、武器装备、后勤支援、军队人物传记等文献资料要系统重点收藏[②]。

军事科研机构图书馆以军队科研人员为主要服务对象，属专业图书馆，与地方专业图书馆的采访特点和要求有相似性，但其主要为军事科学研究服务，信息资源采访侧重于有关军事科学方面的技术书刊、军事研究方面的成果资料及一些机密文献等，其中外文书刊和电子资源亦要求有一定的比重。

军事院校图书馆是指军队各类型院校的图书馆，其性质、任务和采访特点与高校图书馆有许多相似性，为学校的教学、科研服务，信息资源采

---

① 肖希明主编《信息资源建设》，武汉大学出版社，2008，第155页。
② 黄宗忠：《文献采访学》，北京图书馆出版社，2001，第176页。

访一般以教学和课外参考书为主，当然军事方面的信息资源是其收藏的主要对象。另外，各院校图书馆的信息资源采访范围应根据各学校专业性质不同而定，并且有条件的院校应有重点、有计划地系统收集能反映其教学、研究优势的特色资源，建设相应的特色资源库。

连队图书馆（室）是面向连队、为基层战士服务的军事基层图书馆（室），其服务对象是连队干部和战士，帮助他们提高政治思想觉悟和科学文化水平，掌握军事知识和作战技术，丰富他们的业余文化生活。连队图书馆（室）的信息资源采访应从其服务对象的实际需求水平和特点出发，重点收藏适合战士阅读的各种书刊、报纸，重视藏书的思想性、实用性和科学性。

第六章 不同类型信息资源的采访

第一节 印刷型信息资源采访

目前信息机构对于印刷型文献的采访以图书和期刊为主，这些文献仍然是大多数图书馆信息资源收藏的主体。无论是图书还是期刊的采访，首先要了解以书刊目录为主的出版发行信息，即搞清楚从哪里获得信息资源；其次要弄明白用什么样的方式获得这些资源；再次要掌握获得这些资源的具体流程。当然，图书和期刊出版形式及评价标准等方面的不同，又决定了它们的采访要求各有不同。

一 印刷型信息资源采访的一般要求

（一） 熟悉和利用书刊出版发行信息

书刊出版发行信息主要有书目、书评与书摘等。过去，书刊出版发行信息主要是以传统的纸张型书刊作为媒介；20 世纪 90 年代以后出现了光盘（CD-ROM）等形式的发行信息载体；现在，计算机网络是其主要的传播载体。掌握书刊出版发行信息是收集文献来源的重要途径，是采访人员选择、审定文献的重要基础，也是了解出版社、文献发行机构运行机制及其特点与状况的必要手段，是图书馆有效组织文献收集工作的前提条件。

1. 书刊目录

书刊目录简称书目，是最常见的书刊出版发行信息，是信息资源采访人员所依赖的最重要的工具，没有书刊目录，信息资源采访人员就很难从浩瀚的出版物中采购到所需的书刊。书目的类型很多，根据其用途可分为"回溯性书目"与"可供书目"两种。

　　"回溯性书目"主要是记载过去所出版的文献，反映的时间跨度较长，其主要作用是回溯检索和进行文献的综合调查。在信息资源采访工作中，采访人员可利用回溯性书目查对漏采和进行馆藏评估。我国出版过很多以时期或专业划分的回溯性书目，如《民国时期总书目》《抗日战争时期出版图书书目》《语言文字学书目》《七十六年史学书目》等。另外还有按期编纂的回溯性书目，如《全国总书目》《中国国家书目》等。《全国总书目》由新闻出版总署信息中心与中国版本图书馆主办，为国内唯一的年鉴性编年总目，依据图书的出版时间逐年编纂，收录国内自 1949 年以来发行的各种文字的初版和改版图书（不包括重印书），也收录中小学、师范学校、业余学校教学用书。《全国总书目》由分类目录、专门目录和附录三部分组成，基本反映了每一年度全国图书的出版情况。2004 年以后，该书目停出纸质版，改出光盘版，每年出版一套数据检索光盘。《中国国家书目》为国家图书馆的馆藏新书书目，1990 年开始，以计算机为手段编制每月两期的速报本。《中国国家书目回溯数据库》（1949－1987）和《中国国家书目数据库》（1988 年至今）构成了一个规模最大、覆盖面最广的中国国家书目数据库。世界上许多其他国家也有编制全国性回溯书目的传统，如英国的《英国国家书目》、法国的《法国总书目》、德国的《德国国家书目》、美国的《累积图书目录》、日本的《全日本出版物总目录》等，都是具有代表性的国家书目。

　　"可供书目"是指当前仍在印刷发行、出售或仍有库存，能买到的书刊目录，许多可供书目可直接用于订购或预订书刊，称为"征订目录"。可供书目主要是报道近期新出版发行的文献或还有库存可以出售的文献，是直接了解文献出版动态、组织购置文献的基本工具，是图书采访工作最重要的依据。发达国家自 20 世纪中叶以后已经产生了真正的可供书目，20 世纪90 年代推出了网络版可供书目，它是以在版编目数据库不断累积的新书数据为基础，由出版商直接利用专门的系统对新书信息和可供信息进行及时修改和更新而形成的[①]。目前以书目订购为主的信息资源采访模式仍是许多图书馆的首选，但是因为中国目前还没有真正意义上的、统一的可供书目，图书馆采访时所依赖的书目形式多样，主要有以下几种。

---

　　① 杨育芬：《我国书业书目信息现状、问题及建议》，《中国出版》2013 年第 1 期，第 41 页。

（1）国内出版物的书目信息

①馆配商书目

随着馆配事业的发展，现在馆配商书目已成为图书馆中文信息资源采访时采用最多的书目信息。目前有实力的馆配商都会通过各自的渠道收集图书出版信息并编制成征订目录，有些书商的书目数据甚至能覆盖全年出版新书总量的80%以上。当前，较有影响力的馆配商有中国教育图书进出口有限公司（简称"教图公司"）、北京人天书店有限公司（简称"北京人天"）、武汉三新书业有限公司（简称"武汉三新"）、北京百万庄图书大厦（简称"百万庄"）、辽宁北方出版物配送有限公司（简称"辽批"）等。单个书商的书目难以囊括图书馆需要的全部图书信息，采购时可能需要参考多个书商书目，但要注意书目重复的问题。

②出版社书目

出版社提供的采访数据也是图书馆中文信息资源采访所依赖的重要信息源。尤其最近几年，图书馆对出版社图书发行量的贡献越来越大，而部分书商为了利润，在采访数据中可能会故意漏掉一些高折扣的学术图书，所以越来越多的出版社越过书商直接面向图书馆提供书目数据服务。出版社书目的优点在于由于只涉及本社的数据，无论时效性还是准确性都有保证，故而受到采访人员的普遍欢迎。但我国出版社数量众多，截至2018年底已接近六百家，若是都直接为图书馆提供数据，采访人员肯定无暇应对。因此，各馆要根据自己的情况，决定重点利用哪些出版社的数据并选择合适的利用方式。

③《新华书目报》

《新华书目报》创办于1963年，是由新华书店总店主办的中央级专业图书出版信息类报纸，报道中央一级和北京以及全国其他地区出版社的各类图书、多媒体制品等最新出版信息。《新华书目报》含《社科新书目》和《科技新书目》两大子报，收录图书品种丰富，介绍详细，是传统图书采访的重要信息源。但近年来由于收集的书目数量较少，覆盖率低等问题，其对图书征订工作的作用有日渐衰退的趋势。

④《全国新书目》

《全国新书目》是在国内出版物呈缴制度的基础上编制的书目刊物，由国家新闻出版署主管、中国版本图书馆主办，是全国公开发行的综合性书目信息工具刊。《全国新书目》从2011年起改为半月刊，明确了打造"全国出版物信息服务中心"的发展方向,为图书馆采访人员提供了有参考价值的书目信息,以信息权威、准确见长。但其缺点也十分明显,即相对于图书出版时间而言相对滞后,信息反映不够及时,故而现在有许多图书馆仅将其选作补缺的工具,或者用作读者新书推荐的工具。

⑤《全国报刊简明目录》

我国公开发行的报刊预订目录主要是《全国报刊简明目录》,该目录通常于每年 9 月份印发,收录中央、省、市各级报刊,由各省、市、自治区邮局编印,用于征订第二年的报刊,是了解、订购邮局发行报刊的主要工具。

⑥其他书目信息

除上述书目信息外,目前图书馆信息资源采访主要依据的书目信息还包括馆配会上获取的书目信息、读者推荐信息、图书作者及包销公司的推荐信息、书店销售排行榜和各类报纸杂志的推荐信息、其他图书馆某一时间段的订单信息,以及为购得某些特定文献,如年鉴、地方志、家谱、古籍、地图及某一特定专业的图书等而搜集的某些专业书店的书目信息等。

(2)国外出版物书目信息

①图书进出口公司目录

由于图书产品涉及国家文化及宣传安全的特殊性,我国对经营图书进口业务的公司实行准入制,外国图书进口业务只能通过国家批准的具备资质的国有独资企业进行。目前,具备资质且有一定规模的公司主要有中国图书进出口(集团)总公司(简称"中图公司")、中国教育图书进出口有限公司(简称"教图公司")、中国国际图书贸易集团有限公司、中国科技资料进出口总公司、北京中科进出口有限责任公司等。为方便国内不同机构的图书采购,这些公司都建有自己的图书目录。

中图公司按月编辑出版的《中图进口图书目录》和按年出版的《北京国际图书博览会展品目录》是重要的外文图书征订目录。该公司开发的"海外图书管理系统"(PSOP)已成为支持外文图书采选工作的重要网上服务平台。教图公司定期或不定期对外文图书新书编辑目录进行报道,包括月度新书目录、与出版社合作的专题目录和文科专款书目,每年新书报道量在 10 万种以上。该公司建设有"全球学网"学术文献资源服务平台,可按学科进行浏览和免费下载数据。另外还有北京中科进出口有限责任公司的《国外原版图书目录》、中国国际图书贸易集团有限公司和中国科技资料进出口总公司按用户需要定制印刷的专题目录等。值得注意的是中国国际图书贸易集团有限公司于 2015 年创建了 ReadLink 平台，该平台与其他公司在线选书平台只面向合作机构用户开放不同，其面向社会用户开放，任何人都可以注册。

②出版机构目录

国外许多知名出版社近年来也非常重视国内图书市场，每年都会派专人深入各相关图书馆进行资源推广，在了解图书需求信息后按需寄送原版目录，如 John Wiley 出版社的语言学与文学图书专目、牛津大学的人文社科图书年度书目、剑桥大学出版社的重点馆藏图书和系列图书目录。这些大型学术出版社推送的专题目录在满足图书馆特定需求方面起到了较好的作用。

另外，国外出版社、专业学会、协会等出版机构的网站也会发布本机构出版的书刊信息，特别是对系列图书、丛书等书目信息的报道比较全面和集中，也会刊发新书目录，对出版的新书进行介绍，这些同样是值得关注的重要书目源。例如，美国图书馆协会和美国机械工程师协会网站，在书刊信息分类、内容介绍等方面体现出很强的专业性；John Wiley 出版社网站可以查看未来一年内计划出版的图书信息；IEEE（Institute of Electrical and Electronics Engineers，美国电气与电子工程师协会）网站为读者提供浏览部分图书 10% 左右内容的便利。

③在版书目

全球较著名的商业在版书目有美国 Bowker 公司出版的《Global Books In Print》（GBIP）和英国 Nielsen 图书数据公司的《Nielsen BookData Online》等。GBIP 是全球权威性的书目数据库，收录了来自 43 个国家超过 25 万个出版商的在版、绝版和即将出版的逾 1300 万种图书数据。该库提供四十多个检索条件，可准确检索到所需图书，目前用户已遍及全球，美国大多数图书馆都将 GBIP 作为购买外文图书的选书工具。《Nielsen BookData Online》则收录了英国、爱尔兰、欧洲以及亚太地区七十多个国家的 750 万条英文图书书目信息。

④报刊目录

《乌利希国际期刊指南》（Ulrich's Periodicals Directory）是目前世界上最主要的报刊目录。该指南在 1932 年时称《期刊指南》（Periodicals Directory），1943 年以期刊部主任乌利希命名，称《乌利希期刊指南》，1965/66 年第 11 版起始用现名。这是一部权威的、反映世界各国期刊和报纸出版信息的综合性指南，收录两百多个国家的 15 万种期刊，7000 种美国报纸及 4000 多种其他国家的报纸，涉及 600 多个学科。该指南虽为国际性质的刊物，但以西方的书目为主。其网络版收录的连续出版物不仅数量多而且更新快（每周更新），检索方式包括快速检索与高级检索两种，可以按照 ISSN、关键词、学科主题、完整刊名、刊名中的关键词等快速查找，也可以按照学科主题、ISSN 或 CODEN 码、出版国别、语种、分类号、电子版提供商等多种方式浏览。该指南可以用于查找与期刊有关的各类问题，如期刊刊名的变更情况，期刊被文摘索引数据库收录的情况等。

（3）网上书店书目

近年来网上书店发展迅猛，国外著名的网络书店，如亚马逊书店、巴诺书店、鲍威尔书店，我国的当当、京东等都建立有庞大的书目及相关信息资源库，并提供封面图像、目次、读者评分、销售排行榜，甚至有文献引用情况和被引用情况等信息。

2. 书评与书摘

（1）国内书评与书摘

①《中国图书评论》

本刊是由中国版协、图书评论学会和辽宁省新闻出版局共同主办的月刊。该刊全方位反映图书界最新、最高成就，及时报道书界最新动态，对图书出版、销售、阅读现象进行分析、品评。

②《中华读书报》

本报是由光明日报报业集团和中国出版工作者协会主办的周报，内容新颖、书评质量高，是一份颇具影响力的全国性报纸。主要栏目有"文事近录""读书人语""书评广场""世界书林"等。

③《中国出版传媒商报》

本报即原《中国图书商报》，由国新出版物发行数据调查中心主办。该刊主要介绍出版、图书、期刊、音像等书业信息，是中国出版行业管理部门、出版机构、发行机构、营销机构、作者、读者、评论者之间的桥梁和纽带。

④《读书》

本刊由上海三联书店于 1979 年创刊。该刊曾是新思潮的发言阵地，后演变成一本具有较高学术含量的学者随笔刊物。该刊的显著特点是文化学术气氛很浓，一般围绕著名学者、作家的作品和著作展开论述，引导读者对历史、文化、经济等领域进行深度思考。

此外，《文汇读书周报》《博览群书》《畅销书摘》《书报文摘》《书品》《中国新书》《读者导报》《书屋》《书城》《出版广角》等也都是有价值的书评、书摘报刊。

（2）国外书评与书摘

①《出版商周刊》（Publisher's Weekly）

本刊由美国鲍克公司出版，是美国权威性的出版界周刊和书评杂志。该刊评介政治、文艺及一般畅销书每年近两万种，并提供大量出版统计资料和出版动态信息。

②《选目》（Choice：Books for College Libraries）

本刊是由美国大学与研究图书馆协会编印的月刊，主要介绍美国和加拿大出版的相当于大学水平的出版物。该刊除对收录的新书进行基本著录外，还附有从事教学工作的教员和图书馆员为其撰写的简短书评。该刊还推出在线书评系统"Choice Review Online"，每年增加被评图书七千多种，目前总量超过 15 万种，非常适合中小型高校图书馆选书使用。

③《书评摘要》（The Book Review Digest）

本刊由 Wilson 公司出版，该刊所摘的书评主要来自美国、加拿大、英国等近百种人文科学、社会科学和综合性重要期刊，每年选评新书达六千余种，是图书馆选订英文图书的重要参考工具。

其他较有影响力的书评报刊还有美国的综合性书评杂志《书目》（Booklist）、《纽约时报书评》（New York Times Book Review）、《泰晤士报文学评论副刊》（The Times Literary Supplement）以及英国的《伦敦书评》（London Review of Books）、日本的书评类报纸《图书新闻》和《读者新闻》等。此外，美国的《科学》和英国的《自然》、《书商》（The Bookseller）等杂志也有专门的书评专栏。

（二）掌握印刷型资源的采访方式和采购方法

1. 采访方式

（1）购买方式

①预订

预订是指文献采访人员根据出版发行部门提供的征订目录进行圈订，

然后送交出版发行部门，图书出版后，按预约的种、册、数等购买文献资料的方法。一般包括期货预订和现货订购两种方式。期货预订是由图书的出版商或发行商，向图书的采集单位或者图书的经销商等发出计划出版的目录，图书的采集单位或经销商根据需求进行圈选，并在预订单上填写所需图书的名称或编号、所需复本量等项目，然后在规定的时间内将预订单送交出版商或发行商。图书出版后，出版商或发行商将按预订的种类及复本量送达用户。国内的文献预订一般通过新华书店或其他书商的征订目录来预订其公开出版的图书，通过邮局征订目录预订国内公开出版的报刊，或通过出版社、杂志社征订目录预订其公开出版、自办发行的图书期刊，以及通过各种学术团体、机关单位、学校出版物征订目录等预订公开或内部出版的书刊资料。至于国外的书刊资料，目前主要通过委托中国教育图书进出口有限公司、中国图书进出口（集团）总公司、北京中科进出口有限责任公司等有资质的图书进出口公司以及各地的外文书店等机构预订购买。

预订的优点是选择性强，便于有计划、有针对性地进行采购，能保证所需图书品种和复本准确、及时、连续、系统地入藏，是目前书刊采购的主要方式。预订的缺点：一是采访周期较长；二是通常仅通过征订目录，采购人员无法全面、准确地获得图书和期刊的出版发行信息，可能会错购内容和质量不符合要求的图书而造成漏购，或者购置到一些同一选题被重复出版的图书。要解决预订过程中的"错""漏""重"的问题，图书馆要建立起完善的预订审阅制度，做好预订前的查重和预订后的统计工作，并且要求预订人员有较强的专业水平，熟悉发行渠道，掌握书源信息，了解出版动态，另外还需要与其他的采购方式相结合。

②现购

现购是指图书采集单位派人直接到图书的出版商、发行商或经销商那里，进行现场选择、购买的信息资源采访方式。现购的优点是能直接鉴别图书的内容，简便迅速，避免预订中的一些麻烦手续，弥补预订的不足。这种方式还能获得预订所得不到的书刊，如有些发行量小、内部发行的图书，古旧图书，地方出版物等。有些漏订的图书、预订不足的书以及需要临时补配的书，都需要通过到书店、书市、出版社及有关单位直接选购解决。但现购由于受文献服务部门拥有的品种数量的限制，在采购时偶然性大，很难保证文献采访的完整性和系统性。

③委托代购

委托代购指图书馆采购人员委托他人在外地选购所需要的书刊资料。委托代购有两种形式：一种是临时性代购，即委托本单位非购书人员带上书目到外地、外单位选购书刊；还可委托出国人员或外文书店采购人员代购国外有关外文书刊资料。另一种是长期性相互代购，即委托外地兄弟图书馆采购人员按一定书目范围与数量代购当地出版物，同时也会为兄弟馆代购本地出版物。

④邮购

邮购又称"函购"，指图书馆采访部门直接与外地新华书店邮购部、出版社自办发行部、有关单位图书经销部挂钩，按照开列书目或范围数量要求，采用邮寄托运的方法，补充外地、外单位的书刊资料。邮购的对象一般都是在本地脱销或购买不到的出版物，这种方法能起到补漏、补缺的作用，是一种辅助性的购书方法。

⑤网上采购

网上采购也称在线采购或网络采购，指图书馆采访人员以计算机为工具、以网络为平台、以数字化出版信息为工作对象的一种图书采购方式。这种采购方式是随着计算机网络技术、电子商务以及网上书店的出现和发展而逐步发展起来的。

网上采购的特点：首先，可利用的出版信息十分丰富，扩大了图书馆采购信息的范围，有力保证了图书馆所采购信息资料的质量。其次，操作方便，提高了工作效率和质量，大大缩短了采购可以获取图书的周期。最后，可以获取多角度的图书信息，包括书的内容简介、目录、封面、书摘、书评等。

⑥复制

复制是指通过各种复制手段获得所需图书的复制品来满足本馆读者特殊需求的一种信息采集方式。复制的对象多为重要的科技文献，或信息用户需要而图书馆没有收藏又无处购买的文献资料，一般包括：外文原版图书、绝版图书、孤本、善本、内部资料等。

（2）非购入采集方式

①呈缴

呈缴的采集方式是指一个国家为了保证本国所出版的图书能得到完全

的收集和保存，以法律或法规的形式规定全国所有的出版社或负有出版任务的单位，每出全一种新的图书必须向指定机构免费缴送一定量的样本。这种法定缴送的样本称为"呈缴本"，这种制度被称为"呈缴制度"。

②调拨

调拨是指在上级主管部门或有关协作协调机构的组织下，一些图书收集单位根据需要，把自己采集的部分图书拨付给另一些图书采集单位，使接受调拨的采集单位免费且迅速增加其图书的一种采集方式。接收调拨是无偿获得大批藏书，迅速增加藏书量的途径，尤其是新建馆和基础薄弱的图书馆补充大宗藏书的有效方法。

③征集

征集主要是指对非正式出版单位出版的内部书刊资料，采用主动发函或上门访求的方法，有针对性地进行征集，也可以采取报刊广告或征书启事的办法征集有关书刊。征集的主要对象是政府机关、学术团体、厂矿企业、各类学校、科研单位、个人等。征集的主要内容包括内部资料、学术论文、研究报告、试验总结、产品样本、目录、价格表等。

④交换

交换是指两个或两个以上的图书收集单位之间，在自愿的基础上，以协议为约束，以"物物交换"的方式相互交换信息资料，达到资源共享、互通有无、调剂余缺、丰富各自图书的一种采集方式。这种采集方式对弥补图书建设经费的不足、宣扬民族文化有着重要的现实意义。

⑤捐赠

捐赠是信息采集单位无偿地接受某些个人、单位或者社会团体主动赠送的信息资料的一种采集方式。捐赠大致有四种类型：一是革命家、作家、学者、知名人士及藏书家在他们晚年或去世后，将其著述和珍藏赠送给有关图书馆；二是国外一些知名人士和社会团体向我国有关图书馆赠送珍贵图书文献资料；三是出版者主动将出版物捐赠给图书馆，以扩大和推广该出版物的宣传和流通；四是图书的作者在图书出版后主动捐赠给图书馆。

2. 采购方法

（1）大宗采购

图书馆是各种出版物大宗购买的主要单位，大宗采购的方式有纲目采购、学科采购、集中采购等。

①纲目采购

纲目采购是指出版发行商根据图书的采集纲目，主动将有关出版物或出版信息提供给图书馆，由图书馆根据样书进行筛选，将适合的留下，不适合的退给供应商的一种采访方式。

②学科采购

学科采购是指围绕某些学科的建设，对该学科所需信息资料进行的一种采访方式。这种方式一般适合于高校图书馆在本校有新开设的专业时采用。

③集中采购

集中采购是指图书馆采访人员在一定的时间段，根据特定的目的，到信息资料比较集中的地方进行采购的一种采访方式。

（2）协调采购

协调采购也称"合作采购"，是指两个或两个以上的图书馆，在自愿或约定的基础上，设立一定的管理机构，通过分工，各自尽可能地将分工范围内的信息资料收集齐全且成系统，使在合作范围内的各类型、各学科的信息资料更充实、完善，并避免不必要的重复浪费、缺藏，在此基础上为图书的共建共享创造条件的一种信息资料采购方式。

（3）政府采购

政府采购是指各级政府为服务日常的政务活动或为了满足公共服务，利用国家财政性资金和政府借款购买货物、工程和服务的行为。近几年，全国各地图书市场也慢慢进入政府采购范畴，由政府采购中心公开选择图书供应商谈判，评标委员会评定一些单位作为图书供应商，本级行政事业单位（包括公共图书馆、高校图书馆以及中小学校资料室等）使用财政性资金预算，金额在一定额度范围的中文图书均由政府采购，统一进行图书采购招标。图书馆信息资源实行政府采购能够使图书馆各类信息资源的采购工作更加科学化、规范化，但是由于图书馆的文献信息资源与其他政府采购标的物相比具有不同的特点，因此实行政府采购模式下的图书馆文献信息资源建设也存在一定弊端①。

---

① 李薇：《基于政府采购模式的图书馆文献信息资源建设研究》，《图书馆学研究》2012 年第 1 期，第 26 页。

（三） 了解印刷型资源采访的一般流程

1. 选书阶段

选书阶段要求做好五方面的工作：首先，要尽量征求读者的推介信息。传统方法是向有关单位、部门或个人发放和收集书刊推介单，现在许多图书馆推出了微信公众号荐购、网络 App 荐购等软件供读者推荐图书。其次，是搜集各种书目信息，按征订目录进行审查圈选，或者进行浏览选购，即通过直接浏览有关图书，了解书的内容与价值然后决定是否选购。再次，将审查圈选的征订目录与馆藏文献目录进行核对，即"查重"。最后，按一定的程序进行选购决策，通常采取组织集体选书的形式进行决策，即依靠馆内外专家、领导和专职采购选书人员，通过集体智慧，以民主决策的方式圈定所选书刊。

2. 订购阶段

这一阶段，采访人员向出版社、书商分别发送订购单，或直接通过出版社、书店将浏览选定的书购回，根据选择阶段确定的选择目标完成具体的采购工作。采购人员在通过综合平衡确定了合理的复本数量后，要尽快办理相关审批手续，填报预订单、寄发订购单，即完成订购程序。

3. 验收阶段

到馆书刊的验收工作包括：按财务发票或清单核清单价、种数、册数、总金额；对照预订目录及到书清单，对到书质量、品种、数量进行核对、登记；在预订目录、发票和清单上分别做好到书标识，在书刊上盖上馆藏章；进行书款结算；向工作人员办理移交手续等。

二 图书采访

（一） 图书采访的依据

当下，由于知识量急剧增长，出版物数量巨大，图书馆文献选择越来越困难。为了减少图书选择者因自身的文化素质、学识水平、兴趣爱好等因素的局限造成的失误，图书馆应根据本馆的性质、任务、服务对象等制定出一个比较详细、可行的图书选择标准，使入藏图书符合本馆文献资源建设的原则和发展规划，使采访人员在选择图书时有所依据。一般来讲，这些依据包括以下内容。

1. 图书的内容主题和学科属性

确定图书内容的学科或主题属性是书目处理的第一步，这是由图书馆的性质、任务不同造成的读者需求不同所决定的。通过阅读书目所提供的书名、内容提要、目次等信息，并参照相关书评信息，选择图书馆需要的文献，是图书馆选择图书首先要考虑的因素。图书的学科属性即图书所属的学科范围，目前绝大部分的图书馆利用"中图法"来揭示图书的学科属性，所以采访人员熟悉并掌握图书馆性质、任务和分类法至关重要，是正确选择图书的关键。

2. 图书的内容质量

关于图书内容质量的判断，如第三章所述，有"价值论"和"需要论"之争，目前"需要论"，即根据图书是否能满足读者的需求来选书，似乎更被学者或图书馆工作者接受，读者信息需求得到满足意味着读者得到了所需要的信息内容，这样馆藏文献资源的质量就高。当然满足读者的需求只是一个方面，在实际操作中，一般要依据篇幅、内容的创新程度、准确性、专业针对性以及为读者理解和使用的程度、时效性等方面对图书信息内容质量进行测定。

3. 图书的读者对象

判断图书价值的高低除了其内在质量外，还要考虑其使用价值。而要准确地把握文献的使用价值，就要熟悉可能利用该文献读者的层次结构、人数的多寡、阅读水平、需求方向等。许多征订书目都直接或间接地提供了读者对象的信息，可将其作为文献选择的参考。总之，无论是对图书内容的选择还是对图书内容质量的评价，最终都要落实到是否能满足读者需求上。尽管不同类型的图书馆有其相对固定的读者群，但随着知识经济时代的到来以及社会群体的流动加速，读者群体及读者需求可能会发生变化，图书馆应重视读者需求调查，根据读者需求的特点调整其采访策略以适应这种变化。

4. 图书的责任者

图书的责任者主要指图书的著者或编者。根据图书的责任者在其所从事活动领域的知名度及社会评价等标准，来判断图书的内容价值是图书选择的重要依据之一。图书馆应优先选择该学科领域重要责任者的重要著作。特别是那些经过长期流传被公认为具有独特的科学价值和文化价值的名著作者，他们在社会上具有较大影响和一定的地位，所撰写的名著具有长久的利用和保存价值，其重要性远远超过一般著作，因而在图书馆藏书中占有重要位置。目前图书出版业繁荣兴旺，同一种类的图书往往由多家出版社出版，内容也多有交叉，特别是在各类教材中，出现很多不同编写者编著的同名图书。因此，了解图书的责任者，并将其作为判断图书内容质量的标准之一是有必要的。

5. 图书的出版者与出版记录

图书的出版者也是不容忽视的图书选择标准。通常情况下，著名的出版机构对图书的评审严格，出版的图书质量较高。因此，采访人员应优先选择那些享有较高声誉的出版机构出版的图书。另外，每种图书都有自己的出版记录，如出版年代、版次、印刷及定价等。从出版年代可以了解图书所采用资料的新旧，从而选择那些最新出版年代的书；图书再版次数多寡，一般来说与它的质量及使用价值成正比，借此可推断该图书的现实性与通用性，从而选择那些受读者欢迎的图书；图书印数多少也在一定程度上表明了图书的普及程度，但对于满足研究型读者的需要来说，则不能以此为选择标准，因为有些书印数较少，但价值却很高[1]。

除根据知名度、美誉度选择出版社外，还可参考一些政府或第三方机构的评估体系发布的数据来判断出版社的水平。2008 年 6 月，我国原国家新闻出版总署经营性图书出版单位等级评估办公室开始对全国 500 家经营性图书出版单位出版综合情况进行等级评估工作，将这些图书出版单位的评估分为四个等级，由高到低，分别为一级、二级、三级和四级，当时评出一级出版单位 100 家，并授予"全国百佳图书出版单位"荣誉称号。另外，2017 年，中国科学文献计量评价研究中心研制的《中国高被引图书年报》（2016 版）正式发布，该年报以中国版本图书馆馆藏目录和 CIP（图书在版编目）目录中，中华人民共和国成立以来正式出版的图书书目数据（约 422 万种）为基础，基于 CNKI 数据库中近三年学术期刊论文，博士、硕士学位论文，会议论文中引用图书的引文，遴选出 7 万余本高被引图书，

---

[1] 肖希明主编《信息资源采访建设》，武汉大学出版社，2008，第 173、174 页。

并公布了各个学科的核心出版社单位名单。而有影响力的英文核心书目数据库则有 H. W. Wilson 公司的"Wilson Core Collection"和 Choice 编辑部与 Bowker 公司合作编制发行的"RCL web"。

6. 图书的价格

从理论上来说，价格的高低不应作为选书的依据或标准，但实际操作中却是影响正常选书的一个重要因素。目前，各图书馆普遍存在经费短缺的问题，在图书价格大幅上涨的背景下，采访人员不得不精打细算，量力而出，通常价格昂贵的（大套）书，即使十分需要，采购时也须广泛征求意见、反复斟酌才能定夺。

7. 其他

除上述主要标准外，图书选择还应根据馆藏基础、馆藏图书的系统性、馆藏特色等因素，将图书的文献所使用的语言和译本来源、文献内容的形式、文献的装订形式与载体形态、印刷质量等作为采访图书的标准。如关于直译与转译的问题，一般文学图书以直译为好，尤其是古典文学和诗歌；关于文献内容的形式，即专著、多卷集、丛书、参考工具书、特种文献、声像资料和缩微资料等，各馆进行选择时除考虑实际需求外，还要考虑自身经费情况及收藏条件。关于载体形态，在没有贮存条件和使用设备的情况下，一般不宜选择某些类型的文献，如散页地图、少于 48 页的小册子等。

（二）图书收藏体系建设

综合性大中型图书馆的图书收藏体系应按照馆藏内容系统完整、结构科学合理、重点和特色馆藏系统完备的要求来建设，建设中应处理好数量与质量、重点藏书与一般藏书、复本与品种的关系。

1. 图书采访的数量与质量关系

图书的采访既要注意文献的数量，也要注意文献的质量。图书馆必须有一定数量规模的藏书，这是由图书馆的社会功能、读者队伍和读者的信息需求所决定的，没有相当数量的藏书，就难以有效地为读者提供资源保障，没有了读者，也就难以实现其社会职能。但是藏书数量也并不是无限增加、越多就越好，一味地追求藏书数量而忽略藏书的质量是不可取的，没有读者使用的文献，图书馆收藏得再多，也没有意义。藏书质量高，就更能吸引读者，读者使用后，社会效益就更大，就越能实现图书馆的社会职能。图书馆必须构建既有数量又有质量的藏书体系，两者不可偏废，没有一定数量的藏书，藏书的质量便无法体现；相反，盲目增加藏书数量而不能保证藏书的质量，这样的藏书只能说是"滥竽充数"，没有价值。解决这一矛盾的最好办法就是牢牢树立"书是为了用的"观念，对读者规模和需求作动态调查，掌握一定时期内的藏书最佳规模，并严格按照藏书质量标准采访图书，合理支配购书经费。

2. 重点藏书与一般藏书的关系

重点藏书是指图书馆为重点任务和重点服务对象而系统收藏的文献，或根据图书馆所处地区或单位的历史、地理特点及本馆藏书基础而确定需要长期积累和保存的文献。一般藏书是指图书馆为一般读者提供的学习用书、文化生活用书等，其范围包括各学科基础理论读物、科普读物、文学艺术类供业余阅读欣赏的书刊以及普通参考工具书等。

重点藏书与一般藏书构成了图书馆的藏书整体，两者相互依存，相互补充，相互转化。没有重点藏书，图书馆缺乏长远的发展方向，一般藏书最终会被抛弃；没有一般藏书，就体现不出重点藏书。重点藏书与一般藏书又是可以相互转化的，重点藏书与一般藏书是在一定历史条件下确定的，当社会发展，图书馆的性质、任务、读者需求发生改变时，重点藏书与一般藏书有可能又会发生转变。

在经费有限的情况下，因为任何一个图书馆都不可能将所有的出版物收集齐全，故重点藏书与一般藏书往往存在矛盾。如何处理好重点藏书与一般藏书的关系，是做好图书采访面临的又一个重要问题。现在图书馆基本上采取"保证重点，兼顾一般"的做法来解决这一矛盾。

"保证重点"，首先应该根据本国（或本地、本单位）的经济、文化、科学、教育等各方面事业的发展，结合馆藏书刊的基础和经费条件，提出本馆重点藏书的范围。其次，图书馆的重点藏书一经确定，就一定要保证其相对稳定性，不能朝令夕改或在采购时随意地增删。再次，制定重点藏书收藏计划时，要有科学的预见性和前瞻性，保证藏书的质量。最后，在采购图书时要对重点藏书进行合理的经费倾斜，保证重点藏书的连续性、系统性和完整性。

"兼顾一般"，一是要树立一般藏书也是图书馆藏书结构中不可或缺的一个组成部分的意识，图书馆在完成其基本任务的同时，为最大限度地满足广大读者的不同阅读需要，必须入藏一定比例的一般文献。二是根据图书馆的性质任务，积极创造条件满足多元的读者需求，入藏的一般图书，应该具有多样性（无论内容或形式）、知识性、趣味性，还要时代性和思想性兼具，是高质量的藏书。

3. 复本与品种的关系

图书复本，泛指两本以上，内容和形式完全相同的重复书。对此，学术界仍有不同理解。一种观点认为，收藏两册以上图书时，第二册以后称为复本。另一种观点认为，复本是指收藏同一种出版物的册数，有时也叫"复本量"或"复本数"。

图书品种指不同内容图书的种数，按内容不同区分，有内容完全不同、基本不同、局部不同的书。除可按内容区分外，还可按形式区分，即内容相同而形式不同的书，也是不同的藏书品种。

图书馆的购书经费有限，不可能也没有必要每种图书都采购复本，或者大量采购复本。确定复本的数量应根据读者需要、图书本身的科学价值、购书经费多少、书库组织等情况来考虑，要因馆而异，因书而异，因文种而异，因需而异，通常而言应考虑如下因素。

（1）藏书规模

图书馆藏书规模大，品种多，读者对同类书的选择有余地的情况下，同一种图书的复本量就可小一些；而馆藏规模小，品种少，选择余地不多时，则应增加同一类图书的复本数。

（2）现实读者数

现实读者数指在同一段时间需求同一种文献的本馆读者数，是决定复本量的重要因素。同一时间、地点对同一种图书需求的某一读者群的人数越多，对复本量的需求就越大，两者成正比关系。

（3）图书的借阅方式和借阅制度

图书馆的借阅方式、借阅制度对图书复本的影响较大。如果图书馆的读者服务场所集中，同种图书集中，复本要求就相对要小；反之复本要求就大，图书馆提供图书外借就比只限馆内阅读需要更多的复本。另外，借阅期限长，限借册数多，就需购买更多的复本才能满足读者的需求；借阅期限短，限借册数少，图书流通速度快，对复本的要求就少。再有，如果开展图书预约服务，使某种图书归还后又迅速外借，这样也能减少复本数。

（4）图书的有效期和热门程度

图书内容的老化速度不一样，有效使用期限长短也不同。一般而言，图书有效使用期长，意味着使用次数可以多而分散，有效使用期短，则意味着只能让读者在短期内集中地使用，因此，使用期短的图书比使用期长的图书需要更多的复本。热门畅销书在短期内会受到许多读者的追捧，需要的复本量自然也就多。

（5）图书的类型

读者对不同类型的图书使用的目的并不相同，对复本的需求也就不一样。如字典、词典、目录、索引等参考工具书，用户仅是需要利用它检索知识或信息用，而一般图书则可能被读者阅读研究，这样，一般图书所需的复本量应大于工具书[①]。就不同文种的图书而言，一般的图书馆会对中文图书有较大的复本量要求，但对外文图书复本要求就小，甚至不需要复本。

（6）图书馆复制能力

如果图书馆能以较低的价格对读者需要的图书进行复印，或采用缩微、扫描、拍照、刻录等方式进行复制，甚至将相应的图书进行数字化处理后制成数据库在网上提供，则对复本的要求自然就很低。

（7）购书经费及其他因素

购书经费充足时自然可考虑购买更多的复本。当然图书的价格、图书馆流通分支部门数量、保存本数量等，也都是影响图书馆复本配置的重要因素。

除上述因素外，科学地确定复本数还应处理好图书品种与复本的关系。在图书采购总量和购书经费有限的条件下，复本量过多，必然导致品种过少；品种过少，则表明藏书种类缺乏，藏书体系质量不高。相反，品种过多，复本较少，读者借不到书，则会影响信息服务质量。

如何选择图书品种和确定复本数量，取决于读者的具体需要和图书馆的经费条件，要做到因馆而异，因书而异，因需而异。一般而言，各类型图书馆在图书品种和复本配置上都有一定的规律可循。如专业性科研图书馆，用户研究课题的用书广泛分散，藏书就要做到"种多册少"；省级公共图书馆要满足研究型读者和大众型读者两类不同用书需要，应分别做到科

---

① 肖希明主编《信息资源采访建设》，武汉大学出版社，2008，第177页。

研用书"种多册少"，大众读物"种多册多"；高等学校图书馆，读者需求复杂多样，应分别采取不同的办法：科研用书"种多册少"，指定主要教学参考用书"种少册多"，教学参考用书及重要课外读物"种多册多"，一般参考用书及一般课外读物"种少册少"①。

三　期刊采访

（一）　期刊的评价

要选择期刊，必须首先对各种期刊进行评价，经过各种标准的评价，对其学术价值和利用价值有一个全面的了解，才能保证所选择期刊的质量。期刊的评价，主要有一般评价和实质评价，这在由黄宗忠主编，2001 年 10 月出版的《文献采访学》中有较为经典的阐述，现根据其论述思想并结合相关研究的进展介绍如下。

1. 期刊的一般评价

这是期刊评价最基本的方法，主要包括以下六个方面的内容，图书馆应根据自身的性质、任务和经费情况对此进行综合判断，做出科学选择。

（1）外观。期刊一般由刊物的名称、出版频率、开本、页数、容量、定价、发行方式、发行范围等基本元素构成。它们受期刊性质、内容、发行数量、经费等因素的影响。

（2）编辑方针。无论什么类型的期刊，在其诞生之前必须首先确定期刊的编辑方针、风格及总体构想，具体包括以下内容。

办刊宗旨——创办刊物的指导思想以及目标、方向等；

期刊性质——期刊内容的学科类别属性和层次；

读者对象——由期刊的宗旨、性质决定的社会读者群体；

期刊内容——根据期刊的性质和读者对象确定的刊登内容、范围和层次以及重点刊登的稿件性质。

（3）期刊的特征，指其在内容与形式上区别于其他期刊的特点。

（4）版面设计，主要指期刊封面、封二至封四、刊芯页面的设计。

（5）索引，即将书刊等各种文献中所提到的人名、地名、物名、事

---

① 肖希明主编《信息资源采访建设》，武汉大学出版社，2008，第 176 页。

名、书名、篇名或其他主题名称，依照一定的排列方法（如笔画、字顺、拼音、四角号码或分类）做成条目，并注明其在书刊等文献中的出处，或所在的位置、卷面，以便使用者从不同的途径检索到他所需要的资料。期刊论文的索引必须包含三个项目：题名，即该论文的标题名称；责任者，包括该论文的作者、译者、校注者；文献出处，即该期刊的卷期标识及页码。

（6）期刊的发行。这是期刊传播的重要环节。我国目前的期刊发行基本上分为邮局发行和编辑部自办发行两种形式。

2. 期刊的实质评价

（1）利用布拉德福定律测定核心期刊法评价

①布拉德福定律与核心期刊

世界著名的英国文献学家和化学家布拉德福（S. C. Bradford，1878~1948）发现的文献离散定律又称"布拉德福定律"，简称"布氏定律"，是选择和确定核心期刊最基本的方法之一。

"布拉德福定律"测定和揭示某一学科文献在期刊上载文量的多少，是随着该期刊与该学科的关系疏密程度发生增减变化的。关系越密切，载文量越多，期刊的种数就越少；关系越疏远，载文量越少，期刊的种数就越多。按专业文献载文量多少，期刊可划分为三个区域，每一区域中期刊登载某一学科文献数量大约是该学科所发表文献总数量的三分之一，而三个区域的期刊数量之比呈几何级数分布。其中，第一个区域为核心区，是载文量最高的少数几种核心期刊。第二区域为相关区域，是载文量中等，数量较多的期刊。第三区域为相邻区域，是载文量最低而数量最多的期刊。这时核心区与随后几个区的期刊数量成 $1 : a : a^2$（$a>1$）的关系。

布拉德福定律表明，每一学科或专业的文献在科技期刊群中的分布，总是相对集中在少数专业期刊中，同时又高度分散在数量庞大的相关专业与相邻专业的期刊中。专业核心区期刊种数不多，但本学科文献载文率高，信息量大，与该学科关系密切；相关区期刊种数较多，本学科文献载文率中等，信息量次之，与该学科关系较密切；非专业相邻区期刊种数很多，本学科文献载文率低，信息量小，与该学科关系较疏远。一般说来，核心期刊对本学科的载文率应在50%以上，而且读者的借阅率高，引用指数较高，是一个学科重要的学术信息源。

利用"布氏定律"测定核心期刊，可以分为三步：首先，对所有相关期刊刊载某学科或专业领域的论文进行全面统计；其次，对所有的相关期刊按其刊载某一学科或领域的论文多少做递减等级排列；最后，根据具体情况，选择排在最前面的若干种期刊为核心期刊。具体方法有以下两种。

A. 区域分析方法：即把期刊分成三个区域，使每个区域中相关专业或学科的论文数量大致相同，即约为全部期刊发表论文总数的三分之一，这时各区期刊数量大约呈 $1:a:a^2$ 的关系。此以布氏的应用地球物理学论文统计为例（见表 6-1）。

表 6-1　布氏关于应用地球物理学论文在期刊中的载文量统计

分区	期刊载文量（篇/年）	期刊数量	论文数量
1（核心区）	>4	9（≈10）	429
2（相关区）	1~4	55	499
3（相邻区）	1	258	408

进入第一区的 429 篇文章包括在 9 种期刊里，称为核心区；第二区的 499 篇文献包括在 55 种期刊内，对该学科而言是中等效率的期刊，称为相关区。第三区内的 408 篇文献包括在 259 种期刊内，相对该学科而言是最低效率的期刊，称为相邻区。那么，$9:55:258 \approx 1:5:5^2$。换言之，期刊总数的 2.7% 刊载了某学科约 32.1% 的文献；期刊总数的 17% 刊载了某学科约 37% 的文献；期刊总数的 80.1% 刊载了某学科约 30.5% 的文献。

B. 图像分析方法：图像分析法是按布拉德福定律制图的分析方法，就是按等级排列的统计数据绘制坐标图，对曲线进行分析。这里需要用两个数据，即 n 与 $R(n)$。用递减排列的期刊顺序号（级数）n 的对数（$\log n$）作为横坐标，以相应的论文累积数 $R(n)$ 为纵坐标，绘制成图，就可以得到一条曲线。

②《中文核心期刊要目总览》

《中文核心期刊要目总览》最初由北京大学图书馆和北京高校图书馆期刊工作研究会共同编辑，后来中国科学院文献情报中心、中国社会科学院图书馆、中国人民大学书报资料中心、中国学术期刊（光盘版）电子杂志社、中国科学技术信息研究所、北京万方数据股份有限公司、中国国家图书馆等 28 个相关单位的百余名专家和期刊工作者参加了研究，已于 1992 年、1996 年、2000 年、2004 年、2008 年、2011 年、2014 年、2018 年出版过八版。1992 年时，《中文核心期刊要目总览》对相关期刊的评价指标主要是载文量、文摘量、被引量，后来意识到受期刊规模、出版频率的影响，完全以相关文献刊载量来衡量某些期刊是否为核心期刊存在局限性，遂逐渐完善其评价体系，载文量作为相关指标的重要性不断下降，至 2004 版时被放弃。2018 年版时，其主要评价指标发展到 12 个，即被索量、被摘量、被引量、他引量、被摘率、影响因子、他引影响因子、被重要检索系统收录、基金论文比、Web 下载量、论文被引指数、互引指数等。目前《中文核心期刊要目总览》仍是图书情报部门及相关研究机构对中文学术期刊的评估与订购，以及为读者导读参考的工具。

表 6-2　《中文核心期刊要目总览》评价指标变化情况

版本	评价指标
1992	载文量、文摘量、被引量
1996	被索量、被摘量、被引量、载文量、被摘率、影响因子
2000	被索量、被摘量、被引量、载文量、被摘率、影响因子
2004	被索量、被摘量、被引量、他引量、被摘率、影响因子、获奖或被重要检索工具收录
2008	被索量、被摘量、被引量、他引量、被摘率、影响因子、获奖或被重要检索工具收录、基金论文比、Web 下载量

（2）利用引文分析法评价

①引文评价理论

引文分析法是指利用数学统计方法对期刊、论文、著者等各种研究对象的引用或者被引用的现象进行分析，以揭示其数量特征和内在规律的一种文献计量研究方法。期刊文献被引用次数是对论文及期刊的水平与质量以及被利用状况进行测定的重要指标，可以比较科学地选择与测定核心期刊。

美国著名情报学家尤金·加菲尔德（Eugene Garfield）对"布氏定律"做进一步深化和发展，在他开创的引文分析理论体系中，将"期刊被引频次""影响因子""当年被引指数"作为定量评价期刊的三大指标。"期刊被引频次"是指一定时期内某种期刊上的论文被引用的总次数,它显示某一时段某一期刊被使用和受重视的程度。"影响因子"是指某种期刊前两年发表的论文在统计当年被引用的次数与该刊前两年发表的总篇数之比。影响因子指标克服了载文量较大的期刊只计算其所载文献被引频次的不公正性,能够有效地评价期刊的整体学术影响力和文献被利用程度,逐步成为国际通行的一种学术期刊定量评价指标。"当年被引指数"是指期刊当年发表的论文被当年"来源期刊"引用的次数与该刊当年发表的论文总数之比,用来衡量期刊受读者的即时关注度和学术前沿度。

期刊文献被引用多少,是对期刊质量和学术价值的极好测度,利用它可以比较科学地选择和测定核心期刊。它不需要通过其他形式对用户进行调查,也不要求用户的响应。这是研究核心期刊的重要方法,但也有不足之处。因为期刊文献的互相引用是一种复杂的思维过程,期刊的可得性及其出版规模、频率等对其被引用都有影响;情报报道服务也会扩大期刊文献传播范围,增加被引用的可能性,此外期刊文献的引用,还受期刊管理工作水准和著者语言能力,研究主题的社会认知度和一定时期研究偏好的限制和影响。

②SCI 与引文评价

SCI 是美国《科学引文索引》(Science Citation Index)的英文简称,由美国科学信息研究所(Institute for Scientific Information, ISI)创刊于 1961年,与 EI(工程索引)、ISTP(科技会议录索引)一起,被认为是世界著名的三大科技文献检索系统,甚至被认为是这三者中最重要并最具影响力的。

SCI 以布拉德福文献离散律理论和 SCI 的创办者——美国情报学家尤金·加菲尔德引文分析理论为主要基础,本意是通过论文被引用频次等的统计所建立的引文链,将那些可能属于同领域的文献有机联系起来,建立一种旨在扩大检索途径的新方法。

1976 年,ISI 在 SCI 基础上发展出期刊引用报告 JCR(Journal Citation Report),提供了一套统计数据,展示科学期刊被引用情况、发表论文数量以及论文的平均被引用情况。我们在 JCR 中可以计算出每种期刊的影响因子(Impact Factor),具体是将一定时期(通常是前两年)内某一刊物发表的论文被已经进入 SCI 刊物的论文引用的总次数,除以该刊物这一时期内的论文总数,即为该刊物的影响因子。所以影响因子并不是该年度的,而是上一年度的。影响因子的高低，在一定程度上可以反映一个期刊的影响力，一般认为发表在影响因子值越高的期刊的论文，其影响力及学术水平就越高，即所谓的在什么样档次的刊物上发表的论文，便具有什么样档次的水平。在此基础上，随着研究和应用的不断深入，现在的 SCI 不仅是被公认的最具权威的科技文献检索工具，更用于揭示论文的被引用情况及学科之间的关系，以及评价一个国家或地区、一个科学研究机构、一所高等学校、一本期刊，乃至一个研究人员的学术水平，是反映其在国际上的学术水平的重要指标之一。

SCI 所收录期刊的内容主要涉及数、理、化、农、林、医、生物等基础科学研究领域，选用刊物来源于四十多个国家，五十多种文字，其中主要的国家有美国、英国、荷兰、德国、俄罗斯、法国、日本、加拿大等，也收录中国（包括港澳台地区）的刊物。

除 SCI 外，国际上有影响力的科学索引系统还有工程索引（EI）、科技会议录索引（ISTP）、美国化学文摘（CA）、英国科学文摘（SA）、日本科学技术文献速报等。

中国科学院文献情报中心自 20 世纪 80 年代初便开始了建立中国科学引文数据库的探索性研究。1994 年初，课题组开始印刷本 CSCI（China Science Citation Index，中国科学引文索引）的编制工作，1995 年 5 月，出版了《中国科学引文索引》试刊，1996 年初出版了 CSCI 的首卷首期（1995 年 1 卷 1 期）。2003 年 CSCI 数据库，推出了网络版，2007 年中国科学引文数据库与美国 Thomson-Reuters Scientific 合作，以 ISI Web of Knowledge 为平台，实现与 Web of Science 的跨库检索，成为 ISI Web of Knowledge 平台上第一个非英文语种的数据库。CSCI 主要收录我国数学、物理、化学、天文学、地学、生物学、农林科学、医药卫生、工程技术、环境科学和管理科学等领域出版的中英文科技核心期刊和优秀期刊，以美国的 SCI 为范本进行编排，主要内容有引文索引、来源索引、机构索引（内含地理部分、国家重点实验室部分和机构部分）和轮排主题索引等。1999 年开始，中国科学引文数据库课题组运用科学计量学和网络计量学的有关方法，以中国科学引文数据库及 SCI 年度数据为基础，对我国年度科技论文的产出力和影响力，及其分布情况进行统计和描述，推出中国科学文献计量指标数据库，从宏观统计到微观统计渐次展开，展示省市地区、高等院校、科研院所、医疗机构、科学研究者论文产出力和影响力，并以学科领域为引导，显示我国各学科领域的研究成果，揭示不同学科领域中研究机构的分布状态。

1997 年南京大学提出研制 "中文社会科学引文索引"（Chinese Social Science Citation Index，CSSCI）的计划，1998 年和香港理工大学合作研制成功 CSSCI 网络版。CSSCI 用来检索中文社会科学领域的论文收录和文献被引用情况，记录回溯至 1998 年，收录教育学、环境科学、管理学、法学、经济学、考古学、历史学、马克思主义、民族学、社会学、体育学、统计学、心理学、艺术学、哲学、政治学、宗教学、外国文学、语言学、综合性社会科学等 25 个学科的优秀期刊，遵循文献计量学规律，采取定量与定性评价相结合的方法，从全国中文人文社会科学学术性期刊中选出学术性强、编辑规范的期刊作为来源期刊，并提供来源文献检索和被引文献检索等多种检索途径。由于来源刊的收录严格按期刊影响因子分学科排序，并与国内外知名专家的定性评价相结合，另外提供被引频次、影响因子、即年指标、期刊影响广度、地域分布、半衰期多种定量数据，以及地区、机构、学科、学者等多种类型的统计分析数据，因此常被作为我国社科领域评价期刊以及科研人员、学术机构、国家或地区的学术水平和影响力的工具。

（3）利用流通统计法评价

流通统计法是指根据用户阅览和外借期刊的次数来评价期刊质量的方法。这种方法采用的数据主要靠用户借阅档案和期刊袋卡来统计，但是，由于室内开架阅览的期刊简化或取消了填卡的手续，对此只好靠抽样调查解决。

（4）利用二次文献分析法评价

二次文献分析法是通过主要文摘或索引所摘引的各种期刊论文篇数的多少来评价期刊质量高低的方法。一般来说，摘引率越高的期刊其质量也就越高。

（5）利用载文量法评价

载文量法是指通过对期刊文献每一个分册刊载的专业论文的数量的多少来评价期刊质量的方法。

（6）利用编辑单位分析法评价

不同的编辑机构所出版的期刊质量也不同，著名学者所组成的编辑部，或著名学术团体、科学研究机构、大学等出版的期刊质量一般都较高。另外，一些著名的商业性出版社出版的期刊一般质量也较高，这类出版社往往都为一些著名学者或研究机构提供资助，以取得其研究成果的出版权。这类出版社对所刊登的文献都有严格的要求，以保证出版信誉。

（7）利用综合分析法评价

综合分析法就是采用两种或两种以上的方法，参考多种评价指标进行综合分析，以确定每一种期刊质量优劣的方法。期刊的评价方法有许多种，各种方法都有其特点，同时也都有不确切的方面，应尽可能地把各种方法结合起来，进行综合评价，才能科学地评价期刊的质量。

（二）期刊采访依据

1. 期刊的内容主题或学科归属

期刊的采选首先要考虑期刊的内容主题或学科归属。任何一个图书馆，都有其特定的专业服务范围，必须重点选择与本单位专业方向一致的学科或专题范围内的期刊，以满足读者的需要。采访人员通过发行部门编印的期刊目录、内容提要及有关刊评材料，可以方便地获得期刊的内容信息，做出大致的取舍判断。

2. 用户的需求

期刊采访的目的就是满足读者需要，为此要调查了解读者真实需求，探索其需求的规律，掌握读者成分和需求变化的情况，通常可采取期刊借阅统计，与读者直接交谈，进行问卷调查，召开座谈会，举办新入藏期刊展览听取读者的意见和评价等方式，来收集用户的需求。

3. 期刊的质量

我们通过如前所述的几种期刊的评价方法进行综合分析，可了解期刊的质量，为期刊选择提供可靠的依据，提高期刊选择工作的水准。一般来说，核心期刊学科信息量大、能够代表学科发展水平和方向，是质量比较高的期刊。因此，在制定期刊采访政策时，通常要求明确各学科的核心期刊，并优先订购核心期刊，同时还要注意保证它的系统性、完整性。

4. 购置经费

期刊订购经费在图书馆文献购置费中所占的比例相当大，应做好购置计划，用有限的经费购置能最大限度地满足读者需求的文献是每个采访者都要考虑的问题。购置经费的合理安排，首先要考虑期刊的价格。与图书的价格不同，期刊的价格有其特殊性，即期刊的价格不能只看一本或一期的价格，期刊的订阅一般是以年为单位的，为保证信息资源的系统性、连续性，通常还要连续多年不间断地订阅，这就要考虑期刊订阅的累计支出和经费的持续保障能力问题。购置经费的合理安排，还要考虑纸质印刷期刊与电子期刊的资金分配问题，这一问题的解决，除考虑不同性质图书馆购置任务的特殊性外（如专业图书馆比一般公共图书馆对电子资源的需求更迫切），还要考虑纸质资源与电子资源各自的特点。诚然，由于目前纸质印刷型期刊的价格不断上升让许多图书馆望而却步，从而将目光投向电子期刊库的购置。电子期刊库资源丰富，更新速度快，折算下来单本电子期刊的价格肯定远低于单本的纸本期刊。但电子期刊开发商不可能一本本地售卖期刊，而是将整个库进行捆绑销售，且图书馆购买到的往往只是其使用权，一旦停止购买，将会"一无所有"。更值得警惕的是，数据开发商会在用户形成使用习惯后，利用其垄断地位肆意涨价，令许多图书馆痛苦不堪。这些都是期刊采购时不得不考虑的因素。

5. 可替代性

随着现代通信技术的发展，尤其是网络环境的形成，文献传递方式发生了巨大的变化。读者不一定必须在本馆获得所需要的期刊，也可以通过馆际互借，以传真、电子邮件等形式获取，还可以从互联网上获取各种各样的网络化电子期刊。图书馆在期刊采访时，应考虑网络环境下纸质期刊的可替代性问题，对那些可以通过其他途径方便获得的期刊可少订或不订。

除了以上五个方面的因素外，还要考虑到诸如期刊的语种、外表形式、出版者声誉等方面的因素。只有在对各种影响因素进行分析、评估以后，才能在期刊采访中做出科学合理的决策。

第二节　数字信息资源采访

一　数字信息资源采访概述

数字信息资源是指通过数字化的形式将文字、图像、声音等多种信息，存储在光、磁等非纸质的介质的载体上，并能通过计算机等读写设备进行编辑和再现的信息资源。数字信息资源是数字化技术和电子出版技术发展的产物，与之意义相近的表述很多，如电子文献、电子资源、数字化资源、数字资源、电子信息资源等。20 世纪 90 年代后，电子图书、电子期刊等数字信息资源开始进入我国一些图书馆的采购清单，时至今日，大部分的图书馆都以纸电融合的方式收集信息资源，并且数字信息资源的采访在图书馆信息资源采访中的比例有不断上升的趋势，不少图书馆的数字信息资源的采购支出已远大于纸质资源，数字信息资源的采访越来越受到重视。目前图书馆采集的数字资源主要有电子资源、多媒体资源、网络虚拟资源等。

（一）数字信息资源的特点

1. 类型多，数量大，增长迅速

数字信息资源按不同标准可有不同的分类，除可采用传统文献资源的分类标准外，作为一种"革命性"的资源，又有其独特的类型，故而分类标准众多，馆藏类型自然也就多样，从信息采访的角度来看，应关注以下的分类：（1）按其出版形式不同，可分为数字图书、数字期刊、数字报纸等；（2）按其存储、传播形式不同，可分为网络型（联机信息资源和互联网信息资源）和非网络型（光盘、单机型数字资源等）；（3）按其格式不同，可分为文本、图像、动画、视频和音频，以及由上述格式综合而成的多媒体信息资源等；（4）按其获取方式不同，可分为免费获取信息资源、付费获取信息资源和共享获取信息资源等；（5）按其生产、组织过程和形式不同，可分为一次、二次和三次信息资源；（6）按其建设方式不同，可分为自建型、购入型和共享型信息资源等；（7）按其作用不同，可分为数据型信息资源、情报型信息资源和知识型信息资源等。

数字信息资源生产、复制和传播能力较传统文献资源均有巨大的提高，其数量快速增长，影响力逐渐增大。以高校图书馆为例，据教育部高校图工委秘书处发布的历年《中国高校图书馆发展报告》显示，近年来高校图书馆的电子资源购置经费增长迅速，与纸质资源比较，其经费投入比例不断上升。2014 年，据 549 所高校图书馆提交的电子资源采购费数据显示，电子资源的总采购费用约为 1.31 亿元，平均值约为 239 万元，约占馆均文献资源购置费的 49.7%，已接近纸质资源的投入。之后几年，电子资源的采购经费投入便超过了纸质资源的投入，至 2018 年，据 964 所高校图书馆提交的电子资源购置费的有效数据显示，电子资源的总采购费用约为32.57亿元，均值为337.8万元，占馆均文献资源购置费的60.6%①。大数据时代，图书馆的数字资源除了传统的电子刊物、电子图书、音频与视频读物、网络 OA 资源外，还包括图书馆数据中心系统参数与运营数据、读者个体特征与阅读行为数据、传感器网络数据、视频监控数据等。另外，西方一些发达国家的公共图书馆将政府部门、公共机构、非营利组织、企业的开放数据也纳入其收藏范围，再加上网页资源，因此数字信息资源是海量的。

2. 无时空限制，检索途径多、方式灵活，使用方便

理论上，网络数字资源的使用不受时空的限制。除图书馆外，互联网、专业的信息资源机构网站等均提供数字资源。与传统文献资源检索方式相比，图书馆的数字资源检索平台很容易集成主题、题名、作者、关键词、分类、年代、语种等多种检索途径，因此检索方式更为灵活，对数字资源检索也更为方便、快捷。

3. 出版周期短

由于许多出版物实现了数字化和网络化的组稿、审稿、制作和出版发行，出版周期大大缩短，数据时效性强、观点新，受到读者的欢迎，成为图书馆，尤其是对科研文献有较多需求的图书馆，如专业图书馆、高校图书馆的主要采访对象。

4. 易于实现资源共享

传统的资源共享方式主要是馆际互借，但由于时空限制，纸质资源的互借约束条件较多，效率低下，实际操作中，往往推广不下去或者很难持续发展。网络技术的应用，使得数字资源的检索与传播理论上不受时空的限制，再加上多年来数据的标准化、规范化建设，解决了跨馆、跨库、跨平台的数据兼容问题，使资源共建共享不再有技术上的障碍，这些都大大提高了信息资源共享的能力。

（二）数字信息资源采访的原则

1. 权威性和适用性结合的原则

信息资源数量大、类型多，采访时存在大量的信息不对称，给采访人

---

① 《中国高校图书馆发展报告》，http://www.scal.edu.cn/sites/default/files，2020-05-23。

员带来很大的困扰，故而采选时通常要求选择那些国内外公认的、知名度高的、权威性的数字资源，以保证数字资源的建设质量和使用效益。同时要根据图书馆信息资源发展方向和服务对象实际需求，有针对性地决定取舍，即遵循适用性的原则，因此采访前要做好用户需求的调研，决定购买前对资源进行必要的试用。

2. 协调发展原则

新信息环境下的信息资源采访，要做到传统馆藏与数字馆藏协调互补，共同发展。尽管近年来许多图书馆数字资源的采访投入不断加大，但并不意味着将来要用数字资源取代纸质资源。目前来看，信息用户的需求仍是多元的，纸质资源仍是许多读者的首选，并且媒体的进化规律也是彼此补充的，而非完全替代，数字资源和纸质印刷资源将会长期并存。比如，当前出版社出版的纸质图书仍占绝大部分，只发行电子版或同时发行电子版的比例很小，就目前整体情况来看，图书出版尚未进入数字出版时代。根据 2016 年国家新闻出版广电总局发布的统计公告，我国全年共出版图书 40 多万种，增长了 5%，但是与纸质图书形成鲜明反差的是，全年仅出版电子出版物 900 多种，与上年相比下降了 2.53%。发达国家也没有进入以数字出版为主的阶段，2016 年美国纸质图书销售增长 3.3%，连续第三年上涨，销量达到 6.74 亿册，有声书收入增长了 25.8%，电子书则下降了 15.6%。因此，图书馆采访时应该注意将数字资源建设与纸质等传统文献资源发展相结合，从学科、语种、文献类型、回溯存档各方面，做中长期全面规划和优化配置，从而形成一个内容系统完整、结构科学合理的馆藏信息资源保障体系。

3. 成本效益原则

数字资源采购具有整库购买、连续性强的特点，而且其价格每年还会持续上涨，因此数字资源采选应密切关注其性价比，慎重考虑以下几个问题：一是数字资源的利用率问题。北京大学图书馆王波馆员认为："数字资源利用率更多是'半伪现象'，认真推敲，其实远未超越纸质资源。"[1] 他举例说："以北京大学图书馆为例，纸质图书的借阅量虽然逐年走低，2016 年

---

[1] 王波、窦元娜、刘嘉伊：《高校图书馆资源建设概况及走向》，《国际出版周报》2018 年 1 月 15 日，第 13 版。

仍然达到 44.7935 万册次，电子资源的使用主要是期刊论文，当年的全文下载量为 202.51 万篇次。假设每册书只包括 5 篇文章，纸质书的使用量就已赶上电子资源的使用量，而实际上每册书的篇幅远远大于 5 篇文章。另外，古籍还被现场阅览 17251 册。"二是电子书贬值的问题。王波馆员强调，"从国有资产保值的角度看，纸质书增值，电子书贬值"，"纸质书会随着时代的推移而升值"，而"电子书则会随着技术发展、成本降低、开放获取制度的普及，而充满降价风险"。三是数字资源所有权和使用权的问题。数字馆藏资源一般存放在数据库商的服务器上，图书馆对这些资源没有控制权。因此，购买数字资源应充分重视长期保障权益，既要保证在订购合同期限内的正常使用，同时争取保障订购合同到期，不再续订后的合理使用问题。

4. 共建共享原则

数字信息资源的采购面临的一个主要矛盾是：一方面数据商不断推出新的资源库并提高数据库的价格，数字资源采购投入不断升高，图书馆压力越来越大；另一方面，同一系统内的图书馆在购置同一内容的资源时，由于数字资源销售的边际成本递减幅度较大的缘故，开发商每增加一个单位的销售却几乎没有增加什么成本。由于开发商的垄断地位，在馆方与开发商博弈过程中，馆方往往处于劣势，这就需要图书馆进行抱团取暖。目前图书馆在数字资源采访过程中的共建形式主要还是在图书馆联盟的领导下进行联合采购，方式有二：其一，以集团的形式统一购买某一资源数据库，然后共享资源，共摊购买费用。其二，联合起来与开发商进行价格谈判，压低某一资源数据库的价格。亦有一些图书馆开始进行分工采购（包括分别购买不同的电子资源或购买不同的纸质资源然后数字化），然后构架统一的检索平台，提供资源的共享。总之，无论采取何种方式，均应从本机构的总体目标出发，根据整体布局，各有侧重，避免重复，共享资源，从而建设成一个丰富的、开放的数字信息资源共建共享系统。

（三）数字信息资源采访中需要注意的问题

1. 注意数字资源的选择与评价

由于数字信息资源具有不同于印刷型资源的特征，采购时除需考虑其内容与形式外，还必须考虑支持资源读取的设备和技术、检索方式、购买方式等因素。选择与评估数字信息资源，一般可从以下几方面进行判断。

（1）收录的信息源。对数字信息资源收录的信息的准确性与权威性、收录信息的内容范围及年代、深度和广度，以及是否符合图书馆性质、任务和用户的需求进行判断。

（2）时效性。对数字信息资源内容新颖程度、获取原文的时滞与更新的周期进行分析。

（3）检索功能与易用性。对数字信息资源检索手段、检索途径、检索效率，以及易用性等方面进行考察。

（4）出版制作单位的权威。主要考察数字信息资源出版机构的权威性、服务水平、售后服务等综合实力。

（5）价格。在综合考察数字信息资源性能的基础上，寻求最佳的价格与性能比。

2. 注意数字信息资源的试用和推广

由于数据库的购置费用高昂，采购时必须以充分的读者调研为依据，做出采购决策前，必须对数字信息资源进行试用，试用时间一般要达到3个月以上。

3. 注意数字信息资源的规范化采集

数字信息资源在购买渠道、使用方式、存储空间、推广和维护上与传统的文献资源采购不同，应当建立新的工作流程与运行机制指导其采访。采购一般涉及三个部门，即采访部、读者服务部与技术部，这三个部门必须紧密合作。

二　电子资源的采访

（一）图书馆电子资源的类型

1. 电子图书

电子图书又称为 e-book，是指以二进制的数字化形式记录文字、图像、声音等信息，通过磁盘、光盘、网络等电子载体出版发行，借助于一定的工具进行阅读利用的"数字化书籍"，是一种新型图书记载形式。

电子图书是多媒体技术、网络技术和超文本技术发展的产物，主要有两种类型：一类是将各类印刷型图书进行扫描后，通过信息处理技术将它们转换为数字格式的、用电子的方式发行的、用计算机等读写设备阅读和存储的电子读物。目前图书馆收集的主要是这类电子图书，它们通常由电子集成书商提供。另一类为原生数字出版物，即一开始就以数字化的形式生成的电子图书。

2. 电子报刊

广义而言，任何以电子形式存在的报刊皆可称为电子报纸或电子期刊，但据其存储、出版发行和利用方式，它们又有区别。就其载体和发行方式不同，电子报刊可分为网络报刊与非网络报刊。非网络报刊现在主要以光盘等形式存储和流通；而网络报刊则是通过构建数据库来存储报刊信息，并通过网络传播。根据报刊的生产方式不同，电子报刊可分为将传统报刊电子化、网络化的电子报刊和纯电子网络报刊。传统报刊电子化、网络化，即将印刷型报刊数字化后在网络上发行传播；纯电子网络报刊则是实现了电子化、数字化、网络化的，组稿、审稿、制作以及出版发行、传播、利用的报刊。

当前，传统印刷报刊的数字化、网络化仍是我国数字报刊的主要出版、流通方式。许多大型报纸、期刊发行机构都在网络上发行了传统报刊的电子版；许多重要的学术期刊也推出了网络预印本、延时本或提供期刊部分内容网络本的信息服务。同时，纯网络电子期刊近年发展迅速，尤其在开放存取期刊的影响越来越大后，商业公司、公益机构和科研单位不断推出自己的电子期刊，纯网络电子期刊规模不断壮大。

3. 电子论文

常见的电子论文有电子学位论文和电子会议论文两种。在信息技术还没有得到推广应用的时候，会议论文通常会在会议结束后进行收集、整理和编排出版，有价值的硕士、博士毕业论文则会以纸质形式被学校或科研机构归档收藏。计算机和网络技术在图情领域广泛应用后，这些论文以数字化形式汇集起来在网络上传播。除少量图书馆自建有电子论文数据库外，大部分的电子论文数据库由商业公司提供。中国知网的中国优秀硕士、博士学位论文数据库和万方数据的学位论文库是我国主要电子学位论文库，而 ProQuest 学位论文库则在世界上享有极高的声誉。国内会议论文数据库则主要有万方数据的会议论文库、中国知网的国内外重要会议论文全文数据库、中经网权威经济论文库等。国外著名的会议论文数据库主要有 ISI 的 CPCI-S（科学技术会议录引文索引）和 CPCI-SSH（社会科学与人文科学会议录索引），以及 IEEE/IEE、ACM、SPIE、AIAA、ASCE 等学会或协会出版的电子会议论文集等。

4. 电子资源数据库

图书馆目前采购的数据库通常意义上都是指电子数据库，即按照一定的数据模型在计算机系统中组织、存储和使用的互相联系的数据组合。数据库的规模有大有小，专业内容无所不包，提供的信息类型多种多样，因而数据库的类型，也是各种各样、丰富多彩：按载体形态不同，可分为非网络数据库和网络数据库；按数据库记录的方式不同，可分为书目型数据库、题录式数据库、文摘型数据库、事实型数据库、数值型数据库和全文型数据库等；按收录的文献类型不同，可分为电子图书数据库、期刊论文数据库、报纸数据库、会议论文数据库、学位论文数据库、专利数据库、标准数据库、产品数据库等；按语种不同，可分为中文数据库和外文数据库等；按其作用不同，可分为科普资源数据库、教育学习资源数据库、学术资源数据库等。

总之，上述电子资料，无论是电子书、报刊、论文还是多媒体资源，在计算机化、网络化的信息时代，通常都会被集成为数据库供人们使用，而图书馆则通过购买或自建数据库来构建自己的数字资源体系。

（二）图书馆电子资源的采购模式

1. 单独采购

单独采购是指单个图书馆依据本馆数字信息资源发展规划和用户需求，独自与电子资源提供商进行价格和使用条款的谈判，最终签订购买合同并支付电子资源购买费用。

2. 集团采购

随着电子资源种类及购买经费的日益增加，越来越多的高校图书馆采取联盟集团采购的方式购买电子资源，集中联盟的规模优势同电子资源提供商进行谈判，争取批量采购的优惠价格和更优质的服务，同时节省成员馆分别与提供商谈判的时间和精力，提高电子资源采购的效率和效益。

3. 国家采购

国家采购主要是指对与国家经济及社会发展战略目标相关的，教学科研人员及社会公众普遍需要的，基础性、综合性电子资源，利用公共财政即由政府出资购买，以保障整个国家或大多数地区的科研人员和社会公众对信息资源存取利用的数字资源采购模式。国家采购是电子资源的一种整体化建设方式，是从集团采购发展起来的一种新型电子资源交易方式。

三　多媒体信息资源的采访

（一）图书馆多媒体信息资源的类型

近年来，由于计算机与通信技术的快速发展，多媒体作为一种整合了文字、图形、影像、声音及动画等不同种信息表现方式的新媒体，以其在信息传播上所能呈现的活泼、生动及亲和力，吸引了大量的使用者，成为现在许多图书馆收集的新宠。目前图书馆采集、自建的多媒体信息资源主要有以下几种。

1. 非书多媒体资料

随着新信息技术在信息资源建设中的应用，许多图书馆打破原来单一的收藏方式，除纸质印刷资源外，开始收藏磁、光、电等介质的新型载体的非书资料。这些新的载体单位容量大，可存储信息形式丰富，多用于记录多媒体信息，如各种原版、复制版影视资料，专家教学、访谈资料，田野采访、考古影音资料等。另外，许多随书光盘也包含大量多媒体资源。以外语类随书光盘为例，大部分光盘内容都是与外语听说相关的视频资源或音频资源。由于这些非书多媒体资料的收藏越来越多，目前许多图书馆建立了自己的非书资料管理和检索系统，或借助商业的非书资料管理系统，如博文非书资料系统、昂克科技非纸质资源管理系统等，对用户提供这些多媒体资源的在线浏览、下载服务。

2. 视频点播资源

视频点播也称 VOD 视频点播、交互式点播，是一种可根据用户的要求播放视音频节目的双向信息系统。现在越来越多的图书馆将入馆教育视频、图书馆宣传视频、讲座培训视频、图书馆新闻视频等众多资源，制作成流媒体视频文件后，以视频点播的形式向用户提供信息服务。

3. 多媒体数据库

图书馆多媒体数据库主要有科普型、教育学习型和特色馆藏型等类型。这些数据库有些是图书馆自建的，有些是由数据商开发，图书馆引进的，有些则是图书馆与数据商联合开发的。例如，CNKI 开发的"中华优秀传统文化百科知识馆"、目前已有全国五百多家图书馆引进的"中华连环画数字阅读馆"、国家图书馆建设的"少年儿童的快乐阅读平台"等，都是比较有影响力的科普型多媒体资料。而爱迪科森的"网上报告厅"、新东方的"多媒体学习库"、KUKE 的"数字音乐图书馆"等，则是高校图书馆中最常见的教育学习或者娱乐型多媒体数据库。另外，现在愈来愈多的图书馆重视特色资源建设，而多媒体可集声音、图像、文字于一身，更能形象生动地揭示特色资源的特征，故而成为许多图书馆建设特色馆藏数据库的主要形式。如吉林省图书馆自建数据库里大多都是多媒体资源，有"吉林文化多媒体资源""吉林省地方特色资源视频库""吉林二人转数据资源"等（图6-1）。

图 6-1　吉林省图书馆多媒体数字资源

资料来源：http://www.jlplib.com.cn/szzy/。

（二）图书馆多媒体资源的采访方式

对于商业多媒体数字资源，尤其是多媒体数据库的采访，可参照前文提到的电子资源的采访方式。另外，现在有些商业多媒体平台可通过租赁的方式提供多媒体资源的浏览和管理服务。由于多媒体资源对阅读设备的要求较一般的资源更高，故而在购买多媒体资源的同时，通常还要购入相应的阅读设备或材料以提升阅读能力。所以，在此之前一定要做好规划，要有一定的超前意识，如果资金允许，通常要优先考虑购买较新型的系统和设备，以免新的多媒体格式出现后，现有设备和系统不能很好地阅读这些资料，甚至因不支持新格式而不能读取和管理多媒体资料。

四 网络信息资源的采访

（一） 网络信息资源概述

1. 网络信息资源与虚拟信息资源

网络环境下，信息机构的馆藏由现实馆藏和虚拟馆藏构成。现实馆藏指本馆占有的，可以为读者提供服务的所有馆藏，包括传统文献型资源、馆藏书目数据库和本馆拥有的电子出版物等。而虚拟馆藏是指存在于图书馆之外，实质上是网络环境中的一种电子资源，这种资源的所有权不在图书馆，但图书馆可以通过网络等手段获取并为用户提供信息服务。

对网络信息资源的定义还没有一个确定的结论，有人认为"网络信息资源是以数字化的形式存储于网络节点中，借助网络进行传播和利用的信息产品和信息系统的集合体"。但也有人认为"网络信息资源并非包括了所有网络上的信息，而是指其中能满足人们信息需求的那一部分信息"[①]。所谓的虚拟信息资源是指通过网络存取的数字化图、文、声、像等多媒体信息的集合。虚拟信息资源源于现代网络信息资源，但并不是所有的网络信息资源都可以成为图书馆的虚拟信息资源。对于图书馆来说，虚拟信息资源即虚拟馆藏，是相对于现实信息资源（实体馆藏）而言的，是指那些所有权不属于本单位，但可通过网络使用的，散布于互联网上的信息资源。只有经过筛选、加工、组织，可为图书馆提供服务的网络信息资源才能称为"虚拟馆藏"。虚拟馆藏扩展了馆藏信息资源的范围，提高了图书馆的信息服务能力，对图书馆信息资源体系的建设和发展具有积极意义。

---

① 杨嫚：《网络信息资源组织与开发研究》，华中科技大学出版社，2006，第3页。

图书馆虚拟馆藏主要包括两大类：一类是图书馆已买下使用权的网络信息资源。此类馆藏尽管不属于本馆所拥有，但在网络环境下，通过与信息资源所有者之间的协议，这些信息资源从某种意义上说已变成了本馆馆藏的一部分。另一类则是图书馆借助计算机系统，在网上众多免费信息资源中搜集整理出来的、为本馆读者提供服务的网络信息资源。

2. 网络信息资源的特点

从不同角度观察，网络信息资源呈现不同的特点。与传统的信息资源相比，网络信息资源在数量、分布结构、资源类型、传播范围、载体形态、控制方式等方面有明显不同。从技术角度看，网络信息资源的主要特征是数字化和网络存取。信息资源存储数字化让传统纸张上的文字转变为磁性介质上的电磁信号或光介质上的光信息，使信息的存储和传递、查询更加方便，信息存储密度高、容量大，可以无损耗地被重复使用；以网络为传播载体，以超文本技术链接构成立体网状联系，以虚拟化的状态展示，体现了网络信息资源的共享性和节点链接特性，与传统印刷型文献截然不同。总之，从图书馆信息资源采访和组织的角度来看，网络信息资源具有以下特点。

（1）传播速度快，数量大，增长迅速

互联网是一个基于一定通信协议的联结各国、各机构数量庞大的计算机网络的通信网，是一个集各种信息资源为一体的信息资源网。随着网络覆盖范围的不断扩大和网络技术的发展，网络信息资源数量飞速增长并快速传播。政府、机构、企业、个人都可以在网上发布信息，信息源在数量上、增长速度上和传播速度上是其他环境下的信息资源无法比拟的。根据中国互联网络信息中心（CNNIC）2019 年发布的第四十三次《中国互联网络发展状况统计报告》数据，截至 2018 年 12 月，我国域名总数为 3792.8 万个，网页数量为 2816 亿个，较 2017 年同期增长 8.2%；国际出口带宽数为 8946570Mbps，较 2017 年底增长 22%。

（2）内容丰富，覆盖面广，但分布不均衡

互联网已经成为当代信息存储与传播的主要媒介之一，是一个巨大的信息资源库，覆盖了不同学科、不同领域、不同地域、不同语言的信息资源。在资源形式上，包括了文本、图形、音频、视频等多样的文件类型，这些文件的存储格式有 TXT、HTML、GIF、JPG、ASCⅡ、PDF、ASP 等。

但网络信息资源在不同领域、不同时空中的分布差异很大，数量、质量和应用情况的差别也很大。例如某些科技前沿信息在网络上很容易引起热议，却鲜见基础性学科信息的讨论。

（3）无序性与高度动态性

互联网通过特定的协议将不同的网络连接起来，但对网络信息资源的组织管理却还没有一个统一的标准和规范。同时，信息资源所连接的网络、网站、网页及内容本身处于经常变动的状态，使得资源的产生、更新、淘汰都无法预测。也正是这种不稳定的状态加上极快的更新速度，给资源的统一规划增加了难度。

（4）共享程度高，交互性强

网络环境下，信息产生、传播的时间和空间范围得到了最大程度延伸和扩展，拓宽了网络用户对信息资源的获取渠道，高度共享使有限的信息资源最大限度地流向用户。互联网改变了传统信息单向传播的模式，网络信息流动是双向的、互动的过程。人们主动到网上数据库、电子图书馆中查找所需信息，还可以向网上传输信息或通过互联网交流信息。

3. 网络信息资源的类型

网络信息资源浩瀚如海，类型繁多，包括网络出版物（如电子期刊）、动态信息（如新闻、广告、天气、行业行情等）、各种数据库、软件资源及其他信息（如个人主页、论坛、E-mail）等，可以从不同的角度进行划分和归类。

网络信息资源类型，按时效性不同可分为电子报纸、动态信息、全文信息和书目数据库四大类；按文件组织形式不同可分为自由文本和规范文本两大类[1]；按学科领域不同可分为自然科学、农业科学、医药科学、工程与技术科学、人文与社会科学五大类[2]；按信息源提供的信息加工深度不同可以分为一次信息、二次信息和三次信息；按信息交流方式不同可分为正式出版信息、半正式出版信息和非正式出版信息；按照网络信息资源的组织应用形式不同，可以划分为万维网信息资源、E-mail 信息资源、FTP 信

---

① 杨嫚：《网络信息资源组织与开发研究》，华中科技大学出版社，2006，第 7 页。
② GB/T 13745-2009，《中华人民共和国学科分类与代码国家标准》。

息资源、Telnet 信息资源、UESNET/Newsgroup 信息资源、LISTSERVE/Mailing List 信息资源、Gopher 信息资源、WAIS 信息资源等。

（二） 网络信息资源的选择和采集

网络信息资源采集，是指从网络上各类不同的数据库和信息系统中采集（或搜集）所需要的信息，建立新的信息资源系统的过程。传统印刷型资源的采购流程和普通电子出版物采购流程主要是对具有物理实体性质的信息资源进行采集，而网络信息的采集则是对虚拟性质的信息资源进行采集。

1. 网络信息资源选择的原则

（1） 针对性

海量的网络信息资源，质量参差不齐，图书馆没必要也不可能对其进行全部采集。网络信息资源采集时要做到以用户需求为中心，有的放矢，避免盲目性，提高信息采集的准确性和价值性，即遵循针对性原则。针对性原则要求图书馆一方面对网络信息资源的采集与选择，应根据本馆的性质、任务、服务对象、软硬件条件、发展目标等确定要采集的网络信息资源，另一方面，应针对不同的资源或专题，确定不同的采集方针，明确采集的类型、范围和采集深度。

（2） 可靠性与权威性

网络信息资源来源广泛，内容庞杂繁复，并且存在大量的垃圾信息，采集时要尽量屏蔽掉不可靠的、无价值的信息。高质量的信息源往往能保证高质量的信息，为此选择网络信息资源时应重点考虑那些权威性和可靠性高的网站发布的信息。衡量高质量网站的因素包括机构的社会信誉、性质和规模等。另外，还可以采取专家评价法，即请相关方面的专家对网站进行评估，然后提出综合分析报告，确定网站信息的可靠性和权威性。

（3） 时效性

信息资源是有时效的，对于易变的、动态的网上信息资源尤其要注意时效性。及时收集最新的、有效的网络信息，并定期对原有信息资源进行更新，方能确保网络信息资源的参考价值，保证为读者提供高质量的信息资源。

（4） 系统性

网络信息资源的采集不仅要求新，而且要有一定程度的积累，这是因为经过长期积累形成的信息集合才能反映出信息间的关联，有利于揭示事物发展的规律。因此，对网络信息资源的采集，需要进行长期的目标跟踪和完整收集，以保证信息收集的连续性、完整性和系统性。

（5）互补性

互补性原则是指图书馆网络资源的收集和选择要充分考虑现实资源和虚拟资源形成互补，一方面避免重复建设，另一方面建立起能满足读者多元需求的，全面系统的信息资源保障体系。互补性原则是在新的信息环境下，信息资源建设处理好拥有与存取关系的具体体现。

2. 网络信息资源采集方式

（1）选择性采集

所谓选择性采集，即根据资源的历史价值、文化价值、研究价值和经济价值，选择性地确定和采集网络信息资源。选择性采集的关键是制定并按照相应的采集指南、标准，或由来自相关领域的专家组成网络采集选择委员会确定要采集的对象。例如英国 UKWAC 项目的信息采集主要依据成员馆的偏好进行，对英国在线出版发布且没有印刷出版的网络信息进行采集；美国国会图书馆的网络信息保存项目 Minerva 依据图书馆推荐人员及项目组成员来确定哪些站点应该收集，确定的标准是能否满足国会和研究人员现在或未来的信息需求，并且注意收集那些独一无二的信息和容易丢失的信息[①]。早在 1996 年，澳大利亚就制定了《网上出版物的选择方针》，并在 2003 年进行修改扩充，该方针原则性地规定了网络出版物的收集标准，主要有：作者是否澳大利亚人；是否有对应的印本；联机出版过程是否有质量控制；用户对相关主题的兴趣；是否被公认的索引服务商索引；内容是否与澳大利亚有关等。选择性采集对所保存的每一项主题都进行了认真的价值评估，并确定了对哪些资源应该优先采集，提高了网络资源采集和保存的质量；其缺点是这种选择方式主观性较强，很可能遗漏一些有重要价值的资源。

（2）全面采集

全面采集又称总括性采集、自动性采集，是指将对象网站上的所有信息全部采集并保存下来。全面采集主要是利用机器人（robot）、爬虫

---

① 赵梦：《网络信息资源采集与保存策略分析》，《国家图书馆学刊》2010 年第 4 期，第 77 页。

（crawler）等网络搜索工具来自动进行。采取这种收集方式的项目有美国的 Internet Archive 项目、瑞典的 Kultuarw3 项目、芬兰的 EVA 项目等。全面采集的优点是使用自动采集机对整个域名内的网站资源进行定期自动获取，人工干预少，采集效率高，采集内容较为系统；缺点是这种方式不仅需要大量的资金和技术投入，而且由于采集的数据非常庞大，内容质量也难以控制，甚至会采集到大量的垃圾信息。

（3）混合采集

混合采集是将多种采集方式结合起来，强化全面性采集或者选择性采集等采集方式的优点，弥补他们的不足。比如，芬兰对于那些可以免费获得的网络信息资源采用拉取模型，使用网络收集工具进行收集，对于那些不能免费公开获得的网络信息资源则通过呈缴获得。法国则采用自动爬行与手工收集相结合的方法采集网络信息资源，对于那些不能用自动方式得到的深层次网络内容，并且具有极高价值的网络文献内容，采取手工方式进行收集。丹麦的 Web Archive 计划也是混合性采集的典型代表，从 2005 年 7 月起，该计划每年对丹麦的所有网站进行四次采集，同时还选择 80 个左右的重点网站进行频繁采集，每年还针对两三个重要事件进行主题采集①。

2. 网络信息资源的采集方法

（1）手工采集

网络信息资源的手工采集是指通过各类手工检索工具获得信息源线索并依据相关线索选择和采集信息资源。利用手工方式进行网络信息资源的采集，费时费力，不能一次性达到目的。如果需要进一步获取原始信息，还必须上网进行二次检索。但手工采集是基于专业化的信息资源选择、分析和标引，能保证所选择和采集到的信息资源的质量以及标引的质量，所以常用在选择性采集中。

（2）自动采集

自动采集就是指被称为机器人（robot）、爬虫（crawler）、蜘蛛（spider）等的计算机程序，定期或不定期搜索和拷贝所访问的互联网主机网页或数据库的内容，自动获取网络信息资源的采集方法。自动采集能够自动搜索、采

---

① 李丹：《网络信息资源长期保存的采集模式和程序》，《档案》2010 年第 2 期，第 44 页。

集和标引网络上众多的站点和页面，所以能保障对数量庞大、变化迅速的网上信息资源进行跟踪和检索的及时性和有效性，但也存在诸如无法访问那些需要密码或其他控制因素来限制访问的网站、无法保证资源的时效性、质量控制困难等问题。

五　开放存取资源的采访

（一）　开放存取

2001 年发布的《布达佩斯开放存取计划》（Budapest Open Access Initiative，BOAI），将开放存取定义为"某文献在 Internet 公共领域内可以被免费获取，并允许用户阅读、下载、复制、传递、打印、搜索、超链接该文献，也允许用户将其遍历并为之建立索引，用作软件的输入数据或其他任何用途。用户在使用该文献时不受财力、法律或技术的限制，只需在存取时保持文章的完整性；对复制和传递的唯一限制，或者说版权的唯一作用就是使作者有权控制其作品的完整性或作品被正确接受和引用"[①]。该定义蕴含的开放存取的主要特征有：一是互联网范围内用户可以免费获取相关文献，不需支付任何形式的订阅费，打破了学术交流中的经济门槛。二是扩大用户的使用范围和使用权限，不单单局限于阅读和下载文献，用户还可以根据自身学术需求建立索引，或者用作其他任何合法用途。三是丰富了文献内容和形式。文献可以是期刊、论文、图书，也可以是文本或者多媒体资料。四是改变版权的作用。版权不再是出版商的敛财工具，其唯一作用是控制作品的完整性或保障作品被正确使用。

（二）　开放存取资源

1. 开放存取期刊

开放存取期刊是开放存取运动的产物，《布达佩斯开放存取计划》第一次以文字的形式提出了这种新的期刊形式，但并未对其进行明确的定义，仅仅将其作为实现开放存取的一种补充方案，强调这是一种不再受版权限

---

① Budapest Open Access Initiative，http：//www. budapestopenaccessi-nitiative. org /resource，2003-02-14.

制，其刊载的所有论文都可以免费浏览和下载的一种新型期刊。随后许多学者从不同的研究角度对开放存取期刊进行定义，其中比较具有代表性的有：瑞典隆德大学图书馆在其创办的权威的《开放存取期刊列表》（Directory of Open Access Journal，DOAJ）中将开放存取期刊定义为：不向读者或其他机构收费的期刊。这一定义，强调了开放存取期刊"读者免费"的性质，但未定义其功能、作用。美国科学信息研究所（ISI）将其定义为：任何经由同行评议的电子期刊，以免费的方式提供给读者或机构取用、下载、复制、打印或检索文章。这一定义补充了开放存取期刊的功能、作用，增强了用户的认知。

综上所述，开放存取期刊可定义为：免费供用户使用的，通过互联网在线出版的，其发表的文章是经过同行评议的，用户可以随时随地免费获取文章全文，进行阅读、下载、打印、检索、链接、索引等合法使用而没有许可障碍的学术期刊。"作者付费，读者免费"是开放存取期刊的本质特点，合法使用是免费获取的前提条件。

开放存取期刊类型有两种划分方式：一是根据期刊的创办方式不同，划分为原生型开放存取期刊和转化型开放存取期刊，前者是指采用开放存取期刊出版模式新创办的一种期刊，后者是指由传统的学术期刊转化而成的开放存取期刊。二是根据期刊的访问方式和访问权限不同，划分为延时开放存取期刊、部分开放存取期刊和完全开放存取期刊。延时开放存取期刊是指期刊出版发行一段时间之后，其刊载的文章才能被免费获取的开放存取期刊，如《中国图书馆学报》只向用户免费提供一年之前的全文数据。部分开放存取期刊的"部分"，一方面是指受到地域限制，只在某些地区实行开放存取；另一方面是指期刊刊载的部分文章可以被免费获取，其余文章仍需要通过支付订阅费才能获得文章使用权。完全开放存取期刊指自出版之日起，即供世界范围内所有用户免费访问、下载期刊全文的期刊，如美国科学公共图书馆（Public Library of Science，PLoS）和生物医学期刊出版中心（BioMed Central，BMC）出版的系列期刊等。

2. 开放存取知识库

开放存取知识库（Open Access Repository）不仅存放学术论文，还存放各种学术研究资料，如实验数据、技术报告等。目前主要有学科开放存取资源库（Discipline Repositories，DR）、机构开放存取资源库（Institutional

Repositories，IR）以及政府知识库等。

学科开放存取资源库指以某一学科或多学科为主题搜集整理数字化的学术成果，并提供这些数字化资源全球范围内的开放共享。目前的开放存取知识库主要是预印本资源库，著名的如 arXiv. org，是由美国洛斯阿拉莫斯（Los Alamos）国家实验室建立的一个专门收集物理学、数学、计算机科学和生物学等学科的学术论文电子预印本库。我国的学术开放存取知识库有"中国预印本服务系统"等。

机构开放存取资源库指以大学、大学图书馆、研究机构、政府部门等各类机构为主体，并为保存机构的智力成果而建立的开放存取资源库。机构仓储依附于特定机构而建立，利用网络及相关技术，收集、组织、存储、管理机构内的科学数据、研究成果和其他资料，并按照开放标准与相应的互操作协议，允许机构及其社区内外的成员通过互联网免费获取与使用。现在机构知识库的数量已超过学科知识库。据英国诺丁汉大学和瑞典兰德大学共同创办的，致力于通过对全球范围内的 OA 知识库资源进行系统搜集、描述、组织和传递的 OpenDOAR（Directory of Open Access Repositories）的记录，截至 2020 年 2 月，共收录有全球开放存取知识库 5298 个，其中美国有 899 个，为全球最多；亚洲以日本为多，有 543 个；中国有 114 个（中国大陆地区 47 个，中国台湾地区 60 个，中国香港地区 7 个）。

图 6-2　全球开放存取知识库洲际分布图

3. 学术图书开放存取

尽管相较于开放存取学术期刊和开放存取知识库，学术图书（Peer-reviewed Books）的开放存取明显滞后，但在外在开放存取环境的发展日趋成熟，以及内在的学术图书出版的"读方"市场趋势影响下，学术图书的

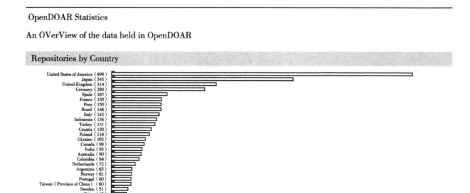

图 6-3 开放存取知识库国家分布图

数据来源：http：//v2. sherpa. ac. uk/view/repository_visualisations/1. htm。

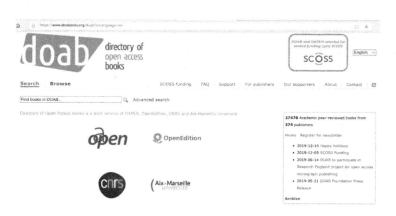

图 6-4 DOAB 学术图书开放存取平台

开放存取崭露头角。学术图书走上开放存取道路，英国率先响应了欧盟的 OAPEN（Open Access Publishing in European Networks，欧洲开放获取出版网络）项目。"欧洲开放获取出版网络"于 2012 年发布了开放存取图书目录 DOAB（Directory of Open Access Books）后，其所收录的开放学术图书数量与日俱增，目前是全球最大的学术图书开放存取平台。截至 2020 年 2 月

19 日，DOAB 已收录了来自世界 374 家出版机构 27470 本同行评议的学术图书。

（三） 开放存取资源采集的途径

1. 查询开放存取资源平台目录

通过查阅和浏览开放存取期刊、知识资源库、学术图书目录整合平台的目录获得相应的资源链接，是获取开放存取资源的重要途径。世界著名的 OA 期刊目录、知识库目录、资源服务平台等，基本反映了当今开放存取资源现状，DOAJ、Socolar、High Wire Press、中国科技论文在线等资源服务平台，以及 Open J-Gate、J-STAGE、SciELO、Open Science Directory 等重要期刊资源，DOAB 学术图书资源以及 OpenDOAR、ROAR 等 OA 知识库目录，应是图书馆学术图书开放存取资源收集的重点。

2. 跟踪采集专业开放存取期刊出版机构的 OA 期刊

专门从事收集出版开放存取期刊的出版机构的 OA 期刊，是提供针对专业学科服务的重要资源，是图书馆信息资源建设的重点关注对象。

3. 使用学术搜索引擎搜寻

OA 搜索引擎能使用户方便快捷地全面了解所需的 OA 文献，搜集 OAIster、Scirus、Google Scholar、OA Library 等 OA 搜索引擎，通过对搜索引擎的主题目录和分类目录进行检索和筛选，可以提高 OA 资源的查全率和检索效率。

4. 利用 OA 资源导航和评价网站

利用知名学术图书馆和其他情报机构网站上专业的学术导航系统，搜集和获取所需的开放存取资源，通过已有平台选取开放存取资源进行重新整理和添加，建设适合本机构的开放存取资源平台。

第七章　信息资源数字化建设基础

当前图书馆已进入数字图书馆的时代。数字图书馆的核心内容是生产、整理和积累数字化的信息资源，并利用现代信息技术和设备，通过网络为社会提供数字化、网络化的信息服务。信息资源数字化建设是数字图书馆建设的基本任务之一，而计算机技术、网络技术、图像处理技术和数据库技术的广泛应用和快速发展为信息资源的数字化建设提供了技术保障；信息用户检索和使用要求的提高，检索习惯的变化是信息资源数字化建设的根本动力；以惊人的速度快速增长的信息资源数量，与有限的图书馆馆藏能力之间的矛盾是进行信息资源数字化建设的重要诱因；数据开发商、出版组织和图书情报机构的联合推动是信息资源数字化建设的主要力量。总之，信息资源数字化建设是数字图书馆建设的重要内容和信息资源建设的重要发展方向。

第一节　信息资源数字化建设概述

一　信息资源数字化建设的主要内容

图书馆信息资源数字化建设的内容主要包括数字信息资源的采访和选择、信息资源的数字化组织、馆藏文献数字化建设和数字信息资源的存储与备份等。

数字资源类型丰富，内容庞杂，采访渠道多样，且多以数据库的形式整体出售，给采访和选择带来了极大的困扰。数字信息资源的采访要注意"抱团取暖"，利用好集团采购的手段；要注意对数据库进行最大可能的试用，听取用户的反馈后再决定是否购买；要处理好"拥有"和"存取"的关系，尤其要重视网络环境下资源获取渠道的多样性，利用好诸如开放存

取这样的网络资源。（具体内容请参见本书第六章"不同类型信息资源的采访"中的相关内容）

通过信息组织实现信息资源的有序化是信息资源建设的主要目标，也是信息资源有效利用和实现资源共享的基础。信息组织又称信息有序化或信息整理，是指利用一定的原则、标准、方法和技术，对信息的特征进行揭示与描述，并通过规范化参数将其排序，实现信息从无序集合向有序集合的转换，从而保证用户能有效获取和利用的过程。当前，信息组织的对象不仅仅包括传统的文献资源和数字信息资源在内的现实馆藏，还包括网络环境下那些存在于图书馆之外的虚拟资源。并且，在现代信息环境下，无论是对传统文献资源的组织还是对数字信息资源的组织抑或是对网络虚拟资源的组织，都是在计算机和网络环境下，利用元数据进行描述的，都是数字形式的资源组织，或者可以说是信息资源的数字化组织。信息资源的数字化组织包含了馆藏书目数据库建设、信息资源整合和网络虚拟资源组织等主要内容。

理论上，图书馆所有的文献资源都可以进行数字化处理和传播。但考虑到知识产权保护和建设效益等问题，尤其在网络条件下，信息的传播、复制极为方便，资源如果没有特色，往往会失去存在的基础。图书馆将文献进行数字化处理时都会有所选择，通常会重点选择具有一定文化价值、潜在的长期使用价值以及有保存价值的珍贵的、其他馆没有的文献。另外，当我们谈到数字图书馆时，不应只是指某个有数字化馆藏，或是能提供数字化信息服务的图书馆，而是指由多个数字图书馆组成的图书馆网络或系统。在这个系统里，各个图书馆根据整体规划和布局重点，建设某一语种、某一学科、某一专题的特色资源，然后通过馆际互借或文献传递实现资源共享，提高资源的利用率，避免重复建设，节约购置经费。基于上述两个原因，尽管特色资源建设不仅仅是要将相关资源数字化，但各馆在选择馆藏资源进行数字化时，通常会首选特色馆藏资源。这样，馆藏文献数字化的问题往往会演变成馆藏特色资源数据库建设的问题。

从传统资源转变为数字资源的那一刻起，资源的存储与备份就开始了，并会伴随数字资源的整个生存周期，其中数字资源长期保存问题尤其值得注意。数字资源长期保存涉及资源存储、永久保存、异地备份、数据迁移、数据仿真等问题。

二 信息资源数字化建设要求

(一) 拓展信息资源数字化建设范畴

数字图书馆的资源建设,不应局限于诸如图书、期刊、报纸、学位论文、会议论文、专利、标准、科技报告等文献型资源上。现在不仅仅是图书情报机构,还包括数据开发商、网络服务商等,都十分重视拓展其信息资源建设范畴。比如,中国知网 (CNKI) 现在建有"行业知识服务与知识管理平台""研究学习平台""专题知识库"等平台,由提供中国期刊论文逐步拓展到提供国内外期刊论文、会议论文、学位论文、重要报纸文章、专利、标准、法律法规、年鉴、成果、科技报告、政府工作报告、政府采购和图书等资源。万方数据知识服务平台整合数亿条全球优质知识资源,集成期刊、学位、会议、科技报告、专利、标准、科技成果、法规、地方志、视频等十余种知识资源[1]。在学术资源建设商不断拓展其数字资源建设范畴的同时,一些网络资源服务商却开始涉足文献资源建设。如百度除了"百度文库""百度百科"等学术资源外,还于 2014 年上线了"百度学术搜索"。知识经济和网络时代的图书馆资源建设要围绕用户不断增长的信息需求,增加资源建设种类、丰富资源类型,建设好实体馆藏,利用好网络虚拟资源。大数据时代,数字图书馆不仅要将文献数字化或购置电子资源,还要将一些政府信息、社会关注信息、网络热点信息等囊括其中,甚至要将用户使用数字图书馆、搜索网络的行为信息作为数据采集对象以资分析利用。这些用户行为信息是数字图书馆知识服务与知识推荐的宝贵资源,需要深度挖掘、有机组织,做到将用户行为数据与文献资源、目标资源以及其他相关资源密切关联起来,使其成为知识服务的高效资源[2]。

(二) 提高信息资源数字化建设质量

首先文献数字化不是简单的数字化复制,而是通过数字化的方式对馆藏资源进行系统整理、深度加工、精细标引和知识组织。在对图书馆资源

---

[1] 《资源类型》,http://s.wanfangdata.com.cn/nav-page,2020-12-01.

[2] 苏新宁:《大数据时代数字图书馆面临的机遇和挑战》,《中国图书馆学报》2015 年第 6 期,第 8 页。

的深度加工方面，应能够将信息经由知识解构的加工再深入至知识建构的加工。例如，从文献中分解出知识单元（知识解构），反过来将这些知识单元间或与文献间建立语义关联（知识建构），从而产生新的知识。在知识解构与建构上，除了强调利用数据挖掘技术、软件分析工具外，要特别注意提升图书情报领域所建主题词表、分类词表的应用能力和共享能力①。

其次要增加数字图书馆资源整合的广度，不仅要加强馆内跨库资源的整合，为了满足用户的各类需求，还需要将文献信息、政府信息、社会信息、网络信息、用户信息进行整合，即将数字图书馆资源与社会资源有机关联，尤其是将公众所关心问题的社会资源整合到数字图书馆中②。

（三） 加强信息资源数字化建设的协调

数字资源只是图书馆馆藏体系的一个组成部分，在馆藏发展和用户服务过程中，数字资源和传统资源相辅相成、密不可分，因此，信息资源建设应在统筹兼顾的原则和基础上，合理安排两者的馆藏规模和购置经费。

数字资源类型多样，从语种上看，有中文资源和外文资源；从学科上看，有文、理、工、农、医等不同学科资源；从资源形式上看，有电子图书、电子期刊、电子报纸、事实/数值型数据等；按信息加工程度不同，有一次、二次和三次数字信息资源；按载体形式划分，有实体资源和网络虚拟型资源；按格式不同可分为文字、图像、音像、影像或多媒体资源；按出版时间不同可分为实时资源、新资源和历史资源等。各个信息机构进行资源数字化建设时应根据其性质、任务和用户实际需要，全面考虑和综合评估上述资源，进行协调和平衡建设。

网络环境下的数字资源更容易实现共享，可以说经过数字化加工的信息资源，如果不能资源共享，其存在的意义就会大打折扣。另外，由于电子资源数据库数量增长迅速，类型多种多样，价格也在不断上升，单个信息机构难以承担不断增加的购置费用，需要进行共建共享才能满足人们不断增长的多元信息需求。因此，信息资源的协调建设还应包括信息机构间

① 苏新宁：《大数据时代数字图书馆面临的机遇和挑战》，《中国图书馆学报》2015年第6期，第8页。
② 苏新宁：《大数据时代数字图书馆面临的机遇和挑战》，《中国图书馆学报》2015年第6期，第8页。

的共建共享，通过集团采购降低购置费用；通过合作编目、整体规划和合作发展馆藏避免重复建设，提高资源检索和联合保障能力；通过馆际互借和文献传递以及数字资源的整合，提高信息资源的使用效率和信息服务水平。

三　信息资源数字化建设原则

（一）整体性原则

一是要将印刷资源、电子出版物和网络虚拟资源等不同类型的资源当作一个整体来建设，根据本馆的性质、任务和读者的客观需要进行合理规划、协调发展。二是要将馆内购置或自建的各个数据库当作一个整体来建设，实现通过同一检索界面的跨库资源的一站式检索。三是要将资源数字化、有序化建设，信息的发布，信息资源检索和发现以及读者管理和服务等当作一个整体来建设，通过建造统一的资源管理平台，最终让用户在一个界面中就能获取图书馆的全部数字服务。四是要将单个图书馆当作某一个地区或某个系统的信息资源保障体系中整体发展的一部分，通过资源整体规划和共建共享共同发展，降低建设成本，提高资源利用效率，提升资源保障水平。

（二）社会性原则

图书馆信息资源数字化建设应打破过去资源建设和利用时相对孤立的状态，将其看作整个社会信息资源建设的一部分。一是要关注诸如政府数据、网络信息，甚至一些商业数据和情报等社会信息的收集和获取，满足信息化社会用户更为广泛、更为多元的信息需求。二是要通过先进的信息手段和完善的网络系统打破图书馆实体界限，为更多的社会大众提供信息服务。现在许多图书馆通过微信公众号、微博等网络平台为公众提供信息服务，拉近了与社会大众的距离。三是利用图书馆资源和技术优势承担更多的社会责任。新的信息环境下，人们似乎不再满足于图书馆的知识存储和获取等文化功能，希望其在此基础上可以开发更多的社会功能，比如提供教育服务，优秀文化的展览和传承服务，创新创业服务等。

（三）　先进性原则

图书馆信息资源数字化建设的先进性不仅表现在购买和配置先进的设备，引入先进的系统，或者利用先进的技术提供更为便捷、全面、深入且更有人性化的信息服务等方面，也表现在拥有先进的、科学的信息资源建设和信息服务理念上，表现为：一是在购置和引用硬件设备或者进行系统建设时要有超前意识，保证系统和设备的兼容性，并保障其具有升级的空间，避免因跟不上技术发展的形势而过快地被淘汰，造成人力、物力和财力的浪费。二是要有创新精神。新的信息环境下，信息资源建设手段不断翻新，服务方式花样百出，信息资源建设和研究者要随时关注新技术、新方法、新标准、新观念对信息资源数字化建设的影响，并在信息资源数字化建设中加以积极应用。

（四）　特色化原则

数字化和网络环境下，信息资源的共建共享变得更容易实现。在这样的背景下，进行某一地区或某一系统不同图书馆间信息资源的统筹安排，通过合作发展馆藏，让某个图书馆重点建设某一类型的信息资源，避免信息资源的重复配置并节约建设成本成为信息资源建设的重要方向。而各馆重点建设的那些资源通常是由自己所处的地理位置、所担负的任务和其传统建设优势所决定的特色资源。另外，网络信息时代，各地均希望通过图书馆这一平台来收集、整理和保存地方特色资源，为当地经济建设和地方传统文化的继承、传承和弘扬服务。不同系统、不同地域的各个图书馆将那些独具地域特色、人文特色、语种特色的信息资源进行数字化处理，建成人们喜闻乐见的多媒体特色资源数据库，并通过网络进行传播，扩大了传播范围，提高了易获得性，也更能吸引读者的关注和使用。

第二节　信息资源数字化建设技术

一　信息采集技术

图书馆信息采集数字化工作主要是将本馆拥有的馆藏文献进行数字化转换和上网，即把存在于馆藏文献中原始的文字、图像、声音、视频等信息进行数字化录入、存储、处理和传递，其涉及的主要技术包括文本信息输入和处理技术，图像信息采集和处理技术，音频信息采集和处理技术以及视频信息采集和处理技术等。

（一）文本信息输入和处理技术

图书馆文本信息的输入工作主要是将书刊等转化为文本后，编辑成网页文件上网。目前，文本信息录入方式有手工键盘录入、电子笔输入、屏幕手写输入和语音输入等几种。因为屏幕手写输入的发展，电子笔输入已渐被淘汰，但屏幕手写输入也有限制，即其要求计算机等终端设备的屏幕必须支持手写功能。近年来语音输入有了较大的发展，录入速度加快，但语音转换成文字的准确性仍有待提高。综上所述，手工键盘录入仍是文本信息输入的主要方式。

文本信息的处理技术包括编码和压缩技术。目前在计算机中普遍采用的西文字符代码是 ASCII 码。对汉字而言，首先要将编码分为内码和外码两个概念。汉字内码又称为汉字机内码，它是指在计算机内部进行存储、传递和运算时所使用的汉字编码。中国大陆地区的汉字机内码体系主要以 GB2312 为标准，我国台湾地区的汉字机内码体系主要以 Big5 为标准。外码又称为汉字输入码，大体可以分为数字编码类、字形编码类、字音编码类和音形结合编码类 4 种[1]。文本信息的压缩主要有逻辑压缩（Logical Compression）和物理压缩（Physical Compression）两种途径。逻辑压缩就是从分析数据入手，看哪些数据可以省去，怎样以最少的符号代替必不可少的数据等。物理压缩即压缩计算机文件内部冗余度的统计编码方法。文本信息的压缩不同于其他语音和图像，它要求压缩必须透明，即恢复后的文件不允许有任何失真[2]。

（二）图像信息采集和处理技术

扫描和数字拍摄是目前最常用的能够快速将大量印刷型资料数字化的技术，其大致方法是利用数码相机、图像扫描仪等设备来获取文献图像，并经

---

① 王玉然：《图书馆信息采集数字化处理的基本技术》，《农业图书情报学刊》2008 年第 7 期，第 25 页。

② 王玉然：《图书馆信息采集数字化处理的基本技术》，《农业图书情报学刊》2008 年第 7 期，第 26 页。

模数转换变成位图。所谓模数转换就是将模拟信息转换成数字信息。扫描仪是集光机电为一体的仪器，它由光学成像系统（CIS 扫描仪不含光学系统）、机械传动系统和转换电路系统组成，利用感光器件将光信号转换为电信号，再由模拟/数字转换器（Analog-to-Digital Conversion，A/D）转换后得到数字信号，存储到计算机中。扫描仪可以分为二维扫描仪和三维扫描仪，图书馆使用的主要是二维扫描仪。另外还有一些专业领域使用的扫描仪，如书刊扫描仪、条码扫描仪、CT 扫描仪、实物扫描仪、卡片扫描仪和案卷扫描仪（古籍扫描仪）等。数码相机是使用电子成像的方式将获得的图像转换成为数字信息，即利用图像传感器捕获光强度的空间变化，通过附带的 RGB 滤色片的光电转换器件（CCD 或 COMS）将光信号转换成模拟电信号，再经 A/D 转换器分别转换成数字信号，这些数字信息可以传输给计算机直接处理。

图像采样的质量由采样设备的分辨率（Dot Per Inch，DPI）来决定。设备分辨率又称输出分辨率，指的是各类输出设备每英寸上可产生的采样点数。衡量图像质量的另一个指标是 PPI（Pixel Per Inch），即图像分辨率，是指每英寸的像素数量点（Dot）和像素（Pixel）。设备分辨率和图像分辨率并不完全一致。设备分辨率是由硬件设备生产工艺决定的，存在最高分辨率的限制，是物理分辨率，在其生产制造过程中固定下来以后，用户就不能对它有任何的突破。设备分辨率可以说是硬件设备能产生的最小显示单元，这个显示单元越小，表示图像输出的色点就越小，输出的图像效果就越精细。而图像分辨率则是可以用软件任意调整其高低的，同样尺寸的位图，像素总量越多，则细节表现越精密，图像效果就越好，但文件也就越大。

图像分为静态图像和动态图像两种类型。静态图像通常指平面的、静止的图像，而动态图像一般指动画。图书馆处理的图像通常是静态图像，可以通过相应的应用软件如 Photoshop 等来处理，处理方式有图像的旋转、缩放、镜像、平滑、增强、恢复、重建、特征提取和识别等。图像的压缩可分为无损压缩和有损压缩两种。无损压缩是对文件本身的压缩，原理和其他数据文件的压缩一样，是对文件数据存储方式进行优化，采用某种算法表示重复数据信息，文件可以完全还原，不会影响文件内容，对数据图像而言，不会使图像细节有任何损失，但无损压缩的压缩比有限。有损压缩是利用人类对图像或声波中的某些频率成分不敏感的特性，允许压缩过程中损失一定的信息。这种压缩方式虽然不能完全恢复原始数据，但所损失的部分对理解原始图像的影响很小，却换来了大得多的压缩比。例如 JPEG 格式就是一种常用的图像有损压缩格式。

印刷书刊经过扫描后是以数字图像的形式存在的，为方便人们的复制或传播还必须将其识别成文字。这就需要用到文字扫描识别技术。光学字符识别（Optical Character Recognition，OCR）是最常用的文字识别技术，指电子设备（如扫描仪）通过检测纸张上字符的明暗图案来确定其形状，然后通过字符识别将其翻译成计算机语言的过程。这种技术已经发展了多年，是一项成熟技术，现在不仅可以识别简体或繁体汉字等各种文字，还可以识别表格，并自动分析和识别版面，把不需要识别的图形部分自动略过。由 OCR 软件生成的文件与使用编辑软件（如 Word）建立的文件一样，能够进行再编辑加工，制作成满足应用需要的文件。现在的文字扫描识别软件很多，国内常用的有汉王、清华紫光等。

（三）音频信息采集和处理技术

随着多媒体数据库的建设受到重视，数字音频信息的采集和处理技术在图书馆中应用也就越来越普遍。数字音频信息的采集是指将模拟的声音信号转换为数字信号，以方便人们利用计算机对声音进行读取、播放、加工处理、存储和传播。专业的音频收集和处理设备一般价格较高，但如果对音质要求不高的话，只要有一台配置了麦克风、声卡的电脑，电脑上配置有音频录制和处理的相应软件，如 Windows 自带的录音控制设置，或者像 GoldWave、Cool Edit Pro 这样的应用软件，就可以进行音频的采集和处理。使用麦克风录制声音虽然简单易用，但通常会产生大量噪音，一般只用于录制人声。数字音频的处理手段主要有裁剪声音片段、合成多段声音、连接声音、生成淡入/淡出效果、响度控制、调整音频特性等，一般使用上述应用软件都能胜任。

音频压缩技术是指对原始数字音频信号流运用适当的数字信号处理技术，在不损失有用信息量，或所引起的损失可忽略的条件下，降低（压缩）其码率，也称为压缩编码。如 MP3 技术就是我们常用的一种数字声音压缩技术。压缩的目的就是降低数据量，便于保存和传输，这一过程称为编码。而播放时，便需要有一个解码的过程，即将压缩了的数据还原为可以直接播放的数字声音，这需要专门的播放（解压）软件。根据需求的不同，人们定义了不同的压缩比。研究发现，在无损的条件下，对声音至少可进行 4∶1 压缩，即用 25% 的数字量保留所有的信息。另外，数字音频信息的处理还包括不同音频格式间的转换和将大容量的音频文件压缩成占用空间更小的文件格式。

（四）　视频信息采集与处理技术

视频资源也是图书馆多媒体特色资源的重要组成。视频采集是指将视频信号转化为数字信号，并将其记录到文件上，为下一步视频编辑加工做好素材准备的过程。在记录时，视频转化为一系列的图像或帧，并以一定的格式存储。声音可以在采集视频的同时录制，也可以只录制视频，声音则在编辑视频时同步加入视频序列中。根据采集画面的不同，视频采集可分为单幅画面采集和多幅动态连续采集。单幅画面采集时先将画面定格，然后将定格后的单幅画面以多种图像文件格式加以存储。多幅动态连续采集是以 25 帧/S～30 帧/S 的采样速度进行实时、动态地捕获和压缩的，并以文件形式加以存储。Adobe After Effects、Adobe Premiere 等视频编辑软件为视频的简单处理提供了较好的解决方案，使普通用户也能在计算机上创建和编辑影片。

视频压缩也同样采用数据压缩的技术，基本原理是挤压数据使得它占用更小的存储空间和更短的时间。目前视频格式较多，有些格式如 AVI 格式的视频文件占用空间大，限制了其传输，需要进行视频格式的转换，即通过特定的压缩技术，将某个视频格式转换为另一种视频格式。现在像 MPEG 等，由于有着较高压缩比和较好图像质量的文件格式受到普遍欢迎，被广泛地采用。

二　信息组织技术

（一）　信息组织的方法

信息组织方式可分为语法信息组织法、语义信息组织法和语用信息组织法。

语法主要包括词的构成和变化、词组和句子的组织，研究的内容属于形式的范畴。语法信息组织是指按照形式特征组织信息，最常见的方法有字顺法、代码法、地序法和时序法四种。字顺组织法是历史最悠久、使用最广泛的信息组织法，从字、词的角度集约有关信息，满足人们检索的一般要求，具体的操作有音序法、形序法和两法并用三种形式。其中，音序法逐渐占据主导地位，在字典检索中最为常用。随着信息量的激增和信息多样化，代码法从无到有，并日益显示出其重要地位。代码法一般使用拉丁字母和阿拉伯数字作为代码，如专利代码和商品代码等。获得有关地域方面的信息是大众需求的一个重要方面，再加上跨地域的比较研究增多，促使地域信息需求增多，这样地序组织法就应运而生了。地序组织法一般有文字法和图文法两种具体方法。获得历史信息或从历史角度获取信息历来是大众的普遍需求，故而时序组织法也具有广泛的应用需求，如编纂工具书、文献综述，或者写文章，或著书立说时常用到该组织方法。

语义学研究的是语言符号与它代表的对象之间的结构关系，语义信息组织法是以信息的内容或本质特征为依据对信息进行描述的方法，最常见的有分类组织法和主题组织法。所谓分类，是指依据事物的属性或特征进行区分和聚类，并将分类结果按照一定的次序予以组织的活动。分类组织法是指根据信息资源的内容属性和其他特征，将资源分门别类地、系统地组织和揭示的方法。分类组织法建立了信息的层次关系和关联体系，便于浏览检索，是应用广泛的信息组织方法。主题组织法是指通过揭示信息主题特征并有序组织的方法，它是字顺法在语义信息中的特殊应用，既采纳了字顺法便于检索的优点，又兼顾了相同内容聚集的特点，便于人们从内容角度更直接获取信息。最常见的主题组织法有标题法、单元词法、叙词法和关键词法等。另外，自然语言组织法以及本体组织法等也属于主题组织法。对于科学信息来说，最本质的是语义信息组织法，其他两个层次的组织方法与之构成了相互补充的关系。

语用信息组织法是以信息的效用特征为依据进行组织信息的方法。常见的语用信息组织法有权重值组织法和概率组织法两种。权重值组织法是按信息的重要性来组织信息。例如，报纸排版时将最重要的信息排在头版头条的位置，重要的节目在电视节目的黄金档播出，在城市规划、行政决策中也常用到。概率组织法是指在未全知信息的情况下，通过计算概率对信息进行组织，如期货交易、预测比赛结果等。

（二）数字化信息环境下的信息组织技术

数字和网络技术的进步，促进了信息组织技术的发展，同时也对信息组织提出了更高的要求。

首先，以本体为核心的语义分析技术、语义网格、知识地图以及概念地图等出现后，信息组织在语义、语用层面的组织，深入到对知识、知识元之间的关系与其语境进行描述。即传统语义组织依赖的工具和方法，如图书分类法、汉语主题词表等只帮助我们构筑了文献间的语义关系，而现在的语义技术深入地揭示和建立文献或信息内部知识点间的语义关系。信息组织从以外部特征与内容分析的形式逻辑，过渡到以概念、语义为基础的现代形式逻辑，并从概念与语义上对知识进行关联，通过新的信息组织技术对知识进行深层次发现与发掘。

其次，信息组织将不再局限于信息序化或信息整序的过程，也会关注信息活动中的每个环节，既包括对信息内容与格式、元数据、知识组织体系、信息发布与交流等进行描述，也包括对信息内容或对象进行动态的链接、登记和重组，通过对信息分析、集成、聚合和重组，来发现和提取信息资源中所隐含的知识或模式。在此基础上构建知识地图，为用户提供随时随地、透明地获得数字化的服务，对信息资源中的"知识元"进行提取、揭示与关联，以满足用户的动态需求[1]。

再次，传统的信息组织是通过语言符号所建立起来的符号系统，对信息的外部与内容特征按一定的逻辑次序进行归类组织。新信息环境下的信息组织语言符号更为丰富，不但有传统的文本符号形式，更多的可视化、虚拟与现实等组织形式相继出现，将进一步增强用户对信息的理解，丰富信息组织的手段[2]。

三　信息检索技术

（一）信息检索技术的类型

1. 文本检索技术

文本检索是以二次文献或全文等文本信息作为检索信息源进行的检

---

① 欧阳剑：《泛在信息环境下图书馆信息资源组织探讨》，《图书情报工作》2011 年第 19 期，第 70 页。

② 欧阳剑：《泛在信息环境下图书馆信息资源组织探讨》，《图书情报工作》2011 年第 19 期，第 70 页。

索①。传统文本检索已发展了几十年，开始主要以二次文献作为检索信息源，具体使用的检索技术有布尔逻辑检索、截词检索、限制检索、加权检索、聚类检索等。1959 年，美国匹兹堡大学建立了世界上第一个全文检索系统——法律信息检索系统。全文检索以全文本信息为主要检索对象，允许文本中任何字符和字符串作为检索的入口点，用户可以以布尔逻辑等检索技术进行检索，也可以利用自然语言，根据资料内容而不是外在特征来实现检索。计算机和计算机网络的广泛应用促进了文本信息检索的发展，其中超文本检索和基于概念的检索已成为较为成熟的检索技术。

超文本检索技术是以超文本网络为基础的信息检索技术。超文本是一种管理文本信息的技术，它将文本信息存贮在许多节点上，用链将这些节点连成一个网状结构。进行超文本检索时，节点间的各种链接关系可以动态地选择激发，通过链从一个节点跳到另一个节点，实现联想式检索。万维网上的检索方式有分类目录式（网站级）检索、全文（网页级）检索等。分类目录式检索允许用户通过对系统中预定义的某种信息组织结构中设置的链接点进行访问。在全文检索方式中，搜索引擎极具代表性，它是使用网络信息资源自动采集机器人（robot）程序（也称"网络蜘蛛""爬虫软件"）动态访问各站点，收集信息，建立索引，并自动生成有关资源的简单描述，存入数据库中供检索。国外的"Google""Yahoo!"，国内的百度等都是著名的搜索引擎平台。

概念信息检索指当用户使用某一检索词进行检索时，系统基于对概念内涵的理解，以用户提交的关键词所表达的概念作为搜索依据。它完全突破了文本检索常用的关键词匹配算法，从关键词所表达的概念意义层次上来认识和处理用户检索请求②。概念是关于具有共同属性的一组对象、事件或符号的知识。同一概念可以有多个抽象元素来表达，这些描述元素在此概念的约束下构成了同义关系，它们在此意义上可以等同起来。概念检索就是在检索时，将这些描述元素自动归并为同一概念，因而不仅仅能检索出包含这个具体词汇的结果，还检索出包含那些与该词同属一类概念的词汇结果。另外，概念并不是孤立存在的，一个概念总是与其他概念之间存

---

① 程焕文、潘燕桃主编《信息资源共享》（第二版），高等教育出版社，2016，第 178 页。
② 程焕文、潘燕桃主编《信息资源共享》（第二版），高等教育出版社，2016，第 179 页。

在各种各样的关系，根据概念之间的相互联系，在词的概念含义层次上建立联系，为检索用户提供相关的结果分析是概念检索的另一个应用前景。概念信息检索通过对文献中繁多的原文信息进行语义层次上的自然语言处理来析取各种概念信息，并由此形成一个知识库，然后，根据对用户提问的理解，来检索知识库中相关的信息以提供直接的回答。这就与人工智能领域中的自然语言处理在语义层次上的分析和理解有着密切的关系，具备了智能检索的特性。

2. 基于内容的信息检索技术

基于内容的信息检索技术最初是为了解决多媒体的检索问题而产生的。由于信息资源的数字化、网络化的发展，信息载体和信息形式也在不断地发生变化，信息多样化的程度不断加深，图形、图像、视频、音频、动画等多媒体信息日渐丰富，文本方式检索技术难以对蕴含丰富的多媒体资源进行有效揭示，需要在文本信息之外得到更多种类的信息，由此催生了基于内容的信息检索。基于内容的信息检索是指根据媒体对象的语义和上下联系进行检索，即主要是利用媒体对象的语义、视觉和听觉特征来进行检索，如图像中的颜色、纹理、形状，视频中的镜头、场景、镜头的运动，声音中的音调、响度、音色等。

跨媒体检索是基于内容的多媒体检索中的一个新研究领域，在跨媒体检索环境下，用户提交以某一种或多种媒体表达方式描述的查询后，检索系统不仅可以返回相同媒体的匹配结果，还可以返回不同类型的其他媒体的匹配结果[①]。

（二）信息检索和信息检索技术的发展

1. 智能化检索

人工智能技术迅速发展，信息的自动标引技术研究有所突破，自然语言理解研究的深入，搜索引擎技术的提高，智能代理技术和机器学习的应用，以及本体论概念的引入与研究的深化，为智能信息检索提供了强大的知识保障和技术支持。所谓智能信息检索就是把现代人工智能的技术与方法引入到信息检索系统，使后者具有一定程度的智能特征，在更高的层次

---

① 程焕文、潘燕桃主编《信息资源共享》（第二版），高等教育出版社，2016，第179页。

上实现其检索功能。智能技术在信息检索中的典型应用有以下几方面。

（1）基于本体的语义检索

本体（Ontology）的概念起源于哲学领域，原意指关于存在及其本质和规律的学说，后来被计算机科学领域引入，特指对共享概念模型所作的明确化、形式化、规范化说明，它强调领域中的本质概念，也强调这些本质概念之间的关联。某个领域的本体能够将该领域中的各种概念及概念之间的关系显性地、形式化地表达出来，从而将概念中包含的语义表达出来。也就是说，本体具有通过概念之间的关系来表达概念语义的能力，所以能够大幅度提高检索的查全率和查准率，其基本思想是接受用户的信息检索请求，进行概念的精确匹配。基于本体的语义检索的思路是，在领域专家和本体专家的合作下，建立相关领域的本体，获取特定领域的有用知识，然后收集信息源中的数据，并参照已建立的本体把收集来的数据按规定的格式存储在元数据库中。这样就可以对从用户检索界面获取的查询请求，利用查询转换器按照本体把查询请求转换成规定的格式，在本体的帮助下从元数据库中匹配出符合条件的数据集合。如此，不仅能准确揭示领域内共同认可的知识，也因其能够揭示概念间的关系，尤其是隐含的关系，从而能够提高信息检索的检全率。本体论的语义推理能力是本体论有别于其他一些知识组织体系的关键特征，也是本体论使信息检索具有"智能性"的关键。

（2）自然语言理解

所谓自然语言，也就是人们日常使用的各种通俗语言。自然语言理解的任务是建立一种能够像人那样理解、分析并回答自然语言结果的计算机智能模型。其基本工作方法是：首先，在计算机里贮存一定的词汇、句法规则、语义规则、推理规则和主题知识等。语句输入后，计算机进行逐词扫描，并根据词典辨认每个单词的词义和用法，然后根据句法规则确定短语和句子的组合，根据语义规则和推理规则获取输入句的含义。其次，查询知识库，根据主题知识和语句生成规则组织应答输出。比如现在的搜索引擎，通过语言学的结合，开发检索词专用词典，或是通过全文扫描和词间关系的分析，可以实现搜索引擎对搜索词在语义层次上的理解，为用户提供最确切的搜索服务。总之，从计算机的角度来说，要实现计算机对自然语言的理解，并帮助我们进行检索，就需要计算机能实现基本的人机会话、语义理解或自动文摘等语言信息处理功能。而从检索用户角度来说，使用自然语言检索方便，破除了受控语言的种种限制，用户不必再学习复杂的检索规则，能较快适应，易用性突出。

（3）智能代理

所谓的智能代理就是在用户没有明确具体要求的情况下，能根据用户需要，代替用户进行各种复杂的工作，如信息查寻、筛选、谈判、管理等，并能推测用户的意图，自主制订、调整和执行工作计划。在智能信息检索系统中，我们用智能代理几乎可以完成所有的交互工作，从用户提出信息检索要求开始，自然语言的处理，本体层上的推理，元搜索引擎的调度，结果的融合，个性化学习等都是由智能代理作为后台指示的。

（4）机器学习

机器学习即利用计算机来模拟或实现人类学习活动，是计算机获取知识的重要途径和人工智能的重要标志。智能信息检索中，机器学习的对象是用户，机器学习的目的是完成检索结果处理的智能化，使其更加符合用户的检索要求，具体内容有：一是对检索结果的过滤与排序。机器学习的目的就是了解它所服务的用户，不仅仅是一些常识性的知识，如性别、年龄、专业等，还要了解用户的个人习惯、兴趣偏好、对于信息的要求、对于检索结果的要求等，并据此对检索结果进行处理，以适合用户的品味。二是对用户反馈的信息处理，进一步完善个性化模式库。用户对信息的检索结果、意见等反馈的信息要由个性化学习来进一步地处理，完善个性化模式库，以更好地了解用户，以便更好地实现上述的功能[1]。

总之，智能检索是人工智能在信息检索中的一种应用，它以用户需求为先导来进行信息搜集和信息加工，根据用户特定的需求以及在一段时期内的偏好为衡量标准来筛选信息。利用智能检索时，用户界面提供友好的自然语言查询，当用户的查询请求不明确时，智能搜索代理会利用知识库中的推理机制推断用户的潜在诉求，选择与用户习惯最相近的需求进行检索，实现信息知识的存储、检索和推理，并向用户提供智能辅助。

2. 跨语种检索

跨语种信息检索是指用户用母语提交查询，信息存取系统比如搜索引

[1] 宋博：《小议智能信息检索的智能性》，《农业图书情报学刊》2013年第5期，第129页。

擎，在多语种语言的数据库中进行信息检索，返回能够回答用户问题的所有语言的文档。如果加上机器翻译，返回结果可以用母语显示。跨语种检索主要涉及的技术有机器翻译技术、自然语言理解技术等计算机信息检索技术。目前许多主要搜索引擎已经开始对不同语种的用户提供本语种检索入口，以减少语言不同所带来的障碍。

3. 可视化信息检索

可视化信息检索即信息检索可视化，是信息可视化在信息检索中的应用。所谓信息可视化就是利用信息可视化技术，将原本较为抽象的数据信息用图形或者图像等更加形象的方式进行展示、解释和传输，同时对数据间所存在的规律进行总结。借助计算机技术、多媒体技术以及数字技术等更加直观、动态地显示结构化及非结构化的环境及事物，是信息可视化的重点所在。信息检索可视化是指将信息资源、用户提问、信息检索模型、检索过程以及检索结果中各种语义关系或关联数据转换成图形，显示在一个二维、三维或多维的可视化空间中，以帮助用户理解检索结果，把握检索方向，提高信息检索的效率与性能。信息检索可视化主要包括两个方面。

（1）信息检索过程可视化

传统的检索方式基本都是提问式检索，整个的检索过程对于用户来说是完全封闭的。而信息检索过程可视化则是要将整个检索过程尽可能地呈现在用户面前，用户可以通过可视化图标的操作方法，与系统平台在一个可视化界面中进行交互式发送请求，使检索行为更人性化、直观化；同时，用户从发送检索命令到结果的呈现，各个检索步骤都在可视化界面中得到很好的揭示，更加明确了用户检索的目标性，从而帮助用户更加准确、方便地发送检索请求[①]。

信息检索过程可视化主要涉及寻径网络以及多维尺度分析等关键技术。其中，寻径网络主要是指以经验数据为主要依据，评估不同概念或实体之间联系的相似性或者差异性，在此基础上利用图论相关概念及原理得出相应的网状模型。多维尺度分析，具体指的是对高维空间数据利用非线性变换加以转换，进而得到相应的低维空间数据，之前高维数据之间所拥有的

---

① 钱力、张智雄、邹益民、黄永文：《信息可视化检索在数字图书馆中的应用实践》，《现代图书情报技术》2012 年第 4 期，第 75 页。

关系通过不同疏密的散点在低维空间中近似进行表示的技术①。

（2）信息检索结果可视化

信息检索结果可视化是指通过设计信息检索的接口进行检索结果的分面统计、聚类、共著、共引等方法的深度挖掘，即利用可视化技术，将数据集中看不见的抽象数据和数据之间的语义关系，以一种可视化的方式呈现在用户场景中，让用户充分发掘信息资源中潜在的价值资源，帮助用户更好地组织、分析与利用信息②。其中，可视化显示技术是指通过图形的方式，将已经进行聚类处理的文献资料相关信息在计算机上予以显示的技术。目前，诸如 Focus＋Context、Radial SPace‐Filling、TreeMap 以及 Hyperbolic Tree 等可视化显示技术的应用范围较广③。

现在，我国的许多高校图书馆，如复旦大学、浙江大学、中山大学、武汉大学、西北工业大学、大连理工大学、华中科技大学、厦门大学、中国海洋大学、兰州大学、同济大学等图书馆均利用可视化检索技术来帮助读者提高检索质量。这些高校图书馆的可视化技术的应用主要体现在主题词云、封面图像、借阅关系图、借阅趋势图以及虚拟书架等五个方面。

4. 一站式信息检索

一站式检索即在图书馆门户网站上搭建一个统一的检索平台，采用分布异构技术将各种馆藏电子资源高度整合，读者在统一界面检索，进而获取所需的目标资源。现在的数字图书馆自建或购买有少则十几个，多则几百个数据库。如果一个个地去检索这些数据库，费时费力，效率极低，并且这些数据库的检索规则和要求通常各不相同，这样更增加了信息检索的困难。因此，需要将馆内不同结构、不同类型的数据库通过信息资源整合到同一界面，用户通过这一检索界面就可以实现对馆内所有数据库的检索。并且，在现代信息环境下，为满足用户不断提高的信息检索要求，数字图书馆的检索技术不能只限于本机构数字图书馆的检索，必须运用网格检索技术实现跨平台、跨资源的无缝检索。这也需要构建各数字图书馆间的检索网络，并且提供统一的检索平台，实现馆内外资源关联检索。

---

① 李巧蓉：《浅论图书馆信息检索可视化技术》，《兰台世界》2013 年第 2 期，第 82 页。

② 钱力、张智雄、邹益民、黄永文：《信息可视化检索在数字图书馆中的应用实践》，《现代图书情报技术》2012 年第 4 期，第 75 页。

③ 李巧蓉：《浅论图书馆信息检索可视化技术》，《兰台世界》2013 年第 2 期，第 82 页。

四 信息存储技术

(一) 图书馆信息存储技术的类型

随着数字图书馆的发展，数字信息资源日益普及，馆藏文献资料的内在价值不断被发掘，本地镜像数据库也在逐年增加，各种新的服务项目不断推出，服务模式和服务方法不断得到改善。这些新的工作及服务的开展，使得图书馆对高存储容量、高数据存取速度、高性能价格比的存储设备的需求不断增长，要求图书馆信息存储一直紧跟信息存储技术的发展，并适时地把最适宜的存储技术应用到图书馆中来。图书馆数字化建设过程中先后引进和使用过磁存储技术、电存储技术、光存储技术、网络存储技术等信息存储技术。

1. 磁存储技术

磁存储是指利用磁头来完成电与磁信号之间的转换，并利用磁性介质来实现信息存储的技术。常用的磁存储介质有计算机磁带、计算机磁盘（软盘和硬盘）、录音机磁带、录像机磁带等，其中硬磁盘具有容量大、体积小、速度快等优点，应用最为广泛。20 世纪 60 年代初，软盘和硬盘成为图书馆进行数据交换的介质，之后随着存储技术的发展，优盘、机械硬盘等先后应用到图书馆数字化建设中，大大加快了图书馆的数字化进程。现在磁存储技术的存储密度不断提高，已经达到了 TB 级别，并且利用 RAID（磁盘阵列）技术，可以将多个独立的硬盘按不同方式组合形成一个硬盘组，从而能够提供更高的存储性能和更强的数据备份能力。

2. 电存储技术

现在的电子存储技术主要以固态硬盘技术为代表。固态硬盘采用电子存储介质进行数据存储和读取，突破了传统机械硬盘的性能瓶颈。与传统机械硬盘利用刺头进行读写采取的方式不同，固态硬盘的寻道时间几乎为 0，读写速度占据显著的优势。除速度优势外，固态硬盘的容量亦在不断突破，现在的容量已达到 TB 级别。另外，固态硬盘没有机械马达和风扇，重量轻，还具有发热量小、散热快、低功耗、方便携带等优点。并且，采用闪光颗粒和非磁盘制成的固态硬盘，其内部不含机械部件，在具体使用时防震效果明显，保护数据能力强且不易损坏。由于固态硬盘具有重量轻、速度快、功耗低等优势，大有取代机械硬盘的趋势。

3. 光存储技术

光存储技术是通过光学方式，在一个被称为光盘的圆盘上进行信息读写的技术。光存储技术起源于 20 世纪 70 年代，1982 年索尼和飞利浦公司推出了第一张数字激光唱片，制定了光盘记录计算机数据标准，之后 CD-ROM 得到了快速推广，成为电子设备必需的存储设备。根据存储的密度不同，光盘可分为 CD、DVD、HD-DVD 和蓝光光盘等。现在光存储技术仍在飞速进步，蓝光盘由于激光波长缩短了，信息存储密度大幅提高，双面蓝光 DVD 光盘的存储容量已经达到了硬盘存储的水平；多层多阶光存储、近场光存储、全息光存储等超高密度存储技术的突破和应用，使得光存储技术的存储密度进一步增加。

4. 网络存储技术

网络存储技术以存储设备为中心，信息存储从主机系统中分离出来，存储设备通过网络连接，成为一个相对独立的存储系统，有利于实现信息的集中和共享。网络存储架构大致可以分为三种：直连式存储、网络附加存储和存储区域网。

直接附加存储技术（Direct-Attached Storage，DAS）就是利用各种服务器或客户端扩展接口，将存储设备直接连接到计算机服务器来实现数据的传输的技术。DAS 的特点是存储设备只能被该主机直接访问和控制，其他主机需要访问存储设备中的数据时，必须经过该服务器的存储和转发。这种方式对服务器的依赖程度极高，一旦服务器发生较为严重的故障，就会导致数据信息无法访问。而且直接附加存储的设备较为分散，如果在一个存在多个计算机服务器的系统中，信息数据的安全性和稳定性存在着比较大的风险，难以进行科学有效的管理。但这种架构方式成本相对较低，对服务器也没有额外要求。

网络附加存储（Network-Attached Storage，NAS），是可以直接连接到网络上向用户提供文件级服务的存储设备。NAS 作为一种特殊的专用数据存储服务器，由存储器件（例如磁盘阵列、驱动器、磁带驱动器或可移动的存储介质）和内嵌系统软件组成，和传统的通用服务器最大的区别在于，它优化了系统软硬件体系结构，去掉了通用服务器原有的许多不适用的计算功能，而仅仅提供通信和文件系统功能，专门用于存储服务，所以又被称为"瘦服务器""存储集线器"或者"Filers"等。NAS 的最大优点是它是独立于操作平台的，具有文件服务器的特点，故而不同平台的文件可以共享。并且网络附加存储技术极易安装和维护，管理和使用非常方便，通过用户与系统签订的共享协议，系统可以及时响应客户端的请求，还可以以文件访问的形式管理客户端。这种网络存储技术使整个系统在工作过程中更加灵活和透明，减少服务器的系统开销，而且软件成本也较低，易于推广使用。但因为该技术使用的是公共数据网络，工作时很容易受到网络中其他工作或系统流量的影响，也容易受到黑客的攻击，可能会导致数据存储不完整、泄露等安全管理问题，而且网络存储的数据只能以文件模式的形式进行访问，它无法像其他普通文件系统那样直接访问物理数据块，这样就会严重影响系统的工作效率。

存储区域网（Storage Area Network，SAN）是目前图书馆采用较多的信息存储架构。SAN 是独立于服务器网络系统之外的高速存储网络，是随着光纤通道（Fiber Channel，FC）技术的出现而产生的一种存储系统。它通过不同的连接设备（如光纤集线器、光纤路由器、光纤交换机等）构成光纤通道网络（后来一般将这种以光纤搭建的存储网络称为 FCSAN），将各种存储设备（磁盘阵列、NAS、磁带等）以及服务器连接起来，形成高速专用存储子网，数据通过存储区域网在服务器和存储设备之间高速传输。FCSAN 的优点在于：一是使用了光纤协议作为传输协议，充分利用了网络带宽，提高了存储速度。二是传送的是数据块，适合大数据量传输和实时数据处理，使用硬件提供缓冲并保证传输质量。三是服务器和存储设备相分离，两者的扩展可以独立进行。但 FCSAN 也有不足，表现在：存储设备的互操作性较差，不同厂商的产品之间难以互相操作；网络互联设备包括光纤网络、光纤存储卡等都较为昂贵等。而以 iSCSI（Internet SCSI）技术搭建的存储网络（IPSAN）的出现则能较好地克服上述缺点，而且 IPSAN 能实现分馆各服务器的互联，因此逐渐成为许多图书馆采用的存储技术。

（二）图书馆信息存储技术的发展

1. 虚拟存储

虚拟存储，就是把多个存储介质模块（如硬盘、磁盘阵列）通过软件和硬件技术融合转换为一个逻辑虚拟存储单元，形成统一管理的存储池并提供用户使用。存储虚拟化技术可把不同厂商、不同型号、不同通信技术、不同类型的存储设备互联起来，将系统中各种异构的存储设备映射为一个统一的存储资源池，进行统一分配管理，同时可以屏蔽存储实体间的物理位置以及异构特性。理论上讲，虚拟逻辑存储单元的存储容量是它所集中管理的各物理存储体的存储量的总和，而它具有的读写带宽则几乎接近各个物理存储体的读写带宽的总和。存储虚拟化有利于对图书馆不同结构、位置分散的物理存储设备进行集中化管理，而且通过动态地管理存储空间，避免了存储空间被无效占用，从而提高存储设备利用率；并能将图书馆的应用服务与存储设备分离，使各种不同的存储设备看上去具有标准的存储特性，应用系统不需要再关心存储的具体设备，减轻了应用系统的负担[①]。

2. 云存储

云存储是建立在云计算和云空间技术基础之上的一种全新的存储方式，该方式整合应用了计算机系统的软硬件优势，可较为快速、高效地对海量数据进行在线处理，通过多种云技术平台的应用，实现数据的深度挖掘和安全管理。区别于传统的线下存储技术，云存储技术最大的特点在于它是一种线上存储技术，将需要存储的资源和信息存储在由广域网和互联网连接的多台虚拟服务器上，而非存储在专属的服务器或者是特定的存储设备上。另外，云存储还有数据存储容量大、数据存储安全性高、数据存储使用方便等优点，但目前仍面临需要解决好吞吐能力不足、并发能力弱、时延长、存储速度慢、存储安全保障等问题。

（3）分级存储

按照信息生命周期管理（Information Life-cycle Management，ILM）的观点，数字资源创建之后，随着时间的推移，其利用价值、被访问频率会动态发生变化。一般而言，在信息刚生成不久，为读者带来的使用价值最高，访问频率也最高。随着时间的推移，信息的价值会随之下降，访问频率降低。图书馆应该根据信息在不同生命阶段的不同价值，进行有效的存储与管理。同时，在所有数字资源当中，不同的资源被利用频率也不一样，在某个阶段，有些资源被频繁利用，而有些资源被利用频率较少。而存储设备存在着性能、价格、容量等方面的巨大差异，若所有数字资源均使用高速磁盘存储，则费用高昂难以负担；若所有数字资源均采用低端磁盘，则

---

① 孙彩杰：《图书馆的信息存储策略》，《四川图书馆学报》2010年第1期，第36页。

不能满足服务需求。针对上述问题，分级存储技术便应运而生。

分级存储是指根据信息的重要程度、访问频度等指标，将其分别存储在性能不同的存储设备上。分级存储有三种存储方式：在线存储、近线存储和离线存储。一般来说，需要实时在线生产的数据和提供数字资源实时服务的业务数据，如 OPAC 系统、镜像数据库、VOD 点播等读者访问量大的数字资源，采用在线存储服务。图书馆的在线存储设备一般采用高转速、性能高的硬盘（SAS、FC 硬盘），或者固态硬盘和磁盘阵列来支持"在线"数据存储，使信息随时保持可实时快速访问的状态；对那些不需要提供实时在线服务、利用率不高、访问量不大的信息资源（包括互联网采集到的资源、作为中间数据临时保存的数字资源等），可采用近线存储的方式。图书馆可采用性价比高的低转速硬盘（SATA 硬盘）、低端的磁盘阵列等来存储这些资源；对于需要永久保存的数字资源、备份的近线/离线资源，可采取离线存储方式，图书馆可采用磁带库、光盘等离线存储介质支持离线数据存储。

信息生命是动态的，信息访问频率也是动态的，因而分级存储也应该是动态的，需要科学的管理，这就是分级存储管理。其核心内容是根据某种策略，实现数据在各级存储设备中的自动迁移，同时这种迁移应该是对应用服务透明的。

第三节　信息资源数字化建设标准

一　数字资源编码标准

（一）内容编码标准

1. 字符编码标准

字符编码是以二进制的数字来表示字符集的字符。相关的国际标准是 ISO646，全称为《信息处理交换用七位编码字符集》，它源于 ASCII（美国信息交换标准代码）。我国根据 ISO646，制定了自己的国家标准 GB1988-80《信息处理交换用七位编码字符集》（1998 年已修订），GB2311-80《信息处理交换用七位编码字符集扩充方法》，GB2312-80《信息交换用七位编码字符集基本集》及其系列：G2、G3、G4、G5、G6（即信息交换用七位编码字符集基本集第一至第五辅助集）以及《汉字内码扩展规范》（GBK）字符编码集等。

2. 结构化信息编码标准

结构化信息编码标准的典型代表有标准通用置标语言 SGML（Standard Generalized Markup Language）、超文本置标语言 HTML（HyperText Markup Language）和可扩展置标语言 XML（eXtensible Markup Language）。20 世纪 60 年代，IBM 开始研究通用置标语言（Generalized Markup Language，GML）用于描述文件及其格式。1978 年，美国国家标准协会（ANSI）将 GML 规范确定为国家标准。1986 年，国际标准化组织（ISO）发布了 SGML 的正式文本——SGML ISO8879：1986，使 SGML 成为通用的描述各种电子文件结构及内容的国际标准。随着互联网的广泛应用，超文本标语言 HTML 应运而生。由于 HTML 过于简单，只定义了唯一的文件类型，并且标记集不能改动，对于内容不断增多和形式多样化的 Web 文件，显得越来越不适应，为此 W3C（万维网联盟）制定和发布了可扩展置标语言 XML。

（1）通用置标语言标准（SGML）

SGML 是一种元语言，是用来描述置标语言的语言，适用于电子文档交换、文档管理和文档发布。SGML 从结构和内容两个层次来描述文献，其核心是文档类型定义 DTD（Document Type Definition）。

SGML 以实体（事物、对象）、元素、属性（性质）的形式定义数据。实体是被编码的一个事物、一个对象；元素是文本中某一特定部分，如题名、章节题名、出版者的名称、分类号等；属性则是关于某个要素的特定信息（如某个主题词的同义词）。实体、元素、属性之间的关系也可以用 SGML 进行描述。

利用 SGML 可以定义各种各样的置标语言，定义一种置标语言的方法是根据 SGML 的规则制定 DTD 文档，DTD 文档规定了这类文档可能出现的置标及其组合规则。具体来说，SGML 可以把来源不同的原始信息（如图形、文本、声音、动画、视频文件等各方面的资料）组装在同一文件中，DTD 可以自由地定义文件结构，给一个文件添加新的标记，以反映文件结构单元，并校验电子文件是否遵循在 DTD 中所定义的结构。

SGML 规定的这种标记不依赖于任何软件和硬件，包括分隔符和标识符。

分隔符是那些已经定义的符号（如"<"">""/"等）。标识符一般可出现在元素之前和元素之后，可以实现层层嵌套（如<author>就是一个标识符）。

SGML 具有极好的扩展性，在数据分类和索引中非常有用。但 SGML 复杂度太高，不适合网络的日常应用，加上开发成本高、不被主流浏览器所支持等原因，使得 SGML 在 Web 上的推广受阻。

（2）超文本置标语言（HTML）

HTML 是万维网上最流行的标记语言，它是经过简化的 SGML 的 DTD 的具体应用实现，是 ASCII 文件的一种增强版。HTML 提供了一种文本结构和格式，使其能够在浏览器上呈现给访问它的用户。它在文件中加入标签，使其可以显示各种各样的字体、图形及动画效果，还增加了结构的标记，如头元素、列表和段落等，并且提供了到其他文档的超链接。HTML 是 Web 上的通用语言，可以方便地制作网页、建立链接，使数据信息由线性组织转化成网状组织。

HTML 作为一种标记技术，并不揭示信息的本质。随着网络的发展，HTML 也暴露出了一些缺点：①扩展性差。HTML 是符合 SGML 语法的一种固定格式的超文本标记语言，如<h1>…</h1>、<table>…</table>、<id>…</id>等标记都是事先定义好的，用户无法改变，也无法自行增删。②交互性差。HTML 文档为显示而设计，缺乏针对内容的描述，不易实现用户与应用系统之间的交互。③语义性差。HTML 结构不规范，其高度的容错性虽然能给编码人员以灵活性，但也使得 HTML 代码太过随意，不利于对其进行维护，且在个性化服务中容易受到限制。

W3C（万维网联盟）使用 XML 语法重写了 HTML，诞生了 XHTML。XHTML 继承了 HTML 的许多优点，其标记与 HTML 标记是等同的，但在语法上更加严格，它的特色体现在模块化上，如果需要简化标记则可忽略其中某些模块。

（3）可扩展置标语言（XML）

XML 是由 W3C 于 1998 年 2 月发布的标准。XML 是 SGML 的一个简化子集，是 SGML 的一个应用文档或限制格式。它将 SGML 的丰富功能与 HTML 的易用性结合到 Web 的应用中，以一种开放的自我描述方式定义了数据结构，在描述数据内容的同时能突出对结构的描述，从而体现出数据之间的关系。

HTML 着重描述 Web 页面的显示格式，这是 Web 显示数据的通用方法，网页开发人员只能按预先定义的标签来描述网页中的元素；而 XML 着重描述的是 Web 页面的内容，提供了一个直接处理 Web 数据的通用方法，允许网页开发人员定义标签。XML 介于 HTML 和 SGML 之间，已经发展成一个比较独立完整的知识体系，在这个体系中包含了非常丰富的内容，包括 XML 语法、XSL、可扩展链接语言（eXtensible Link Language，XLL）、XML 用户代理（XML User Agent，XUA）、XML-Http、DOM 和 SAX，还有 RDF、XTM、XP、XML 的行业应用等。

在网络环境下，XML 的主要用途有两个：一是作为元标记语言，定义各种实例标记语言标准；二是作为标准交换语言，担负起描述交换数据的作用。其特点有：①简洁、开放。XML 文档是纯文本，从文本编辑器到可视化开发环境的任何工具都可以对其进行创建和编辑，这使得程序变得更简单。②结构良好。XML 文档由 3 个部分组成：文件头（Prolog）、正文部分（Body）和结尾部分（Epilog），文件头和结尾部分均是可选的。③基于内容的数据标识，数据内容和数据显示相分离。有了 XSL 以后，数据和显示是分离的，同一数据可指定不同的样式输出。④支持以全球统一的标准来定义自己的标记。XML 是一个国际化的标准，且支持世界上大多数的文字，不仅能在不同的计算机系统之间交换信息，而且能够跨越国界和不同文化疆界交换信息，因此成为通用的网际语言。⑤可扩展，具有创建标记的能力。XML 可以创建和使用自己的标记，也可以与他人共享，具有很大的扩展性。这种可以自定义语义的标记，能够明确地提示所标注的内容，从而实现更加精确地搜索，使得智能代理的实现切实可行，有利于数据库数据的相互转化。

HTML 提供了查看数据的通用方法，XML 则提供了直接在数据上工作的通用方法。由于具有良好的伸缩性和灵活性，XML 不仅提供对信息资源内容的标识，同时也提供信息资源所具有的结构信息，适合于表示各种信息，从而被广泛接受。

（二）数据格式标准

数据格式包括文本、图像、音频、视频等数据内容的格式。文本格式有 HTML、XML、PDF、PS（PostScript）等。图像数据格式分为图形和图像两种不同的格式。图形主要包括机械图、建筑图、电路图、地理图等，常用格式有 CGM、AutoCAD 系统定义的 DXF，以及 Microsoft 的 WMF 等；图像常用格式有 TIFF、JPEG、JPEG2000、GIF、PNG、BMP 等。音频数据格式有 WAV、MP3、MIDI、WMA、QuickTime、SunAudio、RealAudio 等。视频包括动画和影像，动画文件数据格式有 GIF、Flic 等，影像格式有 MPEG、AVI、ASF 等。

二 数字资源描述标准

元数据（metadata）作为描述数字对象的数据，是所有数字信息资源组织的重要基础。"元数据"一词是随着互联网发展而产生的，用于描述信息资源的结构化数据，或称描述其他数据的数据。元数据是专门用来描述数据的特征和属性，组织数据、各种数据域以及它们之间关系的信息，也是描述和组织信息资源、发现信息资源的语言和工具。元数据的作用体现在著录描述、定位、识别和确认、检索、评估、选择、资源管理、信息资源保护与长期保存等方面，其主要功能有：对数据单元进行详细、全面著录描述；提供信息资源的位置信息；对信息资源进行个别化描述；在描述数据中提供检索点，方便用户对信息资源的检索和利用；提供信息资源的基本情况，使用户对信息资源有一个基本的了解和认识；便于用户根据需求选择信息资源；支持信息资源的存储和使用管理。

元数据规范很多，不同规范有不同特点和应用范围。MARC 被广泛用于图书馆书目记录；数据 DC（都柏林核心元素集）能较好地解决网络资源的发现、控制和管理问题；RDF（资源描述框架），能对结构化元数据进行编码、交换及再利用。除此之外，针对不同的对象和应用，还有很多元数据标准：类目详尽的 CDWA（艺术作品描述类目）在描述艺术作品时优势明显；EAD（编码档案描述）常用于档案检索工具的编码；FGDC/CSDGM（联邦地理数据委员会/数字化地理元数据内容标准）主要用于描述地理空间信息；GILS（政府信息定位服务）制定的目的是为公众提供可以方便检索、定位、获取美国公共联邦信息资源的服务；TEI（电子文本编码与交换）是用于电子形式交换的文本编码标准；VRACore（视觉资料核心类目）多用于对数字图像的描述；LOM（学习对象元数据）是常用的网络教育资源描述标准。总之，元数据的应用已深入诸多的行业和领域，如书目组织、科学技术、人文艺术、医学、商业、教育等。下面就图书馆常用到的一些元数据规范进行介绍。

（一）机读目录

机读目录，简称 MARC，是计算机能够识别和阅读的一种目录。MARC 源于美国国会图书馆 1965 年 1 月提出的"标准机器可读记录款式的建议"（即 MARC Ⅰ），1967 年 MARC Ⅱ 格式问世。现在世界各国和地区相继采用 MARC Ⅱ 格式建立本国和地区的机读目录系统，这些格式除了在字段名称、字段标识符和数据内容上有差别，其总体结构与 MARC Ⅱ 是相似的。以下是几种典型的 MARC 标准。

1. USMARC（美国国会图书馆机读目录通信格式）

USMARC 的前身为 MARC Ⅱ 格式，除在其字段标识和内容项目上有区别外，其他完全与 ISO2709 规定一致。USMARC 格式的主要字段有：目录控制区、主要款目（如个人作者、团体机关、会议或者集会、通用书名标目）、书名出版项、稽核项、丛书项、附注项、主题附加款目、其他附加款目（如个人姓名附加款目）、丛书附加等。USMARC 格式因广泛用于书目记录数据而被人们所熟知。

2. UNIMARC（国际机读目录通信格式）

该标准是国际图联于 1976 年为统一各国机读目录格式，在 USMARC 基础上主持制定的。1994 年出版了《UNIMARC 手册》第二版。UNIMARC 实现了不同文种、不同载体的文献机读目录格式的一体化，为不同国家书目机构之间机读目录的交换创造了条件，推动了各国机读目录格式的研制和修订。

UNIMARC 主要有以下三个特点：内容标识符标准化，克服了以往各国使用本国 MARC 系统中标识符的专指性；编排字段不是按卡片目录的著录顺序，而是按字段的内在联系组织数据，并把相同性质的字段编排在一起，组成字段的功能块；重视书目文献库中相关文献之间的关系，如平行关系、层次关系、从属关系等。

UNIMARC 是依据 ISO2709-1973（E）和"英美编目条例"（AACR Ⅱ）等编目标准制定的，它将每条 MARC 记录分为：0××标识区、1××代码信息区、2××描述信息区、3××注释区、4××连接款目区、5××相关题名区、6××主题分析区、7××责任者说明区、8××为今后国际交流而设置的留用字段、9××各国国内使用的字段。

3. CNMARC（中国机读目录格式）

CNMARC 是我国国家书目机构依据 UNIMARC 制定的《中国机读目录通信格式》（China MARC Format），作为中华人民共和国文化行业标准 WH/T0503-96 推出。它与 ISO2709 的规定相一致，以 UNIMARC 为依据，凡 UNIMARC 中定义的字段适合于中国出版物的规定都保留，并且补充了中国出版物特有的而 UNIMARC 中没有的字段定义。

一条 CNMARC 记录的结构从左至右包括记录头标、地址目次区、数据字段和记录分隔符四个部分。其中，记录头标由 24 个字符构成，含有关于记录结构的数据和为特定的形式而定义的几项数据元素，如记录类型、目录级别、记录完整程度和是否完全或部分采用 ISBD 规则。地址目次区由三位数字表示的字段号、四位数字表示的字段长度和五位数字表示的字段起始字符位置符构成。数据字段的长度可变，每个字段之间由字段分隔符隔开，数据字段的结构根据字段号的不同有不同的结构。

（二）都柏林核心集（DC）

都柏林核心（Dublin Core，DC）是都柏林核心元素集的简称，因第一次关于元数据集讨论的研讨会在俄亥俄州的小镇都柏林召开而得名。1995 年 3 月，OCLC 与国家超级计算机应用中心（NCSA）召开了一次国际研讨会，与会代表一致认为有必要定义一个简单的用于描述网上电子文件特征、提高信息检索效果的方法，随即启动了都柏林核心元数据的研究项目，产生了一个包含 13 个元素的元数据集，即 Dublin Core（DC）Set。后来，经过会议的研讨、扩充和修改，最终形成了一个包含 15 个元素的元数据集，分为 3 组。

1. 描述资源内容相关的元素

（1）题名（Title）：资源的名称。

（2）主题（Subject）：资源内容的主题词。

（3）描述（Description）：资源内容的描述或资源文本的说明。

（4）来源（Source）：对象的来源。

（5）语种（Language）：资源知识内容的语种标识。

（6）关联（Relation）：相关资源与现有资源之间的关系。

2. 覆盖范围（Coverage）：对象的空间位置和时间的持续性特征

（1）描述知识产权的元素

（2）创作者（Creator）：资源内容的责任者。

（3）出版者（Publisher）：能获取对象的责任代理。

（4）其他责任者（Contributor）：主要负责对象文字内容的人。

（5）权限（Rights）：资源权限管理的声明。

3. 资源外部属性相关的元素

（1）日期（Date）：发布日期。

（2）资源类型（Type）：对象的类型，如小说、诗歌或者日记。

（3）格式（Format）：对象的数据格式，如后记文件。

（4）标识符（Identifier）：唯一标识对象的字符串或数字。

DC 产生之初，曾确立了四个原则：①核心集可以根据特定团体的需要补充更多的元素；②所有元素都是可选的；③所有元素都是可以重复的；④任何元素都可以利用一个修饰词或多个修饰词进行限制。其中，既可以选择，又可以重复的原则，使核心元素成为可被用于简单或复杂的元数据描述，以创建任何搜索引擎和数据库结构可用的元数据。它提供了跨学科和格式的语义互操作性，与其他元数据兼容，可作为结构化元数据进行编码和转换的模块化基础结构，是可被任何单位用于描述和标引电子资源的有力工具。

DC 依据其独特优越性，已成为国际范围内通用的适用于网络资源组织系统的元数据标准。2001 年，都柏林核心集的 15 个元素集（Dublin Core Metadata Element Set，DCMES）成为美国国家标准 ANSI/NISO Z39.85 - 2001。2003 年，DCMES 正式成为国际标准 ISO 15836：2003《信息与文献 都柏林核心数据元素集》，2009 年修订为 ISO 15836：2009。2010 年，DCMES 正式被批准成为我国国家标准 GB/T 25100-2010。此外，DCMES 也是英国、澳大利亚、芬兰、丹麦等国家的标准。

（三）资源描述框架（RDF）

资源描述框架（Resource Description Framework，RDF）是在 W3C 的倡导下，由一些元数据团体（包括 Dublin Core、PICS、Digital Signatures 等）和一些著名公司与研究机构（如 IBM、Microsoft、Netscape、OCLC 等）集思广益制定出的，符合多种需要的、功能强大而灵活的结构，用来支持互联网及万维网上的元数据，为 Web 数据集成的元数据提供了解决方案。作为一种元数据框架，RDF 定义了一个简单的数据模型，它基于如下假设：任何一个可被标识的"资源"都可以被一些可选择的"属性"描述；每一个属性的描述都有一个"值"，即通过属性和值来描述资源以及资源之间的关系，并采用"主—谓—宾"三元组框架来描述 Web 上的各种资源。其中主语代表资源本身，谓语代表资源的属性，宾语代表值。在这里，"资源"指所描述的信息资源或数据对象，例如一个网页、一本书、一张图片、一种计算机软件等；"属性"指信息资源所具有的一些特性，例如题名、制作者等。属性是可以选择的，可以是元数据制作者自己规定的某些特性，也可以是某个既定的信息资源描述格式中的某个项目（如 DC 中的各个元素）；"值"指的是属性的具体内容①。

在资源描述框架模型中，资源可以具有某种性质，性质则具有某种值。这个"值"可以是一个字符串，也可以是一个数字或另一资源。资源性质的集合被称为"描述"。在图 7-1 中，文件 D 被称为一个资源，有题名、格式、语种以及创建者四个属性，每一个属性有一个值，如创建者的值为名为"作者 A"的另一资源，这一资源有姓名、邮箱和机构三个属性，而机构的值为名为"组织 O"的另一资源。这样就可以一层一层继续下去，通过资源的属性值链向另一资源。

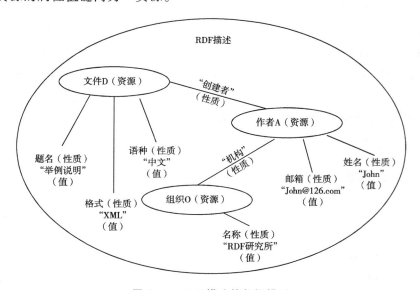

图 7-1 RDF 描述的数据模型

---

① 戴维民主编《信息组织》（第三版），高等教育出版社，2014，第 345 页。

RDF 为解决现存的各种元数据之间的互操作性问题，对结构化的元数据进行编码、交换、再利用的框架体系，提供了在各种不同的元数据体系之间的互操作性。RDF 具有易控制、易扩展、包容性好、可交换性强、易综合等特点。通过 RDF 的帮助，Web 可以实现一系列应用，如可以更有效地发现资源、提供个性化服务、分级与过滤 Web 的内容、建立信任机制、实现智能浏览和语义 Web 等。

三 数字资源长期保存标准

随着图书馆馆藏资源数字化的不断发展，馆藏数字资源比例不断积累，数字资源的长期保存问题日益突出，需要相应的标准和规范来指导其工作。为此，图书馆界及档案、博物等领域开始提出一系列框架和规范，如美国空间数据系统咨询委员会提出了开放档案信息系统参考模型（OAIS），后来普遍被接受为数字信息长期保存系统基本构架，并被国际标准化组织确定为国际标准 ISO 14721：2002；我国原文化部于 2015 年 7 月 3 日发布了 WH/T 72-2015 图书馆数字资源长期保存信息包封装规范，规定了图书馆数字资源长期保存信息包的构成、术语和定义以及信息包的封装细则。

第八章　信息资源数字化建设内容

第一节　数据库建设

图书馆的数据库分为两种，即自建的数据库和引进（购买）的数据库。关于数据库的购买问题在前文中已有介绍，在此主要探讨自建数据库的问题。图书馆的自建数据库主要有书目数据库和特色资源数据库等。

一　书目数据库建设

（一）书目数据库建设概述

书目数据库是指存储有关主题领域各类文献资料的书目信息，以二次文献的形式报道文献的数据库[①]。依据不同的标准，书目数据可分为不同的类型：按二次文献类型的不同，可分为题录数据库、文摘数据库、引文数据库和目录数据库等；按出版物不同，可分为期刊目次数据库、图书目录数据库等；按文献生产、出版时代不同，可分为古籍书目数据库、民国文献书目数据库、现代文献书目数据库等；按文种不同，有中文书目数据库和外文书目数据库等。

书目数据库建设即在对文献进行描述、著录和标引形成书目数据的基础上，将数据录入计算机系统，组织形成书目数据库，以供人们检索使用的活动。现代信息环境下的书目数据库建设不仅能使杂乱无章的信息有序化，更是整个信息服务体系建设的核心，为信息资源检索打下了基础，提供了信息资源检索的途径、工具和方法，同时还是信息资源共建共享的必

[①] 肖希明主编《信息资源建设》，武汉大学出版社，2008，第 214 页。

然要求和重要内容。总之，书目数据库是图书馆数字化建设的核心内容，是图书馆网络系统的重要组成部分。

（二） 书目数据库建设基础

书目数据库建设的基础是在书目信息描述和标引的基础上生成书目数据。生成书目数据的主要流程包括以下内容。

1. 书目信息的分析和选择

书目信息的分析和选择即对采集来的文献信息资源所反映的内容和形式特征进行分析，选择有用信息，去掉无用和错误信息。采集和分析书目信息的关键是对相关文献的内容和形式特征进行提取。所谓"形式特征"又称"外部特征"，是指信息的物理载体直接表现出来的特征，也就是信息载体外在的、形式的特征，如信息载体的物理形态、题名、作者、信息的类型、信息生产及流通状况、传播方式等特征；所谓"内容特征"又称"内部特征"，是指信息本身所包含的具体内容，一般通过关键词、主题概念或其他知识单元等进行表达。文献的形式特征通常可以通过观察文献，或从文献的扉页、版权页中直接获取。而文献内容特征如类型或主题，一般需要通读文献，在对文献有比较精准的理解和分析后，方能依据一定的工具（如分类工具——《中国图书馆分类法》；主题词标识工具——《汉语主题词表》）提取出来。

2. 书目信息的描述与揭示

信息描述与揭示是信息组织中的重要环节，在信息组织中有着至关重要的作用。信息描述与揭示是指根据信息组织和检索的需要，按照一定的规范，运用各种方法将文献的外部特征和内容信息进行分析、归纳、选择、记录的过程。文献信息的揭示方法有著录法、提要法、摘要法、索引法、评价法、注释法、综述法等。其中建立书目数据库最常用的方法是著录法。

著录，也称目录著录或书目著录，是按照一定的著录规则，对文献的内容和外表特征进行客观描述的过程。著录的目的在于准确地揭示和报道文献，它是信息服务得以顺利开展的根本保证，故著录应与信息检索处理要求一致，遵循一定的规则与标准。由于信息资源类型不同，信息揭示的要求也会有所差别，故在一些著录规则和标准中所列出的基本项目也不尽相同。如《中国文献编目规则》（第二版）中规定的基本描述项目分别为：题名和责任者项目、版本项、文献特殊细节项、出版发行项、载体形态项、丛编项、附注项、文献标准编号及有关记载项、提要项等为九个大项目（详见表 8-1），主要用以描述和揭示文献的外部特征。而都柏林核心集中的基本项目则是本书第七章提到的 15 个基本元素。对于传统文献的形式特征而言，可以依据《中国文献编目规则》（第二版）中规定的基本描述项目进行资源的描述，从而形成较为完整的书目数据。而对于网络资源则通常可采用诸如都柏林核心集等元数据进行描述。

表 8-1　《中国文献编目规则》（第二版）基本项目

题名和责任者项	题名即标题，是区别不同文献的重要特征，与责任者结合，可以充分识别某一文献，是检索信息资源的一个重要途径；责任者指对作品付出劳动、对作品内容直接负责者，也是与另一图书相区别的重要标志之一
版本项	与鉴别版本差别、文献更新情况直接有关
文献特殊细节项	为某些特殊类型文献的著录所设置，如连续出版物、地图等
出版发行项	用以说明文献的出版情况
载体形态项	对一个文献物质形态特征描述的项目，包括：数量、图、尺寸或开本、附件等，也是选择文献的一个重要因素
丛编项	记录丛编文献的信息
附注项、文献标准编号及有关记载项	进一步提供文献的相关材料，帮助用户充分了解信息资源
提要项	概括记录和评价文献内容的描述项目

著录过程中对文献内容特征进行揭示的活动称为"标引"。"信息标引"是指在分析文献内容的基础上，用某种检索语言把文献主题以及其他有意义的特征标识出来，作为文献存储与检索依据的一种文献处理过程。信息资源标引根据描述语言不同也可分为"分类标引"和"主题标引"。

（1）分类标引

"分类标引"，又称为"归类"，是指依据一定的分类语言，对信息资源的内容特征进行分析、判断，赋予分类标识的过程。分类标引工作是对信息资源进行分类组织的基础和前提，对信息资源的开发利用具有重要的意义。通过对信息资源赋予分类标识，信息机构就可以将各种资源纳入相应知识门类，建立起相应的分类检索系统。这样，用户只要根据一定的资源特征，就可以按照系统提供的途径进行查找，从资源集合中检索出需要的文献。分类标引同时还是许多文献单位用来进行文献组织的依据，直接关系到文献单位各项工作的开展。

文献分类的关键是确定分类规则和分类工具。信息资源分类法按照编制方式可分为等级列举式、分面组配式和列举—组配式三种类型。美国的《杜威十进分类法》《美国国会图书馆图书分类法》和我国的《中国图书馆分类法》是比较著名的等级列举式分类法。印度图书馆学家阮冈纳赞创制的《冒号分类法》和英国分类法研究小组改编的《布立斯书目分类法》（第二版）等，是较为典型的分面组配式分类法。《国际十进分类法》、俄国的《图书馆书目分类法》是较具代表性的列举—组配式分类法。

目前我国绝大部分的图书馆都使用《中国图书馆分类法》（以下简称《中图法》）进行文献分类，并且我国集中编目部门均将《中图法》作为主要分类依据。为了适应不同类型图书馆以及不同类型、不同专业文献分类的需要，《中图法》编委会成立了相应的分编委会和专业分类法编辑组，编辑出版了《中图法》的不同版本和有关的辅助工具书。历经多次修订后，2010 年《中图法》推出了第五版，并于 2011 年 12 月推出该版的 Web 试用版。

（2）主题标引

主题标引是依据一定的主题词表或主题标引规则，赋予信息资源语词标识的过程。具体而言，主题标引是在主题分析的基础上，以一定的词表或标引规则作为依据，将信息资源中具有检索意义的特征转换成相应的主题词，并将其组织成表达信息资源内容特征的标识的过程。按照是否使用词表，主题标引可以分为"受控标引"和"自由标引"两类。依据词表赋予检索标识的，称为受控标引；直接采用自然语言语词进行标引的称为自由标引。在各种主题标引工具中，叙词表使用最为普遍，发展最为充分、最具典型性，而《汉语主题词表》是目前我国广泛使用的综合性受控主题标引工具；《中国分类主题词表》则是以《中国图书馆分类法》和《汉语主题词表》为基础，编制的分类检索语言和主题检索语言互换的工具，当然也可以用其查找规范的主题词。主题词（叙词）一般按国家标准《文献叙词标引规则》（GB/T 3860-1995）进行组配，目前"主体因素—方面因素—位置因素—时间因素—文献类型因素"是常被采用的结构。如 CALIS 依据《汉语主题词表》，采用 CNMARC 机读格式制定了相应的标引规范，根据 CALIS 的规范对《全国高等学校图书馆工作会议文集》一书，可标引为："6060#＄a 院校图书馆＄x 图书馆工作＄y 中国＄j 文集。"

3. 编目

信息资源编目亦称源数据创建工作，是信息描述工作的实际操作。它是依据描述规则，对信息资源的特征进行分析、选择、记录的操作过程。信息资源记录的结果即元数据，亦称为款目。

信息资源编目经历了手工编目、机读编目、联机编目的历程。手工编目是直接以手工方式进行描述款目的制作，用于编制卡片式目录或书本式检索工具。机读编目是以计算机为工具，通过输入编目数据，在程序控制下输出书目产品，生成机读目录和各种手工检索工具。联机编目可以在联机状态下进行编目操作和提供编目数据，建立联机检索工具并提供各种产品。

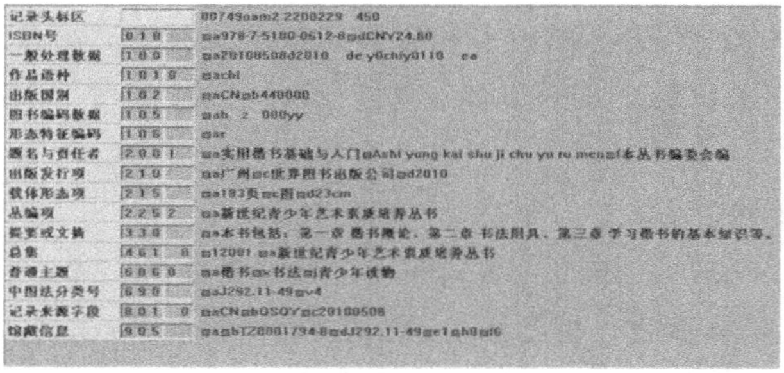

图 8-1　一条机读目录款目

（三）书目数据库建设形式

书目数据库建设有"回溯建库"和"实时建库"两种形式。

"回溯建库"指将已有的书目文献信息进行数字化处理，建立数字化的书目信息资源数据库，以提供用户通过网络使用。在数字化和网络化建设前，图书馆是通过卡片式或书本式目录为读者提供检索和借阅服务的，也就是说，在书目数据库建设之前，图书馆已经生成和拥有大量的书目信息，书目数据库的建设首先要对这些已存在的大量书目进行数字化处理，即进行回溯建库。

"实时建库"是指将新入藏文献的书目信息进行数字化处理并添加到已有书目数据库中。这是目前图书馆目录工作中最重要的工作，并且由于图书馆往往采取统一集中采购的方式购入新书，为使新购入的图书能尽快被读者查询和借阅，就需要短期内完成编目和录入工作，所以这通常是一项突击性的工作。

回溯建库与实时建库的次序并不是绝对的，在回溯建库的同时完全可以进行实时建库工作，并且数字图书馆在经历了多年的发展后，目前大部分的图书馆已完成了回溯建库工作。现在可能面临的主要问题是，一旦图书馆服务系统进行更换，原有的书目数据库必须进行数据搬迁甚至重建。

（四）书目数据库建设方式

根据书目生成方式不同，书目数据库建设方式可分为原始编目建库、复制（套录）编目建库以及原始编目与套录相结合建库等三种方式。

"原始编目建库"即本馆编目人员对文献进行著录和编目，形成完整书目数据，然后逐条输入计算机书目数据库中，形成馆藏书目数据库。现在随着越来越多集中编目组织，或商业化的编目机构提供成熟的、高质量的编目数据，图书馆通常只有在查重未发现书目信息后才会进行原始编目并录入数据库。另外，为扩大共享范围，保证共享质量，信息资源共建共享系统往往也会鼓励成员馆进行原始编目并将书目数据上传系统书目中心。

"复制编目"又称"套录"，是指利用其他单位已经完成的编目数据进行编目。套录标准数据源建库的具体方法是：首先编目人员通过对引进的标准数据源进行查对，然后将符合馆藏要求的书目数据进行转换、补充、修改并加注本馆馆藏信息，最后将这些书目数据录入书目数据库中存储，并提供利用。做好套录工作，首先要选择好书目数据源，将那些成熟的、权威的数据源作为首选对象，当单个数据源不能满足编目需求时还需要引入多个数据源。其次要建设一支高素质的编目队伍。套录工作其实对编目者有较高的专业要求，起码能对已有的数据进行专业判断，并合理地进行相应处理。

网络和共建共享环境下，套录成为越来越多图书馆的选择，但引进标准源数据会产生一定的费用，且有些书目数据是馆外书目数据库没有或者无法提供的，仍需要自行生成书目数据并录入建库，所以现在的书目数据库建设通常会将套录和原始编目相结合。

（五） 书目数据库建设模式

书目数据库建设模式有自建书目数据库、集中编目建库和共享编目建库等三种模式。

自建书目数据库是指单个信息机构依靠自己的力量进行编目建库，并向本机构读者提供书目检索服务。自行编目建库可采用原始编目、套录或者原始编目和套录相结合的方式建成自己的书目数据库，也可采取业务外包的方式建库，即信息机构与书商或第三方编目机构通过协商，签订图书编目和建库协议，将本机构的编目和目录数据录入数据库的工作委托给书商或第三方编目机构代为完成。

集中编目建库是指由一家中心编目机构进行编目，建成数据库后，向其他机构提供编目数据的方法。集中编目一般采用建立全国集中编目中心、地区集中编目中心等形式进行，并以发行目录卡片、机读目录数据等方式提供集中编目数据。另外，在版编目也是集中编目的形式之一，指在文献出版过程中进行编目，一般由出版机构和编目机构协同完成，一起提供编目数据与文献，方便文献机构使用。

共享编目建库是指两个或多个编目机构共同进行编目活动，建设书目数据库，并通过各个参加机构通力协作，使编目结果为各参加机构共享的一种编目建库模式。这种编目形式可以克服集中编目中单一机构的不足，发挥各参编机构的长处，获得集中编目不能达到的效果。共享编目建库又分为两种形式：一是建立集中式联机联合目录数据库，如OCLC（Online Computer Library Center）的 WorldCat 便是全球最大的书目数据库，包含了 2 万多会员图书馆的馆藏信息，并且还在不断吸引各国图书馆加入其中，其记录每 10 秒便增加 1 条，每月增加 200 多万条，每隔 4 秒就有 WorldCat 书目资源被共享[①]；而我国的全国图书馆联合编

---

① 彭斐章主编《目录学教程》（第二版），高等教育出版社，2017，第 290 页。

目中心，截至 2019 年 7 月底，已经拥有书目数据 1354 万条，规范数据 182 万条，全国馆藏数据 4800 余万条，并且馆藏数据每年还在以 1000 万到 1500 万条的速度迅猛增长①。另一种形式是以虚拟联合编目的形式建设数据库，即由若干个图书馆组合成一个联合共享团体，各馆独立维护各自的数据库，但可以通过 Z39.50 网关对各成员馆的数据库进行广播式检索，并返回检索结果列表。这种方式与集中式联机联合目录（现实联合目录）的最大不同是虚拟联合目录没有一个中央书目数据库。自 20 世纪 90 年代起，美国、加拿大、欧洲和我国香港等地相继兴起这种编目建库模式。

二　特色资源数据库建设

（一）特色资源数据库建设概述

1. 特色资源和特色资源数据库

特色资源是自建特色文献数据库的重要基础。特色资源主要是指那些显著区别于其他馆藏的、主题内容别具一格或者具有独特风格与形式的文献资源。图书馆馆藏特色资源是经过长时间建设积累形成的，具有一定规模，结构比较完整，且在某一方面具有特色的优势文献资源。馆藏特色资源一般承载着深邃的文化积淀，有着厚重的人文底蕴，能较好地反映一个图书馆的文化内涵。并且在某种意义上，特色资源是图书馆核心竞争力的源泉，因为只有特有性的资源，才能够彰显图书馆与众不同的优势，吸引读者利用图书馆资源。

特色资源数据库是指依托馆藏信息资源，针对用户的信息需求，对某一学科或某一专题有利用价值、有特色的信息资源，进行收集、分析、评价、处理、存储，并按照一定标准和规范将其数字化，以满足用户个性化需求的信息资源库②。

2. 特色资源数据库建设意义

数字化和特色化是当代图书馆馆藏建设的两大主流，而特色资源数据

---

① 王洋：《全国图书馆联合编目中心 2018-2019 年度工作报告》，http://olcc.nlc.cn/page/document.html，2020-11-10。

② 肖希明主编《信息资源建设》，武汉大学出版社，2008，第 214 页。

库建设正好是这两大主流的自然融合。通过特色资源数据库建设对本馆特色资源进行全面系统的搜集、加工和整理，并进行数字化处理，甚至联网共享，有利于图书馆更好地保存、了解、研究和宣传这些珍贵资源，也有利于人们对这些资源进行开发利用。此外，由于许多特色资源是一定区域内区别于一般资源的独具特色的自然资源、人文资源、社会资源等，是综合反映一个地区政治、经济、文化、教育、历史、地理、风土人情、人物传记、物产资源、名胜古迹等重要内容的文献资源，建立特色资源数据库有利于促进地方特色资源的开发利用，为本地区经济、文化建设服务。由于生成年代久远，加上保存不善，许多珍贵的特色资源已成为濒危资源，建设特色资源数据库，并将这些珍贵资源进行数字化处理，有利于对这些濒危资源的保护。

（二）我国特色资源数据库建设成就

随着经济的发展，对文化事业的重视以及相关资金投入的不断增长，我国图书馆特色资源数据库建设成就突出。

1. 高校图书馆特色资源数据库建设成就

CALIS 自建成以来，持续推进专题特色数据库子项目的建设。项目遵循"分散建设、统一检索、资源共享"的原则，统一特色资源数据库的建库标准和服务功能要求，构建统一的公共检索平台，采取重点支持和择优奖励相结合的资助方式，建成了一批标准相对统一的专题特色数据库。其中一期项目（1999～2000 年）建成专题特色库 25 个；二期项目（2003～2006 年）建成特色库 55 个，数据总量达到 445 万多条。2011 年启动三期项目建设，有 204 所高校共申报了 255 个项目，获准立项 235 个①。

目前我国许多高校图书馆都非常重视自建特色资源库，陆续建成一批有影响力的特色数据库。这些数据库类型多样，有馆藏特色库，如中国人民大学图书馆的"社科专题剪报数据库"（1951～1960 年部分）等；有学科特色库，如南京中医药大学建立的"中医方剂数据库""中药数据库""中药指纹图谱数据库""肺系病证方剂数据库"等；有地方特色数据库，如四

---

① CALIS 三期特色数据库项目管理组：《CALIS 三期专题特色数据库建设方案、进展及要求》，2011。

川大学图书馆建成的"巴蜀文化特色库"等;有民族特色数据库,如中央民族大学的"民族相关文献信息特色库""馆藏民族音像库"等;有专题数据库,如东北大学的"张学良文献数据库"等。另据《"双一流"高校图书馆自建特色数据库调研与思考》一文,2019年3月~6月统计获得全国37家"双一流"高校图书馆的数据,数据显示,这些高校图书馆共自建特色数据库255个,馆均约7个。其中,中国海洋大学图书馆和北京师范大学图书馆自建特色库超过20个①。

2. 公共图书馆特色资源数据库建设成就

中国地大物博,各地文化资源极为丰富,近二十年来,我国各个省级图书馆在充分考虑了本地区的地理、历史、政治、人文、教育、环境、物产等背景因素基础上,努力挖掘和搜集独具地方特色的文献资源,建设特色资源数据库。据《省级公共图书馆特色数据库建设调查分析》②一文中,2018年2~3月调查统计,我国省级公共图书馆中除青海省图书馆外,都建有特色资源数据库(当时青海省图书馆在维护中,故没有统计到相应数据,后经笔者调查重新开放的青海省图书馆网站得知,该馆的"文蕴共享平台"之下有"地方史志""本地报纸""专题资源"等7个特色数据库)。其中浙江图书馆建有31个特色资源库,山西图书馆建有28个特色资源库,黑龙江图书馆和香港公共图书馆建分别建有26个特色资源库,为省级公共图书馆中建设有特色资源库较多的图书馆。这与该文作者杨思洛教授在2005年调查统计到的,我国省级、副省级公共图书馆特色资源库建设情况有了较大的差异③。如下图8-2所示,总体来说,特色数据库的建设数量有了大幅度的增加,且有些图书馆,如西藏图书馆的特色数据库建设已从无到有。少数图书馆特色数据库数量较2005年减少,主要是因为将同类型的数据库进行了整合,剔除了一些质量较差、内容时效过期的数据库。

---

① 韩冰:《"双一流"高校图书馆自建特色数据库调研与思考》,《图书馆工作与研究》2020年第10期,第84、86页。
② 杨思洛、杨依依:《省级公共图书馆特色数据库建设调查分析》,《图书馆》2019年第8期,第104~111页。
③ 具体数据请参见杨思洛《省级公共图书馆特色数据库建设调查》,《图书情报工作》2005年第9期,第107~109页。

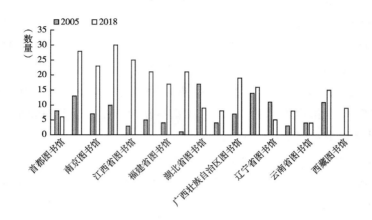

图 8-2　部分省馆特色数据库数量对比①

（三）特色资源数据库的类型

按建库方式和使用功能不同，特色资源数据库可分为二次文献数据库、全文数据库、多媒体数据库等。二次文献数据库包括书目数据库、题录数据库、文摘数据库等，如中国高等教育文献保障系统的全国石油专家学者学术资源平台、东北地方志数据库等，属于文摘型数据库；厦门市公共图书馆服务联合体的百年厦图特色数据库中的目录索引子库，则属于题录型数据库；甘肃科技文献共享平台的特色数据库、中国高等教育文献保障系统的书院文化数据库等均属于索引型数据库；而天津高等教育文献信息中心的中国古建筑文化遗产数据库、中国高校人文社会科学文献中心的古文献资源库、京师文库全文库等均属于全文型数据库②。多媒体数据库是指将文字、数值、事实、图文、声像等融为一体的数据库，由于其形象生动，更适合于反映特色资源数据库的特点，故成为目前特色资源数据库建设的主要形式。当然也有些数据库是仅记录有图像、音频或视频资源的。

特色资源数据库根据其资源特点不同又可分为地方特色、民族特色、

---

① 杨思洛、杨依依：《省级公共图书馆特色数据库建设调查分析》，《图书馆》2019 年第 8 期，第 109 页。

② 刁霄宇：《我国图书馆联盟特色数据库建设现状研究》，《四川图书馆学报》2018 年第 2 期，第 37 页。

学科特色、专题特色、资源类型特色等不同的资源库。当然这只是一个粗略的分类，许多特色文献兼具以上资源的大多特点，故而以此为基础建成的数据库类型是交叉的。另外，上述这些资源库中有的属于二次文献数据库，如山东省图书馆的"山东地方文献索引数据库"；也有全文数据库，如南京图书馆的"南京图书馆藏稀见江苏方志全文数据库"；更有多媒体形式的数据库，如吉林省图书馆的"吉林文化多媒体资源库"等。

1. 地方特色资源库

地方特色资源是指以反映特定地区历史或传统文化，或与地方政治、经济和文化发展密切相关的独特资源。建立地方特色资源数据库可以弘扬地方文化，可以为当地经济、文化、科技等领域的发展提供信息服务，故而成为当前我国公共图书馆建库的主要方式。据《省级公共图书馆特色数据库建设调查分析》一文的统计，截至 2018 年 3 月有 70% 的省级公共图书馆建设了对地方文献进行收集整理组织的特色数据库①。当然地方特色资源除地方文献资源外，还有物产资源、人文资源、旅游资源、动植物资源等，图书馆通常还会选取这些地方独特资源建库，如浙江网络图书馆的"杭州西湖龙井茶文化数据库"，吉林省图书馆的"动植菌物图片数据库"等。

2. 民族特色资源库

民族特色资源库指反映少数民族地区政治、经济、文化教育、宗教、风俗民情、山川地形、民族迁徙等情况的数据库。我国少数民族分布广泛，各少数民族在不同地区留下的丰富多彩的民族文化，是各个地区的文化瑰宝，是许多高校、科研组织研究的主要内容，也是一些公共图书馆、院校图书馆、专业图书馆建设的重点，如吉林省图书馆的"中国朝鲜族专题数据库"，云南大学的"西南民族研究库"，云南艺术学院的"云南民族艺术特色资源数据库"等。

3. 学科特色资源库

学科特色资源库是指以某特定学科专业为对象而建立的、以本学科相关信息为基本内容的数据库。许多高校或科研机构图书馆利用自己的学科教学或研究优势积累了丰富的学科资源，同时为了促进这些学科的教学和

---

① 杨思洛、杨依依：《省级公共图书馆特色数据库建设调查分析》，《图书馆》2019 年第 8 期，第 105 页。

研究，尤其重视学科特色资源库的建设，如东华大学图书馆创建的"纺织特色数据库"和内蒙古大学图书馆创建的"蒙古学文献信息特色库"等。

4. 专题特色资源库

专题特色资源库是指根据本馆的条件，为了满足读者的特定需求，围绕某一特定的研究专题而建立的数据库。专题特色资源库类型较多，涉及主题广泛，主要有以下几方面。

（1）人物专题数据库

人物专题数据库是指将当地具有一定影响的人物的相关信息进行集中收录、组织和展示的特色资源库。这些数据库围绕某一人物的生平、经历、学术成果、荣誉等，进行系统简介、完整展示、全面研究，如吉林省图书馆的"杨靖宇将军专题"，西安交通大学图书馆建设的"钱学森特色数据库"等；也有群体人物的特色数据库，如安徽省图书馆建设的"安徽文化名人"，广西壮族自治区图书馆建设的"广西民国人物"等数据库。

（2）重要历史事件专题数据库

重要历史事件专题数据库是指围绕与某地或某机构有关的某一重要历史事件，收集相应的历史或研究资料建立的特色资源库。比如陕西省图书馆建设的"西安事变"数据库，江西省图书馆建设的"江西二次国内革命战争时期史料"数据库，山东省图书馆建设的"纪念'五三惨案'80周年"数据库等，便是其中的代表。

（3）红色文化专题数据库

我国公共图书馆建设有较多红色文化专题数据库。这些数据库以多媒体数据库与视频数据库为主，收录了我国新民主主义革命时期的特大事件、革命地区等相关史实资料，如江西省图书馆建设的"八一南昌起义"，海南省图书馆建设的"海南红色革命"等数据库。

（4）专题讲座数据库

图书馆开设专题讲座是其信息服务延伸的重要方式，将一些高质量、有特色的讲座集结成库，方便读者的浏览、观看，也是图书馆建设的专题数据库中常见的类型，如首都图书馆的"首图讲坛资源库"，天津图书馆的"文化大讲坛"，山东省图书馆的"大众讲坛"等。

（5）其他专题数据库

其他专题数据库通常还有：围绕与一地或某一机构有关的，值得纪念的重要事件建立的数据库，如上海图书馆建设的"上海与世博"等；围绕某个独有研究价值、宣传价值，或者值得关注的主题或事件建设的数据库，如云南大学图书馆建设的"禁毒防艾库"，甘肃省图书馆建设的"沙尘暴研究专题"，黑龙江图书馆建设的"犹太人在哈尔滨""北大荒专题"等数据库。总之，关于什么样的资源库属于专题特色资源库，目前还没有明确的界定，一般都是各个信息机构根据自己的信息资源收藏优势和特点，结合当地政治、经济、文化建设的需要和读者的需求，选定某个特定专题来建库。

5. 资源类型特色资源库

特色资源的类型多样，如据其载体不同，可分为传统载体文献、纸质文献和新型载体文献等，具体又有金石、图书、报刊、图片、照片、影片、画片、唱片、拓片、手稿、簿籍等。收藏机构为突出其收藏的文献类型特点，并结合当地文化特色建设的相应的数据库即为资源类型特色资源库。如首都图书馆建设的"燕京金石""旧京图典""京城舆图"，上海图书馆建设的"电影记忆"，天津图书馆建设的"京剧音配像"，南京图书馆建设的"民国期刊"等，即为此类特色资源数据库。

（四）我国特色资源数据库建设存在的主要问题

1. 选题缺少规划，缺乏特色

特色资源选择，即选题，是特色资源库建设的基础，一个好的选题是特色资源库成功建设的开始。尽管二十多年来，我国许多信息机构结合本区域经济建设、历史文化发展及民族分布特点，有目的、有侧重点地建设了一批具有鲜明地域特色、时代特色、学科特色、民族特色的数字资源库，为弘扬和传播我国优秀传统文化，保存和保护珍贵文献资源，促进各地经济文化事业和科学研究发展发挥了积极作用。但在选题上仍存在诸如缺乏整体规划，未成体系，选题重复以及主题选择缺乏特色，特点不鲜明、不突出，即特色资源不"特"的问题。做好选题工作，应坚持合理规划、突出特色、优势互补、避免重复、满足需求的原则。

2. 缺乏统一的标准和规范的指导

特色数据库建设的标准化是实现特色资源共建共享和跨库检索的重要前提。特色资源库建设标准化又可具体分为管理系统标准化、数据著录标准化和对象加工数据规范化等。

在管理方面，我们目前主要还是各自为政，缺少统一的管理规范指导。比如，有关特色资源库的栏目设置就比较混乱，有数字资源、特色资源、地方数字资源库、地方特色资源、专题资源、自建数据库、网络资源等名称，读者往往不明就里。

2012 年以前，我国特色资源库建设很少有相应的元数据标准和对象加工数据规范指导。为此有些机构如 CALIS，在参照相关规范的基础上制定了系统内的数据组织、存储和发布的一系列规范，而大部分信息机构通常只凭自己的理解对资源进行简单分类或描述，严重影响了数据库的检索和使用，并且由于缺乏统一的标准，特色数据库之间的兼容性和互操作性差，严重影响了资源的共享。2012 年以后，我国相继出台了有关文本、图像、音频、视频等资源数据加工规范的文化行业标准和《数字对象唯一标识符规范》。2014 年出台了《音频资源元数据规范》和《视频资源元数据规范》的文化行业标准，以及《图书馆馆藏资源数字化加工规范》的国家标准。特色资源数据库建设应该充分利用好上述标准和规范。但是我们仍要看到，上述这些标准或规范在面对复杂多样的特色资源的描述时仍远远不够，因此，应加大研究力度，制定出更多的既能反映资源特色又能保证资源描述统一性的，数据库间的互操作性和兼容性的标准。

3. 检索功能不完善，访问渠道不健全

我国现在建成的许多特色数据库只能进行简单浏览，没有实际意义上的检索功能。有些数据库虽然提供了关键词、题名等检索途径，但是检索方式大都为简单检索，仅有个别数据库支持高级检索，并且几乎所有的特色数据库的检索结果都不能进行二次检索，也无法进行跨库检索。另外，多数特色数据库没有内容简介与使用说明，操作界面不够友好。

除此之外，我国大量特色数据库仍存在访问渠道不健全的问题。有些数据库只能在内网使用，不能通过互联网远程访问数据；有些虽然能通过互联网访问，但因为没有设置导航，打开速度较慢，或者界面设计不符合用户的浏览和使用习惯等，使得访问的有效性与易用性较差。网络环境下，图书馆应充分利用好网站、微信公众号、移动客户端等平台，为用户提供多种形式的特色资源数据库的访问途径。

4. 宣传力度不够，更新不及时，使用率低

尽管我国图书馆特色资源数据库建设取得了不小的成就，但重建轻用的思想仍普遍存在，建设时忽视用户需求，建成后缺乏必要的宣传推广，建设的数据库在读者中的知名度较低，使用率自然也就不高，再加上平时缺乏维护，数据不能及时更新，读者流失也就更加严重。为此，特色资源数据库的建设必须克服轻质量重数量、轻宣传重建设的做法，以用户需求为中心，充分利用各种媒体渠道进行宣传报道；建立读者反馈机制，及时反馈读者意见；建立科学有效的评估标准和体系，利用科学可行的评价方法对各个系统建成的特色数据库进行有效评估。

5. 开放程度和共享率较低

目前，共建共享已成为图书情报界的共识，但许多特色资源数据库的共享情况却不尽如人意。这一方面是因为特色资源数据库的建设仍缺乏统一的标准指导，资源描述和检索体系构建各行其是，造成特色资源数据库共享的困难。另一方面，特色资源数据库一旦被打上"自建数据库"或"馆藏珍贵资源库""馆藏特色资源库"的标签后，往往就成了相对封闭的区域，只有经过授权后方能在本系统平台内使用，这显然不符合数字资源开放、便捷、远程利用的特点。为此，一方面图书馆应进一步解放思想，树立资源开放共享的观念；另一方面，国家应加强特色资源数据库的统一规划，打破条块分割，从建设统一的信息资源保障体系的高度，鼓励不同系统、不同机构、不同资源间的共建共享，同时加大特色资源数据库建设标准的研究和制定的力度，重视图书馆联盟在标准设计、推行以及资源建设中的管理和协调的优势，推进特色资源数据库的共建共享，提高资源共享水平。

第二节　网络信息资源建设

网络信息资源建设是指对处于无序状态的各种网络数字信息进行规划、选择、采集、组织、保存、开发等活动，使之形成可供利用的网络数字信息资源体系的过程。互联网是个浩瀚无边的资源库，任何一个图书馆都不能忽视将如此丰富多样的资源作为补充和丰富本馆馆藏的重要方式，将开发利用网络信息资源作为馆藏发展的重要内容。但是网络信息资源在网络

中分布广泛、资源类型繁杂，存在分散分布性、大量无序性、资源品质优劣不一等特点，要保证读者能方便、快捷地获取这些信息资源，提高网络信息资源的使用效率，必须依据一定的标准对资源进行科学选择和采集，并开展有序化、系统化的信息组织工作。从目前实践的现状来看，图书馆网络信息资源建设的主要方式是将网上广泛分布的、类型多样的免费资源，经过筛选、重组后放到自己的主页上，以供用户查询和使用。其中网络开放存取资源的建设受到许多图书馆，尤其是高校图书馆、专业图书馆的重视。关于网络信息资源的选择与采集，在本书的第六章中已有详细的介绍，因此本节主要介绍如何将收集到的网络信息资源进行组织整理。

一　网络信息资源组织的方式和方法

所谓网络信息资源组织，是指为了满足人们的信息需求，依照一定的标准，对网络信息资源进行加工、整理、排列与组合，使之有序化、系统化，从而有利于网络信息的存储、传播和使用的过程。网络信息资源的组织与其他信息资源组织有着一样的规律，使用共同的方式、方法，但网络信息资源对图书馆来说往往是一种虚拟信息资源，并且读者对这种虚拟资源的使用要求与实体资源亦有区别，故对这种资源的组织，在借鉴传统文献资源组织的方式和方法时，亦应根据自身的特点和读者的需求，探寻有利于人们检索和使用这种广泛分散于虚拟网络环境中的信息资源的组织方式和方法。

（一）网络信息资源组织方法

1. 分类组织法

分类法，即分类检索语言，是一种将表示各种知识领域（学科及其研究问题）的类目按知识分类原理进行系统排列，并以代表类目的数字、字母符号（分类号）作为文献主题标识的一类情报检索语言。信息的分类组织是构建有序化信息系统最常用的方法，历史悠久，使用广泛。因为利用分类法组织网络信息资源仍然具有其他组织方法所不具备的许多优势，故而现在仍然还是网络信息资源组织所采用的一种重要方法。这些优势包括：一是以学科分类限定检索范围，提高了检准率；二是等级结构可以提供检索词的上下文，方便用户进行网络查询，当检索目的不明确或检索词不确定时，分类浏览的方式更有效率；三是以知识分类为基础，以符号为标识，可作为不同语言之间的转换中介；四是非文本信息在网络信息资源中所占比例日渐增大，其内容特征难以用文字表达，分类组织法的聚类功能及号码标识为之提供了一条解决途径。当然，由于网络环境下资源特点和用户需求的不同，分类法亦必须做出相应的改变。最初网络分类目录的编制借鉴了经典分类法原则，后来在使用实践中不断发展、改进，逐渐形成了自己的理论和技术方法。

（1）传统分类法的改造和应用

传统的分类法主要有杜威十进分类法（DDC）、国际十进分类法（UDC）、美国国会图书馆分类法（LCC）、中国图书馆分类法（中图法）等。

传统分类法主要用于处理图书馆的图书、音像制品、报刊等馆藏资源的分类，其分类表体系比较科学、规范、完整，能从知识学科体系角度揭示出处理对象的主题。此外，传统的分类法已产生和应用了较长的一段时间，有专门的团队对其进行动态维护、更新，通过不断地修订，已然比较成熟。网络出现后，人们很自然地将传统的印刷型信息资源组织原理和经验应用于网络信息的整序，开始纷纷着手开发传统分类法网络版。如1993年 DDC 开发了 CD-ROM 版，1996年又出版了 Windows 版，并以数字版 DDC 为基础开发了 NetFirst 数据库；2001年6月《中图法》（第四版）出版了电子版，2011年12月推出《中图法》（第五版）Web 试用版，2014年1月与《中国分类主题词表》Web2.1版同时分别更新发布。目前，主流的分类法都已拥有网络版本，提供特定范围的分类体系访问与数据下载服务。传统分类法网络版的推出，一定程度上促进了网络信息组织的发展，但因其存在需要专业的标引人员进行人工标引，面对互联网上的海量动态的信息，人力资源投入巨大等不足，并且由于网络信息的实用性和传统分类法的学科知识性是两个截然不同的分类思想，而网络用户大多数是非研究型用户，网络信息资源除学术资源外有更广泛的主题覆盖，所以将经典分类体系结构"机械"地套用在面向普通网络用户的资源浏览与发现中，从实践上来看，其服务效果是比较差的。为适应网络环境，传统的分类组织方法需要做出调整，如需增加必要的新类目来尽量包容所有网络信息资源，修订类名以增强其表达性和通用性，分解和标记类号的组成因素使其能够准确表达特定主题或主题面，不断增加新的术语作为索引词，扩展分类法与其他受控词汇的联系、控制使用类目的深度等。

（2）网络分类法的发展

"Yahoo!"开创了网络目录应用的先河，它参照传统分类法的标准，结合网络资源的特点，由专门的标引人员进行鉴别和分类，建立起自己的一套网络信息分类体系。由于互联网发展初期，数据规模较少，因此通过人工编辑方式按照一定的分类规则将信息内容分门别类，不失为一种有效的信息组织方式。但是随着网络数据的快速增长，以及网络资源多样性、复杂性、动态性等特点越来越突出，使得这种方式越来越难以胜任网络信息的采集和组织需要。受益于网络信息标引和检索技术的进步，网络分类法也在不断发展，主要表现如下方面。

一是分面组配分类。分面组配法的原理是：首先确定几个分类标准，即分面；再确定每个分类标准中的若干特征值，即类目。每一分面的类目与其他分面的类目分别组配，形成许多组配类目，表达专指的概念，达到细分的目的。如曾经的中文搜索引擎"中华网目"就是采用了这种分类法。它设计了两个分面：一个是地域分面，分为两层，一级类目为省（市）、自治区，二级类目为城市。二个是主题分面，也分为两层，一级类目为政府/组织、财经/工商、教育/科技、旅行/观光、媒体/出版、文艺/体育/休闲等主题类目，一级类目下又分出若干二级子类目。检索时，可以将两个分面的类目进行组配，组成细分类目。

分面组配法专指度高，因而具有较高的查准率[①]。这种组织方法还具有以下特点：以用户使用为出发点，重视以事物为中心设置类目；采用多重列类方法，对网络信息重复反映，方便用户多途径利用网络资源；类目收录范围宽泛，尤其是下位类大大增加，提高了检全率；采用链接技术直接以语词组织网络信息，放弃传统符号标示表达方式等。分面组配分类虽特点鲜明，但也存在不足，如类目缺乏规律性，类目归属不合理，同位类排列不能揭示类间关系，部分类名不确切等。

二是自由分类（Folksonomy）。Folksonomy 是由美国互联网专家 Thomas Vander Wal 等在 2004 年提出的，由 folk（民间）和 taxonomy（分类法）组成的组合词，大意是"由大众的意见一致而产生的基于用户的分类体系"，国内又译为"自由分类法""大众分类法""民俗分类法""民间分类法"等。它

---

① 马宏惠、路一：《论网络信息资源的组织》，《情报探索》2007 年第 8 期，第 55 页。

是信息用户通过对特定信息资源添加一个或多个标签来组织网络信息资源的过程，并最终根据标签被使用的频次来决定选用哪个标签作为信息类名的方法。Folksonomy 允许用户描述网络中的信息时使用自己喜欢的没有任何限制的关键词（标签），而这些标签能够进行信息聚类。标签描述的可以只是一小片信息内容，而不必代表信息的核心内涵，并且用户可以对标签进行修订或编辑，甚至可以通过改变标签的字号、颜色等表示其受欢迎程度。这种分类法突破了传统分类法的思路，完全由用户来进行信息组织，打破了过去由专家或网站开发者主导的分类组织模式。美国宾夕法尼亚图书馆开发的标签插件 Penn Tags 是图书馆较早引入 Folksonomy 的尝试之一。而大英图书馆于 2012 年 1 月推出的"发现大英图书馆"（Explore the British Library）系统，不仅可以按照资源类型、作者、主题、出版社、语言等不同角度为用户聚合相关检索结果，同时还在资源检索页面提供各种关联资源链接，此外，该系统还允许用户为资源记录添加标签和评注，一方面，用户可以在自己的个性化工作空间（My Workspace）中根据自己的标签和评注进行资源管理，另一方面，这些标签和评注也将成为图书馆资源记录的一部分，可以供其他用户在资源检索和获取时参考使用。我国的 Blogbus 于 2005 年 5 月 10 日推出 tag 功能，标志着 Folksonomy 进入中国并被采用；而豆瓣网被认为是目前我国最纯粹最精彩的大众标签网站。豆瓣网标注的范围包括图书、音乐、影视和博客等，不仅能根据使用频率高的标签来决定分类，并且会基于标签的算法来判断用户的喜好，帮助其精准实现定向推送和个性化的信息推荐。目前我国许多图书馆使用的汇文图书管理系统也提供标签（Tag）功能，允许读者为每本文献添加一个或者多个标签，可以聚类相同标签并提供相关信息，包括读者的联系方式等，由此有共同信息需求的读者间可以建立联系，使得用户之间的互动性及内容之间的相关性得到增强。当然，现在的 Folksonomy 仍有诸多的缺陷，如因用户的随意性而产生一定数量的垃圾标签；因语义模糊导致标签所指的主题产生歧义；因无法揭示标签之间的关系，造成用户无法准确把握知识的体系结构等。

2. 主题组织法

同样作为传统文献信息组织方法之一，主题组织法以词语为检索标志，按照主题字顺组织信息，弥补了分类组织法在检索特定事物、特定主题方面的不足。网络环境下，主题组织法利用词汇关系揭示相关知识的最大优势得以充分显示，在网络信息资源组织中发挥了十分显著的作用。

网络信息资源的主题组织主要有两种类型：一是利用现有词表（叙词表、标题表）组织网络信息资源。现有词表通常都是受控词表，其基本功能就是通过同义词控制词语之间的关系，促进更好的检索结果反馈，通过同形异义词控制达到更高的精确度。这种类型的检索系统不多，主要应用于一些专业领域。这些领域可以依据领域内知识体系建立词表，并提供资源描述和检索使用。如一些网络信息检索系统会采用美国《国会图书馆标题表》（LCSH）和《医学标题表》（MeSH）等词表。二是关键词法。关键词法在几乎所有搜索引擎中得到了广泛应用，网站、网页的题名、地址、摘要及正文中的自然语词都可被选作关键词来建立索引数据库，用户通过检索系统的关键词检索功能，获取指向相关网络信息的超链接。其优点在于用户选择检索词时灵活方便，不受词表限制，缺点是命中过多，检准率较低。

3. 分类主题一体化

分类主题一体化指将分类法和主题法相互结合、相互渗透，将分类语言和主题语言在概念系统、参照系统、标引系统、检索系统等方面合二为一，兼有按类检索和按主题检索的功能。尽管如前所述，分类法在网络信息资源分类上有许多优势，但其提供的族性检索存在对特定事物、特定主题揭示不足，以及检全率较低的问题。而主题法则为用户提供了最直接、直观、简便的检索途径，有利于特性检索，但其检索结果中可能夹杂着大量不切实际和无用的信息，从而导致检准率较低。因此将两种标引和检索方式结合起来，既能充分发挥各自独特的功能，又能通过相互配合，发挥最佳的整体效应，从而成为网络信息资源检索语言发展的一大趋势。比如搜索引擎大都是将类的族性检索和主题的特性检索结合起来提供多种检索途径的，而学术性资源系统的数据库资源查找提供的往往也是分类主题一体化的检索途径。

4. 元数据组织法

元数据是专门用来描述数据的特征和属性，组织数据、各种数据域以及它们之间关系的信息，也是描述和组织信息资源、发现信息资源的语言和工具。网络信息资源的元数据组织法，即选用一定数量的通用数据单元来描述网络信息的检索特征，描述结果或以数据库形式存在，或嵌入信息资源之中，其目的在于使网络信息资源的管理维护者及使用者可以通过元数据了解并辨别资源，促进网络环境中信息对象的发现、组织和检索利用，为网络信息资源由形式管理转向内容管理，进而到知识管理奠定必要的基础。

根据元数据是"描述数据的数据"这一定义，可以认为传统目录中的著录项目就是印刷环境中的元数据，而早期的 MARC 就是机读目录时代的元数据。但 MARC 设计之初，并未考虑到互联网使用的问题，用户访问 MARC 数据库必须通过数据库访问协议 Z39.50 模块来实现，不能通过网络方式直接访问，所以它不太适用于网络信息资源组织。事实上元数据这一概念是随着网络的出现，在网络信息资源大量涌现的背景下应需而生的，其作业环境为计算机网络环境而非其他。自 20 世纪 90 年代之后，图书情报界一直研究利用新的元数据对网络信息资源进行描述。迄今为止，围绕着 HTML 和 XML 的信息环境，已开发并付诸使用的元数据有多种，其中应用最广泛的是都柏林核心集（Dublin Core，DC）。

使用元数据对网络信息资源进行描述、识别和应用，既可以人工完成，也可以使用计算机程序自动处理，具有简单、易于计算机理解、可扩展等特点。但元数据的种类繁多，在使用元数据组织法组织虚拟信息资源之前，需要对组织资源的元数据作统一标准，规范统一属性和统一格式。

（二）网络信息资源组织方式

网络信息资源的组织主要针对网上一次和二次信息资源，网上三次信息资源的组织主要是以超文本说明的形式辅助用户掌握并利用网络检索工具，以便进一步获得信息。网上一次和二次信息资源组织方式有超文本方式、搜索引擎方式、指引库方式、元数据方式、图书馆编目方式等。

1. 网上一次信息资源的组织方式

网络信息的组织首先是要将网外丰富的信息资源进行数字化处理并放到互联网上，我们将这种经过加工、组织入网的数字化信息称为"网上一次信息"。网上一次信息来源广泛、种类繁多、内容复杂、包罗万象，主要通过以下方式对其进行组织。

（1）自由文本组织方式

自由文本组织方式主要用于对非结构化文本信息的处理，适用于全文数据库的组织。它不是对信息特征进行格式化描述，而是用自然语言揭示信息中的知识单元，并对文献全文自由设置检索点，它能够完整地反映出一次文献的全貌，通过计算机自动进行文献信息处理和组织，并且可以将任意字符作为检索标识，故而用户无须了解数据库的深层次问题，用自然语言即可直接检索未经标引的一次文献。

（2）超文本、超媒体组织方式

超文本将网络上相关文本的信息有机地编织在一起，以节点为基本单位，节点间以链路相连，将文本信息组织为某种网状结构，使用户可以从任一节点开始，根据网络中信息间的联系，从不同角度浏览和查询信息。超文本组织方式是一种非线性的组织，能提供非顺序性的浏览功能，比传统信息组织方式更符合人们的思维联想和跳跃性的习惯。节点中的内容可多可少，结构可以任意伸缩，具有良好的包容性和可扩展性。这种方式可组织各类媒体信息，方便地描述和建立各媒体信息之间的语义联系。超媒体组织方式则是将超文本技术和多媒体技术结合起来，可将集文字、图表、图像、视频、音频于一体的多媒体信息以超链接方式组织起来，使人们可以通过高度链接的网络结构在各种信息库中找到所需要的信息。

超文本、超媒体组织方式利用自然语言分析、抽取知识单元，不仅减轻了专业标引人员的负担，而且打破了传统系统线性序列的局限性，允许用户按个人兴趣和熟悉的语言浏览、查询信息，可避开复杂的检索语言，提高检索效率。但这种组织方式也存在一些缺陷，包括：采用浏览的方式进行信息搜寻，当超媒体网络过于庞大时，很难迅速而准确地定位于真正需要的信息节点；很难保存遍历过程中所有的历史记录，在需要时能立即返回到曾经访问过的某一节点时，难以避免出现"迷航"现象等。

（3）主页组织方式

主页一般是指用户访问一个网站时所看到的首个页面。一般情况下，主页将网页相关内容经过分类组织形成导航栏（一组超链接），建成"网站地图"，用以引导用户访问网站内的具体内容。另外，作为用户用于访问网站其他模块的媒介，主页除提供网站的重要页面或内容模块的链接外，还常常提供一个搜索框供用户搜索相关网站内信息。总之，主页将网站的一次信息集中组织起来，对网站内的一次信息进行整体分类、设计和规划，并提供信息查询引导和检索。

（4）数据库组织方式

所谓数据库组织方式，就是利用数据库技术采集信息资源，并以固定的记录格式存储，用户通过关键词及其组配查询，就可以找到与所需要的信息相应的网络信息资源。利用数据库技术对网络信息资源进行组织管理可极大地提高信息的有序性、完整性、可理解性和安全性，可以有效地处理大量结构化数据。利用数据模型对信息进行规范化处理，利用关系代数、布尔逻辑理论进行数据查询的优化，可根据用户需求灵活地改变查询结果集的大小，并且利用信息项之间的联系进行信息的重组和查询，大大降低了网络传输的负载，并且有利于提高信息查询和检索的准确性。另外由于数据管理与应用程序的分离，数据操作的灵活性可以大大提高。

但传统数据库组织方式也存在不足之处：对非结构化信息的处理困难较大；不能提供数据信息之间的知识关联；无法有效处理结构日益复杂的信息单元；缺乏直观性和人机交互性等[①]。但随着数据库技术，特别是多媒体数据库和半结构化数据库技术的发展，传统数据库组织的一些缺陷逐渐被克服，完善了数据库组织范围，提高了组织效率，更便于网络信息资源的共享和传播。例如非结构化数据库可根据半结构化和非结构化数据的特殊性进行存储和管理，在管理机制上超越了传统结构化关系数据库对于信息采取定长和结构化定义的局限，与 Web 技术结合可实现非结构化数据库信息资源的直接上网发布与全文检索。

2. 网上二次信息资源的组织方式

网上二次信息是指报道和揭示网上一次信息，并提供对网上一次信息检索的工具。网上二次信息资源的组织方式主要有搜索引擎、学科导航库和网络资源指南等。

（1）搜索引擎组织方式

搜索引擎组织方式是目前网络对网上一次信息资源进行再组织，形成二次信息的主要形式，其实质是报道、存储网上一次信息，检索网上一次信息。

搜索引擎是指互联网上专门提供查询服务的一类工具，它利用被称作 Robot、Spider、Worm 等名称的自动代理软件，定期或不定期地在网上爬行，通过访问网络中公开区域的每一个站点，对网络信息资源进行收集然后利用索引软件对收集到的信息进行自动标引，创建一个详尽的、可供用户进

---

① 潘芳莲：《近十年我国网络信息资源组织方式研究综述》，《情报探索》2009 年第 8 期，第 22 页。

一步按关键词查询的 Web 页索引数据库。这种数据库的内容一般有标题、摘要或简短描述，关键词和 URL、文件大小、语种、词出现的频率位置等。搜索引擎方法是目前互联网上对二次信息进行组织的主要方式之一，网上有成百上千种这类搜索引擎。此种方式所搜集的信息虽然丰富广博，但检索质量参差不齐，通常存在查准率较低的问题。

（2）学科资源导航方式

学科导航是指根据特定的目标，选定信息资源的学科领域，对相关的网站进行搜索和收集，加以鉴定核实，并对核实后的网址进行合理组织，存放于某一网页中，使之形成能够提供检索、浏览和链接的信息集合[1]。

学科导航主要是以主题树和数据库方式结合超文本链接进行。在主题树方式上，学科导航通过学科分类或资源类型分类两种方式形成主题树，用户可按树状结构逐级、逐步找到相关信息；在数据库方式上，学科导航利用数据库技术，依据一定的索引语言抽取一个或多个标识点为一次信息做标识（题名、关键词等），形成索引数据库或指示数据库，供用户检索。用户首先输入检索式，然后计算机进行自动扫描匹配并向用户提供获得网上一次信息的地址，用户点击网上一次信息地址从而获得网上一次信息。这种组织和检索方式的优点是入库记录严格选择，具有较强的针对性和较高的可靠性，能够满足用户的特性检索；缺点是需要两次输入信息，没有搜索引擎那样方便。

学科导航库一般按以下五个步骤建立：第一步，按专题或学科等采集信息。第二步，从元数据、简介、评价等方面进行资源描述。第三步，对数据的各个字段进行人工抽检和审校。第四步，将资源按一定的顺序排列，排列方法有四种：一是按学科专业排序；二是按资源类型排序（一次、二次信息；综合性、专题性；文字型、视听型、多媒体型；机构资源、学术资源；图书、期刊、论文等）；三是按资源名称（题名）的字顺排序；四是混合排序，即前三种排序方法的综合使用。第五步，建立公众查询。

（3）网络资源指南方式

网络资源指南通常基于人工收集相关网站，并建立起网站分类目录，然后按目录分类提供网站链接列表。该方式利用大量人力浏览网页，使用

---

[1] 肖希明主编《信息资源建设》，武汉大学出版社，2008，第 227 页。

一定的选择标准（不同的指南在选择标准方面存在着差别）来挑选所录用的链接资源（即网站），然后将各种资源按一定的分类体系（自己设计的分类体系或图书馆的分类法）进行组织，并辅之以年代、地区、主题等分类，形成分类树型结构目录。网络资源指南类似于学科导航，但内容范围更为宽泛，其组织方法主要是主题树法。

网络资源指南的资源库中并不保存各个网页，但保存各网站的站名、网址，有时也提供这些网站的介绍，可通过链接进入具体网页，指示网页中的内容，引导用户使用，具有导航性质。网络资源指南的优点很多，如组织的信息专题性强，能较好满足族性检索的要求；采用树形结构目录来组织网络信息资源，具有严密的系统性；提供基于树状结构的简单易用的检索和利用界面，屏蔽网络信息资源利用的复杂性；网络资源指南中的类目完全根据网上信息类型、特征以及用户查询的重点进行设置，有很高的适应性和实用性；网络资源指南的设计与传统的分类法思想和主题法思想相一致，便于掌握和使用等。

网络资源指南的类型主要有四种：一是综合性资源指南。综合收录各方面的资源网站以及各种类型的资源网站。二是专业性网络资源指南。收录某一学科（或专业）的具体资源，如相关的主题信息网关资源。三是地区性网络资源指南。主要收录来自某一地域范围内的信息资源。四是网络资源指南的指南。先将信息资源以服务器的类型加以归类，然后再区分为不同类型的指南。

二　开放存取资源的组织

开放存取资源的组织是指利用科学方法，将类型多样、数量众多、分布分散的开放存取资源经过整序，以形成一个便于有效利用的整体的过程①。开放存取运动的目的就是促进学术信息的交流。但是现在开放存取资源发展速度极快，并且高度分散，开放存取期刊、开放存取知识库、机构开放存取资源等数量是如此庞大，内容更是繁复芜杂，这种无序的状态为读者利用这些丰富的资源带来了极大的困难，图书馆在选择、收集这些资源后，有必要进行组织整理以方便使用，即在通过不同

---

① 邱燕燕：《开放存取资源的组织和揭示》，《图书馆杂志》2006 年第 6 期，第 20 页。

方式和渠道收集、获取开放存取资源后，按一定的标准对其进行描述和整理，为用户提供检索、获得这些资源的有效渠道，如开放存取导航、开放存取检索系统，甚至在开放存取资源与本馆馆藏整合基础上形成的一站式检索平台等。

（一）利用元数据组织开放存取资源

元数据是实现资源，尤其是网络资源有效组织、管理和整合的重要手段。利用元数据组织开放存取资源的作用，不仅表现在它对资源的有效描述、揭示和评价以提高资源的检索准确性和便捷性上，还表现在它有利于资源的管理以及整合，有利于资源的共享和被发现。如开放存取知识库目录（OpenDOAR）、开放存取期刊名录（DOAJ）以及开放存取搜索引擎（OAISter）等，遵循开放存取先导计划（OAI）推荐的都柏林核心（DC）数据对开放存取资源进行符合元数据收割协议 OAI-PMH 规范的组织和揭示，方便了 OA 资源的服务提供者从 OA 资源的数据提供者处收割元数据，从而促进 OA 资源的发现甚至这些资源的自动采集。

目前利用元数据进行开放存取资源组织的主体主要还是 OA 资源的开发者、提供者，各个组织根据自己的资源特点及使用目的，所利用的元数据标准并不统一。前文提到的 OA 资源目录 OpenDOAR 和 DOAJ，还有著名的学科知识库（E-LIS）、著名的机构知识库美国加州大学的 eScholarship 等，采用 DC 元数据格式对资源进行描述；OCLC 研究出版知识库（OCLC Research Publications Repository）以及开放存取电子书（Open Access E-books）等则采用 MARC 格式来描述其信息资源；开放存取地理空间一站式网站（Geospatial One Stop）采用用于描述地理空间资源的 FGDC 格式；Amazon.com 则采用针对图书出版发行和销售的供应链而制定的 ONIX 格式[①]。

（二）建立开放存取资源导航

目前我国大多数的图书馆主要是采取建立开放存取资源导航的方式来组织开放存取资源。通常的做法是将 OA 资源仅做简单分类，或不加分类地罗列在图书馆网页的某栏目上，读者点击其名录的链接就可以直接进入 OA

---

① 黄如花：《数字信息资源开放存取》，武汉大学出版社，2017，第 363 页。

资源的网站。有些导航仅收录和提供某类开放存取资源，其中又以开放存取期刊为主，有些则收录和提供多种开放存取资源；有些建立专门的 OA 资源导航，有些则将其混置于数字资源、电子资源或网络资源的目录中；有些对 OA 资源按一定的标准分类，甚至细分出二级、三级类目，有些则不进行任何形式的分类；有些仅提供开放存取资源的目录和链接，有些则在此基础上对某些资源或全部资源进行必要的介绍。无论采取何种形式，这种组织方式都只能是对 OA 资源的浅层揭示。

建立开放存取资源导航的另一种方式是建立起开放存取资源导航数据库，即信息机构根据需要建立专题库，将本机构或网络上该专题的开放存取资源通过各种途径进行搜集，将这些物理上分散的资源进行合理整理和组织，形成图书馆专题 OA 资源库并予以揭示，在此基础上提供 OA 资源的链接服务。这种方式较之上述仅提供简单链接的导航方式，不仅能提供 OA 资源浏览和链接服务，还能提供资源检索、资源推荐与资源介绍，甚至使用方法的说明等服务。但目前这种方式的导航服务主要还是由商业机构来提供，图书馆受人才、物力、财力和政策支持等方面的限制，还少有涉及。

（三）基于 OPAC 对开放存取资源进行组织和整合

基于 OPAC 对开放存取资源进行组织和整合，即将 OA 资源与馆藏资源整合在一起，通过一站式的检索平台可以同时检索到不同系统间的资源。随着网络技术的发展，及用户不受时空限制获取信息资源的需求的增加，虚拟信息资源在馆藏结构中的比例亦在不断增加，将馆藏实体资源与包括 OA 资源在内的虚拟信息资源进行整合，是提升信息机构信息资源保障能力的重要举措。把开放存取资源作为馆藏信息，直接编入本馆的联机公共检索目录（OPAC）系统中，利用 OPAC 来深层次揭示开放存取资源，实现馆内外资源的关联检索可以提高开放存取资源的利用率。美国国会图书馆已经对部分 OA 期刊进行了编目处理，并整合到该馆的 OPAC 系统中供读者使用。国内有些图书馆也实现了开放存取资源与馆藏资源的初步整合，如清华大学图书馆将开放存取期刊与清华正式授权使用的西文期刊的整合；浙江大学图书馆将开放存取资源与该馆电子资源的整合；西安大学图书馆将开放存取资源与外文数据库的整合①。这种整合的实现方法为：通过 MARC 的 516 字段、530 字段、856 字段等，使馆藏文献与其对应的开放存取版本发生关联，扩大用户获取信息资源的途径②。

第三节　信息资源整合

信息资源的剧增、信息资源类型和获取手段的多样性，在给人们带来更多资源选择的同时，也由于其类型的复杂性和内容的冗余性，影响到用户对信息资源的利用效率，因此，资源整合与重组问题亟待解决。数字信息日渐成为信息资源的主流，异构的信息资源系统在急剧增加，数字资源局部有序而整体无序的状态日趋严重。因此，优化数字资源利用环境，有效获取信息、知识，成为人们关注的重点，为方便人们的使用，亦同样迫切要求对数字信息资源进行整合。

一　信息资源整合的内涵

（一）信息资源整合的定义

"整合"，又称"集成"，是将两个或两个以上的事物、现象、过程、属性、关系、信息、能量等，在符合一定条件和要求的前提下，融合、聚合或重组成一个较大整体的发展过程及其结果。"信息资源整合"是指根据一定的需要，将现有的，相对独立的信息资源系统中的数据对象、功能结构及其互动关系等进行重新分析和组织，融合成一个新的有机整体，以提高信息资源使用效率的活动。

信息资源整合分为两个层次，宏观的信息资源整合是对一个国家、一个地区或一个系统内的信息资源进行整合，微观的信息资源整合指的是对某一具体信息机构内的信息资源进行整合。

信息资源整合的内容即对资源系统中的数据内容、功能结构及其检索方法等进行聚类和重组。

---

① 黄如花：《数字信息资源开放存取》，武汉大学出版社，2017，第 397 页。
② 黄如花：《数字信息资源开放存取》，武汉大学出版社，2017，第 397 页。

图书馆信息资源整合的对象主要是其馆藏的数字资源，包括自建数据库资源、引进的数据库资源、网络信息资源，和其他如事实数据集、教学材料、实验数据、博物馆物品、出版社原始材料、对专家用户追踪所得等数字资源等。网络环境下，信息资源的整合亦包括将馆内资源与其他信息收藏机构或出版发行机构的数字资源整合，甚至集成和整合互联网上的数量巨大、分散无序的网络信息资源。

信息资源整合的目的是将所有的数字信息资源透明地、无缝地集成在一起，形成一个效能更好、效率更高的数字资源体系，用户在统一的检索界面中检索、浏览和使用所有数字化资源。

（二）信息资源整合的必要性

信息资源数字化建设现状决定了数字信息资源整合的必要性。由于缺乏完整的理论体系，统一的思想，相应的标准和规范，科学的规划和组织，同一信息机构或不同信息机构的数字资源建设存在以下问题：一是资源内容的重复交叉，影响用户对信息的选择和获取。二是信息资源建设在求"全"的同时会产生信息冗余，用户在查找所需的信息时，大量无用的或者使用价值不高的信息容易干扰用户对信息的选择和获取。三是数据资源系统忽视资源之间的关联度，数据对象大多孤立存在，无法体现学科知识间的内在联系。四是不同加工层次的资源有必要建立相应的内在联系，方便用户的使用，如在二次数字资源和一次数字资源之间建立链接关系，这样在用户查询目录数据库的同时就可获取文献全文信息。另外，由于技术的进步，图书馆建成或引进大量不同形式、不同类型的信息资源数据库，然而，这些不同的数字资源系统有着不同的编码结构和表达方式，检索界面、检索途径和方法也各不相同，这些封闭的异构系统，给用户利用数字资源带来诸多不便。现在图书馆数字化建设的主要任务之一就是将这些分散的、异构的信息资源系统进行集成与整合，如此方能提高资源的使用效率。

总之，现在图书馆数字资源数量增长快速，类型多样，但呈现整体无序化、内容组织程度不高、资源间交叉关联程度低的特点。用户查询、检索和利用这些数字化资源时需要在不同的网络环境之间穿梭漫游，需要在不同的信息空间来回切换，需要掌握和习惯不同检索系统的使用方法，从某种意义上讲，数字资源量越大，给用户造成的负担也就越重。如果不对数字资源进行合理有效整合，必然会使用户陷于不得门径而入的困惑境地，影响数字资源的有效利用①。

（三）信息资源整合的目标

1. 消除信息孤岛

大量的数字资源系统由于编码、组织和检索采用的方法、标准各异，使得这些异构的信息资源通常以零散的、孤立的状态存在着，相互之间缺乏联系，造成信息孤岛现象，给人们使用这些信息资源带来了极大的困难。首先，读者为了获得所需信息，只能逐一对那些不同生产者提供的数量越来越庞大的，不同学科，不同类型的数字资源系统进行逐一查询、检索，费时、费力，往往不堪重负。其次，读者在查询和检索相关信息时，通常希望将有内在联系的信息"一网打尽"，但因为信息孤岛的存在，数据库间的知识内容并没有进行必要的关联而无法实现。因此，消除信息孤岛，提高信息资源检索、利用的效率和质量便理当成为信息资源整合的一项重要目标。

2. 优化信息资源的配置

信息资源的整合促进了资源的优化配置。从内容上来看，首先，整合后的数字资源来自不同学科、不同系统的数据库，内容更为丰富，类型更为多样，知识覆盖面更广，因而能够提供更为全面、系统的学科知识。其次，在整体性原则的基础上进行的信息资源整合，为满足信息用户日益多样化和个性化的信息需求，必须采取各种方法和技术手段调整和优化现有的信息资源结构，使其更具专业性和针对性。再次，基于资源发现和知识揭示的信息资源整合，更能反映不同系统、不同学科、不同数据库间资源的内在联系，整合后的资源之间具有统一性和有机关联性。从使用的角度来看，经过整合后的资源在检索时可以根据用户的要求排除大量重复信息和冗余信息，净化了资源环境，提升了有用知识的浓度，提高了检索的精度和检索效率。

3. 提供统一的资源检索平台

数字资源整合不是简单地堆砌和集合，而是把有差异性的数字资源进行融合，实现一同检索、一同查阅。通过整合的信息资源系统具有集成检索功能，能够实现用户通过一个统一的，跨平台、跨数据库、跨内容的检

---

① 马文峰：《数字资源整合研究》，《中国图书馆学报》2002年第4期，第66页。

索系统就可以将位于不同网络、环境和数据库中的数据检索出来，并在单一的用户检索界面上显示集成的检索结果。

二　信息资源整合的类型

关于信息资源整合的类型，不同研究者从不同研究角度给出了不同的理解和总结。现将一些有代表性的观点罗列如下，以方便大家从不同方面进行理解。

李家清在《信息资源整合》[①] 一文中，根据资源整合层面的不同将信息资源整合分为资源整合和数据整合，其中资源整合又分为导航整合和平台整合。导航整合是对来源不同的二次文献数据进行归并，或者提供一次和二次文献之间的链接。这种整合在不同的资源和系统之间建立关联，它提供的不仅仅是检索的结果，还有对检索结果的理解以及建立在这种理解之上继续使用资源的途径。平台整合是导航整合的进阶，是检索界面的整合，在统一用户查询界面与信息反馈的形式下，共享多个网络资源的索引技术，为用户提供信息服务。整合后的检索界面没有自己的资源数据库，它是以代理的角色来接受用户的请求，并把查询请求转换成相应网络资源的检索方法和查询语言来获取信息。数据整合分为本地数据整合和网络数据整合。本地数据的整合主要是整合图书馆引进的同一开发商或不同开发商的数据资源，为他们提供统一的检索方法。网络数据整合则是要整合馆外的信息资源，通过网络实现分布式数字资源的共享。

马文峰、杜小勇在《数字资源整合方式研究》[②] 一文中认为，数字资源整合从数字资源加工、处理的程度及技术方法来概括，大体可分为三个层面，即数据整合、信息整合和知识整合。所谓数据整合，是对异构资源系统中异质、异类的数据在逻辑上或物理上有机地集中，提供统一的表示和操作，以解决多种异构数据资源的互联与共享。数据整合是数据在逻辑或物理上的合并，仅表现为数量上的变化，数据之间没有关联。信息整合主要指通过某种机制或标准，集成与描述不同性质、不同来源和不同格式的数字资源，使相对独立的数字信息产生联系，实现学科领域知识结构的关

---

① 李家清：《信息资源整合》，《图书情报工作》2005 年第 8 期，第 34 页。
② 马文峰、杜小勇：《数字资源整合方式研究》，《图书情报工作》2005 年第 5 期，第 66 页。

联以及与具体资源的链接。信息整合基于数据集成，是对数据的序化，既包括数据量的综合，同时也体现了数据间的关联，但没有语义。知识整合即利用知识本体实现数字资源概念/语义的组织。知识整合基于数据集成和信息集成，是对信息的优化，侧重于概念和关系（本体）的重组。

沈芳在《高校图书馆信息资源整合的结构、模式分析》[1] 一文中认为，信息资源的整合可以从信息资源表现层、信息资源应用层和信息资源加工层等三个层面进行。表现层整合主要针对信息源进行，是为多样化、分布式存在的信息源（如数据库）提供的逻辑组织和标引。典型做法是利用多种逻辑主线（如资源类型、学科主题、字顺等）把信息源串接起来，方便读者快速定位到目标资源，为读者提供便捷、个性化的、安全可靠的服务；资源应用层整合是针对资源内容及其易用性来进行的，通常是通过与整合对象的互操作获取元数据和对象资源数据，再提供统一的操作界面实现对不同资源的透明访问，典型方式是构建中间访问层，即通过中间件技术来实现系统之间的数据交换与共享；所谓的资源加工层是将各类资料转化为有序的数字化资源，通过对印刷型文献资料、音频资料、视频资料进行数字化加工，转化为数字格式的资料。转化后的数字资源类型主要包括元数据和对象数据两种。资源加工层面的整合可以从根本上融合不同的数据资源，解决不同资源库之间孤立、内容交叉或异构等问题，实现资源与应用服务（尤其是个性化服务）的高度整合，从而把图书馆的信息服务提高到一个新的水平。

三 信息资源整合的主要方式

（一）基于 OPAC 的信息资源整合

OPAC（Online Public Access Catalog，联机公共目录检索系统）是图书馆自动化系统最终面对用户的互动界面，是图书馆和读者在网上交流的窗口，是用户利用图书馆资源最常用的入口。现在的数字图书馆都拥有自己的联机公共目录检索系统，有大量的编目数据，以本馆的 OPAC 系统为基础平台，整合其他系统同样平台的信息资源是一种比较容易考虑到的思路。

---

[1] 沈芳：《高校图书馆信息资源整合的结构、模式分析》，《现代情报》2007 年第 10 期，第 114~115 页。

基于 OPAC 的信息资源整合主要有两种方式。

一是通过 Z39.50 协议来实现本馆与外馆的 OPAC 数据库的横向整合。Z39.50 已成为数字图书馆异构资源整合应用较多的标准检索协议，通过它的转换，实现异构操作平台之间的交互式通信和分布式异构数据源之间的无缝链接。首先将需要整合的图书馆书目系统映像成自己的专用模型，再根据本馆的要求建立统一的检索接口，从而将不同平台上的异构 OPAC 数据库聚合在一起。如上海图书馆、上海交通大学图书馆、华东师范大学图书馆、复旦大学图书馆等，曾采用美国 Expitch 公司推出的遵循 Z39.50 的"Webpac 检索系统"，在统一检索界面上通过著者、题名、主题、关键词、标准书号等途径检索彼此的 OPAC 书目信息，而不需要在各个图书馆的 OPAC 界面来回切换。现在上海图书馆的 iPac 可以通过题名关键词、著者关键词、丛书名关键词、出版者关键词等，查询到其黄浦、静安、徐汇、南汇等分馆，以及中科院、社科院的书目信息（如图 8-4 所示）。

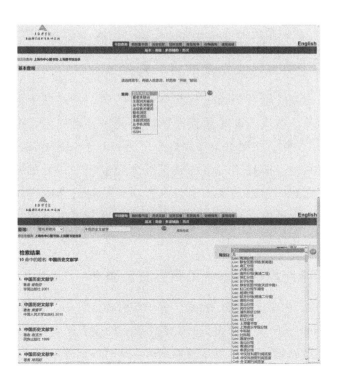

图 8-4 上海图书馆的 iPac 检索界面

二是通过在 MARC 记录里增加 856 字段进行揭示或链接书目信息，从而实现不同类型资源的纵向整合。通过在 MARC 记录中添加 856 字段，记录电子资源的访问地址和获取方式，可以实现书目信息与其电子全文书、电子全文期刊及多媒体资料的对应链接。这种基于 MARC 元数据的整合方式，实现了馆内 OPAC 书目信息与馆藏数字资源之间的整合，用户通过整合的 OPAC 系统检索到书目信息后，不但可以浏览书刊的全文，还能浏览与之相关的文字、音频、视频等资料。

（二） 基于资源导航的信息资源整合

资源导航即从学科、文献类型等不同角度出发，对信息资源进行描述、分类，并按照主题、字顺等对信息资源进行分类重组，建立资源导航系统，为用户提供资源名、类别和关键词等使用入口。目前图书馆的资源导航以电子期刊、电子图书和数据库的导航系统最为常见。数字资源导航系统一般可通过字顺、分类以及关键词进行浏览，使用户能方便、快捷地检索到数字资源。但目前资源导航系统仍只是一种形式上的整合，并未深入到内容层面。

（三） 基于信息链接系统的信息资源整合

基于信息链接的整合是通过超文本链接机制，将存在于异构资源系统中的信息实体及信息实体基本属性间的内在关系整合起来，组成一个有机的信息网络[①]。目前，在图书馆应用最为广泛的基于信息链接系统的信息资源整合形式有两种，即基于引文的链接整合和基于知识元的链接整合。前者主要从文献之间的引用关系入手，后者则是从与信息内容相关的知识点入手，目的都是为了建立一个有内在联系的信息资源有机整体，便于用户更有效地利用信息资源。

（四） 基于跨库检索系统的信息资源整合

跨库检索在国内又称"统一检索"或"整合检索"等，在国外称为"联邦检索"（Federated Search），指由图书馆建立统一的检索平台代理用户的检索需求，面向各信息资源系统分别发送检索请求，并对各资源系统返回的检索结果

---

① 马文峰、杜小勇、胡宁：《基于信息的资源整合》，《情报资料工作》2007 年第 1 期，第 47 页。

进行自动去重和相关性排序等操作，然后统一返回给用户。联邦检索包含三个过程：首先，用户发出查询请求，跨库检索引擎对查询请求进行语法转换，然后广播到各数据库检索引擎；其次，各数据库检索引擎将查询到的结果反馈给联邦检索系统，联邦检索系统对反馈的结果进行合并、查重等实时处理；最后，将处理后的结果集以一种简洁、统一的格式展现在结果页面[①]。

联邦检索的前提是每个资源系统都有一个本地搜索引擎，联邦检索将各个本地搜索引擎整合在一起而不管资源系统本身的架构，因此联邦检索可以将异构和同构的资源系统整合在一起[②]。也就是说，基于跨库检索系统的整合指对多个分布式异构数据库进行整合并为用户提供统一的检索界面和信息反馈，从而实现多个数据库的同时检索，提高检索效率的活动。进行跨库信息资源整合的原因主要有：一是数据库的资源不断增多，信息机构为用户提供的资源库少则十多种，多则几百种甚至更多。这些为数众多的数据库资源内容不一，特点各异，检索途径和方式多样，为用户的使用带来了极大的困扰；二是数据库和数据库之间资源有重复，会增加用户对信息资源的鉴别时间。利用异构数据源整合技术，对高度分散在不同数据库中的信息资源进行有效整合，建立起异构数据库的统一检索平台，用户看到的是一个简单明了的界面，不需要知道不同数据库的资源内容，也不用了解不同数据库的检索方法，避免了逐个登录数据库检索的麻烦，提高了检索效率。

在联邦检索环境下，对检索结果的全面性产生决定性影响的，不再是用户对图书馆资源的认知程度，而是联邦检索平台对各类数据库系统的集成程度。但是，由于联邦检索系统仅仅是以自动化处理的方式来模拟用户逐一检索的过程，其检索效率仍然比较低[③]，主要表现在：一是检索速度受网络、联邦检索服务器性能和数据源服务器性能影响较大。检索时间包含广播查询语句到各搜索引擎的时间、数据源服务器处理查询请求的时间、各资源系统返回查询结果的响应时间和在联邦检索服务器上对查询结果进行查重等处理的

---

① 朱本军：《基于联合索引的下一代图书馆学术资源搜索研究》，《大学图书馆学报》2012年第2期，第19页。
② 朱本军：《基于联合索引的下一代图书馆学术资源搜索研究》，《大学图书馆学报》2012年第2期，第19页。
③ 申晓娟、李丹、王秀香：《略论图书馆资源整合与检索系统的发展——以国家图书馆"文津"搜索系统为例》，《图书情报工作》2013年第18期，第40页。

时间，这些时间又受到网络连接速度、联邦检索服务器和数据源服务器性能的影响。二是检索结果集比较浅，且是偏态的。由于返回和检索时间比较长，为减少用户等待时间，联邦检索系统会先从各个资源系统返回少数结果。这种结果并不是对所有资源综合计算后的结果，而是按照返回的时间顺序给出的结果。三是对结果集很难进行组织和相关度排序，主要是因为检索返回的结果都是动态的①。总之，联邦检索受限于外部源数据库协议标准、开放程度、访问方式和网络联通状况等的制约，有逐渐被淘汰的趋势。

（五）基于资源发现系统的信息资源整合

为了解决联邦检索效率偏低的问题，同时伴随着元数据理论与应用的逐步成熟，21 世纪初，国内外图书馆开始探索新的基于元数据仓储的整合检索模式。其基本工作原理是借鉴搜索引擎原理，利用抽取、映射、规范、融合等智能化手段对数据进行全面聚合和深度组织，针对"薄、厚"不同的元数据②，进行多来源元数据"去重"，从用户角度对出版商、内容商提供的数据进行标准化规范处理，形成各种分类与分面体系，从而构建具有"统一"索引与资源描述体系的资源发现系统③。基于资源发现系统的信息资源整合的核心是建立中央元数据仓储，即在分析各个分布式异构数据库元数据特性的基础上，参照元数据的国际标准规范，构建新的元数据体系，再通过数据映射、抽取等技术手段，对各数据源的元数据进行收集、收割，经查重、聚合、修正等数据规范化加工后，集中存储到中心元数据仓储中，实现对异构资源的元数据分类聚合与统一，最终建立一个单一的元数据集中式索引。中央元数据仓储收集整理了各数据源的元数据，而且结构清晰、格式统一。读者的查询检索请求，只需针对这个中央元数据集进行，完全摆脱了各数据源的分布异构性，检索处理单一、速度快、效率高，且检索过程可控，结果全面集中④，并

---

① 朱本军：《基于联合索引的下一代图书馆学术资源搜索研究》，《大学图书馆学报》2012 年第 2 期，第 19 页。
② 元数据有"薄""厚"之分。一般来说元数据只包含题名、作者、来源等较少字段的数据，称为"薄数据"，如果在此基础上增加了如摘要、关键词、主题等字段，则称为"厚数据"。
③ 曾建勋：《资源发现系统的颠覆性》，《数字图书馆论坛》2016 年第 2 期，第 1 页。
④ 路莹：《图书馆资源整合新技术——探索发现系统》，《中华医学图书情报杂志》2013 年第 5 期，第 29 页。

且还有利于在结构化数据仓储的基础上进一步开展数据挖掘和知识发现等深层次服务。

资源发现系统需要建立一个庞大的集中式索引，强调元数据的提交与处理，注重元数据的更新与维护。最初这种方式由于涉及数据库厂商的商业利益，不要说将所有资源的元数据集中到一起，就是集中图书馆订购的那些资源的元数据也很难操作。而且由于源数据库不断更新，已经集中索引的元数据也面临数据更新和维护问题。随着开放获取运动的发展，这一困境开始得到缓解，随后传统数据库商担心免费资源会影响到他们的用户，开始与资源发现系统建设机构进行合作，一些学术性商业数据库和出版商将其全文或文摘交由 Google Scholar 等组织编入索引。有些学术性商业数据库和出版商与图书馆系统服务商签约，同意系统服务商从他们数据库中直接收割元数据甚至是全文文本，并可存取这些元数据和生成索引。时至今日，国外已经有大量的资源发现系统面世，如 Innovative Interfaces 公司的 Encore（包括 Encore Synergy）、Ex Libris 公司的 Primo（包括 Primo Central）、EBSCO 公司的 EBSCO Discovery Service、Serials Solutions 公司的 Summon、OCLC 的 WorldCat Local 以及 SirsiDynix 公司的 Enterprise 等。国内的国家图书馆、CALIS 和许多高校图书馆亦开始使用资源发现系统整合资源。

资源发现系统不仅从出版商、内容商那里收集各类学术文献信息，也从大学、公开网站提取各类有价值的数据资源，不仅有印刷型馆藏和数字型开放资源、本地自建和远程订购资源，还有元数据、文摘索引和全文内容等，多来源、多格式和多元素的资源数据。并且资源发现系统是多种服务方式的整合，相对于传统单一的全文提供服务，资源发现系统不仅整合图书馆信息检索、读者认证、预约续借等传统服务方式，还提供评论标签、全文获取、学术推荐、引文显示、馆藏揭示等新的服务功能，最终让用户在一个界面中就能实现图书馆全部资源的检索、显示和排序、获取，实现多种服务方式的整合①。所以，现在越来越多的图书馆或资源保障系统构建基于资源发现系统的，能够全面胜任各种类型资源管理的"统一资源管理系统"（URM），取代自 20 世纪 70 年代以来一直占据图书馆系统中心地位的以 MARC 记录为核心的传统图书馆集成管理系统（ILS）。如 CALIS 的 e 读学术搜索，它不仅是一

---

① 曾建勋：《资源发现系统的颠覆性》，《数字图书馆论坛》2016 年第 2 期，第 1 页。

个整合中国高校图书馆资料的统一检索系统，通过全文字段、题目、作者/出版者、主题或者 ISBN/ISSN 等，检索 CALIS 的中文图书、外文图书、中文期刊、外文期刊、学位论文和特藏资源等，它还实现了与 CALIS 其他各种应用系统（如资源调度、统一用户管理、馆际互借等）的无缝集成，让读者更方便地访问国内外文献资源。在 CALIS 的资源发现系统上，本馆纸本资源可通过链接至图书馆 OPAC，查阅其在架状态；电子资源可直接在线阅读或部分章节试读，本馆没有馆藏的资源可通过文献传递获取，查询结果可以显示文献资源的基本信息和国内收藏地，打通了从"发现"到"获取"的"一站式服务"链路，为读者提供全新的馆际资源共享服务体验。同时 CALIS 的资源发现系统可实现知识服务，在海量数字资源揭示基础上，建立全领域的知识脉络，通过知识图谱、关联图、领域细分等功能帮助读者挖掘知识节点背后的隐含信息（如图 8-5 所示）。

图 8-5 CALIS 的检索界面

第九章　信息资源共建共享基础

随着信息技术的发展和数字化时代的到来，信息资源共建共享越来越成为图书馆发展的必然趋势。为克服单一机构馆藏的有限性，很早之前图书馆界就开始提出"共建共享"的理念并付诸实施。在新的信息环境下，信息资源增长更加迅速，人们的信息需求更加多元化，这些都对信息机构的共建共享提出了更高的要求，当然现代信息技术的发展也为信息资源共建共享水平的不断提高提供了保证。

第一节　信息资源共建共享概述

一　信息资源共建共享的概念

图书馆资源共建共享的实践很早就有，甚至有学者认为人类社会在有了图书馆之后就有了图书馆的资源共享活动。但直至 20 世纪 60 年代，图书馆合作建设藏书与资源共享活动的规模和范围都是有限的，对图书馆工作没有产生实质性的影响①。20 世纪 70 年代，经济危机造成图书馆预算锐减，一些大型图书馆的协作网络建设开始取得成就，从此资源共享逐渐成为美国图书馆学界研究的热点。当时，美国图书馆界借用社会上比较流行的术语"资源共享"提出了"图书馆的资源共享"（Resource Sharing in Libraries）和"图书馆资源共享"（Library Resource Sharing）等相关术语②。例如肯特称，"资源这个术语是指人们在需要时所求助的一切事物、人或行

---

① 肖希明主编《信息资源建设》，武汉大学出版社，2008，第 285 页。
② Allen Kent, *Resource Sharing in Libraries：Why，How，When，Next Action Steps*, New York：Marcel Dekker, Inc. , 1974.

为。共享这个术语是指分配、调拨或者贡献自己所有的有益于他人的事物。资源共享最确切的含义是指互惠（Reciprocity），意即一种每个成员都拥有一些可以贡献给其他成员的有用事物，并且每个成员都愿意和能够在其他成员需要时提供这些事物的伙伴关系"。"资源共享是图书馆的一种工作方式，即图书馆的全部或部分功能为许多图书馆所共享。"[1]

20 世纪 80 年代，肯特有关图书馆资源共享的概念开始在我国流行[2]，我国学者开始就图书馆资源共建共享的理论和建设模式等展开研究。20 世纪 90 年代，鉴于图书馆资源的概念过于广泛和资源共享只限于图书馆领域过于狭窄，图书馆资源共享未能准确地反映事物运动的真实内容和本质特征，我国图书馆学者提出用"文献资源共享"取代"图书馆资源共享"[3]。20 世纪 90 年代中期，一方面随着信息环境的巨大变化，尤其是以计算机和网络技术为代表的信息技术的广泛应用，促进了图书馆数字化和网络化的迅速发展，"文献资源建设"被认为是有"局限性"的。为此，我国学者提出用"信息资源建设"取代"文献资源建设"，之后，"信息资源"以及"信息资源建设"的概念被广泛接受；另一方面，大概是认为"共建"和"共享"密不可分，是一个统一体，图书情报界逐渐开始将"共建"和"共享"并称，使用"信息资源共建共享"这一术语，并从不同角度对其进行定义。

程焕文、潘燕桃认为，信息资源共享是图书馆在自愿、平等、互惠的基础上，通过建立图书馆与图书馆之间和图书馆与其他机构之间的各种合作协作、协调关系，利用各种技术、方法和途径，开展共同揭示、共同建设和共同利用信息资源，以最大限度地满足用户信息资源需求的全部活动[4]。

金胜勇、于淼认为，共建共享是指在信息资源建设和服务过程中，文献信息机构建立广泛的合作、协作、协调关系，宏观布局和科学规划文献

① Allen Kent, "The Goals of Resource Sharing in Libraries," See Allen Kent, *Library Resource Sharing*: *Proceedings of the 1976 Conference on Resource Sharing in Libraries*, *Pittsburgh*, *Pennsylvania*, New York: Marcel Dekker, Inc., 1977: 17-18.

② 程焕文、潘燕桃主编《信息资源共享》（第二版），高等教育出版社，2016，第 19 页。

③ 程焕文、潘燕桃主编《信息资源共享》（第二版），高等教育出版社，2016，第 19 页。

④ 程焕文、潘燕桃主编《信息资源共享》（第二版），高等教育出版社，2016，第 19 页。

信息资源，利用各种技术、方法和途径，共同揭示、建设、开发和利用信息资源，追求对文献信息资源的完备保障，以最大限度地满足用户信息需求的全部活动①。

黄明解、高建平、陈永莉等认为，现代信息资源共建共享是一种建立在现代信息网络平台上的，通过行政手段或市场机制，由两个以上的信息机构采取自愿参与、相互配合协调，秉承互惠互利的原则，共同进行信息资源建设，共享信息资源的一种虚拟化组织形式，以最大限度地满足用户对信息的需求，最大限度地发挥信息资源的效用②。

尽管这些定义基于不同的研究需要和理解，在采用"信息资源共享"还是"信息资源共建共享"的表述上，以及对资源共建共享主体的认识上仍有差别，但从其内涵来看，各位学者在以下几个方面是取得了共识的，即：信息资源共建共享讲究自愿、平等、互惠；信息资源共建共享体现的是信息机构间的合作、协作、协调关系；信息资源共建是信息资源共享的基础，信息资源共享是信息资源共建的目的，两者相互作用，互相促进；信息资源共建共享的最终目标是最大限度满足用户需求，最大限度发挥信息资源的效益。

基于以上共识以及现代信息环境下信息资源建设主体多元化的趋势，并为了强调"共建"和"共享"之间的密不可分的关系，我们认为以下概念是科学的：信息资源共建共享是指两个以上的信息机构在自愿、平等、互惠的基础上，在统一的组织、协调和布局下，利用各种技术、方法和途径，共同进行信息资源建设，共享共建成果，以最大限度地满足用户信息资源需求，最大限度地发挥信息资源效益的全部活动。

关于以上概念需要进一步强调的是：第一，信息资源的共建共享需要特定的组织或机构进行统一的协调、布局和管理；第二，尽管从理想化的角度来看，我们希望信息机构的所有信息资源都可以共享，但就目前的现实情况来看，通常共享的只是在共建基础上经过授权的那部分信息资源；第三，"平等"是相对的，"平等"并不意味着所有的都要"一致"，由于

---

① 金胜勇、于淼：《继承还是颠覆——共建共享对传统文献信息资源建设理论的影响》，《图书馆工作与研究》，2005 年第 4 期，第 2～5 页。
② 黄明解、高建平、陈永莉：《现代信息资源建设导论》，湖北人民出版社，2004，第 168 页。

各个信息机构建设基础、条件不一样，以及他们在整个共建共享系统中承担的责任不同，可能不同信息机构在共建共享过程中的投入以及其享有的权限也不一样。

二 信息资源共建共享的目标

早在 1985 年，肖自力教授就提出文献资源共享的宗旨是"提高文献资源保障率"①。

程焕文、潘燕桃在 2004 年出版的《信息资源共享》一书中，将信息资源共享的最终目标概括为："任何用户（Any user）在任何时候（Anytime）、任何地点（Anywhere），均可以获得任何图书馆（Any library）拥有的任何信息资源（Any information resource）"②，即所谓的"5A"目标。2005 年 7 月 8 日，在武汉大学举办的"中国大学图书馆馆长论坛"上，国内五十多所大学的图书馆馆长通过并联合签署了《图书馆合作与信息资源共享武汉宣言》，将"5A"目标以纲领性文件的形式予以确定③。"5A"目标通常被认为是从信息使用的角度给信息资源共享提出的"理想"目标。而肖希明教授在《信息资源建设》一书中，将图书馆信息资源共建共享目标概括为："依托计算机网络和其他先进信息技术，建立一个融信息资源共建、共知和共享于一体的文献信息服务体系，最大限度地满足读者与用户对文献信息的需求"，并从"建设相对完备的文献信息资源保障体系""形成覆盖面宽、利用便捷的书目信息网络""建立高效的文献传递系统"④ 等方面，提出了具体要求，被认为是一个更倾向于强调建成宏观的信息资源保障体系的目标。

信息资源共建共享目标的设定，应该考虑共建与共享相结合，总体目标与具体目标相结合，以便更好地指导信息资源共建共享研究与实践。基于此，我们认为，信息资源共建共享的总体目标是建立起统一规划、相互

---

① 肖自力：《我国文献信息资源建设和高校图书馆的使命》，《藏书建设论文集》，书目文献出版社，1985。
② 程焕文、潘燕桃主编《信息资源共享》，高等教育出版社，2004。
③ 中国大学图书馆馆长论坛：《图书馆合作与信息资源共享武汉宣言》，《大学图书馆学报》2005 年第 6 期，第 2~4 页。
④ 肖希明主编《信息资源建设》，武汉大学出版社，2008，第 294~302 页。

协调、合作互惠的信息资源保障体系，实现信息资源的共知、共享，形成资源整体保障优势，最大限度地满足用户信息资源需求，最大限度地发挥社会信息资源的总体效益。为了实现这一总体的、长远的目标，还应从资源保障体系建设、资源共享利用、共建共享管理等方面，制定具体的、支撑性的目标。

（一）建设完备的、互联的信息资源保障体系

所谓信息资源保障体系是指以信息资源为基础，在一个国家或一个地区范围内，各类型的信息机构协调合作，根据统一规划，统一部署，统一规范，建立的一个集信息资源的传递、存储、研究、开发、创新与决策等功能为一体，为社会各项事业提供信息资源支持，以满足和保障社会对信息资源的需求的体系。现代信息环境下，由于信息爆炸式的增长和信息用户信息需求多元化的共同作用，单个信息机构越来越难以胜任复杂、多样的信息资源保障任务，必须依靠不同信息机构通过相互协作、共同参与建设起来的信息资源保障体系来提供联合信息资源保障，即通过文献信息资源的整合，使原本分散的文献信息资源形成一个有机的整体，才能够充分地保障人们对文献信息资源利用的需求。也就是说，信息资源保障体系建设离不开不同信息机构之间进行的信息资源的共同建设，信息资源共建目的是建立起一个完备的、能提供联合保障的信息资源保障体系。反之，信息资源保障体系建设，是信息资源共建共享的前提和基础，尤其在网络环境下，信息资源建设的内涵更加丰富，外延更加拓展，建设信息资源保障体系不仅可以减少纸质载体文献的购买数量，降低文献信息资源积累的成本，节约大量的人力、物力和财力，同时利用信息资源保障体系的丰富信息资源，发挥整体优势，提供信息资源联合保障服务也是信息资源共享的重要表现。

（二）建设高效、无障碍的共同利用体系

具体而言就是通过联合建设，形成覆盖面广，利用便捷的信息资源查询体系和共享平台，以及高效、快速的文献信息传递系统，实现用户对信息资源的无障碍共同利用。网络技术和资源数字化技术的发展，为信息资源的共建共享提供了可靠的物质基础，真正突破了资源共享的制约，为信息用户通过统一的平台，跨越时空共享分散在不同信息机构的信息资源提

供了可能。但是，当技术方面的障碍正在被逐步消除的同时，影响信息资源共享水平，制约信息资源共享能力的因素始终存在，来自管理体制、运行机制等方面的问题仍然阻碍着共建共享的实践向前发展。不断消除这些不利因素的影响，提升信息资源共享能力，实现高效的无障碍的共同利用，尽量满足用户信息需求，成为信息资源共建共享一直追求的目标。

（三） 建设权责分明、运行科学的管理体系

信息资源共建共享由不同的信息机构共同参与，这些机构的规模、等级、建设经费投入不一样，甚至他们是跨地区、跨系统的，因此必须在平等、自愿、互惠的基础上建立起权责明确的管理机制，才能充分调动这些信息机构建设和共享的热情。另外，信息资源共建共享体系建设必须经过合理规划和统一布局，共建共享体系建立起来后还要协调和维护系统的正常运作，这些都离不开科学的管理。信息资源共建共享需要管理，没有科学的管理就没有可行的信息资源共建共享，通过机制、组织、法规制度的互相配合，共同作用，进行有效的、科学的管理，实现资源共享社会效益的最大化是信息资源共建共享的基础，也是其运行过程中一直坚持的目标。

三　信息资源共建共享的原则

（一） 管理协调机构、信息机构、信息用户共同建设原则

信息机构是信息资源共建共享的主体，信息资源共建共享需要各个信息机构的精诚合作，共同建设。信息资源共建共享体系建设还需要政府的大量资金投入、政策的支持，以及居中协调。另外，信息资源共建共享的最终目标是最大限度地满足用户的信息需求，资源建设要求以用户的需求为指导。故而，信息机构、管理协调机构和用户都是信息资源共建共享的重要参与方，三者共同参与建设是信息资源共建共享的重要原则。

（二） 拥有与获取并重原则

1975 年美国《图书馆杂志》《图书馆趋势》等刊物，开展了关于"拥有与获取"的讨论。在之后的十几年里，由于实现技术上的障碍，如书目信息加工集成时滞太长、远程获取成本太高、获取终端设备太少等，"获

取”理论只停留在理论探讨阶段，“获取”的概念也一直未能进入信息资源建设理论研究领域，因而也未能引起图书馆学主流理论界的关注①。

20 世纪 90 年代以后，一方面由于出版物数量的急剧增长，价格不断上涨，使图书馆收藏能力不足的问题越来越突出，图书馆依赖“拥有”的馆藏信息资源来提供服务已难以满足日益增长的社会信息需求。另一方面，随着网络技术的发展，互联网迅速延伸到世界的各个角落，信息传递突破了时空的限制，使图书馆能够十分便捷地通过各种方式获取本馆以外的信息资源②，“获取”开始受到越来越多的关注，甚至掀起了“拥有”重要还是“获取”重要的讨论热潮。

信息资源共建共享强调“获取”馆外信息资源实现共享的同时，并不否认信息机构的独立发展。相反，应该意识到单个信息机构通过自我建设，“拥有”更多的信息资源是共建共享的基石，是共建共享过程中权利和义务并举的重要体现，所以信息资源共建共享应该坚持“拥有”与“获取”同等重要的原则。

（三）标准统一原则

将分散于不同信息机构的信息资源进行整合，通过统一的平台进行检索和传递，以实现信息资源跨越时空的共享的前提是信息资源共建过程中资源的采集、整理、标引等都必须遵循统一的标准。没有统一的标准，异构的信息资源就难以被整合在一起。信息组织、标引不遵循统一的标准，联合编目就不可能实现。总之，没有统一的标准，就没有信息资源的共建共享。

（四）协调、合作原则

信息资源共建共享是一个复杂的系统工程，无论在不同信息机构之间，还是在同一信息机构内部，都要发扬分工和合作的精神，立足整体，放眼全局，以大局为重，相互配合，互补余缺，只有这样才能避免重复建设，提高共建共享效率。

---

① 范并思、王巍巍：《从合作藏书到存取——理论图书馆学视野中的文献资源建设》，《大学图书馆学报》2003 年第 2 期，第 26～29、35 页。
② 程焕文、潘燕桃主编《信息资源共享》，高等教育出版社，2016。

第二节　信息资源共建的主要内容

一　合作发展馆藏

（一）　合作发展馆藏的内涵

合作发展馆藏是指不同图书馆为了满足读者的共同需要而协同规划和补充文献资料的活动。合作发展馆藏包括进行信息资源整体布局和在分工协调的基础上进行补充文献资源，即"分工入藏"。信息资源整体布局是指整体规划和合理安排文献资源在一个地区、一个系统乃至一个国家内甚至国际上的分布，达到资源共享的目的。

合作发展馆藏与信息资源共享有着密切的关系，世界上主要的合作发展馆藏项目实施的主要目的无不是促进信息资源的共享，具体表现为以下内容。

1. 信息资源共享的资源基础，来自不同信息机构的信息资源建设。即通过整体布局，让各个文献信息收藏机构从总体目标与实际需要出发，统一规划文献资源整体结构（学科、类型、语种）及其分布，并根据图书情报单位原有文献基础、学科特色、收藏能力、技术条件和服务水平，组织和安排文献的收藏任务，并通过各个收藏机构的协调分工，分担藏书的责任，从而建立起国家（或系统、地区、学科）的文献保障体系。这是解决信息资源爆炸式增长、出版物价格飞涨和单个信息机构经费投入相对不足，难以满足人们多元的、日益增长的信息需求矛盾的重要措施，也是现代信息资源共享理论研究和实践工作的出发点。

2. 进行信息资源整体布局，通过分工发展馆藏来解决信息资源分布极不合理，地区差别大，信息保障能力极不平衡等问题，是信息资源共享追求的主要目标之一。

3. 通过信息资源整体布局，在统一规划、分工协作的基础上进行信息资源的补充，可避免资源的重复建设，节约建设资金，提升资源的利用率，提高信息机构的信息服务水平和信息资源保障能力，这同样是信息资源共享所追求的目标。

（二）合作发展馆藏的历史

1869 年，德国的默尔首次提出了图书馆之间进行藏书建设分工协调的思想。根据这一思想，普鲁士的 10 所大学图书馆划定了各自的藏书采购范围，并在各馆之间建立了馆际互借关系。"二战"以来，为解决出版物价格不断上涨，图书馆经费投入相对减少的矛盾，最大限度地为读者提供信息资源服务，世界各国在合作发展馆藏方面进行了许多探索和实践，形成了一批有影响的合作项目。

美国 1942~1972 年开展的"法明顿计划（Farmington Plan）"，是在全国范围内有组织地、大规模地进行藏书建设合作的首创，其目标是解决全美最大的 99 所图书馆的馆际藏书补充协调问题。另外，美国于 1962 年起实施根据"公共法 83-480"制定的书刊采购计划，以及 1965 年美国国会图书馆开始拟制的"美国全国图书采编计划"也是当时较具影响力的合作发展馆藏项目。

在欧洲，法国于 20 世纪 70 年代末开展的藏书合作活动，主要集中在图书呈缴和国际交换领域，20 世纪 80 年代早期开始考虑建立国家资源网络；奥地利维也纳大学于 1983 年制定藏书指南，旨在加强同其他维也纳图书馆的采访合作；意大利于 1983 年在国家图书馆服务的结构中提出一个国家采访合作计划；同样在 20 世纪的 80 年代，瑞典致力于在全国建立一个"责任图书馆网络"，每个图书馆除了承担地方责任外，还要在特定专题领域担负起国家级收藏责任。那时，德国、苏联、英国等国图书馆也开展过合作发展馆藏的活动。

合作发展藏书不仅限于一国之内，在国际范围内也有成功实施，如由丹麦、芬兰、挪威、瑞典四国参与的"斯堪的纳维亚计划"，由马来西亚、菲律宾、新加坡、泰国和印度尼西亚等东南亚五国参与组建的东南亚国立图书馆和文献中心等。

我国在"文化大革命"结束后，重新讨论图书馆馆际合作和文献资源的共建共享等问题。1984 年 9 月，由全国高等学校图书馆工作委员会主持召开的"藏书建设研讨会"，明确提出了"文献资源建设"的概念以及"文献资源共建共享"的问题。此后，关于建立一个全国范围内的文献保障体系和全国文献资源的合理布局体系便成为我国图书情报界的研究热点，而 1986 年在南宁召开的"全国文献资源布局学术研究讨会"则将这一研究推向了高潮。根据这次会议的倡议,1987 年 10 月成立了"部际图书情报工作协调委员会",1988 年组建了"全国文献资源调查"课题组,随后开展了一次跨部门、跨系统的全国文献资源调查。到 1990 年底,全国和各地区、各系统的文献资源调研工作基本结束,准备转入文献资源协调的实践阶段。但可惜的是,由于当时中国社会由计划经济向市场经济体制转型的进程加快,在新旧体制过渡阶段的各种矛盾的冲击下,文献资源共建共享事业进入低潮时期①,文献资源协调的实践也就此中断。

20 世纪 90 年代后,随着计算机技术、网络技术、数据库技术的发展,并广泛而深入地应用在信息资源建设领域,加之图书馆数字资源的不断增长,电子文献传递技术的不断进步,全球不断涌现出新型的信息资源共建共享系统,并逐渐取代原来的合作发展馆藏计划。

(三) 合作发展馆藏典型计划简介

1. 美国的合作发展馆藏与馆际协作计划

(1) 法明顿计划

"法明顿计划"是图书馆史上的第一次大规模合作藏书计划,于 1948~1972 年实施,有六十多所大学图书馆、美国国会图书馆等三家国家级图书馆、纽约公共图书馆参加,因 1942 年提出该计划的第一次会议在康涅狄格州的法明顿市召开而得名。

①法明顿计划的开展及其目标

法明顿计划制定的背景是第二次世界大战期间,美国出于国际战略的考虑,开始加强地区研究,并由此加强国外社会科学、自然科学文献的收集。然而,当时美国的图书馆馆员和学者深感馆藏中的外文资料有限,特别是英文和西欧之外的资料,尤其是美国的对手苏联的图书资料十分匮乏,这种状况完全不适应战时和战后对苏战略的需要。为此,美国试图建立一个完整的国外文献的书目体系和藏书体系。1942 年 10 月 9 日,国会图书馆工作委员会会议在康涅狄格州的法明顿市召开,国会图书馆、纽约公共图书馆以及大学图书馆的负责人参加会议,并在会上对上述问题进行了认真讨论。朱利安·包以德 (Julian P. Boyd) 呼吁美国图书馆界应积极采集各国

---

① 吴慰慈、董焱编著《图书馆学概论》,国家图书馆出版社,2008,第 148 页。

具有价值的资料，以供研究之需，此提议获得通过。此次会议之后成立了一个工作组，开始制定藏书补充的协调共建计划，该计划由图书馆协会主持，这就是后来的法明顿计划。

法明顿计划的目标是尽可能使美国任何一个研究人员感兴趣的外国出版物，在美国至少一个图书馆有收藏，该收藏应被尽快列入《全国联合目录》，用户可通过馆际互借或缩微复制而加以利用。美国试图通过该计划的执行，建立一个完整的国外文献的书目体系和藏书收集体系。

②法明顿计划的主要内容

法明顿计划的主要内容是按《国会图书馆图书分类法》，将学科分成804个类目，建立全国的文献收藏体系，分别由六十多个成员馆按照学科主题或对象的国别进行分工，分别建立各种专业性的收藏中心，这些中心的主要任务是重点收藏特定的主题或国家的基础性文献资料。在此基础上，将收集来的文献及时编入《全国联合目录》，提供互借与复制。

1948 年 1 月，该计划开始实施时，只着眼于西欧的资料，主要是法国、瑞典和瑞士的资料。第二年覆盖面扩大到比利时、丹麦、意大利、墨西哥、荷兰和挪威等国，后来覆盖范围不断扩大。该计划的合作方式有两种：一种是按学科分工负责的方式进行收集，如伊利诺伊大学图书馆负责各国出版的关于图书馆学方面的著作；第二种是由指定的成员馆收集某一地区或某一国图书资料的方式进行收集，如哈佛大学图书馆负责购买阿富汗、斯里兰卡等国的图书资料。通过法明顿计划，到 1961 年，美国共收集了 123 个国家的出版物。各馆将收集到的文献分别入藏成各自馆藏，并将所有的文献编入《全国联合目录》。

③法明顿计划的意义

第一，这是一次大规模文献资源共建的有效尝试，是世界上首创的在国家层面进行的合作采集计划，也是首次成功地在全国范围内有组织地开展大规模藏书协作活动。第二，通过该计划，美国从西班牙、葡萄牙、意大利、法国和阿尔及利亚等许多国家设置的采购机构中获取了大量资料，使美国各个图书馆的藏书基本覆盖了当时世界上的出版物的各个部类，基本实现了每一个研究人员感兴趣的外国书刊都有一个图书馆收藏，解决了资料缺乏的困难。第三，这是图书馆之间协调合作的典范。法明顿计划的执行协调机构是美国研究图书馆协会下设的法明顿计划委员会，该委员会是一个纯粹的民间组织，却前后开展了 24 年卓有成效的工作，不愧是美国 20 世纪最为著名的图书馆之间的协调合作典范，同时也对世界共建共享事业有着深远的影响。第四，将各馆分工采购的文献迅速编制出卡片目录，并尽快以全国联合目录的形式揭示与报道，以便用户通过馆际互借或复制的形式予以利用，这是编制联合目录促进信息资源共享的典范。

④法明顿计划的经验

法明顿计划坚持了 24 年，为美国带来了约 100 万册国外书刊后，于 1972 年 12 月 31 日正式结束。其结束的原因有以下几个：第一，该计划是一个自愿参加的计划，缺乏有效的管理机制。首先是图书馆员的频繁更替不利于该计划的有效管理；其次是缺乏有效的监督造成大量没有永久收藏价值的出版物被收藏，浪费了人力、物力和财力。第二，缺乏来自美国联邦政府、州政府和私人机构的支持，经费受限。随着该计划采购和补助费的削减，这种被认为是附加的藏书任务，往往就最先被放弃了。第三，有了新的可替代计划。随着国会图书馆的国家采购与编目计划（NPAC）开始实行，两个计划有很大重叠，许多图书馆选择了 NPAC，参加法明顿计划的图书馆数量大量减少。

（2）480 号公共法案

480 号公共法案是指美国国会图书馆根据《480 号公法》获取国外出版物，并将这些出版物分配给有关图书馆的计划。

①480 号公共法案产生的背景

20 世纪 50 年代美国连续几年向四十多个发展中国家出售多余农产品，但这些国家无力以美元支付，美国允许其以该地货币或与援助等额的配套基金偿还。之后，美国政府决定将这些款项用于购买相应国家的图书和期刊，就此产生了美国公法 480 号，也称"特殊外币计划（the Special Foreign Program）"。

②美国公法 480 号的主要内容

国会授权美国国会图书馆在国会指定的范围内，用相应国家的外汇，购买指定国的最新出版物。所有购得的出版物集中编目，由美国国会图书馆负责制作目录卡片，再交给参加公法 480 号的图书馆负责典藏流通。参加的图书馆由美国国会图书馆选择，每年每个图书馆要支付图书资料的编目和日常费用，用以继续该计划。

美国公法 480 号计划于 1961 年首先在印度、巴基斯坦、阿拉伯联合酋长国进行试验并设立海外办公室，专门负责采访及分送工作。参与计划的图书馆除美国国会图书馆外，还有 21 所学院及大学图书馆和纽约公共图书馆，后增加至 30 所图书馆。每年每个图书馆根据国会的要求上交给美国国库 500 美元，作为收到图书资料的象征性支付；同时向国家联合目录提交购书清单，并通过馆际互借等方式向其他图书馆提供所需资料。其后几年，增加购买印度尼西亚、以色列、南斯拉夫（前）、尼泊尔、斯里兰卡等国的图书资料，经费来源不再局限于公法 480 号计划的资助，所以计划更名为"特殊外币计划"①。

公法 480 号计划的运行机制是，选书机构负责采购当地的出版物并将它们运抵参加馆，另将购书单公开分发到多个图书馆，以对全国的整体收藏进行控制，并采取措施避免收藏过多价值不高的图书。然而在实施过程中，许多图书馆都遇到了复杂的外语与方言编目问题。为了解决这个问题，各个参加馆不得不花钱聘请外语人才进行编目。后来，由于支持编目计划的资金相当缺乏，也缺少相应的外语人才，该计划开始尝试在海外进行编目工作，并提供编目数据单。因此公法 480 号计划的编目计划被认为是美国第一个代表了国家水平的中心型编目计划②。

③美国公法 480 号的经验

该项目于 1958 年提出，1961 年试验启动，到 20 世纪 80 年代中期中止。根据此项计划，美国国会图书馆每年从斯里兰卡、印度、印度尼西亚、以色列、尼泊尔、巴基斯坦、埃及、南斯拉夫等国采集 100 万 ~ 200 万册（件）图书、小册子、期刊、报纸、政府出版物等，分配给有关图书馆。此项计划可使美国研究图书馆直接得到联邦政府资金的支持，从非西方国家采集出版物。另外，该项目由国会图书馆编制统一目录供参与馆使用，为制定全国采购和编目计划（NPAC）提供了宝贵经验，从某种意义上对促成 NPAC 有重要的作用。

（3）拉丁美洲合作采访计划

拉丁美洲合作采访计划（Latin American Cooperative Acquisitions Program，LACAP）是法明顿计划在拉丁美洲的延伸。1959 年，法明顿计划的影响延伸

---

① 程焕文、潘燕桃主编《信息资源共享》，高等教育出版社，2016，第 219 页。
② 程焕文、潘燕桃主编《信息资源共享》，高等教育出版社，2016，第 219、220 页。

到拉丁美洲，把拉丁美洲看作文献收集的一个重要地区，成立了关于拉美文献资源的小组委员会，负责收集包括政府出版物在内的重要拉美文献。

①拉丁美洲合作采访计划产生的背景和实施目的

LACAP 产生的重要背景在于进入 20 世纪后，研究者和学生对拉美文献的需求猛增。而在此之前，拉丁美洲的大部分出版物是由非正规的书籍出版机构出版的，书籍印数少，并且缺乏书目信息，造成采集的困难。为解决这一问题，美国研究图书馆协会促成拉美文献资源小组委员会与拉美图书馆资料采购研讨会（Seminar on the Acquisitions of Latin American Library Materials, SALALM）合作，开展拉丁美洲文献资源的合作采集计划。SALALM 为计划的实施和发展提供策略和帮助，为计划规章的制定提供意见。

LACAP 的目的是帮助参与图书馆获得拉丁美洲各国的大量研究型文献资料，并共同承担相应的费用，解决遇到的问题。

②拉丁美洲合作采访计划的主要内容

LACAP 的采购操作具体由国际书商斯特彻特—哈夫纳（Stecher-Hafner）公司实施，采购的范围除了包括拉丁美洲著者的最新专著、新出版期刊的创刊号和一些政府部门出版物、大学出版物外，还包括译文、课本、青少年读物、再版本等。参加计划的图书馆开始只有美国国会图书馆、得克萨斯大学图书馆、纽约公共图书馆和堪萨斯大学图书馆等，以后逐年增加，前后共有 72 个图书馆参加。

LACAP 的办事处设在纽约，除负责雇佣代理人采购图书外，还负责编制《拉丁美洲新书：最近根据 LACAP 收到的新书目录》。LACAP 书目会在图书到达各成员馆后出版，任何一个 LACAP 成员馆或非成员馆都可以订购书目中的图书。

③拉丁美洲合作采访计划的经验

拉丁美洲合作采访计划于 1960 年 1 月 15 日正式启动，与法明顿计划同时于 1972 年结束，在美国合作采访史上有着重要的意义，亦为拉美图书事业发展做出了贡献。但作为一个通过商业渠道采购拉丁美洲出版物的计划，由于经费不足、销量减少、退书率逐年增加等商业原因，特别是当经费不足时，许多图书馆首先削减了这些低利用率的拉美图书的购置，以及随着拉美出版业和图书贸易事业渐趋成熟，图书馆不用通过代理商就可直接购买到所需的图书后，LACAP 便失去了其存在的价值，最终被美国国家采购与编目计划所取代。

（4）美国国家采购与编目计划

美国国家采购与编目计划（National Program for Acquisitions and Cataloging, NPAC）是美国国会图书馆于 1966 年开始主持实施的一项计划。该计划整合了法明顿计划、拉丁美洲合作采访计划和公法 480 计划，是当时美国规模最大的全国性合作采购计划，也称"分担编目计划"。

①NPAC 产生的背景和实施的目的

因为法明顿计划、拉丁美洲合作采访计划和公法 480 计划等都是分散型的，在实践过程中，美国专家学者逐渐认识到这种分散型的收藏体系和文献采购策略在降低成本上并未显出优越性。1964 年，美国研究图书馆协会成立了书目共享委员会，重新探讨分散与集中的问题。一年后，该委员会得出了应由美国国会图书馆一家来集中收藏图书资料并进行编目工作的研究结论。于是，美国国会图书馆牵头开展了美国国家采购与编目计划。

该计划的目的是以最快的速度收集外国有学术价值的出版物，并及时进行编目，通过全国统一的规划来满足国会图书馆和其他图书馆的需要。

②NPAC 的主要内容

该计划源自美国 1965 年制定的《高等教育法案》第二部分 C 款。根据该法案，该项计划为美国国会图书馆提供经费，并达成两项基本任务：一是尽可能收集全世界所有新近出版的有学术价值的出版物；二是在获得这些资料后，尽快为高等学校和研究图书馆提供编目资料。

NPAC 于 1966 年中期开始实施，由美国国会图书馆与世界 24 个主要国家和地区协商，在巴塞罗那、巴黎、东京、海牙、维也纳、伦敦、奥斯陆等城市设立海外采购和合作编目中心，在当地进行采购图书，并和当地国家书目编制机构合作，充分利用该国现成的书目资源进行编目，然后将这些书目记录和图书空运至国会图书馆，经美国国会图书馆统一再加工以后，编入《全国联合目录》，并迅速向各个图书馆发行目录卡片，提供给国内的图书馆资源共享。

③NPAC 的特点

其一，为更好地完成计划，美国国会图书馆与世界各地相当数量的图书馆建立了良好的合作关系。

其二，为了避免与其他国家已经完成的编目工作重复，美国国会图馆与相关国家进行合作，实行了分担编目的方法，即与在美国以外的 24 个主要国家和地区进行协商，在一些城市建立海外采购和合作编目中心，充分利用该国现成的编目资料进行搜集、整理，由美国国会图书馆统一汇总、加工和编印，编入《全国联合目录》，再发往各个图书馆，实现资源共享。

④NPAC 计划的成就

一是开创了多国合作编目的先河，并在一定范围内统一了编目规则。为避免与其他国家已经完成的编目工作产生重复，美国国会图书馆与奥地利、法国、德国、英国等国的国家书目编制机构进行合作，分担编目。各国的合作编目中心在本国收集尽可能多的符合需要的当代出版物，并将该国出版的所有著作按《英美编目条例》编制目录款目，然后寄到美国国会图书馆。美国国会图书馆的分担编目部则负责修改收到的目录数据，并确定新书的主要款目和附加款目①。

二是该计划使美国国会图书馆提高了对所有新入藏出版物的采购和编目效率。由于与各国进行紧密合作，美国国会图书馆和其他图书馆可以迅速而经济地利用外国的出版物及其编目数据，不仅能使美国国会图书馆快速地采集到外国新出版的文献，有效地缓解了美国国内对外国文献的需求，同时缩短了文献编目与加工的时间，降低了成本。

三是极大地提升了美国的外国出版物的信息资源保障能力。参加该计划的图书馆有九十多所，采购范围达 24 国。到 1980 年，该计划共采购和提供了 100 多万种国外图书和目录卡片。

⑤NPAC 的经验

完善的总体规划以及宏观的指导使该计划得以顺利开展，但 NPAC 还是于 20 世纪 80 年代初结束了其使命。失败的直接原因就是受到了来自资金大幅削减的沉重压力。毕竟如此庞大的计划需要大量的资金支持，而该计划的唯一资金来源是联邦政府的预算，这样的经济基础一旦动摇，计划就容易失败。20 世纪 70 年代，美国政府拨给图书馆的财政经费大幅减少，在用于购置文献资料的外币已用完和国会消减联邦预算的双重压力下，NPAC 陷入困境，相继关闭了各个海外中心。1981 年东京中心的关闭宣告该计划的结束②。之

① 程焕文、潘燕桃主编《信息资源共享》，高等教育出版社，2016，第 219、224 页。
② 程焕文、潘燕桃主编《信息资源共享》，高等教育出版社，2016，第 219、225 页。

后，美国的信息资源共享开始进入一个新的时代，即以国会图书馆为主导的时代让位于 OCLC、RLIN、WLN 等为代表的地区性和民间性的多元化信息资源共享网络的时代。

2. 国际合作发展典藏和馆际协作典范——斯堪的纳维亚计划

"斯堪的纳维亚计划"（Scandinavia Plan，SP）是北欧斯堪的纳维亚半岛四国——瑞典、丹麦、挪威、芬兰的公共图书馆、专门图书馆和研究图书馆合作采集外文图书的计划。该计划在 20 世纪 30 年代提出设想，20 世纪 40 年代末 50 年代初再次提出，1955 年在瑞典的四所图书馆首先开始试行，1958 年正式启动，由北欧研究图书馆员协会（NVBF）主持实施。

（1）斯堪的纳维亚计划产生的背景和实践目的

20 世纪 50 年代，由于科学技术的飞速发展和书刊出版量的激增，使北欧一些国家的图书馆感到单独采集已力不从心，因而有进行合作的意愿。早在 20 世纪 30 年代，挪威图书馆学 W. 蒙特就提出过北欧国际合作采集文献的思想，但一直未能实现。20 世纪 40 年代末 50 年代初，瑞典、丹麦等国的一些图书馆馆长和图书馆学家再次提出该计划。1955 年，瑞典四所研究图书馆达成了一项关于协作采购外文资料的协议，并在主要学科专业基础上进行责任分工。1956 年，在芬兰图尔库召开的"第八次斯堪的纳维亚图书馆代表大会"上全面讨论了上述协议，有意将这种合作活动的范围从瑞典国内扩展到斯堪的纳维亚的其他邻国。1957 年，四国的国家图书馆馆长与乌普萨拉大学图书馆馆长成立了专门委员会，当时有 13 所国家或大学图书馆加入，计划联合采购人文学科的图书及期刊。1957 年，各成员国政府拨出专款并成立总务委员会会议实施这一协议。1958 年，扩大这种采购计划的建议在斯堪的纳维亚研究图书馆协会上进行了讨论并获得通过，斯堪的纳维亚计划由此诞生。

斯堪的纳维亚计划的目的是发展一种地区文献采购和情报服务协作的有效方式，以促进斯堪的纳维亚国家研究图书馆之间的合作发展馆藏和馆际互借活动①。

（2）斯堪的纳维亚计划的主要内容

斯堪的纳维亚计划的主要内容是，丹麦、芬兰、挪威、瑞典四国参与

---

① 肖希明主编《信息资源建设》，武汉大学出版社，2008，第 327 页。

该计划的图书馆在采购北欧以外书刊时广泛合作，按主题、地区或语种分工，使各馆分别成为某一学科、某一语种、某种类型文献的收藏中心、书目中心和外借中心。并且，各成员馆也承担分管学科文献中心任务，编制各种专题联合目录，在此基础上进行文献资源的共享。

（3）斯堪的纳维亚计划的价值和经验

斯堪的纳维亚计划的实施，使北欧国家互相配合收藏外文资料，减少重复，增加品种；也有助于建立统一的地区文献资源保障体系，实现文献资源共享。此计划的有益经验促进了南亚和拉丁美洲的发展中国家制定类似的计划。但该计划仍存在不足，比如缺少拥有适当权力和经费的协调中心，建立国家间存储图书馆和确定专业相近的成员馆之间的复本率等问题不能得到解决等①。

二　编制联合目录

在图书馆资源共享思想的促进下，合作发展馆藏成为必然，同时为了更好地实现资源共享，必须做到信息资源的共知，要做到共知，就必须编制联合目录，这是合作发展馆藏和信息资源共享的基础。

编制联合目录的实践很早就有，大约抄写于13世纪的《英格兰图书馆登记册》记录了分布在英国138座寺院的各种手抄本的收藏地点。美国图书馆界在19世纪中期奠定了创编联合目录的思想并付诸实践，促进了联合目录编制的快速发展。联合目录的编制经历了卡片式目录、书本式目录、缩微胶卷（片）目录、磁盘目录、光盘目录和网络目录等形式，走过了从手工编制到机器编制，再发展到网上实时编制的历程。关于联合目录的编制，《美国图书馆学会词汇》是这样定义的："一组各自独立的图书馆开展的书目原始编目协作活动，成员馆之间有义务相互提供书目记录。"

（一）国外联合目录编制历程

1. 集中式手工联合目录编制

所谓的集中编目，也称统一编目，指由一个中心机构按照统一的编目规则进行编目，同时向多个图书馆提供编目成果的活动。

---

① 肖希明主编《信息资源建设》，武汉大学出版社，2008，第327页。

　　19 世纪中期，随着科学技术的发展，现代的联合目录工作开始酝酿。美国的朱厄特（Charles Coffin Jewett）、T·H·罗杰斯和杜威等，是较早提出集中编目的思想并致力于图书馆集中编目工作的图书馆学家。朱厄特曾设想使用铅版印刷书目，一条款目一块版，排列起来即构成国内藏书的总目录。美国在 1853 年召开的图书馆员会议上，听取了史密逊学会提出的通过集中编目的方式编制全国联合目录的建议。之后，美国的集中编目工作快速发展。20 世纪初及以后的很长一段时间，美国集中编目中心主要设在国会图书馆。美国国会图书馆于 1901 年开始向一些大型图书馆征集卡片资料，汇集全国卡片联合目录，到 1909 年排成卡片字顺目录，之后不断扩大目录范围，卡片积累得很快，不久突破了两千万张。1932 年，美国国会图书馆设立"联合目录部"；1954 年成立"全国联合目录委员会"。鉴于卡片联合目录日益增多，使用起来已不太方便，国会图书馆开始编印和出版书本式联合目录。1958 年出版了《1953～1957 年全国联合目录著者累积总目》28 卷（1963 年出版 1958～1962 年累积本 54 卷，1969 年出版 1963～1967 年累积本 72 卷）。此外还编辑包括 500 个图书馆馆藏的回溯性大型联合目录《1956 年以前全国出版物联合目录》，以及《新收连续性出版物刊名目录》等一批期刊目录。20 世纪 60 年代，美国开始发行缩微胶卷（片）式联合目录。据当时的调查，在 21 种州立连续出版物联合目录中，有 3 种是缩微形式，另外还有 5 种综合性联合目录也采用了缩微胶卷（片）形式[1]。缩微胶卷（片）式联合目录使目录形式赶上了当时的技术潮流，但其还只是卡片或书本式目录的复制品而已，生产方式并没有发生本质的改变。

　　在美国的影响下，许多国家也开始了集中编目工作。英国伦敦国立中央图书馆编印卡片式联合目录，收书 120 万种以上；1972 年成立的英国图书馆（国家馆）继续承担联合目录工作，收集全国各地区的卡片，汇编成全国卡片联合目录[2]。苏联于 1925 年开始集中编目，俄文编目最初由教育人民委员会集中编目局负责，1927 年转由全苏图书局发行集中书目卡片，1949 年起由列宁图书馆公开发行提要卡片。1965 年，联合国教科文组织在

---

① 卢共平、汪善建：《欧美国家联合目录的进展与我国虚拟联合目录的发展思路》，《图书情报工作》2002 年第 10 期，第 85 页。

② 彭鹏：《国外联合目录工作的回顾与展望》，《国家图书馆学刊》1978 年第 1 期，第 45 页。

莫斯科召开了题为"国际目录卡片发行的现状及其展望"的会议,充分肯定了集中编目的意义和作用,讨论解决统一著录、卡书配合的问题,并呼吁各国集中编目机构向国际发行目录卡片。据当时的统计,全世界约有 21 个国家(不含我国)的 75 个机构从事集中编目工作[①]。

2. 机读联合目录的编制

手工编制的联合目录有编制效率低、时滞长,检索不易等不足。随着藏书增长周期越来越短以及信息资源共享范围的不断扩大、信息需求的多样化趋势不断增强,体系越来越庞大的传统卡片及印刷型目录,越来越难以满足信息资源共享的需要。20 世纪 60 年代初,美国国会图书馆开始研制卡片目录机读形式,用以打印该馆发行的数量庞大的集中编目卡片。1966 年推出了 MARC I 格式,并于当年 11 月开始了由 16 所图书馆参与的"MARC 试验项目";1968 年 7 月又推出 MARC II 格式(也就是后来的 US·MARC)。MARC II 与试验版的 MARC I 有本质的不同,它开创了不同系统和方法都可接受的运行环境,提供了更广泛的共享机会。美国图书馆资源委员会认为,国会图书馆生产并发行的机读目录记录,将有助于开通图书馆自动化系统;机读目录应包括全部国会图书馆现有印刷卡片上的数据,再增加一些附加信息,成为一种多用途记录;所有图书馆的机读目录必须采用 USMARC 格式,这是实现标准化的最好方法。尤其要求所有图书馆在编制机读目录时应采取统一的格式,推动了图书馆编制联合目录由原来的"协作"模式向"联合"模式发展,由卡片、印刷模式向电子(数字)模式发展。最初,MARC 格式的联合目录以磁带的形式生产和发行,20 世纪 80 年代中期开始利用光盘(CD-ROM)来生产和发行联合目录。第一个商业性的光盘联合目录产品是 1985 年首次发行的 Bibliofile。1989 年,美国国会图书馆开始着手开发国家联合目录的光盘版。当然随着网络技术和数据库技术的发展,图书馆 MARC 格式的联合目录更多地通过局域网以及互联网进行联机编制和传递,并逐步取代磁盘版和光盘版的联合目录。

3. 联机编目

因 MARC 的使用,计算机技术才能在图书馆得到广泛应用,而计算机网络技术和图书馆自动化的发展使联机编目成为可能。联机编目是指由多

---

① 彭斐章主编《目录学教程》(第二版),高等教育出版社,2017,第 199 页。

个图书情报信息机构，利用计算机和网络技术共同合作建立具有统一标准的文献信息联合目录数据库，在此基础上实现联机共享的编目活动。其具体操作包括承担原始编目责任，并将数据上传到目录数据中心，及通过访问网上的书目数据源获得书目数据。联机联合编目旨在逐步建立具有一定规模的联合书目数据库，供各类图书馆共享书目成果和文献资源①。

1970 年美国图书馆资源委员会在其第十四次年度报告中，对未来的前景是这样设计的："美国将形成单一的图书馆体系，最优集约化将保证资源的最优利用，向用户提供最好的服务。"在这个体系中，文献采集和编目将由中心馆来处理，这样，所有的图书馆都会及时得到编目记录、图书和其他文献，还将形成一个包括各种类型的文献机读目录格式的国家数据基地，反映全美图书馆的总体藏书状况。尽管受政治、经济等因素的制约，后来美国并未形成这样一个完全集权化的体系，但代替这种资源中心、单一国家数据库、反映全国图书馆藏书的集权化体系，却出现了几个图书馆书目系统，如 OCLC、RLIN、WLN、UTLAS 等。这些系统因都拥有一个庞大的中央书目数据库而被认为是"集中式联机联合目录"或"现实联合目录"。其中以 OCLC 最为著名且极具代表性。

OCLC 始建于 1967 年，原名俄亥俄大学图书馆中心（Ohio College Library Center），1987 年改名为联机计算机图书馆中心（Online Computer Library Center），现今已发展成为全球最大的图书馆合作网络。联机编目服务是 OCLC 核心服务之一，是其许多服务的基础。OCLC 编目数据库原称 OCLC Online Union Catalog（OCLC 联机联合目录），1996 年改名为 WorldCat。目前 WorldCat 是全球最大的数据库，包含了 2 万多会员图书馆的馆藏信息，截至 2014 年 2 月，共有 3 亿多条独一无二的书目记录、20 多亿条馆藏记录。WorldCat 资源主题范畴广泛，覆盖了自公元前 4800 年至今的资料，基本上反映了全世界图书馆所拥有的文献资源类型，主要类型有图书、期刊、报纸、地图、乐谱、手稿本和网络资源②。WorldCat 还在不断吸引各国图书馆加入其中，其记录每 10 秒便增加 1 条，每月增加 200 多万条，每隔 4 秒

① 张晓文：《浅谈趋于知识管理的联机联合编目工作》，《四川图书馆学报》2012 年第 2 期，第 61 页。
② 程焕文、潘燕桃主编《信息资源共享》，高等教育出版社，2016，第 238 页。

就有 WorldCat 资源被共享①。Connexion 是 OCLC 的联机合作编目系统。作为全球最大的连接图书馆与 WorldCat 的联合编目系统，Connexion 提供了成员馆进行目录初编，并将新资源记录添加到 WorldCat 中的科学方案，同时允许各成员图书馆将书目记录和规范记录输出到本馆目录中。总之，正是因为该系统，用户才能够创建和编辑高质量的书目记录与规范记录，数据才能被全球图书馆用户共享。另外，OCLC 批处理上传书目记录服务（OCLC Batchload Service），允许各种类型和规模的图书馆和图书馆联盟，添加和维护大量编目记录、图书馆藏信息到 WorldCat，通过这种编目方式，可以轻松实现自动匹配 OCLC 成员馆在 WorldCat 中的信息和本地记录。截至 2014 年 3 月，共有四十多个国家图书馆将国家联合书目数据库输入到 WorldCat②。另外，OCLC 还建有世界书目知识库（WorldCat Knowledge Base），通过与出版商的合作，收录大量电子书、电子期刊、开放存取资源的元数据。截至 2014 年 2 月，该知识库实现了对 5710 位供应商提供的 11179 份内容馆藏的访问③。

4. 虚拟联合编目

虚拟联合目录（Virtual Union Catalog）是由若干个图书馆组合而成的一个联合共享团体，各馆独立维护各自的数据库，但可以通过 Z39.50 网关对各成员馆的数据库进行广播式检索，并返回检索结果列表④。与集中式联机联合目录（现实联合目录）的最大不同是，虚拟联合目录没有一个中央书目数据库。

与现实联合目录相比，虚拟联合目录有许多显而易见的优点。首先，各成员馆可以独立地维护自己的文献信息资源，方便各成员馆对自己的本地数据库进行不断扩充，使整个协作网内的信息资源不断丰富；其次，这种物理分散的机制使得整个协作网系统结构的添加与拆卸非常容易，有利于整个协作网信息资源的迅速扩充；再次，在统一界面的引导下，用户可以用一个检索请求检索全部成员馆的信息资源，对于本馆馆藏中没有的文

① 彭斐章主编《目录学教程》（第二版），高等教育出版社，2017，第 290 页。
② 程焕文、潘燕桃主编《信息资源共享》，高等教育出版社，2016，第 238、239 页。
③ 程焕文、潘燕桃主编《信息资源共享》，高等教育出版社，2016，第 239 页。
④ 卢共平、汪善建主编《欧美国家联合目录的进展与我国虚拟联合目录的发展思路》，《图书情报工作》2002 年第 10 期，第 86 页。

献，还可以进一步通过馆际互借功能直接通过网络向其他成员馆提交借阅请求①。

虚拟联合目录从 20 世纪 90 年代起，相继在美国、加拿大、欧洲等地建立起来。加拿大虚拟联合目录是由加拿大国家图书馆牵头，利用 Z39.50 建立在地理上分散的多个图书馆检索系统和集中式联合目录基础上的，涉及多种系统平台的分布式虚拟联合目录。美国在 20 世纪 90 年代末期建立了多个区域性的虚拟联合目录。纽约西南部图书馆委员会的虚拟联合目录可检索系统内 19 个大学图书馆、公共图书馆和中小学图书馆的目录；罗切斯特地区图书馆委员会的虚拟联合目录可按组选择、单独选择或全部选择检索 14 个成员馆的目录；宾夕法尼亚高校图书馆协会的虚拟联合目录可检索 38 所高校的图书馆目录；密歇根大学图书馆建立了 MIRLYN（Michigan Research Library Network）虚拟联合目录，用户能同时检索 CIC（Committee on Institutional Cooperation）12 个成员馆的馆藏目录。在欧洲，ONE（OPAC Network in Europe）计划于 1997 年底完成后，建立了由 8 个国家（丹麦、芬兰、法国、荷兰、挪威、瑞典、英国和澳大利亚）15 个成员馆组成的虚拟联合目录②。

（二）中国联合目录的编制历程

1. 集中编制联合目录

中国的集中编目工作始于西风东渐的民国年间。1936 年 1 月，国立北平图书馆开始向全国发行印刷目录卡片，10 月起编为书目目录印行。同样是在 1936 年 10 月，国立中央图书馆开始每月编印目录卡片 1 组，共计 500 种。到"抗日战争"爆发，这两个馆的集中编目活动才相继停止。

中华人民共和国成立后，北京图书馆于 1953 年底恢复集中编目工作，在北京地区发行中文图书目录卡片。1957 年，在北京、上海成立了全国第一、第二中心图书馆委员会，并在武汉、沈阳、南京、天津、广州、成都、西安、兰州、哈尔滨等城市建立了 9 个地区性的省中心图书馆委员会。1957 年 9 月，国务院批准并公布《全国图书馆协调方案》。11 月，

① 卢共平、汪善建：《欧美国家联合目录的进展与我国虚拟联合目录的发展思路》，《图书情报工作》2002 年第 10 期，第 87 页。

② 卢共平、汪善建：《欧美国家联合目录的进展与我国虚拟联合目录的发展思路》，《图书情报工作》2002 年第 10 期，第 86 页。

在全国第一中心图书馆委员会的下面设立中华人民共和国第一个联合目录工作机构——全国图书联合目录编辑组。1958 年，北京图书馆联合中国科学院图书馆和中国人民大学图书馆等单位，先后成立了中文、西文和俄文三个统一编目组。1961 年统一编目组归属全国第一中心图书馆委员会统一领导，开展全国性的集中编目工作。

1957 年后，全国第一中心图书馆委员会先后编制了《全国中文期刊联合目录》《全国西文期刊联合目录》《全国日文期刊联合目录》《中国古农书联合目录》等 25 种全国性联合目录。全国目录编辑组组建的全国卡片目录中心自 1957 年底至 1965 年 10 月，搜集了包括 250 个大中型图书馆的西文、俄文、日文，近 80 万张图书目录卡片及 30 余万张中文、西文目录卡片，并在此基础上定期出版《全国西文新书通报》。另外，全国图书联合目录编辑组结合各地的藏书特点，充分调动地方的积极性，统筹安排，分工协作，编制了一些具有地方特色的专题联合目录，如《武汉地区钢铁图书联合目录》《地质学图书联合目录》《医学科学图书联合目录》《上海市纺织印染图书联合目录》《四川省各图书馆馆藏石油天然气书刊联合目录》《西南地区所藏抗战时期出版图书联合目录》《安徽省各系统图书馆中文科技期刊联合目录》等。除此之外，上海图书馆编《中国丛书综录》《我国南海诸岛资料联合目录》等地方性专题目录三百多种，参加协作的图书馆达七百多所①。

"文化大革命"期间，我国的集中编目工作曾一度中断。1977 年 7 月，中国科技情报研究所召开全国科技情报检索刊物会议，讨论了科技期刊联合目录工作问题。随后，中国科技情报研究所主持编辑了《中文科技期刊联合目录》。"文化大革命"后的很长的一段时间内，北京图书馆成为我国集中编目的主要阵地。1977 年北京图书馆成立了联合目录编辑组，并主持编辑 1978 年和 1979 年的《全国预订外文科技期刊目录》。1979 年之后，北京图书馆陆续编制发行《中文图书印刷卡片累积联合目录（1974～1978）分册》《中文图书印刷卡片累积联合目录（1979～1980）分册》《1962～1978 年全国西文期刊联合目录（科技部分）》《全国西文连续出版物联合目录（1978～1984）》《西文科技会议联合目录》《西文工业技术图书馆联合目录》《西文参考工具书联合目录》等联合目录。

---

① 彭斐章主编《目录学教程》（第二版），高等教育出版社，2017，第 261 页。

2. 编制机读联合目录

1982 年，北京大学图书馆、中国科学院图书馆、北京图书馆、清华大学图书馆、中国人民大学图书馆等单位组成工作组，开展计算机编制西文图书联合目录的试验。1986 年，北京大学图书馆成功地完成了《西文图书联合目录》（第一期、第二期）。随后，北京图书馆编制了机读版《1979~1984 年全国西文连续出版物联合目录》。另外，国家图书馆新技术开发公司成立了以机读目录数据生产发行为目的的新书目数据中心，从 1990 年开始向全国图书馆发行机读目录数据。

3. 联机编目

20 世纪后期至 21 世纪初，我国先后建成以国家图书馆为中心，以公共图书馆为主体（成员单位包括公共馆、高校馆、图书供应商和其他类型图书馆）的全国图书馆联合编目中心，和依托 CERNET 网，以高校图书馆为主要成员的中国高等教育文献保障中心（CALIS）联机编目系统等大型联机集中编目系统。各地区、行业也建立起一批具有一定规模和影响力的联合编目机构，如中科院联合编目服务系统、上海市文献联合编目中心、广东省文献编目中心，以及以深圳图书馆为中心的"地方版文献联合采编协作网"等。

1997 年 10 月，全国图书馆联合编目中心正式成立，其宗旨是：在全国范围内组织和管理图书馆联机联合编目工作，运用现代图书馆的理念和技术手段将各级各类图书馆丰富的书目数据资源和人力资源整合起来，以国家图书馆为中心，实现书目数据资源共建共享，降低成员馆及用户的编目成本，提高编目工作质量，避免书目数据资源的重复建设，实现书目数据资源的共建共享。全国图书馆联合编目中心行政隶属国家图书馆，采用"中心—分中心—成员馆"的组织机构，至今书目数据的使用单位已超过3800 余家，成员馆的队伍已发展到 3100 余家①。全国编目中心的主要任务是"在全国范围内积极、有效地组织和管理各系统、各类型图书馆联机联合编目工作，降低成员馆及用户的编目成本，提高编目工作的质量，努力减少书目数据的重复制作，建立健全中文图书联合目录、中文目次、学位论文和港台图书等书目数据库，向各成员馆提供标准、规范的数据"，而

---

① 《全国图书馆联合编目中心简介》，http：//olcc. nlc. cn/page/about. html，2020-11-10。

"成员馆可通过中心的各机构参与制定和了解中心的各项方针、政策，享受中心提供的所有服务及中心提供的部分产品的优惠价格。有义务严格遵照中心制定的各项标准和规范编制本馆的书目记录并提供给中心的数据库，中心将按规定支付报酬"①。中心采用 Union Cataloguing System 作为中心的联合编目系统（后重新设计了联合编目系统），能实现成员馆书目数据的实时上传和下载。到 2010 年底，拥有书目数据上传馆 42 家，每年上传数据超过11 万条。现在，全国图书馆联合编目中心对公益性图书馆用户联机下载书目数据免费。截至 2019 年 7 月底，中心已经拥有书目数据 1354 万条，规范数据 182 万条，全国馆藏数据 4800 余万条。并且馆藏数据每年还在以1000 万到 1500 万条的速度迅猛增长②。现在编目中心除了为用户提供中文普通图书书目数据之外，还提供了中、西文期刊书目数据库，台港图书书目数据库、民国图书书目数据库等三十几个书目数据库。

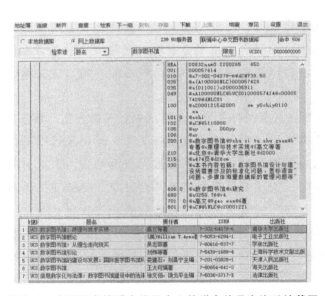

图 9-1 全国图书馆联合编目中心的联合编目查询系统截图

CALIS 联合目录数据库于 2000 年 3 月正式启动服务，目前通过 "CALIS

① 《全国图书馆联合编目中心章程》，http：//olcc. nlc. cn/page/articles. html，2020-11-10。
② 王洋：《全国图书馆联合编目中心 2018-2019 年度工作报告》，http：//olcc. nlc. cn/page/document. html，2020-11-10。

联合目录公共检索系统"（http：//opac.calis.edu.cn）和"CALIS 联机合作编目中心服务主页"（http：//lhml.calis.edu.cn）等平台向一千多家成员单位提供服务，已成为国内外颇具影响力的联合目录数据库。截至 2018 年 6 月 30 日，CALIS 联合目录数据库共有书目记录 713 万余条，规范记录 175 万余条，馆藏信息约 5000 万条。书目记录涵盖印刷型图书和连续出版物、古籍、电子资源、其他非书资料等多种文献类型，覆盖中、西、日、俄、韩、阿拉伯等一百多种语种；内容囊括教育部普通高校全部 71 个二级学科，226 个三级学科（占全部 249 个三级学科的 90% 以上）[①]。

4. 虚拟联合编目

我国香港地区，于 20 世纪 90 年代便开始开展虚拟联合目录建设。香港科技大学建立的虚拟联合目录可同时检索香港地区 7 所大学图书馆的馆藏书目数据库，除分别显示从各馆检索到的结果外，还可显示排序、去重后的统一检索结果列表。我国台湾地区的台湾辅仁大学利用 Isite 系统和自己开发的 Crystal 检索引擎建立的 OPAC 系统，可同时检索台大、政大与辅大的馆藏书目数据库。四川大学是中国大陆地区较早探索虚拟联合编目建设并建成相应服务平台的高校。

三 信息资源整合

尽管对数字信息资源的整合并没有影响原有数据库的差异性和个性特征，原有数据库仍然拥有自己的阅读平台，对他们仍然可以进行单独的检索和利用，但信息资源整合的主要原因是信息资源呈指数增长，质量参差不齐且高度分散无序的特点，以及不同信息机构对信息资源进行收集、整理时所形成的组织体系不兼容等因素，极大地影响了用户对信息的有效获取和资源的共享。信息资源整合的目的是将那些独立的数字信息资源透明地、无缝地集成在一起，用户在统一的检索界面中检索、浏览和使用所有数字化资源。所以，信息资源整合不仅是对现有的信息资源进行优化配置，更是信息资源共享的基础。

目前信息资源整合的主要形式有基于 OPAC 的资源整合、基于跨库检索

---

① 《CALIS 联机编目》，http：//www.calis.edu.cn/pages/list.html？id = 302cd21d-93ee-4544-b0dc-48eedee2e97b，2020-11-10。

系统的资源整合和基于资源发现系统的资源整合等。建立在信息资源整合基础上的信息资源检索系统往往又是一个信息资源共享系统。

自 20 世纪 70 年代出现并不断发展至今，OPAC 已走过了四十多年的历程。最初 OPAC 的主要特点是延续图书馆传统的卡片目录构建思路，提供与卡片目录相同的记录内容、MARC 记录格式以及检索点。现在的 OPAC 是基于互联网的检索系统，通过与信息检索协议 Z39.50 服务器建立连接，可以提供馆际书目的联合检索。实用的 OPAC 系统在读者检索图书的时候可以关联图书馆所有的其他资源，包括相关的光盘、电子书、电子期刊、视频等，同时罗列出该资源的其他相关或者相似资源，提供获取该资源的途径。如果是本馆拥有的馆藏，则直接罗列出典藏地址等信息，如果本馆没有收录，则通过资源联盟或者共享系统搜索出拥有该资源的机构和单位，让读者可以通过馆际互借或者文献传递等方式获取信息资源。OPAC 的检索范围已突破馆藏限制，扩大到网络信息、公共文化信息和其他机构的信息资源。图书馆还可以与搜索引擎公司合作，通过网络检索平台，发布目录信息，告诉用户这里有他们需要的信息。另外，目前 OPAC 能够实现馆藏资源与网络资源的链接，如 RedLightGreen 的检索结果可链接到书商、书评和电子书，将服务延伸到图书馆网站之外，用户可以在网上书店检索图书馆的收藏情况。

图书馆跨库检索系统只需要为读者提供单一的检索界面，但是对于用户的检索请求，则可以在多个数据库中进行相关资源的检索，所以也被称为统一检索平台或一站式检索平台。通过跨库检索系统整合的数字资源可以是同一开发商开发的数据库，也可以是不同开发商开发的数据库；可以是图书馆引进的相同或不同类型的数据库，也可以是属于不同图书馆的数据库。整合异构数据源数据为读者提供集成的、统一的、安全的、快捷的信息查询、数据挖掘和决策支持服务，也是信息共享的重要表现。

资源发现系统事先为图书馆众多的本地和远程资源建立了一个集中索引仓储，用户通过一个类似 Google 的单一检索框，检索这个仓储以实现资源的一站式检索，并且这些系统还会对检索结果进行有效的组织和揭示，以帮助用户发现最合适的资源。资源发现系统的建设核心是构建一个中央元数据仓储，将各数据源的元数据进行收集、收割，经查重、聚合、修正等数据规范化加工后，集中存储到中心元数据仓储中，实现对异构资源的元数据分类聚合与统一，从而形成一个庞大的集中式索引。资源发现系统不仅从出版商、内容商收集各类学术文献信息，也收集图书馆自建数据库，包括书目数据库、特色数据库的信息，甚至从公开网站提取各类有价值的数据资源。所以资源发现系统能集成包括 OPAC、特色资源数据库、引进数据库等资源，这些资源不仅有印刷型馆藏和数字型/开放资源、本地自建和远程订购资源，还有元数据、文摘索引和全文内容等，多来源、多格式和多元素的资源数据。另外，资源发现系统是多种服务方式的整合，相对于传统单一的全文提供服务，资源发现系统不仅整合图书馆信息检索、读者认证、预约续借等传统服务方式，还提供评论标签、全文获取、学术推荐、引文显示、馆藏揭示等新的服务功能，最终让用户在一个界面中就能实现图书馆全部资源的检索、显示、排序、获取，实现多种服务方式的整合[①]。

以国家图书馆"文津"检索系统为例，该系统采用简约的单框检索入口，用户输入一次检索词，即可实现对系统内所有资源的一站式检索，可检索内容除了国家图书馆原 OPAC 系统内各类型书刊文献资源以外，还涵盖了国家图书馆各类中外文自建和外购数据库资源。与此同时，该系统仍然提供基于联邦检索技术的"整合检索"，面向部分尚未实现元数据统一收割的外购数据库进行补充检索。检索结果与国家图书馆的各类资源系统实现了无缝整合，用户可以通过检索结果界面直接预约、续借本馆馆藏信息资源，直接获取各类自建或外购数据库系统的全文信息，或直接向全国联合编目系统中的成员馆发送馆际互借或文献传递请求等。在检索结果的详情页面，系统还提供书封、摘要、目次等详细信息，其中部分书封和目次信息来自当当、豆瓣、京东、China-pub 等图书服务网站。此外，为了进一步满足用户同步获取相关网络资源的需求，系统还提供了面向谷歌、百度等外部搜索引擎的延伸检索链接[②]。

综上所述，现在资源整合的内涵进一步深化，整合范围不断扩展。图书馆资源整合的变化主要体现在四个方面：一是在线联机查询目录（OPAC）从最初的书刊目录，逐步拓展到图像、声音、视频等各种载体类

---

① 曾建勋：《资源发现系统的颠覆性》，《数字图书馆论坛》2016 年第 2 期，第 1 页。

② 申晓娟、李丹、王秀香：《略论图书馆资源整合与检索系统的发展——以国家图书馆"文津"搜索系统为例》，《图书情报工作》2013 年第 18 期，第 41、42 页。

型文献目录；二是在分布异构数据库资源的整合方面，逐步实现了基于数据交换和互操作协议的统一调用和基于元数据的集中仓储管理；三是随着数字资源不断丰富并成为图书馆馆藏中的重要组成部分，传统介质馆藏与数字资源之间的融合发展也开始从理论走向现实，OPAC 系统与其他数字资源检索系统的整合检索已得到实现；四是在网络化环境下，进一步实现了馆内资源与其他图书馆资源甚至互联网资源的整合利用。总之，信息资源的整合是与信息资源共享天然结合在一起的，整合促进了共享发展，共享又为整合指明了方向。

四　电子资源集团采购

（一）　电子资源集团采购的内涵

电子资源集团采购是指由多个采购单位自愿组成集团，联合采购某种电子资源，以最少的经费获取最优价格、最佳服务和最符合需求的电子资源的采购方式。这是网络环境下产生的图书情报机构资源共建的重要模式之一。

信息机构采用集团采购的形式购买电子资源的主因是价格，即电子资源价格通常较贵，甚至有些数据商利用其垄断地位肆意涨价，使得单个信息机构难堪其负。为解决数据库数量快速增长，购买费用不断增加的问题，信息机构开始组建电子资源采购联盟，或利用图书馆联盟以集团的力量同数据库商进行谈判，用尽可能优惠的价格争取到更优质的服务。除价格因素外，数据商促销的需要、避免资源的重复建设、提高信息资源采集效率和水平、便于资源的共享等，也是影响信息资源集团采购兴起的重要因素。当然信息产品固定成本高但可变成本低的特点，也为集团通过谈判压低电子资源价格提供了有力的依据。

电子资源集团采购的采购模式主要可分为两种：其一，各成员馆共同承担购买费用，共同使用；其二，经谈判协商，集团成员采用统一的低于市场价的价格购买同一种电子资源。

集团采购经费支出形式具体有：第一，俱乐部模式，亦称会员制模式，即每个参加机构独立支付费用，通过集团购买资源，享受集团的优惠价格和服务。第二，中央资金模式，即由政府或政府立项的项目支付全部费用，成员单位享受服务。第三，合作购买模式，即政府和参加机构之间合作出资购买资源，政府补贴部分经费，参加成员按协议的比例自行支付其余经费。

通过集团购买获得的电子资源，通常是成员馆各自拥有一个电子版的复份，买的复份越多，价格越低。另外，还有一种资源共享和使用模式，即由集团成员共同购买一定的数据库并发用户数、共享并发用户个数，参加单位根据其规模大小、使用统计等规则，支付数据库使用费。这种方式目前应用较少了。

（二）国外电子资源集团采购实践

1. 美国的电子资源集团采购

美国的图书馆集团采购开展得较早。最初，集团采购的对象并不限于电子资源。早在 1988 年，Mintex 就开展了集团采购，当时其成员单位已经超过两百个，构成了一个巨大的潜在市场。于是 Mintex 和图书馆用品生产商谈判，要求以集团购买方式购买产品。达成的条件是，只要是 Mintex 成员单位订购图书馆用品，如机读条码、图书防盗磁条、书目软件、全文数据库、全文电子期刊、杂志索引、计算机、电视、家具等，都可以享受15% 到 50% 不等的折扣[①]。除 Mintex 外，美国的 OhioLINK、CIC 等组织进行集团采购取得的成绩也是非常显著的。

OhioLINK 的集团采购部门在购买电子资源的过程中扮演"藏书采购代理人"的角色，分别指定不同的"采购召集馆"负责不同种类资源的采购，代表联盟与数据商进行谈判。联盟集团采购部门先请相关学科专家与数据库采购专家对拟采购数据库资源进行价值评估，再与联盟成员商定购买事宜，协调各成员馆的购买需求和范围，最后与数据商进行价格和服务谈判，获得最优惠的价格[②]。以 2016 年为例，当年 OhioLINK 购买电子期刊和电子图书共支出 3247 万美元，其中俄州政府资金支付 601 万美元，占比 19%；成员馆支付 2646 万美元，占比 81%。而如果由各成员馆独立购买的话，费用估计在 7760 万美元左右[③]。

---

① 陈肃：《共享有限资源：Minitex 模式的发展》，《图书情报工作》2004 年第 7 期，第 20 页。
② 马鑫、绫玉红：《俄亥俄图书馆与信息网络（OhioLINK）资源建设与服务》，《农业图书情报学刊》2018 年第 3 期，第 7 页。
③ 孙波、刘万国、房玉琦：《美国典型区域图书馆联盟对比分析及启示——以 OhioLINK 和 CARLI 为例》，《图书情报工作》2017 年第 24 期，第 50 页。

CIC（Committee on Institutional Cooperation，机构性合作委员会）成立于 1958 年，是跨美国中西部 8 个州的 12 所研究型大学联盟。1994 年在 CIC 总部建立了一个"图书馆先导活动中心"（The CIC Center for Library Initiatives，CLI），来统筹、协调、规划联盟图书馆的所有合作活动，其中电子资源的集团采购工作主要由馆藏发展和电子资源主管工作部（Collection Development Officers/Electronic Resource Officers，CDOs/EROs）负责。CLI 的目标是：联合各成员图书馆的资源，实现资源获取的最优化；使图书馆的成本、时间、空间节省最大化；为图书馆员创造一个合作环境，解决他们共同面临的问题。CIC 拥有一套严密的管理组织来负责电子资源的集团采购工作，大致可分为四个层级，即"CIC 办公室—CLI—CLI 的电子资源主管工作部（EROs）—采购行动协调人（coordinator）"，每个层级负责采购过程中的不同工作：CIC 办公室负责统筹协调 CIC 的各种采购活动，促成大学中的不同团体在采购上的合作；CLI 是连接数据库商与 CIC 成员馆的桥梁，主要负责谈判与签约工作，具体包括审查采购建议书、与数据库商谈判、代表联盟签约、向成员馆筹集采购经费、开展后续服务等；EROs 由各成员馆的电子资源主管（ERO）组成，主要负责评估采购建议书，包括向成员馆和 CLI 各工作部征求意见，随时跟踪并向成员馆发布最新谈判信息等；采购行动协调人的主要工作是发起某次采购活动，收集成员馆意见并撰写采购建议书[1]。多年来，CIC 通过集团采购电子资源为各成员馆节约了大量的采购资金。

2. 其他国家的电子资源集团采购

除美国外，欧美其他国家亦十分重视电子资源的集团采购。

1995 年，加拿大图书馆协会提出了"建立一个以数字化项目为基础的虚拟馆藏体系"的建设目标，极大地促进了其国内数字资源集团采购工作的开展，1998 年又提出了一个全国性的电子信息资源建设项目——加拿大国家资源采购项目，主要由大学图书馆参与，以集团采购的方式购买电子资源。

英国的电子期刊国家采购创始计划（National Electronic Site Licence Initiative，NESLI）是著名的集团采购计划。该计划由英国高等教育拨款委

---

① 邢明旻：《CIC 图书馆联盟的电子资源集团采购及其启示》，《图书情报工作》2008 年第 4 期，第 120 页。

员会下属的合作信息系统委员会领导建设，建立了全国电子期刊的统一检索平台，批量购买电子期刊进入检索平台，然后由管理中心向全英国图书馆界销售。

德国的电子信息资源采购在保持分散发展的同时，亦重视利用集团优势采购电子资源，德国的电子资源集团采购主要有四种模式，即高等教育图书馆的地区性采购，多类型图书馆的地区性采购，社会公共机构的集团采购和范围广阔的、多机构研究图书馆的集团采购。

2000 年 2 月，冰岛教育科学文化部成立了"国家数字图书馆指导委员会"，利用国家经费购买电子资源并允许全国公民访问。

法国的图书馆也热衷于电子资源的集团采购。2000 年 5 月，法国科研机构关于电子资源和纪录片财团的一项调查显示，在 30 个包括高等教育机构和其他类型的图书馆机构受访者中，13 个已参与印刷资源的集团采购，16 个已参与电子资源的集团采购，只有 6 个没有参与集团采购[①]。

（三）我国电子资源集团采购实践

我国第一个联合购买电子资源的集团是 1997 年由清华大学图书馆发起组建的"EI Village 中国集团"。同年，国家自然科学基金委和美国 Science 周刊达成协议购买 Science Online 在中国的使用权，Science Online 成为中国首例全体公民可以免费访问的电子资源。目前，我国电子资源集团采购较具代表性的组织是中国科学院文献情报系统和高校图书馆数字资源采购联盟（DRAA）。

据《2014 年度中国科学院文献资源建设与服务白皮书》统计，自 2003 年院馆牵头组织数字文献资源集团采购起，截至 2014 年底，中科院共引进数据库 153 个，集团引进电子资源已经成为中科院引进学术资源的主要途径。2014 年，中科院引进了 109 个数据库，购库总费用约人民币 2.01 亿元。

CALIS 成立后，将集团引进数据库作为其开始共建共享的三大重要工作之一（另外两项工作是联合目录与联机编目、馆际互借与文献传递）。

---

① 孔兰兰、高波：《法国图书馆的信息资源共享模式》，《图书情报工作》2010 年第 11 期，第 60 页。

1997~2009 年间，CALIS 共组织了 107 个（554 次）集团采购，参加成员馆约 800 个，共引进数据库四百多个，电子期刊三万五千多种，电子图书二十多万种，合作的数据库商有 29 家。随着 CALIS 三期和 CALIS 引进资源工作组使命的结束，2010 年 4 月，北京大学、清华大学等 26 家高校图书馆在原有引进资源工作组基础上，联合发起成立了高校图书馆数字资源采购联盟（Digital Resource Acquisitional Alliance of Chinese Academic Libraries, DRAA），其工作目标是团结合作开展引进数字资源的采购工作，规范引进资源集团采购行为，通过联盟的努力为成员馆引进数字学术资源，谋求最优价格和最佳服务。联盟设立理事会作为决策机构，负责制定联盟发展战略和指导联盟工作实施。联盟主要工作包括：数据库评估、组织专家进行数据库谈判、集团采购方案审核与发布、组织培训、集团采购代理商选择、数据库商和代理商售后服务监督等。

DRAA 成立十年来取得了不小的成就，包括：①本着为国家节约经费考虑的原因，组织专家谈判工作。DRAA 成立了由理事单位牵头的谈判工作组，集体讨论决定是否接受集团采购方案。对于某些涨价过高的数据库，联合国内其他机构共同应对。例如 2010 年，Elsevier 公司的 Science Direct 电子期刊数据库提出了大幅涨价的采购方案，DRAA 与中国科学院文献情报中心、国家科技图书文献中心、国家图书馆、上海图书馆共同发起了全国性的抵制，成立了联合工作组开展工作，不仅最终迫使对方让步，大幅下调了价格，还与中方签署了"合作备忘录"，为今后二十余年采购 Science Direct 数据库奠定了合理涨幅的基础。②本着为成员馆合法合规引进资源着想的目的，进一步规范了合同文本和采购工作流程。如与数据库商一家家谈判，迫使他们的采购合同在资源描述、适用中国法律、在中国仲裁、中文文本等方面全面改进；增加了对进口代理商招服务"资格标"的环节；采购方案由谈判组专家集体签字生效；要求数据库商提交采购方案 DRAA 备案等。③要求数据库商提供规范化的售后服务，如提供符合 COUNTER 的标准、可以按 SUSHI 协议收割的使用统计报告；提供与数据库配套的数据服务，如 MARC 格式的书目数据、用于电子资源导航的刊名数据、基于内容的元数据；及时更新数据库最小订购单元、资源总量和内容列表等相关信息；加强培训和走访；设专人做售后客服等。④建立了 DRAA 集团采购平台，为高校图书馆、谈判工作组、数据库商等提供标准化服务和实时服务①。截至 2019 年，联盟共有成员馆 686 家，组团购买数据库累计达到 176 个，参团馆次达 67879 次。

图 9-2　DRAA 集团采购平台

五　标准化建设

标准化建设是共建共享的前提之一，而基于互联网的信息资源共享把标准规范的重要性推到了一个空前的高度。随着信息技术的快速发展，现在信息资源共建共享的资源类型，共建共享的手段、范围和深度发生了巨大的变化，对于所涉标准的保障要求亦越来越高。为保证新信息环境下信息资源共建共享顺利而高效地开展，国际图联、主要图书馆联盟、数据库商等，会同标准化组织、出版机构等积极推动相关标准的制定和施行，信息资源共建共享标准化建设快速发展。

OCLC 成立之初不仅严格执行诸如《国际标准书目著录》（ISBD）、《英美编目条例》（AACR）、美国国会图书馆分类法等相关标准，同时还根据计算机联机编目、文献传递、跨库检索和资源整合等新要求，制定相关标准并联机提供规范文档，以实现规范控制及数据库质量有效控制。比如其参与制定的 Z39.50 协议使用户可通过同一检索界面访问遵循此协议的目标数

---

① 肖珑：《高校图书馆数字资源引进回顾与前瞻——写在 CALIS 项目建设 20 周年之际》，《大学图书馆学报》2019 年第 3 期，第 25 页。

据库，现在它不仅是美国的标准，也已成为国际标准。而 OhioLink 制定或参与制定的有些标准，如多媒体资源标准体系等，成为美国甚至国际广泛采用的标准体系。CALIS 于 2004 年推出了《中国高等教育数字图书馆技术标准与规范》，之后持续完善规范体系，覆盖数字图书馆的资源加工、资源描述、管理存档、发布与服务、系统互联、嵌入式集成及运维规范等领域。近年来，为适应知识图谱相关技术的应用需求，CALIS 对行业关注的应用，如知识发现、智慧图书馆等相关标准进行重点研发的同时，拓宽合作领域，与相关行业如新闻出版界、博物馆等开展标准规范合作，参与国家及行业标准的研制。2012 年新的 NSTL 联合目录系统正式上线运行，新的联合目录系统基于中心特殊的需求建立了一套《NSTL 联合目录系统基本元数据标准规范》，全面揭示中心经费支持的各成员单位订购的文献资源的外部特征、内容特征和馆藏特征。

信息资源共建共享标准规范的制定，首先，应该考虑制定国家层面的信息资源共建共享行业标准规范，并且尽可能与国际标准规范接轨。其次，资源共享组织和相关项目在兼顾原有标准规范的基础上，要注意结合实际，积极参与新的标准规范的研究、制定、推广和培训工作。信息资源的共建共享除了遵守和利用数字图书馆建设的通用标准，如目录工作标准（包括著录工作标准和规范、标引标准和规范、机读目录标准等）以及数字资源生产、组织和存储标准外，还有一些专门适用于信息资源共建共享的标准，主要有以下几个方面。

（一）馆际互借和文献传递的标准

在馆际互借方面，国际标准化组织发布的开放系统互联环境下有关馆际互借协议的两个国际标准 ISO 10160（服务定义）和 ISO 10161（协议说明），简称 ISO ILL，用来规范借入系统（在协议中被称为"请求方"）和文献提供系统（在协议中被称为"应答方"）之间交流行为的准则，其作用是在网络模型国际标准 ISO 7498 定义的开放系统互联环境下，提供一系列用于图书馆开展与馆际互借事务相关的应用层服务。随着 ISO 10160 和 ISO 10161 的面世，信息资源共享联盟内的多个成员馆可以共享同一个分布式的馆际互借系统，由中心管理系统和部署在不同地理位置的多个客户端（协议机）组成，成员馆通过客户端或基于浏览器的访问入口，与合作伙伴交流，彼此的通信都在系统内完成①。世界许多著名的信息资源共享系统如美国的 OCLC，我国的 CALIS、CASHL 等开发的馆际互借与文献传递系统，都是在满足上述两个标准的基础上设计的。

（二）互操作标准

在资源共建共享过程中，使用标准的协议是实现互操作的根本保证。目前最常用的互操作协议有两种，即 Z39.50 和 OAI-PMH。

Z39.50 即信息检索应用服务定义和协议规范（Information Retrieval Application Service Definition and Protocol Specification）的简称，是针对图书馆机读目录数据库共享而开发的标准，主要应用于图书馆的联机书目检索服务。Z39.50 最初由美国国会图书馆等机构开发，国际标准化组织（ISO）1996 年将其采纳为国际标准，定名为 ISO 23950。Z39.50 协议实际上就是一个中间协议层，通过它的转换，可以实现异构机型、异种操作平台之间的交互式通信，实现分布式异构数据源之间的无缝连接，用户可以通过网络对不同计算机上的信息进行检索，而不必关心这些信息是如何存储和组织的。Z39.50 协议采用 MARC 元数据著录，即 Z39.50 在图书馆领域的广泛采纳是基于 MARC 标准之上的。在互操作方式上，Z39.50 采用的是联邦检索模式，即将检索请求同时发送给多家数字图书馆（或多个数据库），并将各家数字图书馆（数据库）的查询结果汇总整理后发送给用户。

OAI 是 Open Archive Initiative 的缩写，意为开放文档先导，最初起源于电子出版界的互操作计划，由于它提供了基于元数据的、简单易行的互操作框架，目前应用越来越广泛，受到图书情报领域、电子出版界、出版商及科研人员越来越多的关注。OAI 制定了相应的元数据采集标准 Open Archive Initiative Protocol Metadata Harvesting（OAI-PMH）。OAI-PMH 把 Dublin Core（DC）作为互操作的标准元数据，结构简单，能很好地对大多数电子资源进行描述。但是由于 DC 的 15 个元素不能很好地满足不同部门的需求，所以 OAI-PMH 也支持其他任何可以编码成 XML 格式的元数据标准。在互操作方式上，OAI-PMH 采用的是元数据收割模式，即服务提供者

① 程焕文、潘燕桃主编《信息资源共享》，高等教育出版社，2016，第 238 页。

从多个数字图书馆信息提供者处收集元数据，建立一个集中式的联合目录。这种方式大大提高了查询的速度，但会要求信息提供者提供相应的元数据，同时服务提供方必须拥有足够的空间来存储不断增长的元数据信息，而且联合目录无法实时反映数据提供者的数据更新情况。

第三节　信息资源共享的主要内容和实现途径

一　信息资源共享的主要内容

（一）文献实体资源共享

图书馆文献实体资源共享的发展历史较长，最初主要以馆际图书互借的形式实现，其基本流程包括：请求馆接受用户提交的请求，然后查证用户提供的书目信息，保证信息的完整、准确，随后以费用、时间、工作效率、结算方式等为依据确定文献提供馆，并向提供馆提出请求。而文献提供馆接受请求馆的文献请求后，检索所在馆馆藏目录，确定馆藏地点及是否能够提供文献，并及时做出回应。如果确认可以借出文献，则按要求发送文献，并说明出借期限、费用等情况。文献送达请求馆后，请求馆查收文献并做记录，通知用户领取文献，到期催还逾期文献并返还至文献提供馆。文献返回提供馆后，提供馆进行验收并做还书处理。文献安全返还后，请求馆、提供馆、用户根据事先协议按时进行费用结算。

传统的馆际互借，请求馆代表读者向提供馆提出文献借入申请，通常通过信函、电话形式进行，有时也会使用传真。提供馆主要通过邮寄的方式向请求馆寄送请求借入的文献资料。有些馆际互借还使用过在参与馆际互借的成员馆间定时或不定时开出的"馆际互借车"，为提供馆收集互借请求以及请求馆还回的图书，并向请求馆提供互借的文献。总之，传统的馆际互借成本较高，效率较低。

网络环境下，图书馆文献实体共享发生了很大变化，图书馆可以利用联机方式来获取其他图书馆的书目。并且，图书馆之间可以将文献实体资源进行数字化传递，提高文献传递的效率。

（二）书目资源共享

文献实体资源共享的前提是书目资源共享，而书目资源共享的前提是图书馆之间开展联合编目。最初的联合目录是卡片式目录，书本式联合目录出现后逐渐取代了卡片式目录，20 世纪 60 年代后又出现了缩微胶卷（片）联合目录，20 世纪 80 年代中期，光盘的出现使光盘目录快速发展。计算机和网络技术的发展不仅能够使得不同地区、不同性质的图书馆实现联机联合编目，同时可以通过同一检索平台进行书目信息检索，实现书目资源共享。

（三）图书馆业务共享

网络环境下的图书馆业务共享主要包括虚拟联合参考咨询和提供个性化信息服务这两个方面。虚拟联合参考咨询主要指图书馆合作为用户提供虚拟咨询服务，用户可以通过图书馆网站向图书馆工作人员进行信息咨询，以获取相关的服务信息。而个性化信息服务是指，图书馆根据用户的行为和偏好而提供的能够满足用户个性化信息需求的服务。新的信息环境下，单个图书馆难以满足用户越来越多样化的需求，需要图书馆间相互合作，在整合不同图书馆馆藏资源的基础上，利用丰富的馆藏开展专题服务或专业服务等，以满足用户的个性化信息需求。

二　信息资源共享的主要实现途径

（一）馆际互借

馆际互借（Interlibrary Loan，ILL）是指图书馆之间根据达成的协议，以互惠的方式相互借入和利用对方文献资料，以弥补各自馆藏的不足，最大限度地满足用户的信息需求的服务方式。馆际互借有着悠久的历史，是图书馆文献资源共享最古老的形式之一，是实现图书馆信息资源共享最基本、最直接的手段。

1. 馆际互借发展历程

（1）馆际互借活动的出现及范围的不断扩大

据相关文献记载，早在公元前 200 年，别迦摩图书馆就从亚历山大图书馆借出图书资料，但那还只是偶然的行为。17 世纪，巴黎的皇家图书馆与罗马的几个图书馆之间进行过跨国图书互借的尝试，往往被认为是正式的、经常性的馆际互借活动的开始。随后，欧洲各国图书馆馆际互借活动渐为活跃，馆际交流范围不断扩大，不仅有相同类型图书馆间的互借，亦开展了跨地区、跨类型图书馆，甚至跨国、跨洋图书馆间的互借，互借的文献类型亦不断丰富。1892 年，德国哥廷根大学图书馆和马尔堡大学图书馆开展了馆际互借。1906 年，德国政府向美国政府提出了关于开展手稿和印刷品的国际互借合作。

美国开展馆际互借晚于欧洲。1876 年，麻省伍斯特公共图书馆馆长塞缪尔·斯韦特·格林在《图书馆杂志》（Library Journal）上提出了开展馆际互借的计划。20 世纪初，美国国会图书馆开始推出馆际互借服务项目并且取得了一定的成就。随后美国的馆际互借蓬勃发展，并逐渐成为开展馆际活动、提供馆际互借服务最为活跃和最有成效的地方。

（2）馆际互借规则的制定

欧美国家在不断推动馆际互借活动的同时，注重制定馆际互借规则，制定合理的互借规范，建立有效的管理机制，促进馆际互借的发展。

1893 年，德意志帝国图书馆（现为柏林德国国家图书馆）联合周边的大学图书馆正式制定了馆际互借规则。而真正在一个国家范围内正式实施的互借规则，是 1917 年美国国会图书馆协会公布的《馆际互借法》。之后，德国、英国、法国、瑞典等国亦先后制定了本国的馆际互借服务的规则或条例，并不断进行修订和完善。如 1924 年，德国开始执行全国性的馆际互借规程，并于 1993 年和 2003 年分别进行了重要的补充和修订；20 世纪 30 年代，英国几乎全部的公共图书馆、主要的专业图书馆和许多大学图书馆都遵循统一规则参加了馆际互借；1994 年，美国参考和用户服务协会馆际互借委员会制定了《美国馆际互借规则》，并于 2001 年和 2008 年进行了修订。

1954 年，国际图书馆协会联合会（IFLA）发布了关于不同国家的图书馆之间馆际互借事务的政策性文件《国际互借与文献传递：原则及操作指南》，用以指导不同国家地区图书馆、信息机构间的馆际互借事务，并于1987 年、2002 年和 2009 年对该指南进行了修订。

以上馆际互借规则的制定标志着馆际互借活动已开始走向制度化、规范化，成为有组织的行为。

（3）馆际互借中心的建立

1916 年在伦敦建立的学生中央图书馆（1930 年更名为"国立中央图书馆"）是较早设立的提供正式馆际互借的组织。该组织建立了当地公共图书馆的联合馆藏目录，鼓励各图书馆向其他图书馆的读者出借图书，并吸收大学图书馆和专业图书馆加盟。1973 年 7 月，原英国国立科技借阅图书馆与国立中央图书馆一起并入英国不列颠图书馆新成立的图书馆借阅部。1985 年底，科学参考图书馆改名为"科学参考与资讯服务部"，也并入该借阅部。其后，借阅部更名为"英国不列颠图书馆文献供应中心"（British Library Document Supply Center，BLDSC），向整个英联邦和全球图书馆提供出借、复制文献的服务。20 世纪 70 年代以后，由于全球性的书刊出版总量大幅增加，出版物价格持续上涨再加上经济不景气，图书馆购置经费投入难以保证文献购置能够满足读者的需求，美国与欧洲的一些国家建设起一批大型文献提供中心，使馆际互借的可操作性和自动化程度日益提高，促使馆际互借的业务量不断上升，许多国家的图书馆馆际互借数要占到总借书量的 5% 甚至更多。如瑞典 1990 年全国所有图书馆出借的文献中，馆际互借占 18.6%[①]。

2. 我国的馆际互借

（1）我国馆际互借活动的发生、发展

我国古代的藏书楼普遍存在"重藏轻用"的思想，不重视文献收藏机构间的合作和文献的交流，但亦有些有识之士提出了藏书互借的思想，甚至在小范围内实施了藏书互借的行为。明崇祯年间进士曹溶有感于我国当时私人藏书家"有书不借，借书不还""我不借人，人亦决不借我""每有秘籍珍本入手，便视若拱璧，从此深藏秘室，决不与外人传看"的弊端，在其《流通古书约》中曾明确提出"有无相易，精工缮写"的思想，提倡书家之间互通有无，互为借抄。清朝的丁雄飞，与同时期著名藏书家千顷堂主人黄虞稷，两人曾互订协约"每月十三日，丁至黄（家），二十六日，黄至丁（家）"，"尽一日之阴，探千古之秘。或彼藏我缺，或彼缺我藏，互相质证，当有发明"，并互订借书条约"借书不得逾半年""还书不得托人转致"等。

清朝末年"西学东渐"，封建王朝国势衰微，"维新"改良主义者大声疾呼效法西洋，"维新变法"，救国图强，极力主张废科举、办学会、兴学堂、

_____

① 王璇嘉、李小梅：《给馆际互借以重视和投入》，《图书馆杂志》1999 年第 8 期，第 21 页。

建报馆、同文馆和图书馆。在这种历史条件下,各省纷纷建立新式公共图书馆。之后,有些图书馆逐渐认识到进行馆际交流是补充馆藏有效且重要的方式,开始有意识地开展文献复制和交换活动,上海、北京的少数图书馆就曾建立起馆际互借业务。1925年,中华图书馆协会成立,1929年1月28日至2月2日在南京召开第一次年会,通过了"调查登记全国善本书籍,编制目录,搜求各类型出版物,交换复本杂志,图书馆流通及互借"等重要决议。之后,我国图书馆的馆际互借取得一定的发展,北平国立图书馆以及北平协和医学院、清华大学和燕京大学等机构的图书馆馆际互借数量已达到一定的规模。据北平图书馆的馆务报告记录,该馆1934年"图书互借本年度借入516册,借出2575册,该年度互借的总册为3091册";1935年"馆际图书互借共借入中文书145册,西文书178册,日文书1册;借出中文书1517册,西文书1122册,日文书79册,馆际互借总数为3042册,占总流通量的0.38%";1936年"馆际互借共借出2224册,借入449册,互借总量为2673册"①。1936年7月20日至24日,在青岛召开的第三次中华图书馆协会年会提出并重点讨论了要求协会编制全国图书馆联合目录,推广馆际互借,统一图书馆分类法,编制全国图书馆善本书及其他联合目录等议题。可惜由于当时国内战乱频繁,经济困难,这些决议未能很好地施行,但许多图书馆仍尽力克服困难,开展资源共享活动。如云南省图书馆借"抗战"以后北平图书馆、中央研究院历史语言研究所图书馆,及北大、清华、南开三校迁昆后合并建立西南联大图书馆之机,加强与这些图书馆的联系,有组织地互通有无,相互合作,开展文献复制和馆际互借服务②。

中华人民共和国成立之初,文化事业迎来新生,图书馆间重视交流合作,重新开展馆际交流业务。从1953年10月起,北京图书馆就开始办理全国范围的馆际互借,截至1958年底,与该馆建立借书关系的单位就已达1200余家,其中包括240个省市图书馆以及高校图书馆,累计借出书籍20余万册。据统计,1954年仅公共图书馆系统的馆际互借就有一千五百多次,互借图书13万册,比1953年增加一倍以上③。1957,在国家科委图书小组

---

① 国立北平图书馆馆务报告,http://www..cadal.zju.eud.cn/book。
② 甘友庆:《云南地方文献事业史》,云南大学出版社,2011,第275页。
③ 高波:《网络时代的资源共享——中日文献信息资源共享比较研究》,北京图书馆出版社,2003,第123页。

的领导下，我国建立了中心图书馆委员会，自 1957 年至 1967 年，组织开展统一编目和馆际互借等工作，取得了一定的成绩。令人惋惜的是，"文化大革命"期间，图书馆工作基本上陷入瘫痪，馆际互借服务被迫中断。"文化大革命"结束后，图书馆工作逐渐恢复，馆际互借又逐步发展起来。1981 年 11 月，教育部组织召开了全国高等学校图书馆工作会议，会上决定成立"全国高等学校图书馆工作委员会"，并规定该委员会的工作任务之一为"组织馆际协作"。会后各省、自治区、直辖市相继成立了本地区的高校图书馆工作委员会。这一举措大大促进了高校图书馆馆际互借工作的开展。20世纪 80 年代末，有关部门曾对全国 702 所高校图书馆进行了一次调查，其中有 397 所图书馆开展了馆际互借业务。在开展馆际互借的 397 所图书馆中，一年内互借次数最多的为中南矿冶学院图书馆，互借图书为 6749 册；其次为南通医学院图书馆，互借图书为 4500 册。据资料统计，截至 1994 年，北京图书馆已与国内九百多所图书馆建立了馆际互借关系，与国外五十多所图书馆建立了国际互借关系，年互借量已达一万多册（件）[1]。

（2）我国馆际互借规则的制定

我国馆际互借制度首先出现在 1926 年的上海图书馆协会章程中，次年，国立北平图书馆建立了互借制度。1929 年中华图书馆协会第一次会议通过了武昌文华图书馆专科学校教员李继先提出的"图书馆互借法条例案"和金陵大学图书馆馆员曹祖彬提出的"各图书馆互借书籍法案"等推广馆际互借的决议，此后一些地方图书馆协会也开始制定自己的馆际互借规定。1939 年，国民政府教育部分别颁布了《修正图书馆规程》和《图书馆工作大纲》，对省、市、县图书馆的机构设置及其任务包括馆际互借服务做了明文规定。

中华人民共和国成立后，随着馆际互借工作重新开展，部分图书馆开始制定规范、管理馆际互借相关办法与条例。1955 年北京图书馆制定了《北京图书馆与全国各地图书馆互借办法》，对互借的范围、互借图书的种类、数量以及互借期限都做了说明和规定，是我国建国后第一个内容相对完善的馆际互借条例。1956 年，教育部在北京召开的全国高等院校图书馆工作会议上，颁布了《高等学校图书馆馆际互借办法（草案）》，对高校图书馆馆际互借的各项事宜做了规定。1957 年国务院公布了《全国图书协调

---

① 张秀兰、张冰洁：《我国馆际互借的历史沿革》，《图书馆学研究》2017 年第 8 期，第 20 页。

方案》，对全国馆际互借起到了积极的推动作用。"文化大革命"结束后，馆际互借活动恢复并逐步发展，我国图书馆馆际互借条例制定进入活跃期。首先是一些省级图书馆开始制定馆际互借规则，如 1978 年，辽宁省召开了辽宁地区中心图书馆委员会会议，会议通过了《辽宁地区中心图书馆馆际互借办法》，之后一些国家部委也开始制定相应规则。如 1989 年国家科委以《国家科委关于调整和加强全国科技情报系统文献情报工作的意见》之附件三《科技文献馆际互借办法》的形式，颁布了适用于科技情报系统的馆际互借条例；1990 年中科院第三次文献情报工作会议通过了《中国科学院文献情报系统馆际互借规则》。为了加强各图书馆、文献信息机构之间的协作，采用馆际互借和文献传递的服务方式满足用户的文献信息需求，充分实现信息资源共享，2004 年 5 月国家图书馆特制定《国家图书馆馆际互借和文献传递的规则》以及国家图书馆馆际互借系统操作方法，其后在此基础上又进行了修订。尽管我国在制定馆际互借规则上取得了一定的成绩，许多图书馆都制定了自己的规则，但至今尚无全国性的馆际互借规则，用以指导全国图书情报机构的馆际互借工作。

（二）文献传递

传统的馆际互借一般只包括图书馆之间的图书出版物的返还式借阅，并且不直接为读者服务，仅仅是图书馆之间利用他馆馆藏，弥补馆藏不足和延伸本馆藏书的一种手段。随着科学技术的发展，馆际互借已不只局限于图书馆之间的返还式文献借阅，也包括图书情报机构借助一定的手段，向其他图书馆或个人提供非返还式的文献信息资源，即文献传递。也就是说，网络环境下，借出馆可以将文献数字化并通过网络，将数字化了的信息快速传递给用户或借入馆。这些变化使得馆际互借的效率大大提高，馆际互借的需求因此也得以迅速增长。新的信息环境下，尽管我们还习惯于使用"馆际互借"一词来表示图书馆间的信息资源共享，但从实践来看，"文献传递"正在越来越多地代替"馆际互借"。

1. 馆际文献传递的产生和发展

现代意义的文献传递是在信息技术的支撑下，从馆际互借发展而来的，但却是信息资源共享的更高级阶段。文献信息数量的激增、文献价格的大幅度上涨、图书馆财政经费的相对投入不足和用户文献需求的多元化等，都是图书馆引入文献传递服务的主要原因，而图书馆馆藏和服务理念的变化以及现代信息技术发展则是现代文献传递服务产生和发展的基础。

最初的文献传递服务是由图书情报机构以馆际互借的形式出现的。20世纪60年代就已经有图书馆开始利用传真向借入馆传送篇幅不太长的文章和书籍的部分章节的复印件。20世纪70年代，文献资源的剧增以及书刊价格上涨，再加上用户对文献传递有着广泛的需求，促进了文献传递服务的发展。1973年美国加州大学伯克利分校图书馆为全校提供了一项名为"BAKER"的服务，方便读者检索文件并取得原文资料。与此同时一些联机书目数据库的服务商，如ESA/IRS、Dialog等开始提供商业性文献传递服务，其基本运作方式是用户通过远程数据库确认文献线索，付出一定的费用后获取原文的线索或替代品。到了20世纪90年代，计算机技术、网络技术、数据库技术的成熟与发展，给文献传递服务的发展带来了契机，文献传递服务快速发展。一些界面友好、检索提问方式简单、功能齐全的综合型或专业型数据库纷纷涌现，特别是Z39.50协议的推出，解决了文献通讯和传递网络化的障碍，实现了分布式数据库系统的透明互访，为用户检索提供了极大的方便。联合目录数据库、全文数据库、电子邮件和电子书刊的大量涌现也为文献传递提供了更广泛的可供选择的资源范围。这一时期，随着图书馆网络的不断建成和发展，开放、互联和便捷的传播网络体系，突破了传统的空间局限性，使得文献传递的广度、深度以及传播的速度都发生着巨大的变化，促进了信息资源共享的蓬勃发展。以OCLC为代表的一批文献共享网络系统的建成，标志着信息资源的共建共享进入了一个新的时代。

2. 文献传递模式

文献传递模式根据不同的标准可以有不同的分类，如按文献申请和传递自动化程度不同，可分为手工模式（如利用传真进行文献请求或传递）和自动化管理模式（利用数字化、网络化的共享系统进行文献的检索、请求和传递）；按文献请求通道不同，可分为"点对点"请求模式（指一次申请仅向一个图书馆提出）和"点到面"请求模式（指一次申请可以同时指定多个使用同一个分布式馆际互借系统的文献提供馆）①；按中介性不同，可分为"无中介"模式和"有中介模式"。在无中介模式中，文献的请求和传递均不需要其所在图书馆的参与，而"有中介模式"则包括两种情况：一是用户的文献请求需要通过所在的图书馆（请求馆）向提供馆发出；二是文献提供馆向最终用户传递文献要通过请求馆中转。为了规避可能存在的违规使用和费用结算纠纷等风险，并解决物流方面的问题，目前大多数馆际互借业务仍采用"有中介模式"。"无中介"模式通常仅适用于以电子方式进行传递的文献。随着越来越多的文献信息检索系统开始支持全文文献传递，信息用户检索到所需文献的题录信息后，可直接或通过所在的图书馆向出版社，或指定的文献提供机构请求订购全文，这种"用户下单，图书馆买单"的有中介馆际互借服务将成为文献传递的主流形式[1]。

3. 我国的文献传递发展概况

我国真正意义的文献传递服务始于20世纪90年代中期，一些图书馆，如清华大学图书馆成立了馆际互借部门，在传统的小范围的馆际互借业务中开展了非返还式的提供文献副本的文献传递服务。2000年前后，图书馆自动化、数字化和网络化建设逐渐发展起来，文献资源共建共享理论研究亦取得了突破，网络时代的"信息资源共建共享"和"文献传递"成为研究热点。1999年1月14~15日，由中国国家图书馆召集的全国文献信息资源共建共享会议，有全国124家图书情报单位报名参加。会议签署了《全国文献信息资源共建共享倡议书》和《全国图书馆馆际互借公约》，通过了"资源共享、优势互补、互利互惠、自愿参加"的合作原则。这次会议为建设一个以国家级文献信息资源网络为主导、地区级文献信息资源网络为基础的全国图书馆文献信息资源共建共享网络奠定了协作基础。20世纪90年代中期以后，我国相继建成一批较有影响的国家级文献信息资源共享和传递网络系统，包括中国高等教育文献保障系统（CALIS）、国家科技图书文献中心（NSTL）、中国高校人文社会科学文献中心（CASHL）和全国文化信息共享工程等。另外，一些区域性的信息资源共享和传递网络系统，如北京地区高校图书馆文献资源保障系统、江苏省高校图书馆文献资源保障体系、上海市文献资源共建共享协作网、云南高校图书馆联盟文献共享服务平台等也相继建成，并提供服务。

---

① 程焕文、潘燕桃主编《信息资源共享》，高等教育出版社，2016，第191、192页。

第十章 信息资源共建共享体系建设

第一节 信息资源共建共享体系建设概述

一 信息资源共建共享体系的内涵

（一）信息资源共建共享体系的相关概念

信息资源共建共享体系即指为达到资源共享的目的，若干信息机构依据共同认可的协议或章程，本着平等互惠的原则建立起来的，协调、组织和管理机构间的信息资源建设和利用的联合体。在计算机网络环境下，以及信息资源共建共享成为图书馆等信息机构信息资源建设的发展必然后，我们在不同环境下用过的概念，如图书馆联盟、信息资源保障体系、图书馆网、图书馆联合体、图书馆合作组织等，事实上都是信息资源共建共享体系的另一种表述，或者说信息资源的共建和共享都应该成为这些组织的主要任务和追求的主要目标。目前，"图书馆联盟"和"信息资源保障体系"是其中两个最常见的表述。

1. 图书馆联盟

"图书馆联盟"是我国图书馆界对英文"Library Consortium"的翻译，实际应用中多用其复数形式"Library Consortia"①。我国图书馆学界对这一概念的表述有一定的区别，但对其内涵的理解基本上是一致的。

肖希明认为："图书馆联盟是两个或两个以上的图书馆为主体，联合相关信息资源系统，为实现资源共享、利益互惠而组织起来的非营利组织，

---

① 肖希明主编《信息资源建设》，武汉大学出版社，2008，第303页。

其成员受共同认可的协议和合同制约。"①

叶宏在《构建图书馆联盟》一文中指出:"图书馆联盟是指为了实现资源共享、利益互惠的目的,以若干图书馆为主体,联合相关的信息资源系统,根据共同认定的协议和合同,按照统一的技术标准和工作程序,通过一定的信息传递结构,执行一项或多项合作功能的联合体。"②

胡立耘在《图书馆联盟简论》中指出:"图书馆联盟是指为了实现资源共享、利益互惠的目的而组织起来的,以若干图书馆为主体,联合相关的信息资源体系,根据共同认可的协议和合同,按照统一的技术标准和工作程序,通过一定的信息传递结构,执行一项或多项合作功能的联合体。"③

戴龙基、张红扬在《图书馆联盟——实现资源共享和互利互惠的组织形式》中指出:"图书馆联盟是指两个或两个以上图书馆之间签订正式合作协议,按照协议约定,实现资源共享共建,创建统一检索与咨询平台。"④

除上述较有代表性的定义外,我国学者对图书馆联盟的表述还有很多,尽管他们描述的侧重、探讨的角度有所不同,但这些定义表现出来的共性是很明显的,首先,图书馆联盟是两个或两个以上遵守共同认可的协议的图书馆的联合体;其次,建立图书馆联盟的主要目的是实现信息资源的共建共享。

纵观世界上大多数图书馆联盟建立的历史可以发现,资源共享是他们创建的最初动因。以美国为例,早在 1880 年代,美国的图书馆杂志就刊登了有关图书馆合作的文章,建议图书馆联合起来共享他们的资源。1972 年,Ruth J. Partrick 在《图书馆合作指南:大学图书馆联盟的发展》(*Guidelines for Library Cooperation*: *Development of Academic Library Consortia*)中,把当时美国大学图书馆联盟的任务总结为借阅特许(给予成员馆的读者借阅权,并在借阅的数量上予以优惠),馆际互借服务,联合目录或资源目录共享,复印优惠,参考咨询服务协作,传递服务等六项,这六个主要围绕共建共享的任务仍然是今天美国图书馆联盟建设的基础,也是全球其他地区图书

---

① 肖希明主编《信息资源建设》,武汉大学出版社,2008,第 303 页。
② 叶宏:《构建图书馆联盟》,《图书情报工作》2005 年第 1 期,第 29 页。
③ 胡立耘:《图书馆联盟简论》,《图书馆》2003 年第 5 期,第 5 页。
④ 戴龙基、张红扬:《图书馆联盟——实现资源共享和互利互惠的组织形式》,《大学图书馆学报》2000 年第 3 期,第 36~39 页。

馆联盟建设的重要准则。在这些思想指导和影响下建立的美国图书馆联盟，均将馆际合作和资源共享作为联盟的核心建设任务和发展目标。如美国著名的地区性图书馆联盟 OhioLINK（Ohio Library and Information Network），建立以来一直强调要实现州内所有高校图书馆和成员馆可共享该联盟的书目记录、联机合作编目、文献信息检索、馆际互借/文献传递，以及联盟拥有的全部电子资源和网上数据库。

历史已经证明，任何单独的图书馆在网络时代都是渺小的，无法仅仅依靠自身力量满足读者多变和多元的信息需求，只有参与联盟，作为联盟的一员，才能借助联盟的规模效应、议价能力和资源联合保障能力获得发展机会。正如 William Jordan 所说的，"图书馆只有一个选择，合作或死亡"①。

2. 信息资源保障体系

信息资源保障体系是指以信息资源为基础，在一个国家或一个地区范围内，各类型的信息机构协调合作，根据统一规划，统一部署，统一规范，建立集信息资源的收集、组织、存储、传递、开发和利用于一体，为社会各项事业提供信息资源支持，以满足和保障社会对信息资源的需求的体系。

与图书馆联盟不同，信息资源体系中的主体除各级各类图书馆外，还包括各类信息中心、网络中心、情报所、资料室、档案馆、咨询公司等。另外，与图书馆联盟建设的目的是实现信息资源的共建共享不同，信息资源保障体系的建设目的是最大限度地满足用户对信息资源最广泛的需求。但信息资源保障体系与图书馆联盟却有不可分割的联系，同样是信息资源共建共享的重要形式。这是因为：

其一，尽管理论上，信息保障体系的主体有很多，但从当前实践的实际情况来看，图书馆更确切地说，图书馆联盟在资源保障建设方面取得的成就仍然是最具影响力的，图书馆联盟是信息资源保障体系建设的主力军。正如，吴慰慈教授等在《区域性信息资源共建共享保障体系建设研究》一文中所说的那样，"建设以区域性图书馆联盟为基础的信息资源保障体系是解决目前区域信息资源共建共享问题，提高区域信息化总体水平的一条重要途径"。"图书馆联盟在整个区域信息化中扮演了一个极其重要的角色，

---

① HORTON V，"Going 'All-in' for deep collaboration"，*Collaborative Librarianship*，2013，5（2）：65~69.

图书馆联盟是区域性信息资源建设的内容保障。图书馆收藏了人文、教育、科技等各类型的文献资源,通过联盟成员之间的广泛合作,资源的协同互补建设,对于进一步提升区域的文化层次与科研水平将起到关键作用。"[1] 而在我国具有重要影响力的"中国高等教育文献保障系统"(CALIS),事实上,就是一个主要由中国近两千所高等学校的图书馆所组成的图书馆联盟。

其二,要落实信息资源保障体系建设"最大限度地满足用户对信息资源最广泛的需求"的总目标,必须依靠不同信息机构的协同合作,在建设联合目录和一站式联机检索平台的基础上,实现馆际互借和文献传递。信息资源保障体系建设经历了从单个图书馆的仓储式独立保障藏书建设,发展到以联合目录为平台,整合各个图书馆的独立馆藏形成的联合保障体系、文献保障体系建设,再到目前的跨越传统图书馆行业边界的,以网络为构建基础的信息资源保障体系建设,其总的方向是由微观信息资源保障体系建设发展到宏观信息资源保障体系的建设。宏观信息资源保障体系建设反映的是一个国家、一个地区的信息资源共享能力,保障的核心内容除在整体规划的基础上通过信息收集、积累和组织,形成有序的、丰富的资源体系外,更强调对信息资源的馆际互借和文献传递能力。

基于上述认识,我们经常将信息资源保障体系、图书馆联盟和信息资源共建共享系统等,视为同一概念的不同表达方式。

(二) 信息资源共建共享体系的组成

一个完整的信息资源共建共享体系应该包括信息资源体系、管理体系和服务体系等三个方面的内容,即信息资源共建共享体系是由上述三个子系统相互配合,互相制约,组成的统一、协调的整体。

1. 信息资源体系

网络信息环境下,信息资源共建共享体系在信息资源收集和积累方面的总要求有:一是对信息资源的空间分布进行宏观调控、整体布局,提高资源利用效率,避免资源的重复建设。二是建立现实馆藏与虚拟馆藏、印

---

[1] 吴慰慈、李富玲:《区域性信息资源共建共享保障体系建设研究》,《图书馆论坛》2005 年第 6 期,第 17 页。

刷文献与其他各种文献载体相结合，文献检索与原始文献提供相结合的信息资源优势互补与资源共享的保障体系①。总之，只有建立起多维立体的信息资源体系，才能够保障信息资源共享取得更大的效益。但由于不同信息资源共建共享体系在建设模式、建设任务和服务对象上各不相同，故而他们的信息资源体系建设也会各有特点。

首先，在资源类型方面，有些收集和积累综合性的信息资源，有些侧重于收集和积累专门性的信息资源。大多数的公共图书馆联盟、高校图书馆联盟建设的是综合性的信息资源体系，而专业科学导向型的图书馆联盟则以收集、积累专业信息资源为主要任务。如国家科技图书文献中心（National Science and Technology Library，NSTL）是一个基于网络环境的科技文献信息资源服务体系，而中国高校人文社会科学文献中心（China Academic Social Sciences and Humanities Library，CASHL）则集中于建设哲学社会科学领域的资源。其次，在信息资源采购方面，有些建立了较为完善的集团采购制度，甚至其建立的主要目的就是通过集团采购降低采购成本。如由 CALIS 发起构建的高校图书馆数字资源采购联盟（DRAA），有着完善的管理、监督制度，经常组织集团采购；有些则还仅是偶尔进行采购协作，甚至没有进行过集团采购活动。再次，在信息资源体系组织形式方面，有些已经建立起集中式的资源收藏体系，如英国不列颠图书馆文献供应中心（BLDSC），作为非外借图书馆和英国馆际互借及文献传递的最后出借者，拥有丰富的馆藏，绝大部分的用户需求就是凭借其海量的馆藏来满足的；有些则建立起分散式的收藏体系，如 NSTL，它的建设采用的是"资源分散存储，目录集中检索，服务分布提供"的形式。

2. 管理体系

信息资源共建共享体系的正常运转并发挥其应有的价值离不开科学的管理。管理是维护信息资源共建共享秩序的基础，没有管理，信息资源共建共享只能是低效的、无章可循的活动。从广义的管理角度来说，信息资源共建共享的管理包含以下几个方面的内容：机制管理、组织管理、政策制度管理②。

---

① 肖希明主编《信息资源建设》，武汉大学出版社，2008，第 318 页。
② 高波：《文献信息资源共享体系理论新论》，《图书馆杂志》2002 年第 7 期，第 24 页。

（1）机制管理

一个组织机构的机制一般包含两个方面，即组织机制和运行机制。

组织机制即促成信息资源共建共享形成的机制，分为两类：利益机制和民间行为、政府推动机制。所谓的利益机制，即指促成信息资源共建共享体系的建立和长久运行的根本，是保证参与各方在平等互惠的基础上获得自己想要的利益。民间行为、政府推动机制强调，尽管共建共享体系的建立通常是各个信息机构基于自身面临的生存发展压力，依靠自身的力量，在图书馆工作者的不懈努力下实现的，但如前所述，图书馆是信息资源共建共享的主要力量，而图书馆事业被认为是一种公益事业，绝大部分的经费投入来自政府的财政支出，故而信息资源共建共享体系的建立和发展离不开政府的支持。一般认为利益机制强调各个信息机构根据自身利益需要组成一个相对独立的利益共同体，而民间行为、政府推动机制则强调既然需要政府的投入，则必然会受制于政府的管理和约束。事实上，信息资源共建共享的管理应对上述两种因素都要进行充分考虑，即既要强调信息资源共建共享体系的建立要保证对国家、社会、信息机构、信息用户都有利，根据事先制定好的原则，合理分配各方权力、责任和利益，又要坚持在保持组织相对独立地位的同时，努力争取政府的支持。

运行机制指保障信息资源共建共享体系正常运转的机制，包括法律和政策保障机制、资金保障机制、人才保障机制、技术保障机制、利益平行机制等。对此，我们将在下面的内容中专门进行详细探讨。

（2）组织管理

组织管理包含两方面的内容，一是组织的设置，二是组织的职责。

一般来说，有什么样的组织机制，就有什么样的组织设置形式。采取依靠自我发展的利益机制的共享一般选择竞选的方式组成协调机构，如OCLC就是通过竞选的方式组成共同体的常设管理机构。采用民间行为、政府推动的机制，一般由政府牵头组成共享的领导机构，或由政府指派某一机构组成协调管理部门。前者如由市政府牵头成立的上海地区文献资源共建共享领导小组，后者如教育部指定北京大学图书馆作为中国高等教育文献资源保障体系的管理中心①。

---

① 高波：《文献信息资源共享体系理论新论》，《图书馆杂志》2002年第7期，第25页。

信息资源共建共享体系的主要职责是规划、协调体系内各个信息机构的工作，促进体系的共同发展。以图书馆联盟为例，其主要职责包括：成员馆的评估和吸收，成员馆义务和权利的规定，重大事件的决策，成员馆纠纷的仲裁，共建共享经费的预算和决算，共建共享活动的组织，调控与评估等①。

（3）政策制度管理

政策制度包括两个方面：一是制定各种规划，包括信息资源的布局，共建共享的长期、中期和短期规划的制定等。二是制定各种政策、规则和标准。以图书馆联盟为例，包括信息资源共建共享政策、章程及规则的制定；有关监督参与履行图书馆应尽义务，及保障参与图书馆权益的政策规定；信息资源共享保护知识产权的政策；信息资源共享中充分揭示各馆馆藏的有关规定；馆际互借公约，包括馆际互借中共同遵守的优先优惠条款、馆际互借的手续及收费标准等；合作编目中数据交换与下载规定；文献数字化过程中应共同遵守的标准和规范等②。

3. 服务体系

服务体系为用户（会员馆和读者）提供信息资源整合、发布、检索和处理等服务，具体包括馆际互借和文献传递服务，编制和提供联合目录服务，资源检索和发现服务，信息咨询服务等，但不同的共建共享体系提供服务的内容和方式会有区别。就服务对象而言，有些通常只对机构即图书馆或科研信息中心等提供服务，普通读者只有通过这些中介机构，才能获取所需信息，称为"有中介模式"，如 CALIS 等就属于这种类型。有些则直接面向个人提供服务，不需要中介，简化了组织机构与用户的信息交流过程，称为"无中介模式"，如 NSTL 便属此类。当然，随着图书馆网络的发展及文献传递能力的提高，无中介模式越来越受欢迎，许多资源共享系统在进行电子文献的传递时已不再需要读者所在馆的介入，但对印刷型文献的互借仍采取有中介模式。就服务内容来看，编制和提供联合目录，提供馆际互借和文献传递服务，一站式文献检索服务开展得较为普遍，而诸如提供参考咨询服务，让专家们的智慧在整个联盟内实现共享，仍未得到广泛推广。

---

① 高波：《文献信息资源共享体系理论新论》，《图书馆杂志》2002 年第 7 期，第 25 页。
② 高波：《文献信息资源共享体系理论新论》，《图书馆杂志》2002 年第 7 期，第 25 页。

二 信息资源共建共享体系建设模式

信息资源共建共享体系历经近百年的发展，形成了多种多样的类型，但对其构建模式的划分目前尚无统一的标准。20 世纪 70 年代，美国的 SDC（System Development Corporation）对美国 115 个图书馆联盟进行了研究，将联盟归纳为基于大规模计算机自动化系统运作的大型联盟、读者服务与处理图书馆日常业务的小型联盟、限于某一特定专题领域的专业联盟，以及为解决馆际互借或信息参考合作网而建立的联盟等四种类型。1998 年，B. Allen、M. Hirshon 和 Amold Hirshon，按照图书馆联盟组织的严密程度将联盟划分为四种：松散型、跨类/跨州型、紧密型和资金集中的州内型，后来又根据图书馆联盟的发展形势，采用多重分类标准对其进行更为详尽的划分。

肖希明教授将我国的信息资源保障体系模式总结成较有代表性的九种①，可谓全面。第一种按管理体制分，有集中型和分散型。第二种按共享的区域范围分，有国内型、国际型和区域型。第三种按层次分，有国家级、地区级和省市级。第四种按系统分，有系统内型和跨系统型。第五种按共建共享所形成的体系结构分，有链接式网络模式、根状结构模式、纵向结构模式和横向结构模式。第六种按资源共享网络的组建和规划方式分，有"自上而下"式和"自下而上"式。第七种按资源共建的投资来源分，有国办式和民办式。第八种按资源共建共享所形成的网络性质分，有学术性图书馆网络、大众图书网络和与大众与学术混合型网络。第九种按资源共享网络发展的进程分，有过渡型模式和完成型模式。

事实上信息资源共建共享体系的建设模式仍在发展中，我们从不同的角度，根据不同的目的可以划分出许多的体系类型，但同一信息资源共建共享体系按这个标准可以归为某一类型，按另外一个标准又可以归为另一种类型，或者说大多数的共建共享体系构建模式是混合型、交叉型的。例如：美国的 OCLC，原本只是由俄亥俄州的 54 所图书馆组成的区域性联盟体，后来发展成全球最大的信息资源共建共享体系；OhioLINK 是俄亥俄州的一个高等院校图书馆与州立图书馆共同组成的资源共享联盟；我国的 CALIS 主要由高校图书馆（有公立学校也有民办学校；也有普通高校、独立

① 肖希明主编《信息资源建设》，武汉大学出版社，2008，第 343～346 页。

学院、成人高校等不同类型）加盟组成，但同时中国国家图书馆、上海图书馆和国家科技图书文献中心（NSTL）亦为其提供资源，还与韩国 KERIS 开通了馆际互借服务，是一个由位于北京大学的 CALIS 管理中心负责运行管理，向教育部负责的，有着明显的层次关系但没有行政统辖关系的国家级的、全球最大的高校图书馆共建共享网络体系；NSTL 是一个基于网络环境的科技文献信息资源共建共享机构，原本是由中国科学院文献情报中心、中国科学技术信息研究所等 9 个科研机构的信息中心（图书馆）组成的联盟，后来发展成建设有 40 个服务站、30 个面向高校的用户管理平台、40 个面向集团用户的嵌入接口，覆盖全国 29 个省（区、市）的共建共享体系；现在各地蓬勃发展的区域性图书馆联盟，有区域公共图书馆联盟、区域高校图书馆联盟、区域专业性图书馆联盟和区域综合性图书馆联盟等，且越来越多的区域性图书馆联盟在寻求跨区域、跨系统的合作。未来随着图书馆联盟合作关系的不断加强，合作内容不断丰富，相信会有更多跨国家、跨区域、跨系统、跨模式的信息资源共建共享超级联盟的出现。

三　信息资源共建共享体系的管理和运行机制

一个共建共享体系往往拥有众多成员，要保证一个庞大的组织在合作项目中良好运行，科学有效的管理至关重要，而规范、灵活的管理机制是科学化管理的基础。这是因为管理和运行机制对体系内各成员的日常行为起到规范和约束作用，对体系的整体运转起到维护作用，有利于推动共建共享体系朝着既定目标发展，并协调作为整体的联合体和作为个体的成员间的利益。

（一）管理模式

1. 国外的管理模式

目前，国外信息资源共建共享体系的管理机制已发展得较为成熟，主要有理事会管理模式、层级委托管理模式和松散协议管理模式等，其中理事会模式最为常见。

理事会模式中，管理层主要由专家和联盟代表组成，负责共建共享体系的政策制定、战略规划等宏观工作，下设各委员会进行研究和支持项目开展、协调交流、评价等各项具体工作。这种由理事会确定联盟任务和方向，下属部门各负其责、管理联盟具体事务的管理模式，既可以从宏观上把握全局，又保证了各项工作的切实开展①，像 OCLC、OhioLINK 等采用的就是这种管理模式。以 OhioLINK 为例，其由主导全局大政方针的管理委员会委托一名执行主任在技术顾问理事会和图书馆顾问理事会的协助下主管合作网的具体运作，两个理事会下设四个常务委员会协调各项工作，各常务委员会又根据具体需要设立特别工作小组、兴趣团体等，协同探讨和解决具体问题。

采用层级委托管理模式的联盟一般不单独设立负责管理的组织，而由上级部门委托并授权一个实力最强的图书馆负责共建共享体系的管理事务及日常工作。如芬兰国家电子图书馆联盟就是在国家文化与教育部的领导下，由芬兰国家图书馆负责整个联盟的管理工作，其他成员通过该馆反映自身需求与建议。再如，明尼达克斯信息资源共享网（Minitex）是明州高等教育办公室与明州大学共同承担的一个项目，有明州高等教育委员会、明尼苏达大学图书馆和 Minitex 顾问委员会三个领导机构。明州高等教育委员会负责制定大政方针、拨款、审批项目等工作，并授权明尼苏达大学图书馆负责 Minitex 的管理。顾问委员会由来自不同类型图书馆的馆员组成，负责起草各类报告、协助制定政策、协调成员馆关系等工作②。

松散协议管理模式通常应用在自发形成的图书馆联盟中，一般不设专门的管理机构，也没有严格的协议、制度，只是由各成员馆代表组成一个小组，共同负责联盟事务管理。如希腊学术图书馆联盟（Hellenic Academinc Libraryies Link，HEAL-Link）中所有成员都签署了谅解备忘录，并各派一名代表组成管理机构，该机构主席拥有签署许可协议的权力，机构任命五位成员组成指导委员会，负责联盟的沟通协调与运作事务③。

2. 我国的管理模式

我国的信息资源共建共享体系通常是上级主管部门从全局出发，从中协调促成的结果，但目前不同的体系采取的管理机制亦往往不同。其中由上级管理机构指定某一或某些在组织内部较有实力的图书馆，组成管理机构负责整个体系的组织管理工作的模式具有一定的代表性。如"中国高等

---

① 冯晴：《NSTL 与国外图书馆联盟的比较》，《图书情报工作》2011 年第 3 期，第 11 页。

② About Minitex，http：//www.minitex.umn.edu/About/，2012-11-26。

③ 白冰、高波：《国外图书馆资源共享现状、特点及启示》，《中国图书馆学报》2013 年第 5 期，第 110 页。

教育文献保障体系"（CALIS）即是经国务院批准，由教育部领导的高校图书馆信息资源共建共享网络系统。该系统由教育部指定，由设在北京大学的 CALIS 管理中心负责运行管理，其决策机构主要是主任办公会和中心负责人联席会，中心下设业务支持中心、信息服务中心、数据中心、技术中心、事业发展中心等五个职能或管理部门，另设有联机编目中心、期刊研究室和深圳技术中心（设在深圳大学图书馆）等专业中心。CALIS 的服务体系则由全国中心、地区中心、省级中心、共享域中心、外设中心等共同组成。再如，"国家科技图书文献中心"（NSTL）的管理体制为：由科技部代表六个部委对其工作进行政策指导和监督管理，实行理事会领导下的主任负责制，理事会是领导决策机构，NSTL 主任由理事会聘任，对理事会负责。

除政府主导民间参与式的信息资源共建共享体系，我国现在也出现了一些民间主导，政府监督型的共建共享体系，如北京高校图书馆联合体、南京高校（江宁地区）图书馆联合体等。这种图书馆联盟一般属于松散型的图书馆联盟，即启动时往往是由区域内某个或几个，有一定实力或号召力的大学图书馆首先提倡，再基于共同意愿联合同一区域内或同一行业内的多个图书馆发起，成立后的联盟通过协商产生非正式管理机构，主要利用章程及协议对联盟实行自主管理。

（二）经费投入机制

1. 国外的经费投入机制

国外许多发达国家的信息资源共建共享体系的经费来源多样，包括政府财政拨款、基金会资金支持、联盟会费、经营性收入等多元化的筹资渠道，为体系的高水平建设和持续发展提供了充足、可靠的经费来源，其中政府财政支持仍然是许多共建共享体系经费来源的主要渠道。如加拿大南安大略省图书馆服务（Southern Ontario Library Service，SOLS）2012 财政年度的报告显示，该联盟的经费中超过四分之一来自安大略省政府的支持[①]。各种基金会的经费支持在国外信息资源共建共享体系发展过程中同样起着

[①]　白冰、高波：《国外图书馆资源共享现状、特点及启示》，《中国图书馆学报》2013 年第 5 期，第 110 页。

举足轻重的作用。如英格兰高等教育基金会 2010 年为联合信息系统委员会（Joint Information Systems Committee，JISC）拨款的总额超过 0.68 亿英镑，约占联盟总经费的六成[1]。体系内成员交纳会费也是维持联盟运转的一个重要的资金组成部分。例如加拿大数字图书馆联盟采用会员制，其所有经费都由各成员馆分担，根据成员馆的不同权利和义务收取会费作为经费来源。经营性收入现在也是国外一些图书馆联盟的主要经费来源，即为维持联盟的正常运转，将商业运作模式运用于联盟，通过经营性收入，如股息及利息收入、长期债券、投资收益、固定资产收益等为联盟提供资金保障，其中有偿服务是常见的方式。如服务性项目的收费对 OCLC 来说至关重要，2010 年、2011 年的元数据服务收费与文献传递收费分别占到联盟总收入的 69% 和 57.6%，是 OCLC 经费的主要来源[2]。

2. 我国的经费投入机制

我国的信息资源共建共享体系经费来源较为单一，以政府投入为主，模式主要分为三种：一是政府全额拨款支持共建共享体系的建设及某些项目的后续维护及运作等。如北京地区高校图书馆文献资源保障体系（BALIS）是北京高校图工委领导下的北京地区高等教育公共服务体系之一，由专门成立的管理委员会负责，读者获取文献的过程是完全免费的，全部由政府补贴。天津高等教育文献信息中心以政府为主体投资方，并形成持续经费的制度保障，采用统一的图书馆管理软件，形成图书自动化管理系统统一平台，统一采购数据库，包括外文数据库，建立公共文献信息中心，为各高校读者提供电子资源检索和下载等服务。二是政府拨款与成员馆分摊建设经费相结合的模式，即由政府在信息资源共建共享体系建设初期投入大量的资金进行基础设施的兴建，而在后期的资源购买以及技术维护上（如进行数据库的联合采购，网络平台设施的共同维护等），则由各个成员馆进行费用的分担。这也是我国大多数图书馆联盟经费的来源模式。第三种模式则是在图书馆联盟中选择各方面实力较强的图书馆，由政府拨款与该馆自筹经费相结合，支持其资源建设、系统升级以及服务提升，并补贴

---

① Finance for 2010－2011，http：//www. jisc. ac. uk/aboutus/annualrev-iew/2011/finance. aspx，2012－08－24.

② 白冰、高波：《国外图书馆资源共享现状、特点及启示》，《中国图书馆学报》2013 年第 5 期，第 111 页。

其向其他联盟成员馆提供文献传递和馆际互借等服务以及技术支持①。

（三）协调管理机制

信息资源共建共享体系是区域或系统内多个相对独立的图书馆子系统组成的有机整体，其高效运作和有序发展离不开共同利益的驱动和协调机制的调控。信息资源共建共享体系的协调管理机制应包括权责明确的分工机制，畅通无碍的沟通交流机制，成熟可靠的冲突解决机制，公平合理的利益平衡机制和运行有效的激励及约束机制等。协调管理的最终目的是建立起参与馆无论大小、不管实力如何，都能积极参与、乐于奉献、勇于承担的联盟文化。

1. 国外的协调管理机制

许多先进发达国家在信息资源共建共享体系的长期发展过程中不仅逐渐地建立了包括政府行政组织、图书馆馆长联席会、各种专门委员会以及图书馆理事会在内的各级联盟协调机构，而且制定并不断完善了各种相关法律法规，技术标准和评估体系，逐渐形成了一整套行之有效的协调管理机制，如利益平衡机制、行政干预机制和制约机制等，这些机制在规划体系的建设发展、保障成员馆权利与义务、协调成员馆之间的关系、确保体系内各成员能够服从联盟的统一调度，遵守共同认可的运作规则等方面起着决定性作用，成为信息资源共建共享体系的正常运营和健康发展的可靠保障。以 OCLC 为例，其成功的主要原因之一就是"协作"。OCLC 第一任总裁及首席执行官弗雷德里克·格里德利·基尔戈（Frederick Gridley Kilgour）认为，要避免重复劳动，解决经费困难，只有走协作共同努力的道路。而科学合理的会员制度则极好地体现了其协作精神。时至今日，OCLC 已建立起一套行之有效的会员制度，通过这种机制，OCLC 的成员馆得以行使自己的职责和权利，从宏观上监管 OCLC 章程的制定、执行情况，以及经营的策略和未来的发展方向等。其监管机制自下而上由监管会员成员馆、地区理事会、全球理事会、董事会组成。监管会员馆是那些承诺将其采购的所有西文书通过 OCLC 编目系统进行编目的图书馆。将监管会员馆纳入

---

① 黄筱瑾、刘金玲：《图书馆联盟经费运行模式研究》，《图书馆学研究》2013 年第 12 期，第 80 页。

OCLC 的监管机制，从根本上改变了用户与 OCLC 的关系，即这是一种会员与会员组织的关系而非买卖关系，这有利于增加成员馆的归属感。

2. 我国的协调管理机制

我国的信息资源共建共享体系自成立之初便积极探索行之有效的协同管理机制，取得了一定的成就。例如，由于会员众多复杂，CALIS 制定了大量的标准规范，以统一管理和服务的办法来实现资源整合。而 NSTL 经过多年的建设，逐渐建成了"和谐共建、创新共荣"的团队文化，各成员机构将"本单位的发展与 NSTL 的发展有机融合，团结协作、协同创新、优势互补、共谋发展"[①]。

但以政府主导推动建设为主要形式构建的信息资源共建共享体系往往存在以下弊端：一方面，主办机构、核心成员在联盟的建设、管理中起到主导作用，他们积极投入到项目的建设和实施中，引领整个联盟向前发展。然而，一些中小型图书馆或基层图书馆在联盟决策中缺少发言权和决定权，参与度显得相对较差，参与积极性也就相对较弱；另一方面，每一个图书馆，由于在馆藏基础、技术设备、经费来源、人员素质等方面存在差异，各馆对联盟事务的投入无论是在经费还是在设备和人员方面都有区别，成员馆之间的资源共享事实上是不平衡、不对等的。一般来说，规模大、基础好的成员馆在资源共享中"输出"多、"输入"少，因而在无形中增加了自身的劳务和费用负担，而那些规模小、基础差的成员馆则是"输入"多、"输出"少，因而无形中成了"搭便车"者。因此，我国信息资源共建共享体系在建设中，需要建立由不同层次联盟成员各占一定比例的组织管理架构，除了主办机构、核心成员的领导者作为代表外，还应适度增加中小型成员馆的馆员代表，也可以学习国外信息资源共建共享体系的做法，增设相应委员会、任务小组或工作小组，给联盟成员机构工作人员提供更多参与联盟决策和管理的机会[②]。

针对由于行政隶属关系、综合实力水平不同，联盟参与诉求各异等因素造成的利益不平衡的问题，我们应建立起约束与引导、竞争与补偿相统

---

① 程焕文、潘燕桃主编《信息资源共享》，高等教育出版社，2016，第 292 页。
② 邝婉玲、高波：《国外图书馆联盟组织管理模式研究》，《图书情报工作》2019 年第 9 期，第 123 页。

一的利益均衡机制。首先，在"利益目标一致、权利与职责一致"原则的指导下，在联盟章程和规章制度中明确不同层次，不同类型成员馆的职责、权利、义务，调节"大"与"小"之间的贡献差距，调动不同类型图书馆参与联盟建设的积极性，建立平等合作的联盟氛围；其次，注重建设良好的联盟文化，形成"同分享、齐贡献"的文化认同；最后，确立适当的竞争与补偿机制，尽可能地实现利益均沾、成果共享。

（四）　法律和政策机制

1. 国外相关的法律、政策和制度

在图书馆法成熟的国家或地区，往往将促进图书馆资源共享写进法案，通过法律形式给予保障。例如，作为美国国家层面最重要的一部图书馆法——《图书馆服务和技术法案》（Library Services and Technology Act，LSTA）规定，鼓励图书馆建立联盟和共享资源是图书馆法的三个目的之一，同时将鼓励不同地区图书馆或不同类型图书馆建立联盟和共享资源作为向州政府申请特别基金的一个优先条件。日本图书馆法制建设也较为完善，在促进图书馆资源共享方面有着详细的规定，如在服务内容方面规定："和其他图书馆、国立国会图书馆、地方政府议会附属图书室以及学校的附属图书馆或者图书室密切联系，相互合作，进行图书馆资料的馆际互借。"[①]除了国家层面的法律保障，地方的图书馆法也为图书馆资源共享提供了具体的、有力的法律支持，其内容甚至细化到联盟资金的拨付、联盟的合作内容与服务项目等细节。正是这些操作性强的法律的存在，为图书馆联盟发展提供了重要的制度保障[②]。如美国加利福尼亚州的图书馆法，对财政资助、馆际互借、馆际参考咨询、电子资源访问、继续教育等有着详细的规定，而澳大利亚《新南威尔士州图书馆法》规定："两个或更多的地方图书馆可以加入协议，并由某一地区的图书馆主管部门承担提供、控制、管理

---

① 白冰、高波：《国外图书馆资源共享现状、特点及启示》，《中国图书馆学报》2013 年第 5 期，第 115 页。

② 白冰、高波：《国外图书馆资源共享现状、特点及启示》，《中国图书馆学报》2013 年第 5 期，第 110 页。

几个地区图书馆及其信息服务的职能。"①

发达国家的信息资源共建共享体系建设不仅有较为完善的法律支持和指导，经过长期发展，还建立起相当完善的共建共享政策和制度。通过制定联盟章程，对包含联盟宗旨、名称、办公地点、成员资格、组织架构和部门权责、岗位设置及员工职责等内容进行约定和说明；为联合目录建设，馆际互借和文献传递以及集团采购等服务制定较为详细的标准和规范；制定和实施持续的战略规划，指导图书馆联盟改革与发展等，实现了联盟管理的有章可循和有序性。

2. 我国相关的法律、政策和制度

我国有关信息资源共建共享方面的法律法规建设也取得了一定的成绩。从国家层面上来看，《中华人民共和国公共图书馆法》的颁布和执行，具有里程碑式的意义。该法第三十条规定："公共图书馆应当加强馆际交流与合作。国家支持公共图书馆开展联合采购、联合编目、联合服务，实现文献信息的共建共享，促进文献信息的有效利用。"第三十三条明确要求："公共图书馆应当按照平等、开放、共享的要求向社会公众提供服务。"除《中华人民共和国公共图书馆法》外，我国在信息资源数字化建设和知识产权保护方面的法律法规建设亦取得了一定的成就，这些法规的制定，为图书馆联盟的建设和运行提供了明确的法律依据，也提供了重要的精神支持。

除法律法规外，国家相关部委亦制定的一些准政策性的文件，如教育部制定的《普通高等学校图书馆文献资源发展协作指南》等，对指导图书馆联盟工作亦有一定的意义。并且，我国一些发展较为成熟的图书馆联盟，在联盟章程的建设、服务标准与规范的制定，以及战略发展规划方面亦取得了一定的成就。如早在 2004 年 6 月，在北京大学图书馆召开的 CALIS 馆际互借与文献传递服务网启动大会上，就颁布了 CALIS 馆际互借与文献传递网成员馆服务手册，规定了各成员馆的权利和义务。CASHL 为了提供标准化、高质量的馆际互借和文献传递服务，制定了一系列的标准规范，包括《高校馆际互借与文献传递业务规范》《CASHL 文献传递服务规范》《高校文科图书引进专款图书订购业务规范》等，并为解决共建共享知识产权

---

① 白冰、高波：《国外图书馆资源共享现状、特点及启示》，《中国图书馆学报》2013 年第 5 期，第 115 页。

问题提出了一系列解决方案。更为难能可贵的是，我国从国情出发，为支持一些弱势或者某一时期内需要重点发展的团体的图书馆事业，有针对性地制定了一些扶持和补贴政策，如 CALIS 于 2017 年启动的"高职高专图书馆发展行动计划"，对中西部地区高校图书馆的馆际互借、代查代检和联合目录建设提供补贴的政策，为了推动东北地区工作的开展，地区中心向东北高校提供 70％文献传递补贴优惠政策等。

当然，我国目前有关信息资源共建共享的法律和政策建设仍存在不少的问题，如缺乏信息资源整体布局的政策，缺乏平衡各方利益和协调共建共享的机制，没有形成相互关联的、完整的政策体系等。

（五）绩效评估机制

1. 国外信息资源共建共享体系的绩效评估

国外图书馆信息资源共建共享体系建设起步较早，在绩效评估方面也积累了较多的实践经验，许多国外信息资源共建共享体系都建立了自己的绩效评估机制，评估的形式和内容多样。有些体系设立有绩效评价工作组、管理委员会等专门机构，或通过聘请专家小组对联盟开展的各种项目和活动进行监测与评价；有些启动专门的评估项目，通过面谈、邮件调查或网络调查等方式收集用户及成员馆对联盟及联盟所开展的项目活动的反馈；有的还采用专门的评价工具对联盟的各项功能和服务进行评价。当然，政府部门也会通过多种形式组织对这些体系做整体绩效的评估。

国际图书馆联盟协会（International Coalition of Library Consortia，ICOLC）制定了《网上索引、文摘和全文资源使用统计测度指南》，为图书馆联盟的成员馆提供了一套网络化信息资源使用的绩效测度指南。美国研究图书馆协会（Association of Research Libraries，ARL）开发了 ARL 统计和测度计划（ARL Statistic and Measurement Program），以收集和报道成员馆馆藏、职员、服务和支出方面的定量和定性数据，为成员馆提供定制的、机密的分析服务，并支持成员馆开发新的测量模式以描述服务质量、电子资源应用和结果评估问题[①]。澳大利亚州立图书馆联盟（The Council of Australian State

---

① 刘雅琼、张松颂：《图书馆联盟的绩效评估指标体系研究》，《情报资料工作》2009 年第 5 期，第 69 页。

Libraries，CASL）从 1996 年开始，每年从服务、读者人数、馆藏资源、服务站点、费用支出、雇员情况等六个方面 36 个指标对其所属的 12 个成员馆进行评估①。英国联合信息系统委员会投资的 JUBILEE（JISC User Behaviour in Information Seeking）项目，主要侧重于通过对用户的行为调查来评估电子信息服务质量，该项目集中了英国 11 所高等教育院校、6 个学科的相关数据，研发出建立在用户特征基础上的包含标杆基准工具的工具包模型（Toolkit）。JUBILEE 的用户调查研究主要通过网络问卷调查、面对用户直接调查、电话调查、电子邮件调查以及特定用户调查等几种方式进行。OhioLink 采用 LibQUAL+®体系，以用户为中心，对其服务质量进行调查，通过网页向用户进行图书馆服务的网络问卷调查，了解用户对图书馆信息的评价。使用 LibQUAL+®来评价图书馆联盟层次的服务质量，最大的好处在于可以进行连续性的评价，从而与上一年的成绩进行比较。目前，LibQUAL+®评估体系有着非常广泛的应用，拥有包括英语、法语、德语、汉语（繁体）等 12 种不同语言版本，成功应用在北美、英联邦、澳洲、北欧等 17 个国家和地区的许多图书馆联盟或图书馆的绩效评估服务中②。

2. 我国信息资源共建共享体系的绩效评估

我国信息资源共建共享体系建设一直重视绩效评估，并积极进行绩效评估的实践探索。全国性的图书馆联盟一般在建设初期就开始将绩效评估作为建设的一项重要任务，并建立相应机制来落实。如 CALIS 成立了专门的评估组织来实施评估，CASHL 也一直将绩效评估作为重要的管理手段。地区性图书馆联盟也十分重视绩效评估工作，如"江苏省高等教育文献信息保障系统"（JALIS）制定了完善的服务绩效评估指标体系，通过对 JALIS 的各方参与者及服务内容的调查，定期对成员馆的服务效益、经济效益和服务效能进行评估；"北京地区高等教育文献保障系统"（BALIS）自建立的第二年开始，就定期对原文传递服务和馆际互借服务进行评估，制定了相应的评估办法。

我国对信息资源共建共享体系的绩效评估组织形式主要分为政府组织的

① National library of Australia，http：//www. Nla. Gov. au/librariesaus-tralia/about/，2012-08-24.
② 白冰、高波：《国外图书馆资源共享现状、特点及启示》，《中国图书馆学报》2013 年第 5 期，第 108~120 页。

绩效评估和联盟自行组织的绩效评估两种。政府组织的绩效评估，如 2003 年，原文化部曾组织专家先后对全国文化信息资源共享工程的 9 个省级支中心、34 个基层中心以及国家中心进行实地考察和调研，在绩效评估工作报告中对共享工程的总体实施情况、各级中心的工作成绩与主要问题做出了评价，并对今后的发展提出了建议[①]。联盟自行组织的绩效评估，如 CALIS 设置了绩效评估专家委员会，其成员由管理中心根据工作需要推荐，由领导小组聘任，受管理中心领导。专家委员会根据发展需要，开展相应的调查研究，并协助管理中心制定相关的发展规划和工作方案、技术方案，负责对各项工作的评估。CALIS 在"十五"建设期间启动了"资源评估子项目"，要求各地区中心及子项目在建设期间，配合"资源与服务评估"子项目的需要，提供相关统计数据，开展必要的评估研究。从 2005 年开始，每年在举办"国外引进数据库培训周"之际，进行引进数据库用户满意度的调查。

尽管取得了一定的成就，但我国的图书馆联盟评估仍存在许多不足。一是缺乏科学可行的评估指标。尽管学者探讨和构想了许多评估指标，但这些评估指标还没有得到广泛的认同，也没有被系统地应用到实践中；二是缺乏对评估结果的科学性与有效性的评价；三是缺乏适合中国图书馆联盟的评估工具或评估体系。

第二节 国内外重要信息资源共建共享体系

一 国外重要信息资源共建共享体系

（一）英国的 BLDSC

英国不列颠图书馆文献供应中心（British Library Document Supply Center，BLDSC）是英国馆际互借的核心，承担英国大部分的馆际互借和文献传递服务，是英国馆际互借和文献传递的最后出借者。中心拥有丰富的馆藏，绝大部分的用户需求就是凭借其海量的馆藏来满足的，对于中心未收藏的文献，可通过国内联机网络检索并向其他图书馆借阅；如果是国内没有收藏

---

① 《全国文化信息资源共享工程 2003 年工作进展情况与 2004 年工作任务》，http://61.142.113.125:8239/html/.item_1/item_2.html，2004-05-24。

的文献，则通过互联网或二次文献检索向国外提出馆际互借申请。

英、法、加拿大等国往往偏重于采取集中型的馆际互借和文献传递模式，即一个国家级的图书馆或文献中心集中提供这个国家文献的基本保障。英国的馆际互借和文献传递模式以集中式的馆际合作制度为主，以分散式的地区性馆际合作为辅。尽管英国有一个由十个地区图书馆系统所组成的地区性互借体系，但地区图书馆系统所承担的馆际互借文献服务比例较小，当地区图书馆系统未收藏有读者所需的文献时，则可向 BLDSC 提出馆际互借和文献传递申请。

BLDSC 最初依靠英国邮政系统负责国内的文献传送，但随着邮费上涨，加之邮政系统传递缓慢，中心在 20 世纪 70 年代中期开始利用便宜的大车传送系统，之后用过传真进行文献传递，再后来通过 Airel 传递文献。Airel 是 1991 年由美国研究图书馆集团为互联网用户开发的用于传递文献的通信软件（2003 年被 Infotrieve 公司收购），具有扫描和发送连续进行，发送和接收几乎可同时完成的功能，传递速度、可靠性和清晰度均高于传真[1]。

（二）美国的 OCLC、OhioLINK 和 Minitex

1. OCLC

美国是由多家图书馆共同组成，并共同支撑的馆际联合共同体来提供馆际互借和文献传递服的，这种共同体可以是区域型的，也可以是国家型的。其中最知名的是计算机联机图书馆中心（Online Computer Library Center，OCLC）。OCLC 创立于 1967 年，其前身是俄亥俄大学图书馆中心（Ohio College Library Center，OCLC），一个由俄亥俄州 54 所图书馆组成的计算机联机网络，1981 年该中心改名为计算机联机图书馆中心。20 世纪 90 年代，这一网络已发展为有九千四百多个国内外图书情报单位参与的联机网络系统，成为国际联机图书馆中心，也是世界上最大的图书馆自动化网络。

OCLC 实行会员制管理，其监管机制自下而上由成员馆、地区理事会、全球理事会、董事会组成，所有管理成员馆通过选举地区理事会和全球理事会的代表来行使监管 OCLC 的权利。

---

① 程焕文、潘燕桃主编《信息资源共享》，高等教育出版社，2016，第 197 页。

作为世界上最大的图书馆合作组织，OCLC 提供了采访编目、数字资源建设、参考咨询、馆际互借与文献传递、发现服务、图书馆管理系统等服务，基本涵盖了图书馆的所有业务层面[①]。其中 WorldCat（世界书目）和 WorldShare（世界共享集合）是其两大核心服务。

OCLC 馆际互借服务的历史可以追溯到 1979 年，1993 年初推出文献传递服务，当时就已经与 14556 个终端用户或工作站互联。随着互联网技术的飞速发展，在云计算等技术的推动下，OCLC 对底层系统基础架构进行改革，于 2011 年底推出了 WorldShare 云平台，2013 年又推出了 WorldShare ILL（WordShare Interlibrary Loan，世界分享馆际互借系统）。WorldShare ILL 支撑的是全球性资源共享网络，加入的会员众多，汇集了海量资源，在一个统一的界面下，集检索、创建、发送、管理和跟踪馆际互借以及文献传递请求于一身，同时将工作中常用的信息进行了模块化设置，使工作步骤流程化。这种集中式、流程化的管理模式有效帮助工作人员提高了工作效率，同时也提升了终端用户的体验[②]。

WorldShare ILL 平台中的资源检索依托于 WorldCat 联合目录数据库，WorldCat 是世界上最大的书目记录数据库，包含 OCLC 近两万家成员馆编目的书目记录和馆藏信息。WorldCat 联合目录数据库始建于 1971 年，至 2016 年 4 月共收录有 486 种语言、总计达 3.2 亿多条的书目记录和 23 亿多条馆藏记录。可以说 WorldCat 展现的是世界图书馆的"集体馆藏"，全球共有七千二百多家图书馆为 WorldCat 提供书目数据，这些图书馆的类型多种多样，不仅有高校图书馆，还有国家图书馆、公共图书馆、专门图书馆等其他类型图书馆[③]。

2. OhioLINK

OhioLINK（Ohio Library and Information Network，美国俄亥俄州立图书馆与信息合作网）是 20 世纪 90 年代俄亥俄地区的高等院校图书馆与州立图书馆共同组成的资源共享联盟，其创建的目的是为俄亥俄州的学生、教师及居民提供最优质的高校图书馆资源。

---

① 程焕文、潘燕桃主编《信息资源共享》，高等教育出版社，2016，第 237 页。
② 牛爱菊、杨雪萍、卿蔚：《馆际互借系统平台管理与服务功能对比研究——以 OCLC 和 CASHL 为例》，《大学图书馆学报》2016 年第 4 期，第 64 页。
③ 牛爱菊、杨雪萍、卿蔚：《馆际互借系统平台管理与服务功能对比研究——以 OCLC 和 CASHL 为例》，《大学图书馆学报》2016 年第 4 期，第 65 页。

1987 年，俄亥俄州大学校务委员会（Ohio Board of Regents）对本州 13 所州立大学图书馆进行调查研究，建议建立一个全州性的电子图书目录系统和文献传递系统，以应对日益上涨的采购费用及不断增加的馆藏空间需求，满足本州在校师生和其他用户的信息需求。1988 年，一个由图书馆员、教师、行政人员及计算机系统管理员组成的指导委员会于当年 11 月提交了一份组建俄亥俄合作网的计划书。1989 年 8 月委员会建议开始建立全州范围的电子系统。1990 年图书馆安装各自的本地系统，并与俄亥俄大学研究网络连为一体。1992 年，俄亥俄图书馆与信息网络（OhioLINK）正式成立，在全州公共图书馆自动化系统的基础上，旨在通过资源联合采购、联合编目、共建共享，以解决经费短缺和典藏空间不足的问题，使俄亥俄州图书馆的文献资源得到充分利用。2013 年，OhioLINK 成为俄亥俄技术联盟（Ohio Technology Consortium，OH-TECH）的成员，该联盟的作用是对全州技术基础设施提供行政支持[①]。

截至 2016 年，OhioLINK 正式成员单位由最初成立时的 18 个发展到 121 个，分布在俄亥俄州 93 所不同的大学和学院图书馆，包括俄亥俄州立图书馆、16 所公立大学图书馆、52 所独立学院图书馆、23 所专科学院图书馆、16 所社区校园图书馆、8 所法学院图书馆和 5 所医学院图书馆。

OhioLINK 的管理架构是由一个管理委员会主导全局的大政方针，并委托一个执行主任在两个理事会（数字资源管理委员会和图书馆顾问理事会）的协助下主管合作网的具体运作。两个理事会下辖信息资源合作管理委员会、用户服务委员会、校际服务委员会和资料库管理以及标准委员会等四个常设委员会和一个联席会。各常设委员会可根据需要组建特别工作组、兴趣团体或工作小组，探讨和解决专门问题[②]。

OhioLINK 的资源有引进资源和自建资源。引进资源包括电子期刊中心（Electronic Journal Center，EJC）、电子图书中心（Electronic Book Center，EBC）、研究型数据库（Research Databases）等。自建资源包括中央书目库（OhioLINK Central Catalog）、电子学位论文中心（Electronic Theses and Dissertations，ETD）、

---

① 马鑫、续玉红：《俄亥俄图书馆与信息网络（OhioLINK）资源建设与服务》，《农业图书情报学刊》2018 年第 3 期，第 6 页。
② 程焕文、潘燕桃主编《信息资源共享》，高等教育出版社，2016，第 242、243 页。

机构知识库（The OhioLINK Digital Resource Commons，DRC）等。截至 2016 年 7 月，OhioLINK 可提供 4600 万多种图书馆藏书籍和其他资源，一百多个研究型数据库，超过 2500 万篇的电子期刊文章，超过 14 万册电子书，近 85000 份音、影、图资料，以及来自俄亥俄州 31 个大学的超过 5.9 万篇的学位论文。

　　OhioLINK 在电子资源的引进中采用集团采购方式，减少了资源的重复购买，节省了购置费用，加强了联盟成员在购买资源时与数据商谈判的话语权。OhioLINK 的集团采购部门在购买电子资源的过程中扮演了"藏书采购代理人"的角色，分别指定不同的"采购召集馆"负责不同种类资源的采购，代表联盟与数据商进行谈判。联盟集团采购部门先请相关学科专家与数据库采购专家对拟采购数据库资源进行价值评估，再与联盟成员商定购买事宜，协调各成员馆的购买需求和范围，最后与数据商进行价格和服务谈判，以获得最优惠的价格。

　　OhioLINK 通过本地图书馆目录和中央书目数据库系统、联机馆际互借系统、各学科数据库以及 48 小时（24 小时核查申请，24 小时传送文献）文献配送系统，为成员馆的在校学生、教职员工及本州居民提供服务。联盟内所有读者可以在任何时间、任何地点在线查询所需要的文献资源，当所需要的文献资源在本地图书馆没有收藏时，读者可以进入 OhioLINK 的联合书目数据库页面查询，直接向有入藏的成员馆发送借阅申请，通过 OhioLINK 的文献传递系统获取文献。

　　3. Minitex

　　Minitex（Minitex Library Information Network，明尼苏达州信息资源共享网）始建于 1969 年，是一个以美国明尼苏达大学图书馆为中心，横跨明尼苏达、南达科他、北达科他三州，连接两百多个不同类型图书馆信息资源共享网络系统。

　　明尼苏达州与南达科他州、北达科他州相邻，教育较为发达。明尼苏达大学是明州唯一的一所研究型大学，在全美公立研究型大学中名列前茅，其"双城"① 校区有着丰富的馆藏，20 世纪 60 年代时藏书量已近 300 万册，期刊近 4 万种，集中了当时全州四分之三的文献资源。作为一所赠地学院，

---

　　①　即 Twin Cities，明州相距不远的两座最大的城市明尼阿波利斯市和圣保罗市的合称。1851 年明尼苏达大学建校在明尼阿波利斯市，后扩展到圣保罗市。

明尼苏达大学有为社区服务的传统。明尼苏达大学图书馆早在 20 世纪 60 年代就已对"双城"的师生开放。后来，该大学图书馆馆长斯坦福（Edward B. Stanford）提出，明尼苏达州的每一个公民都应有机会享受明尼苏达大学图书馆丰富的馆藏，故提议本校图书馆应利用自己的特长为全州居民，尤其偏远地区的居民提供服务。根据斯坦福的提议，明尼苏达大学图书馆共挑选了不同地区、不同类型、不同服务对象的 11 所图书馆（包括 4 所州立学院、2 所私立学院、1 所初级学院、2 所公共图书馆以及明尼苏达大学在外地的两所分校图书馆）组成一个试验性网络，允许读者通过这些图书馆向明大图书馆提出借阅请求。1969 年 1 月 2 日，明尼苏达大学正式开启这项富有创意的试验，项目被命名为 Minitex（Minnesota Interlibrary Teletype Experiment）。试验结果非常理想，既让全州居民都可分享明尼苏达大学图书馆丰富的馆藏，又没有给明尼苏达大学的用户造成使用困难。试验期间又有 7 所图书馆加入该计划，至计划结束，该网络已扩大至 18 所图书馆。1971 年，Minitex 提出正式成立的申请，立刻获得该州议会和高等教育委员会的批准，Minitex 正式成立，后经 1971 年、1974 年两次更名，1988 年改为"Minitex Library Information Network"，一直沿用至今。随后，不断有图书馆加入该组织，1974 年起，南达科他州和北达科他州的图书馆开始加入，Minitex 成为一个跨州的资源共享网络。至 2003 年，加入该网络的图书馆已达 217 家。

在行政管理上，Minitex 对州高等教育委员会主任负责，州高等教育委员会负责其大政方针，经费由政府财政拨给。州高等教育委员会为此组织了一个 11 人的顾问委员会，代表各类图书馆协助制定政策和协调成员单位的关系。具体政策执行和经常性管理委托给明尼苏达大学图书馆负责，因此在行政上 Minitex 由明尼苏达大学图书馆馆长领导①。

与其他类似的机构相比，Minitex 的最大特点是没有自己的藏书，而是利用成员馆的藏书为读者提供服务，但 Minitex 建有自己的电子图书馆和仓储式书库。1993 年 Minitex 以集团购买方式，为明尼苏达大学图书馆购买了 2500 种期刊在线数据库和 1300 种全文期刊数据库，之后又为其他机构购买了大量电子资源。由于电子资源比其他形式的资源更容易实现共享，Minitex 开始把明尼苏达州所有的大学、中学、小学，包括

---

① 陈肃：《共享有限资源：Minitex 模式的发展》，《图书情报工作》2004 年第 7 期，第 21 页。

私立和公立学校以及各个公立图书馆所拥有的电子资源整合为一体，构成了明尼苏达电子图书馆。凡持有图书馆借书卡的明州居民，均可以在任何地方、任何时间利用明尼苏达电子图书馆。2002 年，明尼苏达电子图书馆的馆藏有了很大增长，可提供八千四百多种杂志（包括全文期刊四千八百多种）、一万一千六百多种全文电子图书、250 种全文报纸以及 19 种工具书等数字资源①。

Minitex 提供文献传递、咨询、数字图书馆、集团采购、继续教育与培训、编目及元数据编目、图书储藏中心等服务。而文献传递是其最基本的服务。Minitex 建成后的多年时间里，明尼苏达大学图书馆一直是美国研究型图书馆中外借图书最多的，其他国家和地区的读者也可以使用 Minitex 的资源。随着参与学校的增加，Minitex 的文献传递量快速增长，1970~1990 年间，增长速度最快，1990 年后趋于稳定。1999 年以后，Minitex 开始利用互联网进行电子文献传递。尽管不再接受个人请求，但通过电子文献传递，Minitex 可以将请求文献直接传递到个人电脑上。2002 年传送的 38300 份文件中，有 17000 篇文章是通过互联网传递的②。2014 年，用户获取的文献数量超过了 2000 万次，该数目相当于明州人口的四倍③。

二　我国重要信息资源共建共享体系

（一）CALIS

CALIS（China Academic Library & Information System，中国高等教育文献保障系统），是经国务院批准的我国高等教育"211 工程""九五""十五"总体规划中三个公共服务体系之一。CALIS 从 1998 年 11 月正式启动建设，至 2012 年国家累计投资 3.52 亿元建设资金，建成以 CALIS 联机编目体系、CALIS 文献发现与获取体系、CALIS 协同服务体系和 CALIS 应用软件云服务（SaaS）平台等为主干，各省级共建共享数字图书馆平台、各高校数字图书馆系统为分支和叶节点的分布式"中国高等教育数字图书馆"。目前注册成员馆逾 1800 家，覆盖除台湾地区外中国 31 个省（自治区、直辖市）

①　陈肃：《共享有限资源：Minitex 模式的发展》，《图书情报工作》2004 年第 7 期，第 21 页。
②　陈肃：《共享有限资源：Minitex 模式的发展》，《图书情报工作》2004 年第 7 期，第 18 页。
③　程焕文、潘燕桃主编《信息资源共享》，高等教育出版社，2016，第 253 页。

和港澳地区，成为全球最大的高校图书馆联盟①。

CALIS 由设在北京大学的 CALIS 管理中心负责运行管理。CALIS 的骨干服务体系，由四大全国中心（文理中心——北京大学，工程中心——清华大学，农学中心——中国农业大学，医学中心——北京大学医学部）、七大地区中心（东北——吉林大学，华东北——南京大学，华东南——上海交通大学，华中——武汉大学，华南——中山大学，西南——四川大学，西北——西安交通大学）、除港澳台之外的 31 个省级（省、自治区、直辖市）中心和五百多个服务馆组成。这些骨干馆的各类文献资源、人力资源和服务能力被整合起来支撑着面向全国所有高校的共享服务。

CALIS 的资源包括全国一千三百多所高校图书馆可服务的资源，中国国家图书馆、上海图书馆和国家科技图书文献中心以及香港 JULAC 联盟、韩国 KERIS 联盟、美国哈佛大学等合作机构共享资源，也有外文期刊网、学苑汲古、学位论文数字库、高校教学参考资源库等，引进、自建或合作共建电子资源库。其中外文期刊网（http：//ccc. calis. edu. cn）截至 2018 年 9 月拥有的资源包括：10 万多种纸本期刊和电子期刊；4 万多现刊篇名目次（每周更新）；近 1 亿条期刊论文目次数据；一百六十多个全文数据库链接及 OA 全文链接；30 个文摘数据库链接；300 个图书馆提供的纸本期刊馆藏信息；五百三十多个图书馆提供的电子期刊信息②。学苑汲古高校古文献资源库（http：//rbsc. calis. edu. cn：8086/）是一个汇集高校古文献资源的数字图书馆，由北京大学联合国内外高校图书馆合力建设，汇集了国内 23 家及港澳两家高校图书馆、海外三家著名高校东亚图书馆的古文献资源，截至 2018 年 9 月，包含元数据 68 万余条、书影 28 万余幅、电子书 8. 35 万册③。学位论文数据库（http：//etd. calis. edu. cn）收集国内高校学位论文，截止到 2018 年 9 月，共收集中文学位论文 3240687 篇，外文学位论文 2231211 篇④。

---

① CALIS 简介，http：//www. calis. edu. cn/pages/list. html？id = 6e1b4169-ddf5-4c3a-841f-e74cea 0579a0，2020-11-01.

② 外文期刊网（CCC），http：//www. calis. edu. cn/pages/list. html？id = a09ebf4c-e04e-4bbf-b050- 9da35071f841，2020-11-01.

③ 学苑汲古，http：//www. calis. edu. cn/pages/list. html？id = 9cb1f8ee-546f-45f6-97a5-13e44abfccff，2020-11-01.

④ 学位论文数据库，http：//www. calis. edu. cn/pages/list. html？id = a1fc25f8-544f-4777-b301-8d51 c50a9057，2020-11-01.

CALIS 提供的主要服务有联机编目，公共检索，馆际互借和文献传递，文献采购协作，电子资源导航等。CALIS 联合目录数据库于 2000 年 3 月正式启动服务，截至 2018 年 6 月 30 日，联合目录数据库共有书目记录 713 万余条，规范记录 175 万余条，馆藏信息约 5000 万条。书目记录涵盖印刷型图书和连续出版物、古籍、电子资源、其他非书资料等多种文献类型，覆盖中、西、日、俄、韩、阿拉伯文等一百多种语种；内容囊括教育部普通高校全部 71 个二级学科，226 个三级学科（占全部 249 个三级学科的 90% 以上）[①]。"开元知海·e 读"（http：//www. yidu. edu. cn/）学术搜索旨在全面发现全国高校丰富的纸本和电子资源，它与 CALIS 文献获取（"e 得"）、统一认证、资源调度等系统集成，打通从"发现"到"获取"的"一站式服务"链路，为读者提供全新的馆际资源共享服务体验。"e 得"为读者提供了一站式的全文文献获取门户，它集成了电子全文下载、文献传递、馆际借书、单篇订购（PPV）、电子书租借等多种全文获取服务，结合专业馆员提供的代查代检服务，帮助读者在全国乃至全世界查找并索取中外文图书、期刊、学位论文、会议论文、专利标准等各类电子或纸本资源，截至 2018 年 6 月可搜索的数据超过 3 亿条。纸本资源可直接链接至图书馆 OPAC 查阅在架状态，电子资源可直接在线阅读或提供章节试读；本馆没有馆藏的资源可通过文献传递获取。CALIS 规定馆际互借与文献传递服务费用由文献提供馆收取，对西部地区请求馆、代查代检馆等给予一定的补贴与奖励。对于一般文献（如期刊论文、会议论文、图书的部分章节等）的文献传递每页收取 0.3 元的费用（包括复印+扫描+普通传递的费用）。普通传递的方式有 E-mail 方式、CALIS 文献传递、Ariel 文献传递、平寄、传真和读者自取等[②]。e 读学术搜索的特点还包括为读者提供其购买的 36 万册方正电子书免费阅读服务；在海量数字资源揭示基础上，通过知识图谱、关联图、领域细分等功能，帮助读者挖掘知识节点背后的隐含信息，建立全领域的知识脉络等。

---

① 编目服务，http：//www. calis. edu. cn/pages/list. html？id＝302cd21d-93ee-4544-b0dc-48eedee2e97b，2020-11-01.

② CALIS 馆际互借与文献传递服务，http：//www. calis. edu. cn/pages/list. html？id＝4101e184-7f64-4798-a5e1-8e37aa6994fc，2020-11-01.

（二）NSTL

NSTL（National Science and Technology Library，国家科技图书文献中心）是科技部联合财政部等六部门，经国务院领导批准，于 2000 年 6 月 12 日成立的一个基于网络环境的科技文献信息资源服务机构，由中国科学院文献情报中心、中国科学技术信息研究所、机械工业信息研究院、冶金工业信息标准研究院、中国化工信息中心、中国农业科学院农业信息研究所、中国医学科学院医学信息研究所、中国标准化研究院标准馆和中国计量科学研究院文献馆九个文献信息机构组成。中心以构建数字时代的国家科技文献资源战略保障服务体系为宗旨，按照"统一采购、规范加工、联合上网、资源共享"的机制，采集、收藏和开发理、工、农、医各学科领域的科技文献资源，面向全国提供公益性的、普惠性的科技文献信息服务[①]。

NSTL 全面收集国内外期刊、会议记录、科技报告、丛书、工具书、学位论文等科技文献。每年订购印本外文期刊 17000 余种，其中国内独家超过 6000 种，订购外文会议录等文献 8000 余种，印本采集数量居国内首位。每年支持成员单位订购国外全文数据库，以补贴方式支持科研机构和高校采购外文数据库，以"国家许可"方式订购专业学（协）会现刊数据库，引进国外主要科技出版商全文期刊回溯数据库。目前，NSTL 开通各类数据库 127 种，涵盖网络版外文现刊 2 万种以上，回溯期刊 3000 余种[②]。NSTL 还构建外文科技论文与引文数据库，形成了国内规模最大、具有自主知识产权的外文文摘和引文数据库。

NSTL 以网络服务系统为核心，依托地方和行业科技信息机构，合作建立了辐射全国的科技文献信息服务体系，已建设 40 个服务站，覆盖全国 29 个省市自治区，建成 30 个面向高校的用户管理平台，40 个面向集团用户的嵌入接口。

NSTL 提供文献检索、文献传递、网络版文献全文浏览下载、目录查询等服务，每周七天不间断提供网上全文文献传递服务，平均提供时效十小

---

① NSTL 机构简介，http://www.nstl.gov.cn/Portal/zzjg_jgjj.html，2020-11-01。
② 彭以祺：《传承发展续写辉煌——隆重纪念国家科技图书文献中心成立二十周年》，《数字图书馆论坛》2020 年第 7 期，第 1~2 页。

时，每年与成员单位一起以各种方式提供文献原文超过百万篇。用户在 NSTL 网站上没有查到所需要的文献时，可以通过"代查代借服务"委托 NSTL 在国内外其他图书文献机构代为查询并传递文献全文。NSTL 订购的，面向中国大陆地区公益性单位的外文网络版期刊的免费浏览下载服务，其中包括全国开通的现刊数据库和回溯数据库。NSTL 支持高校、研究院所联合采购的网络版外文期刊的 IP 地址控制的全文浏览下载服务；支持成员单位采购的外文网络版文献，并提供相关研究群体对这类文献的全文浏览下载服务①。

（三）CASHL

CASHL（China Academic Social Sciences and Humanities Library，中国高校人文社会科学文献中心）是在教育部领导下，为我国哲学社会科学教学科研提供外文文献及相关信息服务的最终保障平台，其建设目标是"国家人文社会科学文献信息资源平台"②，于 2004 年 3 月 15 日由教育部经过统一协调成立。2006 年，启动于 20 世纪 80 年代的"高校文科图书引进专款项目"并入 CASHL 的服务体系，使得 CASHL 的资源与服务体系得以完整构架、健康发展。

CASHL 由 2 个全国中心、7 个区域中心、8 个学科中心、34 个服务馆、855 个成员馆组成。全国中心分别设在北京大学图书馆和复旦大学图书馆，负责成立专家咨询组、中心馆馆长联席会议，举办工作会议，承接教育部社科司的任务，管理与协调 CASHL 各中心，推动项目的整体发展。7 个区域中心分别设在武汉大学图书馆、吉林大学图书馆、中山大学图书馆、南京大学图书馆、四川大学图书馆、北京师范大学图书馆、兰州大学图书馆等，负责协助全国中心进行资源的整体规划、建设和服务工作，收藏印本期刊、电子资源，提供本校外文人文社科期刊馆藏数据，配合 CASHL 管理中心开展数据加工工作，维护本地文献传递服务系统，以为本地区和本校重点开展培训、宣传、文献检索和原文提供等服务，同时配合全国中心为全国高校提供服务并进行相关评估。8 个学科中心分别设在东北师范大学图

---

① 程焕文、潘燕桃主编《信息资源共享》，高等教育出版社，2016，第 288~289 页。
② 关于 CASHL，https：//www.cashl.edu.cn/node/45，2020-11-01.

书馆、华东师范大学图书馆、南开大学图书馆、山东大学图书馆、清华大学图书馆、厦门大学图书馆、浙江大学图书馆、中国人民大学图书馆等，主要任务是按照学科特点规划、收藏电子资源和特色资源，提供本校外文人文社科期刊馆藏数据，配合 CASHL 管理中心开展数据加工工作，维护本地文献传递服务系统，配合全国中心和区域中心开展培训、宣传和原文提供等服务并进行相关评估。服务馆是指向其他图书馆提供馆际互借与文献传递服务的图书馆，除全国中心、区域中心、学科中心图书馆外，还有华中科技大学图书馆、华中师范大学图书馆、内蒙古大学图书馆、福州大学图书馆、电子科技大学图书馆、广东外语外贸大学图书馆、西北师范大学图书馆、暨南大学图书馆、辽宁大学图书馆、山西大学图书馆、广西大学图书馆、黑龙江大学图书馆、西北大学图书馆、延边大学图书馆、天津师范大学图书馆、陕西师范大学图书馆、北京外国语大学图书馆等 34 家高校图书馆以及中国社科院图书馆、上海图书馆等文献提供机构。

目前，CASHL 平台整合的印本图书和电子图书面向全国高校读者提供统一检索、馆际互借和部分章节传递的文献共享服务，涵盖了国内 70 余所高校图书馆和上海图书馆的近 300 万种印本图书，以及 17 所高校图书馆的近 200 万种电子图书。CASHL 平台整合的印本期刊和电子期刊面向全国高校读者提供统一检索、馆际互借和部分章节传递的文献共享服务，涵盖了国内 17 所高校图书馆和上海图书馆、中国社会科学院图书馆的近 5 万种印本期刊，及 17 所高校图书馆的近 14 万种电子期刊。有权限访问电子图书的院校，可在校园网内直接点击检索结果浏览或下载以上两种资源的全文。CASHL 平台上集成了九百多个 CASHL 中心馆人文社科类数据库，并且至 2018 年 CASHL 经费共支持购买了 24 个数据库。另外，CASHL 揭示了全球 225 个可开放获取的数据库。

CASHL 的特色馆藏包括大型特藏（有大型图书、期刊合订本、缩微资料、图片资料等，目前已引进 223 种）、国家哲学社会科学学术期刊数据库（由国家社科基金支持，中国社会科学院承建、中国社会科学院图书馆调查与数据信息中心开发维护的、可供开放获取的中文全文数据库。收录精品学术期刊 1000 多种，论文超过 485 万篇，以及超过 101 万位学者、2.1 万家研究机构相关信息）、民国期刊（收录了复旦大学、厦门大学、华东师范大学、福建师范大学、上海大学、绍兴文理学院、中国科学院上海生命科学信息中心生命科学图书馆等 7 家图书馆共 7000 多种民国期刊）、CASHL 前瞻性课题报告、区域国别文献（包括"一带一路"研究文献、南亚研究文献、日文文献、俄文文献、韩文文献、法文文献、德文文献等）、高校古文献资源等。

CASHL 提供文献传递、馆际互借和代查代检、大型特藏深度揭示等服务。文献传递服务可为 CASHL 用户复印、传递"开世览文"收录的高校外文期刊论文、图书部分章节、缩微资料等。文献传递方式主要有 E-mail、网上文献传递系统（FTP）等。

（四）全国文化信息共享工程

全国文化信息资源共享工程是文化部、财政部共同组织实施的一项国家文化创新工程、文化惠民工程和公共文化服务体系的基础工程，2002 年开始正式实施。该工程利用现代信息技术，将中华优秀文化信息资源进行数字化加工和整合，并通过覆盖全国城乡的网络化管理和服务体系，实现文化信息资源在全国范围内的共建共享。

截至 2011 年底，全国文化信息资源共享工程已建成包括一个国家中心、33 个省级分中心、2840 个市县级支中心、28595 个乡镇基层服务点，以及 60.2 万个村基层服务点的国家、省、地市、县区、乡镇（街道）、村（社区）等六级基层服务点的五级网络服务体系。通过广泛整合公共图书馆、博物馆、美术馆、艺术院团及广电、教育科技、农业等部门的优秀数字资源，共享工程数字资源建设总量达到 136.4TB，整合制作优秀特色专题资源库 207 个[1]，极大满足了亿万城乡基层群众的文化需求，改变了基层群众过去"看书难、看戏难、看电影难"的窘境。2017 年 11 月 29 日，国家公共文化云正式开通。国家公共文化云由原文化部公共文化司指导、原文化部全国公共文化发展中心具体建设，是以文化共享工程现有六级服务网络和国家公共文化数字支撑平台为基础，统筹整合全国文化信息资源共享工程、数字图书馆推广工程、公共电子阅览室建设计划而升级推出的公共数字文化服务总平台、主阵地，包括国家公共文化云网站（www.culturedc.cn）、微信公众号、移动客户端，突出手机端服务功能定制，具有共享直播、资

---

① 程焕文、潘燕桃主编《信息资源共享》，高等教育出版社，2016，第 305 页。

源点播、活动预约、场馆导航、服务点单、特色应用、大数据分析等核心功能，通过电脑、手机 App、微信、公共文化一体机等提供服务。

全国文化信息共享工程资源共享服务包括资源查询、资源索取、资源发送等。资源索取通过下级中心在本地元数据集、对象数据集不足的情况下，在工作人员的干预下，激活本地的资源索取服务，提交索取请求，然后通过互联网等方式激活上级中心或国家中心的资源发送服务，传递请求，获取相应数据，并将获取的数据装入本地资源库的方式进行。资源发送服务由国家中心或分中心在分析、响应下级中心的索取要求后启动，首先将元数据或对象数据卸出、封装，然后通过互联网等方式将数据传递到下级中心，实现资源传递和发送。

参考文献与阅读目录

一　图书

1. 程焕文、潘燕桃：《信息资源共享》（第二版），高等教育出版社，2016。
2. 彭斐章：《目录学教程》（第二版），高等教育出版社，2017。
3. 戴维民：《信息组织》（第三版），高等教育出版社，2014。
4. 沈继武、肖希明：《文献资源建设》，武汉大学出版社，1991。
5. 肖希明：《信息资源建设》，武汉大学出版社，2008。
6. 孟雪梅：《信息资源建设》，黑龙江人民出版社，2002。
7. 黄解明、高建平、陈永莉：《现代信息资源建设导论》，湖北人民出版社，2004。
8. 吴慰慈、董焱：《图书馆学概论》（修订第二版），国家图书馆出版社，2008。
9. 党跃武、谭祥金：《信息管理导论》（第二版），高等教育出版社，2006。
10. 岳剑波：《信息管理基础》，清华大学出版社，1999。
11. 甘友庆：《云南地方文献事业史》，云南大学出版社，2011。
12. 乌家培、谢康：《信息经济学》，高等教育出版社，2002。
13. 裴雷：《信息经济学》，南京大学出版社，2015。
14. 谢新洲：《数字出版技术》，北京大学出版社，2002。
15. 程琳：《信息分析概论》，武汉出版社，2014。
16. 高雄、王文、刘静芬：《图书馆采编工作理论与实践》，西安地图出版社，2010。
17. 江涛、穆颖丽：《现代图书馆服务理论与实践》，河南人民出版社，2014。

18. 黄宗忠：《文献采访学》，北京图书馆出版社，2001。

19. 杨嫚：《网络信息资源组织与开发研究》，华中科技大学出版社，2006。

20. 黄如花：《数字信息资源开放存取》，武汉大学出版社，2017。

21. 高波：《网络时代的资源共享——中日文献信息资源共享比较研究》，北京图书馆出版社，2003。

22. RUBIN R. *Foudations of Library and Information Science. 3rd ed.* New York：Neal-Schuman Publishers，2010.

23. Katsumi Tanaka et al. *Information organization and databases：Foundations of data organization（The Kluwer international series in engineering and computer science volume）*. Boston：Kluwer Academic Publishers. 2000.

24. Allen Kent. *Resource Sharing in Libraries：why，How，When，Next Action Steps.* New York：Marcel Dekker, Inc. 1974.

二　论文

1. 卢泰宏：《信息资源管理：新领域和新方向》，《情报资料工作》1994 年第 1 期，第 8~12 页。

2. 汤津红、钟守真、杨子竞：《信息资源管理与图书馆学情报学教育》，《图书馆工作与研究》1994 年第 4 期，第 25~27 页。

3. 卢泰宏：《信息资源管理：新的制高点》，《国外图书情报工作》1992 年第 3 期，第 1~4 页。

4. 范并思：《从经验图书馆学到新型图书馆学》，《中国图书馆学报》1993 年第 2 期，第 3~10、92 页。

5. 张帆、李爱明：《现代信息组织特点与发展策略研究》，《情报资料工作》2006 年第 5 期，第 22~26 页。

6. 黄如花：《网络信息组织的发展趋势》，《中国图书馆学报》2003 年第 4 期，第 14~18 页。

7. 贾君枝：《面向数据网络的信息组织演变发展》，《中国图书馆学报》2019 年第 5 期，第 51~60 页。

8. 黄少华：《人工智能与智能社会学》，《甘肃社会科学》2019 年第 5 期，第 56~62 页。

9. 张成岗:《人工智能时代:技术发展、风险挑战与秩序重构》,《南京社会科学》2018 年第 5 期,第 42~52 页。

10. 孟庆宇:《人工智能与数字图书馆建设》,《图书馆学刊》2018 年第 7 期,第 106~110 页。

11. 胡娟:《中国文化立法的一座丰碑——柯平教授谈〈中华人民共和国公共图书馆法〉》,《图书馆工作与研究》2018 年第 1 期,第 5~11 页。

12. 汤罡辉、王元:《文献采访业务的潜在知识产权风险分析》,《图书情报工作》2010 年第 7 期,第 76~79+41 页。

13. 杨文花、赵葆英、苏沫:《高校图书馆数字资源建设中的知识产权问题研究》,《兰台世界》2015 年第 2 期,第 113~114 页。

14. 徐迈:《数字图书馆信息资源建设中的知识产权问题综述》,《现代情报》2007 年第 3 期,第 83~85 页。

15. 甘友庆:《构建知识管理学学科平台 解决图书馆学元理论泛化的问题》,《图书馆学刊》2006 年第 4 期,第 20~22 页。

16. 齐文君、金胜勇:《信息资源建设理论体系研究》,《河北科技图苑》2016 年第 3 期,第 16~20 页。

17. 粟湘、郑建明、吴沛:《信息生命周期管理研究》,《情报科学》2006 年第 5 期,第 691~696 页。

18. 金胜勇、郝向兰、孔志军:《图书馆信息资源共建共享成本收益分析框架》,《图书馆工作与研究》2008 年第 10 期,第 3~8 页。

19. 王怀诗:《选书理论述评》,《晋图学刊》1993 年第 2 期,第 1~4+10 页。

20. 金胜勇、魏佳、张吻秋:《图书馆文献信息资源选择理论的发展》,《图书馆》2016 年第 10 期,第 21~24、33 页。

21. 魏敏:《信息组织 4.0:变革历程和未来图景》,《国家图书馆学刊》2018 年第 1 期,第 78~85 页。

22. 段小虎:《知识性质与图书馆知识组织》,《图书情报工作》2008 年第 11 期,第 85~88 页。

23. 祝红艺、郭虹、胡宗莉、王杏利、朱艳梅:《面向学术出版变革的图书馆学术资源建设研究》,《图书馆》2017 年第 12 期,第 31~36 页。

24. 孙战彪:《SOLOMO 环境下图书馆信息资源协同建设研究》,《现代情报》2017 年第 12 期，第 110~116 页。

25. 陈毅晖：《深圳大学城图书馆外文文献资源保障策略研究》，《大学图书馆学报》2019 年第 2 期，第 38~41 页。

26. 张杰龙、董瑜伽、朱怡：《图书馆空间多样化设计及弹性管理——以香港三所高校图书馆为例》，《新世纪图书馆》2018 年第 7 期，第 35~38 页。

27. 金胜勇：《目标导向型图书馆信息资源共建共享理论体系研究》，南开大学博士学位论文，2010。

28. 严栋：《国际图联战略规划研究（2010—2024 年）》，《数字图书馆论坛》2019 年第 11 期，第 67~72 页。

29. 李国庆：《世界图书馆联盟的典范：OhioLINK 信息资源共享模式研究》，《图书情报工作》2004 年第 7 期，第 13~16、89 页。

30. 王晓辉：《CALIS 对高校图书馆文献信息资源建设的作用》，《内蒙古民族大学学报》（社会科学版）2004 年第 5 期，第 119~121 页。

31. 赵宇：《论 CALIS 与高校图书馆的文献信息资源建设》，《现代情报》2003 年第 10 期，第 66~67、146 页。

32. 毛雅君：《国家图书馆文献信息资源建设的回顾与思考》，《国家图书馆学刊》2019 年第 5 期，第 13~19 页。

33. 尚晓倩：《〈美国国会图书馆 2019-2023 年战略规划〉分析及启示》，《图书馆工作与研究》2020 年第 1 期，第 73~79 页。

34. 杜玉玲、邹美群、赵旭鹏：《"双一流"背景下地方高校图书馆文献信息资源馆院共建模式探究——以江西师范大学图书馆与院系合作为例》，《图书馆研究》2020 年第 5 期，第 58~65 页。

35. 刘华、黄梦瑶：《中美高校图书馆战略规划比较分析——以伊利诺伊大学香槟分校和武汉大学为例》，《图书馆学研究》2019 年第 8 期，第 14~20 页。

36. 杨育芬：《我国书业书目信息现状、问题及建议》，《中国出版》2013 年第 1 期，第 39~42 页。

37. 李薇：《基于政府采购模式的图书馆文献信息资源建设研究》，《图书馆学研究》2012 年第 1 期，第 26~28、35 页。

38. 赵梦：《网络信息资源采集与保存策略分析》，《国家图书馆学刊》

2010 年第 4 期，第 77~79 页。

39. 李丹：《网络信息资源长期保存的采集模式和程序》，《档案》2010 年第 2 期，第 43~45 页。

40. 苏新宁：《大数据时代数字图书馆面临的机遇和挑战》，《中国图书馆学报》2015 年第 6 期，第 4~12 页。

41. 王玉然：《图书馆信息采集数字化处理的基本技术》，《农业图书情报学刊》2008 年第 7 期，第 25~26、38 页。

42. 欧阳剑：《泛在信息环境下图书馆信息资源组织探讨》，《图书情报工作》2011 年第 19 期，第 68~72、124 页。

43. 宋博：《小议智能信息检索的智能性》，《农业图书情报学刊》2013 年第 5 期，第 127~130 页。

44. 钱力、张智雄、邹益民、黄永文：《信息可视化检索在数字图书馆中的应用实践》，《现代图书情报技术》2012 年第 4 期，第 74~78 页。

45. 李巧蓉：《浅论图书馆信息检索可视化技术》，《兰台世界》2013 年第 2 期，第 81~82 页。

46. 孙彩杰：《图书馆的信息存储策略》，《四川图书馆学报》2010 年第 1 期，第 34~37 页。

47. 韩冰：《"双一流"高校图书馆自建特色数据库调研与思考》，《图书馆工作与研究》2020 年第 10 期，第 84~88 页。

48. 杨思洛、杨依依：《省级公共图书馆特色数据库建设调查分析》，《图书馆》2019 年第 8 期，第 104~111 页。

49. 刁霄宇：《我国图书馆联盟特色数据库建设现状研究》，《四川图书馆学报》2018 年第 2 期，第 34~39 页。

50. 马宏惠、路一：《论网络信息资源的组织》，《情报探索》2007 年第 8 期，第 54~56 页。

51. 潘芳莲：《近十年我国网络信息资源组织方式研究综述》，《情报探索》2009 年第 8 期，第 22~24 页。

52. 邱燕燕：《开放存取资源的组织和揭示》，《图书馆杂志》2006 年第 6 期，第 20~22 页。

53. 马文峰：《数字资源整合研究》，《中国图书馆学报》2002 年第 4 期，第 63~66 页。

54. 李家清：《信息资源整合》，《图书情报工作》2005年第8期，第33~36页。

55. 马文峰、杜小勇：《数字资源整合方式研究》，《图书情报工作》2005年第5期，第67~71页。

56. 沈芳：《高校图书馆信息资源整合的结构、模式分析》，《现代情报》2007年第10期，第114~116页。

57. 马文峰、杜小勇、胡宁：《基于信息的资源整合》，《情报资料工作》2007年第1期，第46~50、70页。

58. 朱本军：《基于联合索引的下一代图书馆学术资源搜索研究》，《大学图书馆学报》2012年第2期，第18~22、55页。

59. 申晓娟、李丹、王秀香：《略论图书馆资源整合与检索系统的发展——以国家图书馆"文津"搜索系统为例》，《图书情报工作》2013年第18期，第39~43、60页。

60. 路莹：《图书馆资源整合新技术——探索发现系统》，《中华医学图书情报杂志》2013年第5期，第28~31页。

61. 曾建勋：《资源发现系统的颠覆性》，《数字图书馆论坛》2016年第2期，第1页。

62. 金胜勇、于淼：《继承还是颠覆——共建共享对传统文献信息资源建设理论的影响》，《图书馆工作与研究》2005年第4期，第2~5页。

63. 范并思、王巍巍：《从合作藏书到存取——理论图书馆学视野中的文献资源建设》，《大学图书馆学报》2003年第2期，第26~29、35页。

64. 卢共平、汪善建：《欧美国家联合目录的进展与我国虚拟联合目录的发展思路》，《图书情报工作》2002年第10期，第84~87、105页。

65. 彭鹏：《国外联合目录工作的回顾与展望》，《国家图书馆学刊》1978年第1期，第44~46页。

66. 张晓文：《浅谈趋于知识管理的联机联合编目工作》，《四川图书馆学报》2012年第2期，第60~63页。

67. 陈肃：《共享有限资源：Minitex模式的发展》，《图书情报工作》2004年第7期，第17~22页。

68. 马鑫、续玉红：《俄亥俄图书馆与信息网络（OhioLINK）资源建设与服务》，《农业图书情报学刊》2018年第3期，第5~10页。

69. 孙波、刘万国、房玉琦：《美国典型区域图书馆联盟对比分析及启示——以 OHIOLINK 和 CARLI 为例》，《图书情报工作》2017 年第 24 期，第 45~54 页。

70. 邢明旻：《CIC 图书馆联盟的电子资源集团采购及其启示》，《图书情报工作》2008 年第 4 期，第 119~122 页。

71. 孔兰兰、高波：《法国图书馆的信息资源共享模式》，《图书情报工作》2010 年第 21 期，第 58~61 页。

72. 张秀兰、张冰洁：《我国馆际互借的历史沿革》，《图书馆学研究》2017 年第 8 期，第 17~21.43 页。

73. 高波：《文献信息资源共享体系理论新论》，《图书馆杂志》2002 年第 7 期，第 23~26 页。

74. 冯晴：《NSTL 与国外图书馆联盟的比较》，《图书情报工作》2011 年第 3 期，第 10~13、141 页。

75. 白冰、高波：《国外图书馆资源共享现状、特点及启示》，《中国图书馆学报》2013 年第 3 期，第 108~121 页。

76. 黄筱瑾、刘金玲：《图书馆联盟经费运行模式研究》，《图书馆学研究》2013 年第 12 期，第 79~82、75 页。

77. 邝婉玲、高波：《国外图书馆联盟组织管理模式研究》，《图书情报工作》2019 年第 9 期，第 116~126 页。

78. 张松颂：《图书馆联盟的绩效评估指标体系研究》，《情报资料工作》2009 年第 5 期，第 69~72 页。

79. 爱菊、杨雪萍、卿蔚：《馆际互借系统平台管理与服务功能对比研究——以 OCLC 和 CASHL 为例》，《大学图书馆学报》2016 年第 4 期，第 63~68、12 页。

80. HORTON V. Going "All-in" for deep collaboration. Collaborative Librarianship，2013，5（2）：65-69.

三 网络资料

1. Data. gov-Semantic web，http：//www. data. gov/semantic/index，2011-09-13.

2. 《2018 年中国图书出版行业发展现状分析及未来发展趋势预测》，

http：//www. chyxx. com/industry/201804/627414. html，2019-09-13。

3. IFLA. Advances in artificial intelligence，https：//trends. ifla. org/literature-review/ advances-in-artificial-intelligence，2020-01-06.

4. 《2017 年中国新媒体行业全景报告》，http：//www. iimedia. cn/50347. html，2019-01-06。

5. IFLA strategy 2019-2024，https：//www. ifla. org/strategy，2021-04-15.

6. 《香港公共图书馆策略计划（2020 至 2025 年）》，https：//www. hkpl. gov. hk/tc/about-us/intro/strategic-plan. html，2020-12-15。

7. 《澳门公共图书馆馆藏发展政策》，https：//www. library. gov. mo/zh-hant/aboutus/policy/collection-development-policy，2021-04-15。

8. 《中国高校图书馆发展报告》，http：//www. scal. edu. cn/sites/default/files，2020-05-23。

9. Budapest Open Access Initiative，http：//www. budapest open access initiative. org /resource，2003-02-14.

10. 资源类型，http：//s. wanfangdata. com. cn/nav-page. 2020-12-1。

11. 《全国图书馆联合编目中心 2018-2019 年度工作报告》，http：//olcc. nlc. cn/page/document. html，2020-11-10。

12. 《全国图书馆联合编目中心简介》，http：//olcc. nlc. cn/page/about. html. 2020-11-10。

13. 《全国图书馆联合编目中心章程》，http：//olcc. nlc. cn/page/articles. html，2020-11-10。

14. 《CALIS 联机编目》，http：//www. calis. edu. cn/pages/list. html？id＝302cd21d-93ee-4544-b0dc-48eedee2e97b，2020-11-10。

15. 《国立北平图书馆馆务报告》，http：//www. cadal. zju. eud. cn/book。

16. About Minitex，http：//www. minitex. umn. edu/About/，2012-11-26.

17. Finance for 2010-2011，http：//www. jisc. ac. uk/aboutus/annualreview/2011/finance. aspx，2012-08-24.

18. National library of Australia，http：//www. Nla. Gov. au/librariesaustralia/about/，2012-08-24.

19. 《全国文化信息资源共享工程 2003 年工作进展情况与 2004 年工作任务》，http：//61. 142. 113. 125：8239/html/. item_1/item_2. html，2004-05-24。

20. CALIS 简介，http：//www. calis. edu. cn/pages/list. html？id＝6e1b4169-ddf5-4c3a-841f-e74cea0579a0，2020-11-01。

21. 外文期刊网（CCC），http：//www. calis. edu. cn/pages/list. html？id＝a09ebf4c-e04e-4bbf-b050-9da35071f841，2020-11-01。

22. 学苑汲古，http：//www. calis. edu. cn/pages/list. html？id＝9cb1f8ee-546f-45f6-97a5-13e44abfccff. 2020-11-01。

23. 学位论文数据库，http：//www. calis. edu. cn/pages/list. html？id＝a1fc25f8-544f-4777-b301-8d51c50a9057，2020-11-01。

24. 编目服务，http：//www. calis. edu. cn/pages/list. html？id＝302cd21d-93ee-4544-b0dc-48eedee2e97b，2020-11-01。

25. CALIS 馆际互借与文献传递服务，http：//www. calis. edu. cn/pages/list. html？id＝4101e184-7f64-4798-a5e1-8e37aa6994fc，2020-11-01。

26. NSTL 机构简介，http：//www. nstl. gov. cn/Portal/zzjg _ jgjj. html，2020-11-01。

27. 关于 CASHL，https：//www. cashl. edu. cn/node/45，2020-11-01。

图书在版编目（CIP）数据

信息资源建设／甘友庆主编. -- 北京：社会科学
文献出版社，2022.2（2025.3 重印）
ISBN 978-7-5201-9794-6

Ⅰ.①信… Ⅱ.①甘… Ⅲ.①信息资源-资源建设
Ⅳ.①G250.73

中国版本图书馆 CIP 数据核字（2022）第 030784 号

信息资源建设

主　　编／甘友庆

出 版 人／冀祥德
责任编辑／李建廷
责任印制／王京美

出　　版／社会科学文献出版社
　　　　　地址：北京市北三环中路甲 29 号院华龙大厦　邮编：100029
　　　　　网址：www.ssap.com.cn
发　　行／社会科学文献出版社（010）59367028
印　　装／河北虎彩印刷有限公司

规　　格／开　本：787mm × 1092mm　1/16
　　　　　印　张：23.5　字　数：385 千字
版　　次／2022 年 2 月第 1 版　2025 年 3 月第 3 次印刷
书　　号／ISBN 978-7-5201-9794-6
定　　价／138.00 元

读者服务电话：4008918866